中国社会科学院创新工程学术出版资助项目

国有企业及其垄断改革研究

余 晖 编著

中国社会科学出版社

图书在版编目（CIP）数据

国有企业及其垄断改革研究/余晖编著. —北京：中国社会科学出版社，2019.12
ISBN 978 – 7 – 5161 – 9995 – 4

Ⅰ.①国… Ⅱ.①余… Ⅲ.①国有企业—垄断—经济体制改革—研究—中国 Ⅳ.①F279.241

中国版本图书馆 CIP 数据核字（2017）第 047474 号

出 版 人	赵剑英
责任编辑	车文娇
责任校对	季　静
责任印制	王　超

出　　版	中国社会科学出版社
社　　址	北京鼓楼西大街甲 158 号
邮　　编	100720
网　　址	http://www.csspw.cn
发 行 部	010 – 84083685
门 市 部	010 – 84029450
经　　销	新华书店及其他书店

印刷装订	北京明恒达印务有限公司
版　　次	2019 年 12 月第 1 版
印　　次	2019 年 12 月第 1 次印刷

开　　本	710×1000　1/16
印　　张	26.75
插　　页	2
字　　数	455 千字
定　　价	116.00 元

凡购买中国社会科学出版社图书，如有质量问题请与本社营销中心联系调换
电话：010 – 84083683
版权所有　侵权必究

前　言

中国国有企业体制改革、国有企业布局调整以及行政性国有企业垄断的问题，虽然经过了多年的实践，但是仍然没有得到很好的解决，离国际较认可的公司治理结构，如经济合作与发展组织（OECD）理事会正式通过的《公司治理结构原则》尚存在较大的差距。因此，对此问题加以关注并持续研究仍然有很大的必要。

收录在本书中的研究报告和论文，在理论分析和实证研究相结合的基础上，针对上述三个方面的问题，对中国国有企业治理机制及其行政性垄断行为进行了横向和纵向的较为深入的研究，结集出版的目的在于进一步推动该领域的理论研究和实际改革。

在本书出版之际，作为这些研究活动的组织者，我有必要在此衷心感谢提供研究机会和经费资助的国内外政府和非政府组织（在每一章节脚注中都有相应介绍），也有必要衷心感谢长期以来和我在该领域合作的同仁，如朱彤、贺绍奇、周耀东、宋华琳、郑新业、高松、高春量、周晓艳等。

同时，还要感谢已经毕业于中国社会科学院研究生院的何静硕士，其不但丰笔了本书中分别关于欧盟和德国铁路改革的章节，还帮助我对这本书做了烦琐细致的初步编辑工作。

最后，还要感谢我所求学和最终就职的中国社会科学院工业经济研究所，她的自由、宽容和求实的学术氛围容忍了我较为"任性"的学术癖好。

余　晖

2019 年 8 月 8 日

目 录

第一篇 国有企业体制改革与布局调整

第一章 国有企业体制和制度改革研究 …………………… 3

 第一节 引言 …………………………………………………… 3
 第二节 国有企业改革的进展与现状 ………………………… 7
 第三节 国有资产管理体制的建设与发展 …………………… 12
 第四节 国有资本经营预算体制的改革、发展 ……………… 20
 第五节 市场经济条件下国有企业法人治理结构的建立与
     规范 …………………………………………………… 22
 第六节 存在的问题 …………………………………………… 25
 第七节 深化改革的总体思路、主要任务、配套措施和
     实施步骤 ……………………………………………… 34

第二章 国有企业产业结构与布局调整研究 ………………… 40

 第一节 国有企业产业定位和功能 …………………………… 40
 第二节 国有企业产业结构布局与调整 ……………………… 42
 第三节 关于国有企业产业结构布局与调整的建议 ………… 66

第二篇 国有企业垄断及行政性垄断研究

第三章 国有垄断企业问题研究：文献回顾及政策建议 …… 71

 第一节 认识国有垄断企业 …………………………………… 73

第二节 竞争和垄断 …………………………………………… 77
第三节 效率和福利损失 ………………………………………… 83
第四节 市场化与管制体制改革 ………………………………… 88
第五节 国有企业的未来改革 …………………………………… 90

第四章 行政性垄断及其改革 …………………………………… 97
第一节 引言 ……………………………………………………… 97
第二节 行政性垄断的定义、类型与经济合理性 ……………… 108
第三节 转轨时期我国产业行政性垄断的合理合法性分析 …… 153
第四节 行政性垄断的危害：基于法治原理和经济计量的
　　　　分析 …………………………………………………… 195
第五节 反行政性垄断的对策与建议 …………………………… 218

第三篇
国有企业垄断与绩效的实证分析

第五章 国有垄断边界、控制力和绩效关系研究 ………………… 261
第一节 相关的研究背景和综述 ………………………………… 261
第二节 国有企业产业结构布局与调整 ………………………… 264
第三节 控制力与绩效关系 ……………………………………… 271
第四节 结论及引申的政策含义 ………………………………… 278

第六章 国有代表性部门的福利损失：特定规则的代价 ………… 284
第一节 问题提出 ………………………………………………… 284
第二节 特定规则下的国有代表性部门福利损失 ……………… 286
第三节 福利损失的模型和指标选择 …………………………… 289
第四节 福利损失的下限与上限 ………………………………… 291
第五节 相关性研究：实证、检验和讨论 ……………………… 295
第六节 重建政企关系是降低国有代表性部门福利
　　　　损失的关键 …………………………………………… 299
第七节 结论及政策含义 ………………………………………… 302

第四篇 国有垄断的两个行业案例：烟草和铁路

第七章 中国政企合一的烟草专卖体制对烟草控制的影响 …… 309
- 第一节 研究背景及研究目的 …… 309
- 第二节 国外烟草行业体制改革的经验及借鉴 …… 311
- 第三节 中国烟草专卖体制的历史变迁与现实状况 …… 318
- 第四节 烟草专卖体制的经济合理性 …… 327
- 第五节 中国烟草专卖体制的合法性 …… 335
- 第六节 中国烟草专卖体制所带来的实际影响 …… 341
- 第七节 推动烟草专卖体制的制度变革 …… 358
- 第八节 结论 …… 363

第八章 中国烟草行业经济和财政效益再评估 …… 365
- 第一节 引言 …… 365
- 第二节 中国烟草行业概况 …… 368
- 第三节 烟草行业对经济的影响 …… 371
- 第四节 烟草行业对税收的影响 …… 375
- 第五节 结论 …… 382

第九章 德国铁路改革研究 …… 384
- 第一节 德国铁路改革的主要内容 …… 384
- 第二节 改革后铁路市场的竞争状况 …… 395
- 第三节 德国铁路改革效果及启示 …… 401

第十章 欧盟铁路改革研究 …… 405
- 第一节 欧盟铁路改革政策 …… 405
- 第二节 欧盟成员国铁路改革 …… 410
- 第三节 结论 …… 418

derat
第一篇

国有企业体制改革与布局调整

第一章　国有企业体制和制度改革研究*

第一节　引言

近几年来，人们发现，每一轮宏观经济波动后，一些被人们普遍看好、朝气蓬勃的民营企业却谢幕了。它们或倒闭，或被国有企业或外资企业收购与兼并。尤其是国际金融危机期间，许多钢铁行业的民营企业被国有企业兼并重组。尽管还有不少人把某些产业领域的一些民营企业的退出看作个别和偶然的现象，但是在越来越多的国有企业或国有控股企业登上世界500强排行榜的同时，许多行业中处于"领头羊"位置的民营企业纷纷谋求被外资或国资并购求生存确实是值得关注的现象。例如，汇源谋求可口可乐的收购，法国SEB收购苏泊尔，德力西以合资之名、行收购之实被德国施奈德兼并。①在钢铁与资源性行业，国家出资的企业在政府推动下高歌猛进。在房地产领域，国家出资的企业依托便利的融资渠道，急剧扩张，频频在全国各地创造"新地王"。这些现象引起了人们对国际金融危机期间国家经济刺激计划产生怀疑，也引起了人们对我国社会主义市场经济改革能否进一步深化的疑虑。与此同时，更大的担心也在潜滋暗长，如果没有了非公有制经济的竞争，经历了这些年的改革，刚有起色的国有企业的活力或竞争力能否得以保持和

---

* 本章为2009年国家发改委经济体制综合改革司委托课题"国有企业改革研究"项目之"体制和制度"部分。课题主持人余晖，课题组成员为贺绍奇和周耀东。本部分由贺绍奇执笔。

① 2006年，苏泊尔与法国SEB达成收购协议，中国的爱仕达、双喜、广东顺发五金制品、金双喜等六家民营企业联合反对。按该协议，外资控股61%。2006年，德力西和德国施耐德签署合资框架协议，根据这个协议，双方按1:1出资设立德力西电气有限公司。

进一步提高。

　　不可否认的是，经历多年的改革，国有企业脱困的目标基本实现，活力和竞争力也得到了改善。但这种活力和竞争力的提高到底在多大程度上来自国家政策扶持、国家注资和资本市场上融资的支持，多大程度上来自自身创新能力和法人治理结构水平的改善，仍然需要进一步观察和研究。自党的十四大以来，我国经历了长期的改革探索，终于意识到国有企业改革必须在体制内外同时进行，即国有企业现代企业制度的建立必须与市场体制的培育和完善同时进行，二者并重，不能偏废。体制内的改革以建立现代企业制度为核心，体制外的改革则是转变政府职能、发展和完善以市场经济体制改革为核心的市场化改革。前者着眼于国有企业产权制度、内部法人治理结构的完善；后者着眼于国有企业外部治理机制的健全与完善。对于国有企业改革来说，这二者相辅相成，互为条件，缺一不可。这是多年来国有企业改革的实践充分证明了的，任何一方面的改革有偏废，国有企业改革就不可能深化和推进。

　　但随着国有经济结构与布局的调整，国有企业历史负担、政策性负担的剥离，国有企业在许多行业的集中度越来越高，支配力与控制力越来越强，这种支配力与控制力已经超出了国有经济承担维护公有制主体地位的必要，这威胁到有效竞争得以维持的市场结构，对市场竞争起到了抑制作用。也就是说，如果国有经济支配力、控制力演化为对相关市场的绝对支配和垄断，破坏了市场竞争结构，那么这种控制力和支配力就会反过来削弱国有企业的竞争力，阻碍国有企业改革的进程。

　　在长期的国有企业改革理论探讨中，一个共识就是，国有企业现代企业制度的建立、国有企业法人治理结构水平的提高、国有企业真正成为一个市场化的主体，光有产权制度改革是不行的，产权制度改革必须与引入竞争相结合才能够最终搞活国有企业。在1992年党的十四大提出发展社会主义市场经济之后，我国国有企业改革才走上体制内与体制外改革并重的改革道路，体制外的改革是培育和完善市场经济体制，大力发展非公有制经济，培育和扩大市场竞争，通过完善外部治理机制来推动体制内国有企业改革。一方面，多种所有制公平竞争才能让国有企业真正成为市场竞争主体；另一方面，只有非公有制经济得到充分发展，才能为国有经济布局和结构调整创造条件。①

从目前国家在国有经济布局和结构调整上所采取的方针和策略来看，加强国有经济在优势行业集中是目前政府强化国有经济控制力、影响力和带动力的主要手段。② 在工业经济的95个行业中，国有企业分布在85个行业内，其中在许多行业中国有经济仍然占支配地位和垄断地位。而且，对于外资并购，我国有反垄断和国家安全审查来控制，而对于国有企业经济的集中或扩张却没有法律手段的控制③。我国2007年反垄断法对部分行业的国有经济给予了豁免。④ 目前，许多行业中的国有企业经济集中没有引起社会和决策者对集中可能导致市场竞争机制被破坏的关注，反而得到各级政府和决策者的鼓励，政府甚至利用行政公权力进行强有力的推动。

从国有企业改革的初衷来说，强化国有经济控制力并不是改革的目标，保持国有经济的主导地位虽然是我国社会主义性质的要求，但国有

---

① 围绕国有企业改革路线，一直存在两种争论：一是外部治理主线论，认为改革的核心是创造公平竞争环境，这也被称为体制外改革；二是内部治理主线论，强调产权改革是国有企业改革的突破口。在此基础上，产生了第三种主张，即所谓的"超产权"理论，是指在发展市场竞争的条件下进行产权改革，并且重视治理机制的建设。参见沈志渔、罗仲伟等《21世纪初国有企业发展和改革》，经济管理出版社2005年版，第313—314页。

② 国务院国资委时任主任李荣融在阐释国务院办公厅转发的《关于推进国有资本调整和国有企业重组的指导意见》时指出，国资委的目标是要在2010年，把中央企业调整重组到80—100户，其中，30—50户发展为具有国际竞争力的大企业集团。他将国有经济所处的行业分为关系国家安全和国民经济命脉的关键领域、基础性和支柱产业领域、其他行业和领域。关系国家安全和国民经济命脉的关键领域主要包括军工、电网电力、石油石化、电信、煤炭、航空运输、航运等行业，国有经济要在这一领域保持绝对控制力，由国有资本保持独资或绝对控股。基础性和支柱产业领域包括装备制造、汽车、电子信息、建筑、钢铁、有色金属、化工、勘察设计、科技等行业，国有经济要对这一领域的重要骨干企业保持较强控制力，行业内有较强影响力和带动力的重要骨干企业由国有资本绝对控股或有条件地相对控股。其他行业和领域主要包括商贸流通、投资、医药、建材、农业、地质勘查等行业，国有经济要在这一领域保持必要的影响力，表现为国有资本对一些影响较大的行业排头兵企业，以及具有特殊功能的医药、农业、地质勘查企业保持控股，其他中央企业在市场公平竞争中优胜劣汰，数量明显减少。国资委：《国有经济应保持对七个行业的绝对控制力》，中央政府门户网站（www.gov.cn），2006年12月18日。

③ 可口可乐收购汇源果汁就被商务部以导致市场过度集中为由加以阻却。

④ 反垄断法第7条："国有经济占控制地位的关系国民经济命脉和国家安全的行业以及依法实行专营专卖的行业，国家对其经营者的合法经营活动予以保护，并对经营者的经营行为及其商品和服务的价格依法实施监管和调控，维护消费者利益，促进技术进步。前款规定行业的经营者应当依法经营，诚实守信，严格自律，接受社会公众的监督，不得利用其控制地位或者专营专卖地位损害消费者利益。"

经济控制力的无限膨胀也将最终导致国有经济活力和竞争力的削弱。事实上，从存量上来说，自改革开放以来，我国国有经济的主导作用从来就没有被动摇过，国有企业改革要解决的关键问题是搞活国有企业、提高国有企业竞争力。发展多种所有制经济，让多种所有制经济共同发展、平等竞争的目的就是要借助多种所有制经济公平竞争的机制来推动国有企业改革，提高其竞争力。国有经济的布局和结构调整，一方面是优化国有经济结构，另一方面是为非公有制经济发展提供更大空间，更有效地发挥市场机制的作用。因此，从深化改革的角度来说，增强国有经济的控制力并不是国有企业改革的最终目标，提高国有企业的竞争力，同时发挥国有企业在提升整个经济实力、国际竞争力与技术创新上的带动力和影响力，实现各种所有制经济共同发展才是改革的真正目标。

在本书中，我们提出：在进一步深化国有企业的改革中，有必要进一步深化在社会主义市场经济体制和整个国民经济中对国有经济的地位和职能的认识，正确处理好国有经济主导作用与市场经济体制完善的关系，防止国有经济控制力蜕变为限制市场竞争的破坏力，弱化国有企业外部治理机制，使国有企业改革发生逆转。在过去的国有企业改革中，垄断行业改革始终没有取得任何实质进展，而目前对国有经济控制力的强调、国有资本的重组进一步强化了这些行业中国有经济的集中度。垄断滥用、国有资本预算软约束等导致对非公有制经济的"挤出效应"，不利于国企改革的进一步深入。因此，垄断行业的改革将是我们进一步深化国有企业改革所面临的主要挑战。

关于进一步改革的思路，我们提出国有企业改革需要更准确地为各行业国有企业的职能进行定位，根据国有企业承担的职能确定国有企业的改革目标、改革任务和改革模式，选择合适的国有资产管理体制、国有资本预算管理体制和治理结构安排，适用不同的治理准则。

在配套措施上，一方面，要通过提高国家调控能力和公共治理水平，增强企业社会责任意识，让目前国有经济承担国家安全、保障国计民生的职能逐渐转向由所有中国企业来承担或通过国家调控和监管来实现，为国有经济和非公有制经济共同发展、平等竞争、相互促进创造条件；另一方面，要加强和促进非公有制经济的发展，活跃市场竞争，为国有企业保持活力、提高竞争力和改善法人治理结构创造一个必要的外部治理环境。

第二节 国有企业改革的进展与现状

一 国有经济的地位与职能认识的发展与深化

国有企业改革首先必须解决的一个问题就是，国有经济在我国社会主义市场经济体制中应该处在一个什么样的地位和承担什么样的职能，这决定着国有企业改革的方向与目标。改革方向与目标决定了国有企业改革路径的选择和模式。党的十四大提出要发展社会主义市场经济，就需要对社会主义市场经济条件下国有经济的地位和职能进行反思和重构。一方面，发展社会主义市场经济要求开放市场竞争，实现多种所有制经济的共同发展、平等竞争，以搞活国有经济、提高国有经济的竞争力；另一方面，社会主义经济制度的基础是生产资料公有制，需要处理好公有制与非公有制经济的关系才不至于动摇社会主义经济制度的基础——公有制。在改革开放中，国有经济应该发挥什么样的作用，通过什么方式来发挥作用才能维护公有制主体地位，同时又能够充分发挥市场机制的基础性作用，搞活国有经济，始终是国有企业改革面临的一个首要问题。党的十四大之前的国有企业放权让利改革的经验教训表明，单纯从体制内对政府与国有企业的关系进行调整，缺乏有效市场竞争的激励与约束，并不能从根本上搞活国有经济，必须让国有企业成为真正的市场主体，充分发挥市场竞争机制优胜劣汰的作用，这样国有企业的自主权和激励约束机制才能真正发挥作用。而要发挥市场机制的作用，就必须对国有经济布局与结构进行战略性调整，推动非公有制经济的发展，这样才能创造公平竞争的外部环境，推动国有企业改革的深化。因此，社会主义市场经济条件下关于国有经济的地位与职能要解决的一个核心问题就是，社会主义市场经济在多大程度上容许公有制经济与非公有制经济共同发展和平等竞争，什么样的所有制结构才能最大限度开放市场竞争，搞活国有经济，同时又能够确保公有制的主体地位。

二 党的十四大以来关于国有经济主体地位和主导职能的阐释及发展

党的十四大以来关于国有经济地位和职能的认识在不断发展，尤其是在所有制结构上对国有经济地位和国有经济职能的阐释不断有新的创新和突破。从政策演变来看，经历了以下几个阶段的发展。

第一阶段，明确了市场经济条件下国有企业市场主体的地位及与非公有制经济企业平等竞争的关系（从1988年宪法修订到党的十四大提出发展社会主义市场经济）。

党的十四大报告明确提出："社会主义市场经济体制是同社会主义基本制度结合在一起的。在所有制结构上，以公有制包括全民所有制和集体所有制经济为主体，个体经济、私营经济、外资经济为补充，多种经济成分长期共同发展，不同经济成分还可以自愿实行多种形式的联合经营。国有企业、集体企业和其他企业都进入市场，通过平等竞争发挥国有企业的主导作用。"党的十四大虽然明确了国有经济的主导作用要通过多种经济成分共同发展和平等竞争来实现，但仍然只把非公有制经济看作公有制经济的补充，这实质上就不可能真正实现不同所有制经济的共同发展、平等竞争。

第二阶段，明确了非公有制经济是我国社会主义市场经济的重要组成部分，以及公有制经济与非公有制经济共同发展与平等竞争的关系（党的十四届三中全会到十四届五中全会）。

1993年党的十四届三中全会的《中共中央关于建立社会主义市场经济体制若干问题的决定》在所有制结构和关系上取得了重大突破：一是明确多种所有制经济共同发展是发展社会主义市场经济的前提条件。它指出："社会主义市场经济体制是同社会主义基本制度结合在一起的。建立社会主义市场经济体制，就是要使市场在国家宏观调控下对资源配置起基础性作用。为实现这个目标，必须坚持以公有制为主体、多种经济成分共同发展的方针……"二是对公有制主体地位的内涵做出明确解释，明确了公有制主体地位并不排斥某些行业和地区非公有制经济占主导。它解释说，公有制主体地位主要体现在以下两个方面：（1）国有资产和集体所有资产在社会总资产中占优势地位；（2）国有经济控制"国民经济命脉"，在经济发展中起主导作用。在某些行业和地区，国有资产和集体所有资产不占优势，不享有控制地位，也不影响公有制的主体地位。

根据党的十四届三中全会精神，1993年宪法的修订将原来第11条"私营经济是社会主义公有制经济的补充"修改为"在法律规定范围内的个体经济、私营经济等非公有制经济，是社会主义经济的重要组成部分"。这就从宪法高度明确了非公有制经济是社会主义经济的重要组成部分。

1995年党的十四届五中全会的《正确处理社会主义现代化建设中的若干重大关系》则从公有制与非公有制关系处理的角度进一步明确了公有制主体地位的内涵，即：一是在社会总资产中要保持国家所有和集体所有的资产占优势；二是国有经济在关系国民经济命脉的重要部门和关键领域占支配地位；三是国有经济对整个经济发展起主导作用；四是公有制经济特别是国有企业要适应社会主义市场经济发展的要求，不断发展和壮大自己。其还提出，要研究国有经济的发展战略和布局，抓大放小。

第三阶段，把提高国有经济竞争力作为改革的最终目标，明确要求调整国有经济布局，通过重组和结构调整减少非重要行业和非重要领域中国有经济的比重（从党的十五大召开到1999年宪法的修订）。

1997年党的十五大明确提出要从战略上调整国有经济的布局。国有经济在关系国民经济命脉的重要行业和重要领域中必须占支配地位，在其他领域中可以通过资产重组和结构调整，加强重点，提高国有资产的整体质量。此外，明确在国有经济控制力与竞争力提高的前提下，国有经济比重减少，"也不会影响我国社会主义性质"。

1999年对宪法的修订则增订了第6条，即"国家在社会主义初级阶段，坚持公有制为主体、多种所有制经济共同发展的基本经济制度"。这就从宪法的高度明确了社会主义初级阶段中基本经济制度的所有制结构及关系，即公有制经济与非公有制经济不是彼此对立的，也不是此消彼长的关系，而是共同发展的关系，是平等竞争的关系。

第四阶段，是从党的十五届四中全会到2008年《中华人民共和国企业国有资产法》颁布。这一阶段对公有制主体地位和国有经济主导作用的诠释有以下两个方面：一是赋予了国有经济维护国家安全的职能；二是进一步明确公有制与非公有制经济共同发展、平等竞争、相互促进的关系，并把发展公有制与非公有制经济混合的股份制作为实现公有制主体地位的主要形式。

1999年党的十五届四中全会对国有经济的主导作用做出新的诠释，增加了国有经济维护国家安全的职能。首先，要求国有经济在提升国家经济实力、国防实力和民族凝聚力方面发挥主导作用。"面对世纪之交激烈的国际竞争，我们要增强国家的经济实力、国防实力和民族凝聚力，必须不失时机地整体推进国有企业改革和发展，促进国有经济的发展壮大，使国有经济在国民经济中更好发挥主导作用。"其次，要求国有企业在技术创新和核心技术上发挥先导作用。也就是说，"在新兴产业和高技术产业，国有企业要占据重要地位，掌握核心技术，发挥先导作用"。2002年党的十六大报告再次强调，国有经济要在增强我国的经济实力、国防实力和民族凝聚力上具有"关键性作用"。2003年党的十六届三中全会的《中共中央关于完善社会主义市场经济体制若干问题的决定》则更为明确地要求国有经济应当在关系国家安全和国民经济命脉的重要行业与关键领域增强控制力，实现公有制主体地位，发挥其主导作用。

在所有制关系上，强调坚持两个"不动摇"，坚持和完善公有制主体地位与鼓励和支持非公有制经济发展并重，形成多种所有制经济平等竞争、相互促进的新格局。1999年党的十五届四中全会在国有经济战略布局和结构的调整上，明确提出了"有进有退""有所为有所不为"。2003年党的十六届三中全会《中共中央关于完善社会主义市场经济体制若干问题的决定》进一步明确提出："大力发展国有资本、集体资本和非公有资本等参股的混合所有制经济，实现投资主体多元化，使股份制成为公有制的主要实现形式。需要由国有资本控股的企业，应区别不同情况实行绝对控股或相对控股。完善国有资本有进有退、合理流动的机制，进一步推动国有资本更多地投向关系国家安全和国民经济命脉的重要行业和关键领域，增强国有经济的控制力。其他行业和领域的国有企业，通过资产重组和结构调整，在市场公平竞争中优胜劣汰。发展具有国际竞争力的大公司和大企业集团。"

党的十七大报告进一步提出两个"不动摇"和多种所有制相互竞争、相互促进的新格局。"坚持和完善公有制为主体、多种所有制经济共同发展的基本经济制度，毫不动摇地巩固和发展公有制经济，毫不动摇地鼓励、支持、引导非公有制经济发展，坚持平等保护产权，形成各种所有制经济平等竞争、相互促进的新格局。深化国有企业公司制股份制改革，健全现代企业制度，优化国有经济布局和结构，增强国有经济的活力、控制力、影响力。"

2005年2月25日，国务院颁布《关于鼓励支持和引导个体私营等非公有制经济发展的若干意见》，提出鼓励和支持非公有制经济发展的36条措施。

2006年12月，国务院办公厅转发了国务院国有资产监督管理委员会（以下简称国资委）发布的《关于推进国有资本调整和国有企业重组的指导意见》。国资委原主任李荣融把国有企业的业务大体定位在三个领域：关系国家安全和国民经济命脉的关键领域、基础性和支柱产业领域、其他行业和领域。对于如何提高国有出资企业的控制力，李荣融提出了"四个集中"，即：推动国有资本向关系国家安全和国民经济命脉的重要行业和关键领域集中，向国有经济具有竞争优势的行业和未来可能形成主导产业的领域集中，向具有较强国际竞争力的大公司大企业集团集中，向企业主业集中。①

在此阶段，两次重要立法活动把有关政策上的突破纳入了宪法和人大立法。2004年，我国再次对宪法进行修订，此次修订把宪法第11条第2款"国家保护个体经济、私营经济的合法的权利和利益。国家对个体经济、私营经济实行引导、监督和管理"，修改为"国家保护个体经济、私营经济等非公有制经济的合法的权利和利益。国家鼓励、支持和引导非公有制经济的发展，并对非公有制经济依法实行监督和管理"。这从宪法高度肯定了国家鼓励与保护非公有制经济发展的政策。鼓励非公有制经济发展与国有经济战略布局和结构调整、国有经济有进有退是辩证统一的，没有鼓励非公有制的经济政策，国有经济就不可能完成战略调整，难以从竞争性领域战略退却，就不能向国民经济关键领域和重要领域集中。到2007年，国有经济战略布局和结构调整基本完成，为企业国有资产法的出台创造了条件。2008年企业国有资产法颁布，该法第1条和第7条明确了国有经济在国民经济中的地位与职能，提出了国有经济布局和结构调整、深化改革的方向，即推动国有资本向关系国

---

① 国资委：《国有经济应保持七个行业的绝对控制力》，中央政府门户网站（www.gov.cn），2006年12月18日。

民经济命脉和国家安全的重要行业和关键领域集中，优化国有经济布局和结构，推进国有企业的改革和发展，提高国有经济的整体素质，增强国有经济的控制力、影响力。

综上所述，现行政策和立法对国有经济地位和职能的阐释可以归结为以下几个方面。

第一，社会主义市场经济条件下国有企业都是市场竞争主体。

第二，公有制主体地位要求国有经济在整个社会主义市场经济中要承担发挥主导作用的职能。现阶段，国有经济主导职能主要体现在国家安全保障两个方面：一是面对国际激烈竞争，国有经济要在增加国家经济实力、国防实力和民族凝聚力上发挥关键性作用；二是要在高新技术领域掌握核心技术，发挥技术先导作用。

第三，公有制经济与非公有制经济是共同发展、平等竞争和相互促进的关系。要把混合所有制经济的发展、国有企业竞争力的提高作为实现公有制主体地位的主要形式。一方面，非公有制经济发展和竞争能够促进国有经济发展，提高国有企业的活力和竞争力；另一方面，国有企业充当提升整个经济实力、技术创新的先导，带动、促进非公有制经济发展，以发挥其在提升整个国家经济实力和国际竞争力上的带动力和影响力。

上述政策中，关于国有企业地位和职能的定位为深化国有企业改革提供了强有力的支持，为我国国有企业全面推行股份制改革（公司化改制和上市）、改制（剥离社会负担、实行主辅分离改制、政策性破产、出售）以及进行布局和结构战略性调整提供了理论上的支持和指导。

第三节　国有资产管理体制的建设与发展

一　非金融类企业国有资产新管理体制的建立与完善

国有资产管理体制一直是在建立和完善现代企业制度语境下来讨论的，也就是说，国有资产管理体制的改革服务于国有经济的搞活、国有企业现代企业制度的建立与完善及其竞争力的提高。从党的十四大提出发展社会主义市场经济到企业国有资产法的颁布，国有资产管理体制改革经历了两个阶段：一是党的十四大提出发展社会主义市场经济到 2002 年党的十六大召开，确立了国有资产的统一所有和分级管理，这是企业自主经营阶段；二是党的十六大召开到企业国有资产法颁布，这是中央和地方政府分别代表国家履行出资人职责体制的确立与完善的阶段。[①]

（一）国家统一所有、政府分级监管、企业自主经营的国有资产管理体制的确立

1992 年党的十四大提出发展社会主义市场经济，国有企业要按照市场经济要求建立现代企业制度。围绕着建立现代企业制度改革的要求，1993 年党的十四届三中全会《中共中央关于建立社会主义市场经济体制若干问题的决定》对社会主义市场经济条件下国有资产管理体制提出了三个要求。（1）建立国家统一所有、政府分级监管、企业自主经营的国有资产管理体制。（2）按照政府的社会经济管理职能和国有资产所有者职能分开的原则积极探索国有资产管理和经营的合理形式与途径。加强中央和省、自治区、直辖市两级政府专司国有资产管理的机构。（3）在国有资产监督上，一方面有关政府部门对其分工监管企业的国有资产要负起监督职责；另一方面可根据需要派出监事会，对企业的国有资产保值增值实行监督。

1994 年国务院颁布了《国有企业财产监督管理条例》，把党的十四届三中全会关于国有资产管理体制的政策要求进行了贯彻落实，确立了"国家统一所有、政府分级监管、企业自主经营"的体制。与此同时，国务院还对国有资产经营方式进行了改革试点。1994 年，国务院决定把中国石化总公司等三个全国性行业总公司作为国家控股公司的试点。1995 年，党的十五届四中全会《中共中央关于国有企业改革和发展若干重大问题的决定》提出"国家所有、分级管理、授权经营、分工监督的原则，逐步建立国有资产管理、监督、运营体系和机制，建立与健

---

① 有学者将国有资产管理体制改革分为以下几个阶段：（1）1978—1984 年 9 月的以"放权让利"为特征的国有资产体制改革初步探索期；（2）1984 年 10 月到 1993 年 10 月的以"两权分离"为特征的国有资产管理体制改革进一步探索阶段；（3）1993 年 11 月至今的以"建立现代企业制度和实施国有资产战略性改革"为特征的新型国有资产管理体制改革阶段。参见吕政、黄速建《中国国有企业改革 30 年研究》，经济管理出版社 2008 年版，第 281—284 页。

全严格责任制度。国务院代表国家统一行使国有资产所有权,中央和地方分级管理国有资产,授权大型企业、企业集团和控股公司经营国有资产"。这样,国有资产管理体制就从"国家统一所有、分级管理、企业自主经营"演变为"国家所有、分级管理、授权经营、分工监督"。1998 年以后,国务院先后批准了石油石化、军工、电力等领域的 44 家企业集团进行经营试点。

1998 年,国务院进行机构改革,国有资产管理局和一些行业主管部门被撤销。为加强对企业国有资产的监督管理,1998 年国务院对大型国有企业施行了稽查特派员制度。①

2000 年,国务院颁布《国有企业监事会暂行条例》以取代 1994 年的《国有企业财产监督管理条例》,同时用外派监事会取代了稽查特派员制度。

为推进国有企业股份制改革,中央在国有资产管理体制上进行了大刀阔斧的改革。首先,国有企业在产权上完全与党政部门脱钩,实现政资分开。中央党政机关和军队、武警、政法、监察部门与企业脱钩,全部划归国有企业主管部门统一管理。其次,明确了国有资产产权管理各部门之间职责分工的关系。其中,企业主要经营者由人事部门和大型企业(金融)工委负责,资产及其相关财务管理由财政部负责,企业重大决策由经贸委等有关部门负责或报政府批准,经贸委还负责国有资本金基础管理工作。

"国家所有、分级管理、授权经营、分工监督"的国有资产管理体制存在的缺陷是非常明显的。(1)所有者缺位。虽然规定"统一所有",但由于政出多门、多头管理,谁也做不了主,谁也负不了责,国家统一所有无法落到实处。(2)出资人权利被人为分割,国有出资人对国有出资企业管资产、管事、管人不统一。这是由于出资人职责履行被分解到各公共职能部门,资本和收益分配由财政部管,由原国家计委行使投资职能,由原国家经贸委行使对国有企业运营上重大事项的决策权,实行"三改一加强"(改革、改造、改组和加强企业内部管理),由人事部和中央企业工委、中组部负责国有企业主要经营者的任免与考

---

① 吕政、黄速建:《中国国有企业改革 30 年研究》,经济管理出版社 2008 年版,第 282 页。

核（包括党委书记、董事长、副董事长、总经理、副总经理），劳动工资由当时人事部和劳动社会保障部负责，国务院派出的监事会负责对国有企业的财务检查和监督，这种做法被称为"五龙治水"或"九龙治水"。[①]（3）授权经营过于含糊，权责难以明晰。首先是所有权与经营权边界不清晰，授权的分寸难以把握好。其次是由于多头负责，授权与授权后监督的责任很难落实。

（二）"三分开、三统一、三结合"的新国有资产管理体制的确立

为克服上述缺陷，进一步完善国有资产管理体制，2002年党的十六大提出了国家所有、分级代表国家行使出资人职责的国有资产管理体制。具体而言就是"三分开、三统一、三结合"的体制。所谓"三分开"是指：（1）政企分开，政府授权国有资产监督管理机构履行出资人职责，不直接管理国有企业；（2）政资分开，国有资产监督管理机构不行使政府社会公共管理职能，政府其他机构、部门不履行企业国有资产出资人职责；（3）所有权与经营权分开，即国有资产监督管理机构不得直接干预企业的生产经营活动。所谓"三统一"是指权利、义务与责任相统一。"三结合"是指管资产、管人和管事相结合。

2003年党的十六届三中全会通过的《中共中央关于完善社会主义市场经济体制若干问题的决定》再次提出"完善国有资产管理体制，深化国有企业改革"；要求把政府公共职能与国有出资人职能分开；国有资产管理机构对授权监管的国有资本依法履行出资人职责，维护所有者权益，维护企业作为市场主体依法享有的各项权利，督促企业实现国有资本保值增值，防止国有资产流失；同时，要求建立健全国有金融资产、非经营资产和自然资源资产的监管制度。

2003年5月，国务院颁布《企业国有资产监督管理暂行条例》，把党的十六大报告和十六届三中全会提出的构想纳入行政立法。该条例主要包括以下几个方面的内容：（1）明确分级行使出资人职责的管理体制。对于关系国民经济命脉和国家安全的大型国有及国有控股、参股企业，重要基础设施和重要自然资源等领域的国有及国有控股、参股企业，国务院履行出资人职责。其他由地方各级人民政府履行出资人职

[①] 沈志渔、罗仲伟：《21世纪初国有企业发展和改革》，经济管理出版社2005年版，第397页。

责。(2) 明确国有资产监督管理机构代表同级人民政府履行企业国有资产出资人职责，为负责监督管理企业国有资产的国务院直属特设机构，不行使政府公共管理职能。(3) 明确国有出资企业重大事项管理上的授权关系。

2003 年，国资委成立。其在履行出资人职责方面采取了以下措施：(1) 以经营业绩考核为抓手，落实国有资产保值增值责任。出台《中央企业负责人经营业绩考核暂行办法》，实施年度和任期经营业绩考核。(2) 以董事会建设为着力点，完善法人治理结构。2004 年开始中央企业董事会试点工作。试点的主要内容有：一是建立健全外部董事制度，在董事会成员的配备中，外部董事占半数以上。二是授予董事会部分出资人的权利，把出资人的部分职权如重大投融资决策权授给了规范的董事会，并逐步由董事会选聘、考核经理人员，决定经理人员的薪酬。三是积极探索党组织发挥政治核心作用的有效方式和途径。(3) 以公开招聘中央企业高级经营管理者为突破口，探索建立适应现代企业制度要求的选人用人新机制。2003 年开始了公开招聘中央企业高级经营管理者的工作。5 年来先后有 100 家（次）中央企业的 103 个高级管理职位面向社会公开招聘，中央企业通过市场化方式选用的各级经营管理人才约占总人数的 30%。(4) 以核定主业和推进重组为主线，调整中央企业布局和结构。《关于推进国有资本调整和国有企业重组的指导意见》和《中央企业布局和结构调整的指导意见》确定了 153 家中央企业的主业，进一步明确了企业战略定位和发展方向。(5) 以财务监督和风险控制为重点，强化出资人监管。①

2007 年通过的《中华人民共和国物权法》第 45 条第 2 款明确规定："国有财产由国务院代表国家行使所有权。"2008 年通过的企业国有资产法把党的十六大以来国有资产管理体制改革所取得的成果用立法加以巩固。其主要内容包括：(1) 明确国务院代表国家行使国有资产所有权。(2) 明晰国务院和地方人民政府分别代表国家对国家出资企业履行出资人职责，并明确国务院履行出资人职责的范围。(3) 政企分开、政资分开。国务院和各级人民政府按照政企分开、所有者职能与

---

① 国务院国有资产监督管理委员会：《国有企业改革 30 年》，载张平主编《中国改革开放：1978—2008》，人民出版社 2009 年版，第 10—13 页。

国有资产出资人职能分开、不干预企业自主经营的原则履行出资人职责。（4）明确规定国有经济布局和结构调整的原则。（5）明确规定履行出资人职责的机构与授权的政府之间的权责关系。（6）明确国有出资人主要权利、权利行使方式以及关系国有资产权益重大事项决定的程序。（7）明确国家出资企业管理者的选择与考核办法。（8）国有资本经营预算。（9）国有资产监督。（10）法律责任。

二　金融行业企业国有资产管理体制初步确立

目前，我国共有国有金融企业近8000家，实收资本总额约2.4万亿元，其中占有国有资本的有1200多家，国有资本占全部金融企业实收资本的65%以上。而在金融国有资产中，中央直接管理的金融国有资产份额较大。据统计，到2008年12月底，在36家中央管理的金融企业中，国有资本总额约为1.45万亿元，地方国有金融企业占有的国有资本约为2000亿元，中央管理金融企业占有全部国有金融资本的88%。从金融机构的类型来看，银行类金融机构占有的国有资本占全部国有金融资本的80%以上。

按国务院批准的财政部"三定"规定以及《关于金融类企业国有资产管理部门职责分工的通知》（中央编办函〔2003〕81号）的精神，财政部门是履行金融类企业国有资产监管职责的主管机构。它规定财政部负责：（1）金融类企业国有资产基础管理工作，包括清产核资、资本金权属的界定和登记、统计、分析与评估。（2）对金融类企业国有资产转让、划拨处置的管理。对于中央管理的金融企业，国务院先后设立中央汇金投资有限责任公司（以下简称汇金公司）、中国建银投资有限责任公司（以下简称中国建投）和中国投资有限责任公司（以下简称中投公司）以代表国务院履行出资人职责。

汇金公司，2003年12月16日注册成立，注册资金3724.65亿元人民币，是当时中国大陆最大的金融投资公司。公司董事会和监事会成员分别由财政部、中国人民银行和外汇管理局委派。汇金公司的使命是代表国家对国有大型金融企业行使出资人的权利和义务、维护金融稳定、防范和化解金融风险、高效运用外汇储备、对外汇储备保值增值负责。

2004年9月17日，中国建设银行实行股份制改革，分立为中国建设银行股份有限公司和中国建投。中国建投的注册资本为206.9225亿元，是经国务院批准的投资性公司和处置金融资产的公司，为汇金公司的全资子公司。至2005年9月30日，中国建投总资产为312亿元。2008年11月，经国务院批准，中国建投进行重新定位，业务进行了调整，立足成为国有综合性投资公司，并将持有的部分对外股权投资划转至汇金公司。至2009年7月31日，中国建投总资产为369亿元，其中所有者权益为264亿元。

中投公司是2007年9月29日依照公司法设立的、从事外汇投资管理业务的国有独资公司。财政部通过发行特别国债的方式筹集15500亿元人民币，购买了相当于2000亿美元的外汇储备作为中投公司的注册资本金。中投公司的定位为独立经营、自主决策，基于经济和财务目的，在全球范围内对股权、固定收益以及众多形式的另类资产进行投资。中投公司按照公司法设立董事会、监事会和执行委员会，公司按照公司章程和董事会确定的方针政策运作，对国务院负责。中投公司设立后，汇金公司是中投公司的全资子公司。

按照中投公司章程，公司董事会是公司权力机构，依法行使公司法规定的有限责任公司董事会的职权。公司董事会由十一名董事组成，包括三名执行董事、五名非执行董事、两名独立董事和一名职工董事。执行董事指在公司同时担任高级管理职务的董事。非执行董事指不在公司担任除董事以外其他职务的非独立董事。国家发改委、财政部、商务部、中国人民银行和外管局各提名一位部门负责人作为非执行董事人选。独立董事是指不在公司担任除董事以外的其他职务，并与公司不存在可能影响其进行独立客观判断关系的董事。职工代表出任的董事人选由职工代表大会通过选举产生。

董事的任免须报国务院批准。董事会设董事长一名、副董事长一名。董事长和副董事长由国务院指定。董事长是公司的法定代表人。董事长可兼任总经理。监事会由五名监事组成，其中职工代表监事不少于1/3。职工代表监事人选由职工代表大会选举产生。监事会设监事长一名，由国务院从监事会成员中指定。公司设总经理一名，副总经理、总经理助理若干名，副总经理、总经理助理协助总经理工作。根据需要，总经理可决定设置高级专业管理职位，包括但不限于首席投资官、首席财务官、首席风险官等。

中投公司的成立，标志着金融行业企业国有资产管理体制，即国务院代表国家所有、中央和地方分级管理、授权公司经营、财政部监督的管理体制基本确立。

在地方层面，财政部在2006年下达的《关于做好地方金融类企业国有资产监督工作的通知》中，要求地方遵循统一政策、分级管理的原则，由各级财政部门履行地方金融企业国有资产监督职责。目前，地方金融类企业国有出资人职责履行的做法并不一致，有的仍然是财政部门代表政府履行出资人职责，有的则是授权国有资产监督管理机构履行出资人职责。

2008年通过的企业国有资产法第3条规定："国有资产属于国家所有即全民所有。国务院代表国家行使国有资产所有权。"这明确规定了国务院代表国家统一行使所有国有资产所有权。同时，第11条第1款规定："国务院国有资产监督管理机构和地方人民政府按照国务院的规定设立的国有资产监督管理机构，根据本级人民政府的授权，代表本级人民政府对国家出资企业履行出资人职责。"这明确了对于非金融类企业国有资产，国务院和各级人民政府可以授权国有资产监督管理机构代表国务院履行出资人职责。国务院颁布的《企业国有资产监督管理暂行条例》第6条明确规定，设立国有资产监督管理机构负责履行出资人职责；同时也明确规定，金融类企业国有资产的监督管理不适用该条例。企业国有资产法附则第76条规定，对于金融类企业国有资产的管理与监督，法律、行政法规另有规定的，依照其规定。第11条第2款规定："国务院和地方人民政府根据需要，可以授权其他部门、机构代表本级人民政府对国家出资企业履行出资人职责。"实际上，上述第76条和第11条第2款从立法上确认了目前中央金融类企业国有资产的管理体制。

我国目前对金融类企业与非金融类企业国有资产采取不同的管理体制（见表1-1），固然是由金融业国有企业改革的方法和行业的特点决定的，但也显示了政府在国有资产管理体制上的开放立场，以及不断进行各种尝试，深化和完善国有资产管理体制的改革决心。

表 1-1　　金融类企业与非金融类企业国有资产管理体制比较

	金融类企业国有资产	非金融类企业国有资产
出资人职责	中投公司、汇金公司、中国建投	国有资产监督管理机构
监督职责	财政部（基础管理工作）	国资委（基础管理工作）
出资人性质及出资人权利履行的方式	公司法人，通过行使股东表决权行使出资人权利，以中投公司董事会为核心，对国务院负责	政府机构，主要通过制定规章、下达红头文件和行政指令来履行出资人职责

资料来源：笔者自行整理。

第四节　国有资本经营预算体制的改革、发展

在 1994 年以前，我国国有企业是向国家上缴国有资本收益的。在 20 世纪 80 年代以前，由于实行的是大一统的计划经济管理体制，国有企业本身无自主权，企业将所有的经营收益（利润）都上缴国家。到了 80 年代中期，国家进行了两步利税改革，企业既交利润又交税，但这时的税收是不规范的，叫作"企业调节税"。1993 年我国对税收制度进行了改革，确立了以增值税和所得税为主体税种的税收制度。[①] 由于当时国有企业的社会职能过重、利润较低，《关于实行分税制财政管理体制的决定》明确规定，1993 年以前注册的国有企业税后利润暂不上缴，以便能够维护国有企业的生存与发展。

1993 年《中共中央关于建立社会主义市场经济体制若干问题的决定》提出，"改进和规范复式预算制度，建立政府公共预算和国有资产经营预算，并可根据需要建立社会保障预算和其他预算"。1995 年《中华人民共和国预算法》颁布后，国务院于同年颁布并实施的《中华人民共和国预算法实施条例》第 20 条规定，"各级政府预算按照复式预算编制，分为政府公共预算、国有资产经营预算、社会保障预算和其他

---

① 侯孝国：《试行国有资本经营预算：国资管理体制改革的重大突破》，国资委网站（http://www.sasac.gov.cn），2008 年 9 月 28 日。

预算",明确了政府公共预算与国有资产经营预算分开编制的方针。1998年,国务院印发的财政部"三定"方案中再次提出"要改进预算制度、强化预算约束,逐步建立起政府公共预算、国有资本金预算和社会保障预算制度"。2003年,《中共中央关于完善社会主义市场经济体制若干问题的决定》提出"建立健全国有资产管理和监督体制","建立国有资本经营预算制度"。2005年10月8日,党的十六届五中全会通过的《中共中央关于制定国民经济和社会发展第十一个五年规划的建议》再次提出"坚持和完善基本经济制度,加快建立国有资本经营预算制度,建立健全金融资产、非经营性资产、自然资源资产等监管体制",国有资本经营预算制度的出台进入酝酿阶段。2007年9月8日,国务院发布了《关于试行国有资本经营预算的意见》(国发〔2007〕26号),国有资本经营预算开始实施。该文件规定,中央本级国有资本经营预算从2007年起试行;地方试行国有资本经营预算的时间、范围和步骤由各省(区、市)及计划单列市人民政府决定。这标志着我国国有资本经营预算初步建立。[①]《中共中央关于完善社会主义市场经济体制若干问题的决定》还规定,中央本级国有资本经营预算从2008年开始实施,2008年收取实施范围内企业2007年实现的国有资本收益;2007年进行国有资本经营预算试点,收取部分企业2006年实现的国有资本收益。

2007年5月,国资委发布了《中央企业财务预算管理暂行办法》,就如何规范其履行出资人职责之国家出资企业预算编制工作、强化预算管理做出了具体详细的规定。

2007年11月,财政部发布了《中央国有资本经营预算编报试行办法》,对国资委、中国烟草总公司和中央管理企业如何落实国务院有关规定、编报国有资本经营预算做出了具体、明确的规定。

2008年通过的企业国有资产法专章规定了国有资本经营预算。主要内容包括以下几点:(1)明确国有资本经营预算制度建立的目标是对国有资本收入及其支出试行预算管理。(2)明确国有资本预算编制覆盖的范围,包括从出资企业分得的利润、国有资产转让收入、从国家

---

① 财政部:《关于"改革国有企业利润分配体制建立国有资本收益管理制度"提案的答复(摘要)》,2008年。

出资企业取得的清算收入以及其他国有资本收入。(3) 国有资本预算编制与批准的程序。国有资本经营预算按年度编制，纳入同级人民政府预算，报本级人民代表大会批准。(4) 负责编制部门及职责分工。财政部门负责编制，国资委参与编制，提出资本经营预算建议草案。(5) 预算管理与监督。国务院负责制定国有资本经营预算管理的具体办法和实施步骤，通过报备的方式接受人大常委会监督。

国有资产管理体制改革与国有资本经营预算体制的建立解决了国有企业改革两个层面的问题：一是从法律层面上解决了所有者缺位、出资人不到位的问题，加强了出资人的治理；二是加强了资本预算约束和出资人的财务监督。

第五节 市场经济条件下国有企业法人治理结构的建立与规范

党的十四大以后，围绕着建立现代企业制度的改革目标，国有企业改革主要是建立和规范法人治理结构。改革一直沿着两条主线进行：一是内部治理机制的建立与规范；二是外部治理机制的建立与健全。内部治理机制的建立与规范主要是对国有企业全面进行股份制改革、人事劳动用工制度改革、规范国有企业内部治理结构、绩效考核和薪酬激励机制改革等。外部治理机制的建立与健全主要是股权分置改革、国有经济布局与结构战略性调整等。

一 内部治理机制的建立与规范

（一）股份制改革全面展开

国有企业改革的契机是党的十四大的召开和公司法的颁布。1992年党的十四大明确提出了发展社会主义市场经济、建立现代企业制度的方针和建立有中国特色的社会主义市场经济体制的目标。1993 年 11 月，党的十四届三中全会提出国有企业改革的目标是建立现代企业制度。建立现代企业制度就是要实现产权清晰、权责明确、政企分开、管理科学，使国有企业成为自主经营、自负盈亏、独立核算的法人主体。根据该精神，全国人大制定和颁布了公司法。公司法的颁布则为国有企业进行公司化改革、实现产权多元化奠定了法律基础。1997 年党的十五大再次强调继续推进股份制改革，并指出"股份制是现代企业的一种资本组织形式，有利于所有权和经营权分离，有利于提高企业和资本的运作效率"。

公司化改革在以下几个层面展开：一是国有企业上市；二是国有企业引进非国有战略投资者进行重组和股份制改造，改革为产权多元化、治理机构规范的有限责任公司；三是国有独资企业按照公司法的规定进行公司化改革，改组为国有独资公司；四是国有企业产权全部或部分出售给非国有战略投资者或经营管理层与职工，重组改革为产权多元化、治理结构规范化的股份制企业。

据对4371家重点国有企业的调查，到2002年年底，已有3468家企业改为公司制企业，改革面为79.7%（上年为76%）。在509家国家重点企业中，改革为公司制企业的占79.4%。120家试点企业集团改革面为56.7%，173家中央管理企业改革面为22%。

目前股份制改革基本完成。地方大部分国有企业已经从国有独资改制为产权多元化的公司制企业，国有中小企业改制面超过90%。中央企业及下属企业的工资改制面由2002年的30.4%提高到2006年的64.2%。在A股上市的1500家上市公司中，含有国有股份的有1100多家，在中国香港、新加坡、纽约等境外上市的中央企业控股的公司达78家。[①]

（二）人事劳动用工制度改革

一是在劳动用工上，国有企业普遍都实行劳动合同制，理顺了劳动关系。二是在高管人员选任上，从2003年开始，国资委开始在中央企业面向全社会公开招聘。目前，中央企业通过市场化方式选用的各级经营管理人才约占总数的30%。[②]

（三）规范国有企业内部治理结构

2004年，国资委在中央企业国有独资公司开始董事会试点，在宝钢、神华等19家企业按照公司法开展试点工作，引进了外部董事制度。2009年11月，国资委发布了《董事会试点中央企业专职外部董事管理办法（试行）》，开始试行专职外部董事工作。目前，我国国家出资企业三种组织形态法人治理结构的比较见表1-2。

---

① 张平主编：《中国改革开放：1978—2008》，人民出版社2009年版，第15页。
② 李荣融：《五年来国有企业改革发展成就》，《人民日报》2009年3月8日。

表1-2　目前国家出资企业三种组织形态法人治理结构比较

	国有独资企业	国有独资公司	国有控股与国有参股公司
基本法律	全民所有制企业法、企业国有资产法	公司法、企业国有资产法	公司法、证券法、企业国有资产法
法人治理结构特点	(1) 内部治理结构。国有出资人；厂长（经理）负责；党委合规监督；工会民主管理和民主监督；外派监事会财务监督。 (2) 人事任免。负责人由履行出资人职责的机构或部门任免（党管干部）。 (3) 重大事项的决策权。合并、分离、增减注册资本、发行债券、分配利润，以及解散、申请破产、改制由出资人机构决定。其他重大事项由负责人集体讨论决定。重要国有独资企业的合并、分立、结算、审评破产、改制等需要报请本级人民政府批准	(1) 内部治理结构。国有出资人，董事会，监事会，董事长、副董事长和经理。 (2) 人事任免。任免国有独资公司的董事长、副董事长、董事、监事会主席、监事。 (3) 重大事项决策。合并、分离、增减注册资本、发行债券、分配利润，以及解散、申请破产、改制由出资人机构决定。其他重大事项由董事会决定。重要国有独资公司的合并、分立、结算、审评破产、改制等需要报请本级人民政府批准	(1) 内部治理结构。股东（大）会、董事会、监事会、经理。 (2) 人事任免。国有出资人依据公司章程通过股东（大）会提出董事、监事人选。 (3) 重大事项决策。国有出资人通过委派股东代表参加股东（大）会行使表决权，参与公司重大事项的决定。对于重要国有控股公司的合并、分立、解散、申请破产等重大事项，国有出资人机构做出决定或向其委派股东代表做出指示前，应向同级人民政府报请批准

（四）绩效考核和薪酬激励机制改革

2003年和2004年，国资委相继出台了《中央企业负责人经营业绩考核暂行办法》和《中央企业负责人薪酬管理暂行办法》，开始对中央企业负责人薪酬与业绩考核结果挂钩，我国国有企业薪酬激励机制改革取得了实质性突破。2006年和2008年国资委又先后颁布《关于规范中央企业负责人职务消费的指导意见》《中央企业负责人经营合计考核补充规定》，进一步完善激励约束机制，规范企业负责人在职消费，增加了其透明度，同时在业绩考核中引入"行业对标"原则，业绩考核上以同行业的指标为标杆，通过业绩考核和薪酬激励促进国有企业提高竞争力。

二　外部治理机制的建立与健全

（一）股权分置改革

2004年1月国务院发布的《关于推进资本市场改革开放和稳定发展的若干意见》提出，资本市场发展应当有利于国有经济结构调整和战略性改组，加快非国有经济发展。为充分发挥资本市场对国有控股上市公司的约束，2005年4月29日，上市公司股权分置改革试点正式启动。8月23日，五部委联合颁布《关于上市公司股权分置改革的指导意见》，股权分置改革全面推开。截至2007年年底，深沪两市1298家上市公司中完成或已经进入股权分置改革程序的公司占应改革公司的98%，未完成的只有33家。[①]

（二）国有经济布局与结构战略性调整，进一步扩大市场竞争范围和发挥市场机制的作用

国有企业通过兼并重组、关闭破产、主辅分离、辅业改制和分离企业办社会职能、出售中小国有企业，优化国有经济布局与结构。1999—2007年，全国国有企业从198789家减少到115087家，年均减少4400家。全国共实施关闭破产企业5000家，安置职工1000万人。截至2007年年底，全国共有1299家大中型企业实施了主辅分离、辅业改制，分流富余人员233.8万人。中央企业通过分离办社会职能，向政府移交中小学、公检法机构1594个，移交在职人员5.9万人，退休教师近5万人。[②]

第六节　存在的问题

一　国有经济地位与职能方面存在的问题

第一，在国有企业改革的实际工作中，过分强调了国有企业的赢利职能，忽视了国有企业应承担的政策职能与战略职能。在国有企业改革推进过程中过分强调国有经济对关键和重要行业的控制力，而忽视了国有经济的带动力和影响力。在国有企业职能上，强化了赢利职能，弱化

[①] 张平主编：《中国改革开放：1978—2008》，人民出版社2009年版，第275页。
[②] 张平主编：《中国改革开放：1978—2008》，人民出版社2009年版，第17页。

了非竞争性领域国有企业的战略职能和政策职能。

在国有企业改革方法上，没有区分不同行业国有企业职能定位上的不同，而普遍采取了一刀切的股份制改革方式；在国有经济布局和结构调整上，强调国有企业的控制力，弱化了国有企业对整个经济发展的带动力。国有经济控制力主要是通过加强行业集中度、强化国有企业行业垄断地位来实现的。自国资委成立以来，共有 95 家（次）中央企业参与了 47 次重组，中央企业已由 196 家调整为 150 家。2006 年国资委颁布了《关于推进国有资本调整和国有企业重组的指导意见》，其指出国有经济对关系国家安全和国民经济命脉的重要行业和关键领域保持绝对控制力，包括军工、电网电力、石油石化、电信、煤炭、民航、航运七大行业，并计划到 2010 年，把中央企业数量重组到 80—100 家。[①] 国有经济集中不仅限于国务院所认定的关系国家安全和国民经济命脉的重要行业和关键领域，其他国有经济占支配地位的行业中国有经济集中度也在各级政府强有力的推动下不断提高。这就导致以下几个问题。

（1）过度集中不仅减少了所在行业国有企业之间的竞争，也提高了潜在民营资本进入的市场门槛，在缺乏有效竞争的市场条件下，国有企业改革也将难以为继。

（2）经济集中到一定程度就形成了规模经济效应，提高了国有企业的赢利能力，但国有企业核心竞争力并没有从根本上得到改善，许多大型国有企业仍然处于大而不强的境地。垄断行业国有企业赢利职能被强化，而应当承担的公共职能弱化了，导致垄断滥用，垄断行业改革滞后。国有企业大而不强主要集中在垄断行业。中国企业前 10 强分别是中石化、中石油、国家电网、工行、中国移动、建行、人保、中行、农行、中化集团。中国最赚钱的 10 家企业中，6 家是银行，3 家是能源，1 家是通信。高新技术企业、新兴能源企业偏少，国际品牌、跨国集团更少。不少 500 强企业的经营绩效凭借的多是资源红利和政策红利，而不是管理红利与技术红利。中国大多数企业依然以低成本优势处于全球产业链的低端。此外，8 年来，500 强的前 10 名始终被"国字号"垄断巨头盘踞。在 2009 年的 500 强榜单中，位列前 35 的都是国有企业，

---

① 国资委：《国有经济应保持七个行业的绝对控制力》，中央政府门户网站（www.gov.cn），2006 年 12 月 18 日。

民营企业寥若晨星。①

（3）国有企业在提升中国经济国际竞争力和高新技术上的先导作用职能没有实现。这表现在大而不强，技术创新能力没有得到根本改善，对我国提升经济国际竞争力、国民经济技术水平、国家技术创新能力等方面的带动力严重不足。科技部发布的《2006 年全国科技进步统计监测报告》也指出：国有企业自主创新机制不健全，自主创新动力不足；在现行国有企业绩效考核指标中，比较重视对国有资产保值增值等经济指标的考核，没有恰当的对企业技术创新的考核指标；国有企业尚未成为技术创新的主体；国有企业技术研发投入明显不足。这些都是国有企业在科技自主创新过程中亟待解决的问题。② 国资委官员也指出，2003 年，中国大中型国有工业企业技术引进经费总额为 56.7 亿元，消化吸收经费为 3.6 亿元，两项费用的比例是 1∶0.06，而韩国、日本企业引进技术和消化吸收费用的比例则是 1∶8—1∶5。时任国资委监事会主席季晓南认为，国有企业自主创新的动力机制不完善，科技投入不足。③ 2003 年，我国 4000 多家重点企业中，技术开发经费占销售收入的比例在 1% 以下的占 75%。企业的技术开发经费占销售收入的比例低于 1% 是很难长期生存的，世界 500 强企业一般是 5%—10%。目前，全国大中型国有企业中 71% 没有技术开发机构，2/3 没有技术开发活动。特别是航空设备、精密仪器、医疗设备、工程机械等具有战略意义的高技术含量产品 80% 以上尚依赖进口；即便一些国有企业引进了技术，但是消化吸收和二次创新能力明显不足。目前，我国国有企业引进国外技术资源的依赖程度比较高，在关键技术上的自给率低，对外技术依存度在 50% 以上（发达国家平均在 30% 以下，美国和日本在 5% 左右），高科技含量的关键装备基本上依赖进口。可以说，近年来，我国每年形成固定资产的上万亿设备投资中，60% 以上是引进的，而且引

---

① 姜虹：《中国 500 强：何日跨出大而不强的怪圈》，《中国工商时报》2009 年 11 月 17 日。

② 科技部：《国企面临提高自主创新能力的紧迫任务》，http：//www.qdhtz.gov.cn/n206250/n519273/n538768/32183.html，2007 年 2 月 1 日。

③ 《国资委官员：中国国企原始创新能力还很薄弱》，新华网（http：//www.gzw.dl.gov.cn/article/2005/1120/article_4417.html），2005 年 11 月 20 日。

进技术的结构极不合理。① 2002 年和 2003 年，国有大中型工业企业分别开展科技活动 97360 项和 30055 项，获得发明专利 1840 项和 1715 项，而同期外商投资大中型工业企业开展了 7332 项和 8375 项科技活动，却获得了发明专利 1118 项和 2031 项。2002 年和 2003 年，外商投资大型工业企业新产品销售收入占产品销售收入的比重分别高达 30.2% 和 35.0%，不仅远远高于国有大型工业企业的 8.9% 和 9.2%，也高于大中型国有独资工业公司的 19.9% 和 20.2%。

（4）国有企业的过度垄断抑制了国有企业技术创新能力的培育与发展，并进一步发展成为国有企业深化改革的阻力。张卓元认为，国有企业改革的一个主要教训就是垄断行业改革抓得不够紧，以至于既得利益固化，成为改革的阻力，包括设置过高壁垒阻挠竞争。② 中国人民大学教授邓荣霖认为："中国有些国有企业是垄断的，不是靠市场竞争自然形成的。甚至有些是国家给一些优惠政策，在国家的怀抱里抱大的。真正在市场上竞争做大，那才是强的。中国 500 强与世界 500 强确实有差距，差就差在只是大，不是真正的强。"③ 科技部中国科技促进发展研究中心主任王元认为，产业和行业的垄断特别是行政性垄断、缺乏竞争抑制了国有企业创新能力的发展。④ 季晓南认为，国有企业自主创新能力不强，主要是缺乏创新动力和科技投入动力。⑤ 缺乏动力的主要原因是，在一些行业中国有企业长期具有垄断地位，缺乏来自竞争的创新动力。⑥ 国有企业缺乏自主创新的竞争环境，政府在科技创新中的主导地位仍然没有得到彻底改变。⑦

---

① 《中国七成国企无研发机构，引进技术越引进越落后》，《中国经济周刊》2006 年 1 月 23 日。
② 张卓元：《国有企业改革尚在攻坚》，http：//www.drcnet.com.cn/DRCNet.Channel.Web/expert/showdoc.asp?doc_id=199770，2009 年。
③ 邓荣霖、刘纪鹏、宁向东：《中国国企从"抱大"到强大之路》，《时代周报》2009 年第 43 期。
④ 《中国七成国企无研发机构，引进技术越引进越落后》，《中国经济周刊》2006 年 1 月 23 日。
⑤ 《国资委官员：中国国企原始创新能力还很薄弱》，新华网（http：//www.gzw.dl.gov.cn/article/2005/1120/article_4417.html），2005 年 11 月 20 日。
⑥ 傅智能：《国企创新机制缺陷研究》，http：//www.hbsky58.net/pages/contentshow.asp?id=4183，2006 年。
⑦ 黄群慧：《如何促进国有大中型企业提高自主创新能力》，http：//www.nipso.cn/llysw/200805/t20080507_396686.html，2006 年。

第二,过分强调国有经济控制力,也为政府把本应由政府承担的宏观调控职能和公共管理职能转交给国有企业提供了借口。在抑制产能过剩、重复建设等宏观调控上和安全生产监督管理上,政府仍然习惯于通过行政指令手段而不是经济调控手段和建立在法治基础上的监管来履行其调控职能和公共管理职能。在许多行业领域,政府正通过国有化手段来取代政府调控职能和公共管理职能。政府通常以加强国有经济控制力、影响力和带动力为借口,强制推动某些行业内处于支配地位的国有企业或国有控股企业兼并或重组非公有制企业,如在煤炭产业领域,山西省为加强煤炭安全生产,由政府主导,通过政府权力推动国有或国有控股煤炭企业对全省煤炭企业进行重组和整合。

二 当前国有资产管理体制及资本经营预算管理体制存在的问题

第一,国有资产管理体制与国有企业承担职能的不匹配。这导致政企分开、政资分开、改革错位,与国有企业承担职能所要求的治理目标和治理结构的安排不匹配、不协调。(1)国务院把所有非经营性和非金融国有企业,包括承担政策职能和战略职能的国有企业都授权国资委履行出资人职责,但赋予国资委的职能就只有一个,即保障国有资产保值和增值,其出资人职能与这些企业应当承担的职能存在错位。《企业国有资产监督管理暂行条例》第13条、第14条和第15条关于国有资产监督管理机构的职责、义务规定都是要求国资委确保国有资产保值与增值,而对于如何确保国有企业承担的社会职能和战略职能落实,国资委不承担任何责任和义务,因此,国资委在推进国资本重组过程中就完全忽视了国有企业垄断强化对市场竞争的负面影响。(2)从国资委发布的《中央企业负责人经营业绩考核暂行办法》与《中央企业负责人薪酬管理暂行办法》的规定来看,在业绩考核指标和薪酬激励机制安排中都没有把国有企业的社会职能和战略职能包括在内,没有相应的考核目标和指标,也没有相应的激励安排。

第二,现行国有资本经营预算管理体制对于那些承担保持国有经济控制力责任的重要国有企业的预算约束基本上是无效的。按照现行国有资本经营预算管理体制,财政部负责预算编制与预算执行监督,而对于那些重要的国有企业,无论出资人监督,还是财政预算编制和执行监督都难以奏效,一个根本原因就是"太大而不能倒"。从实际执行情况来看,也没有能够有效消除垄断性国有企业资本预算约束软化带来的种种问题。(1) 预算软约束纵容了国有企业在投资和衍生品交易上过度冒险的行为。这表现在国有出资企业在房地产业不顾风险，频繁制造"地王"，在衍生品交易上巨额亏损等方面。(2) 大国有企业"太大而不能倒"逼迫政府向问题国有企业频频注资，而且由于操作不透明，缺乏有效监督。这不仅混淆了公共预算与国有资本经营预算，更严重的是进一步恶化了资本预算的软约束，扭曲了市场竞争机制。我国几次对银行、证券公司的大规模注资行动，以及最近对东航和国航等企业的注资行动，注资决策过程不透明，不仅没有经过人大审议，也没有向社会公开注资方案，对注资的原因没有向社会公众做出解释说明；尤其是如何对接受注资企业接受注资后的情况进行监督，如何对有关责任人员进行问责，一概没有向公众交代。(3) 投资无效率。"国有经济分布过宽、资源配置不合理，国有企业自主创新能力不足，一些企业耗能高、污染严重等问题没有得到根本解决。尤其值得注意的是，随着国有企业税后利润的大幅增加，一些企业盲目投资、重复建设的问题比较突出。从国民经济宏观层面看，国有企业利润留存规模的不断扩大，以及由此带来的大量投资，对全社会投资增长过快的驱动作用愈加明显。"① (4) 国有出资企业在职消费存在严重浪费问题。(5) 垄断行业国有出资企业过高的工资收入和福利问题长期得不到解决。财政部指出："（国有）企业的历史包袱逐步得到妥善解决，国有企业税后留利的大幅增加，对壮大国有经济实力，提高竞争力，发挥了重大作用。但是受资源、产业开放程度以及企业历史包袱轻重不同等多种因素的影响，不同行业之间的国有企业利润存在较大差异，国有企业职工收入水平差距较大。"②

第三，对于重要国有企业，新国有资产管理体制下政企分开、政资分开的改革目标难有可操作性。(1) 在国有资产监督管理机构层面上，监督与执行职责混同。在非金融类企业国有资产管理上，国资委到底是监督者，还是执行者？一是相关立法含糊不清，二是在国资委履行出资人职责方式上无法厘清行政监督行为与股东民事行为。《企业国有资产

---

① 黄群慧：《如何促进国有大中型企业提高自主创新能力》，http://www.nipso.cn/llysw/200805/t20080507_396686.html，2006 年。

② 财政部：《关于"改革国有企业利润分配体制建立国有资本收益管理制度"提案的答复（摘要）》。

监督管理暂行条例》和企业国有资产法对国资委的定性与地位的描述非常含糊，只说是国务院直属的特设机构，但到底是什么性质的特设机构，没有明确。这就导致对国资委的性质与地位的认识混乱。有研究表明，许多人目前仍然不清楚国资委的法律地位与性质，90%的国有企业仍然把国资委定位为政府部门，只有少数人认为国资委行使了出资人的职能。[①] 国资委自身的组织结构和职责履行也与政府部门无异，形成了一个庞大的官僚体系，对国有出资企业习惯于用行政手段来履行其出资人权利（发布行政指令，下达红头文件），而不是按照企业国有资产法和公司法的规定通过制定章程、委派股东代表行使表决权等方式来行使出资人权利。从国资委履行出资人职责、行使国有出资人权利的职能来说，国资委是执行者，是被监督对象，但国资委的行事方式却把自己当成了监督者。金融类企业国有资产管理监督也存在同样的问题，虽然国务院授权财政部履行监督职能，但实际上财政部目前仍然履行着许多国家出资的金融类企业的出资人职责。（2）从重要国有企业人事任免来看，在出资人职责履行上，政企仍然没有分开。一是在人事任免上，重要国有企业、国家出资的金融类企业都采取旧体制。重要国有企业，不仅独资企业和独资公司的董事、监事、高管人员完全由党组织提名、考核任命，而且国有控股上市公司的重要人事任免也实际上完全按党组织人事任免制度执行。履行金融类国有企业出资人职责的中投公司、汇金公司的董事会主要是由政府各部官员组成的。二是国有出资人直接负责企业人事任免，直接负责业绩考核和薪酬政策制定等本应由董事会负责履行的职责。[②] 重要国有企业由于承担了国家公共职能和社会职能，在政府监控不能有所松懈的情况下，单靠公司法的公司制度来实现政企分开和政资分开事实上是不可能做到的。（3）从重大事项的决策来看，按照企业国有资产法第 30 条、第 31 条、第 32 条、第 40 条、第 53 条

[①] 李博：《国有资产管理体制实证研究》，《经济纵横》2006 年第 8 期，转引自吕政、黄速建《中国国有企业改革 30 年研究》，经济管理出版社 2008 年版，第 299 页。

[②] 有学者将此种现象称为"董事会外部化"，本质上国资委对国有企业、国有独资公司甚至国有控股公司董事、监事任免权的垄断必然导致董事会职能与国资委职能重叠，这些企业董事会实际上成为国资委的派出机构，即便是引进外部董事制度，因为国有出资人垄断了外部董事的提名权和任免权，尤其是推行专职外部董事后，董事会与原来国有企业外派监事会、稽查特派员制度就没有什么本质上的区别。

以及《企业国有资产监督管理暂行条例》第22条、第23条、第24条的规定，国家出资企业重大事项、所出资企业投资设立的重要子企业的重大事项除了需要国有资产监督管理机构决定，还必须报同级人民政府批准。这也将国家出资企业董事会的权力虚化了。（4）从监督机制安排来看，政企分开也不具有可操作性和可行性。企业国有资产法规定了四种监督机制：一是各级人大常委会审议和执法检查；二是国务院和地方政府作为授权主体对国有资产监督管理机构履行出资人职责的监督；三是国家审计对国家出资企业的审计监督；四是社会监督，国务院和地方人民政府有义务向社会公开有关信息，接受社会监督。这些监督机制实际操作都必然影响到企业自主权，影响到企业其他产权主体的权益。从审计监督来看，其直接监督对象只能是重要的国家出资企业，即国家保持独资、控股的企业和公司，这种监督仍然属于行政监督的范畴，与公司法规定的外部审计监督在性质上有本质的区别。对于国有控股公司而言，审计监督就与公司法有关外部审计产生冲突。就企业国有资产法规定的各级人大执法检查、国务院和各级人民政府作为对其授权负责履行国有资产监督管理机构出资人职责的监督而言，如果不能直接对国家出资企业进行实际调查取证，这些监督就都无法落实。而如果直接对这些企业进行调查取证，则必然涉及与企业自主权和商业秘密保护冲突的问题。社会监督也存在同样的法律障碍，对于国有控股企业，向社会公开有关信息存在与企业商业秘密保护相冲突的法律问题，而有关企业和其他利益相关者则可能利用公司法和商业秘密保护对抗这种监督。

三　国有企业法人治理改革具体做法上存在的问题

第一，不区分国有企业的地位和所承担的主要职能，全面一刀切采取股份制改革，将全部国有企业推向市场，导致其承担的职能、国有资产管理、国有资本经营预算管理体制、人事任免等制度与按照公司法建立的法人治理在结构上不协调（如前所述）。全面推进股份制改革与国有企业承担不同职能需要采取不同的国有资产监督管理体制与资本预算管理体制存在冲突。如前所述，如果都采取产权多元化股份制改革，对于那些承担政策职能、战略职能的重要国有企业基于职能履行所采取的预算管理措施、监督措施必然与企业其他非国有权益追求利益最大化目标的持有者发生冲突，而如果这些企业完全追求盈利最大化则又与企业所必须承担的政策职能和战略职能发生冲突。

第二，目前国资委采取的是一刀切的考核标准和薪酬政策，在绩效考核与薪酬激励安排中，国有企业应当承担的政策职能、战略职能仍然没有被纳入考核范畴，更没有建立科学合理的绩效考核标准体系。没有区分不同国有企业所承担的不同职能，而是统一采取资产增值、利润等财务指标的绩效考核体系和建立在此基础上的薪酬激励机制，对于垄断性国有企业不但激励无效，反而增加了垄断行业改革的难度，牺牲了社会福利。企业职能多重性导致企业目标多元化，业绩绩效评价难度较大，尤其是对于企业目标多元化且目标不稳定的国有企业。[1] 不同行业国有企业承担的职能不同，其治理目标也应不同，而且有的职能可能是阶段性的，有的职能可能是永久性的。这就要求在绩效考核体系和薪酬政策上因企业而异。国有企业目标的非一元化特性与不确定性决定国有企业业绩考核体系和薪酬政策要充分考虑到其职能多样性、目标多重性以及职能与目标的可调整性，应适时做出调整。这些是国有企业治理与私有企业治理相区别的重要内容。[2]

第三，按照公司法构建的法人治理结构与国有资产监督管理机构出资人职责履行方式存在冲突，很容易导致国有出资人越位或错位。国资委作为政府部门所有者代表的是国有企业业绩评价的主体，公司法规定的董事会诸多职能，包括经营者任免、经营管理者的业绩评价和薪酬制度的决定等，都是由国资委负责。但如果让国资委单纯依靠股东表决权来监督国家出资企业，信息不对称会导致其难以有效履行出资人职责，其对国有资产管理就存在不到位的问题。而事实上，对于重要国有企业而言，国有出资人的治理是无效的，所谓管事、管人和管资产"三统一"根本就没有落实到位，因为国资委对这些重要企业人事任免根本不享有最终决定权。如对于东航、国航从事衍生交易造成的巨大亏损，中石化被曝在办公室装修等方面的铺张浪费，国资委作为出资人根本就没有采取任何问责行动。其中的一个主要原因就是国资委根本就不具备问责能力。

---

[1] 余菁：《国有企业法人治理结构问题研究：目标、治理与绩效》，经济管理出版社2008年版，第73页。

[2] 余菁：《国有企业法人治理结构问题研究：目标、治理与绩效》，经济管理出版社2008年版，第73页。

第四，集团母公司问题。我国许多大型国有企业集团在股份制改制过程中都是将优质资产剥离到新组建的股份制企业并改制上市，而把全部历史包袱、社会负担留到集团母公司。截至2006年，90%以上的集团母公司为国有独资企业，产权结构单一，企业历史遗留问题多，负担过重。① 一些大企业业务庞杂、主业不突出、辅业包袱重，子企业层级过多、数量过多，母公司对子公司失控，是企业效率低下、国有资产流失的重要原因。对于这些问题，需要着力加以解决。②

综上所述，作为转型国家和追赶型国家，我国国有企业不仅承担着一般企业实现出资人价值最大化的职能，更主要的是还肩负着维护社会主义性质、提升整个经济国际竞争力和技术创新水平、完善社会主义市场经济体制等主导职能。这些政策职能、战略职能因国有企业所处行业和领域以及我国实际所面临的国内外政治、经济环境而不同。国有企业所承担的职能是不同的，不区分各国有企业承担的主要职能和主要任务，而一刀切地采取单一改革模式，就必然导致所采取的管理体制和所选择的治理结构安排与其目标和职能定位不匹配，导致相应制度安排的无效。

第七节　深化改革的总体思路、主要任务、配套措施和实施步骤

一　改革总体思路

总结我国国有企业改革的经验和教训，必须根据不同国有企业在国民经济中的地位与职能，对国有企业进行分类改革、分类治理。在国有资产管理体制、国有资本预算经营管理体制、企业法人治理结构方面采取不同的改革模式，适用不同的治理准则。也就是说，对不同类别的企业，政府与企业关系也应有所不同，这体现为在政府对资本人事控制、

---

① 国资委：《国有经济应保持七个行业的绝对控制力》，中央政府门户网站（www.gov.cn），2006年12月。
② 《国资委负责人就〈关于推进国有资本调整和国有企业重组的指导意见〉答记者问》，http://www.sasac.gov.cn/n1180/n1566/n258252/n258659/1728074.html，2006年12月19日。

国有资本运营、资产管理与监督、国有资本预算收支管理、监督机制以及企业法人治理结构安排、适用治理准则上都要与该类企业承担的职能相适应，有所区别（见表 1-3）。

表 1-3　　　　　　　　　　　　分类改革思路

企业分类	第一类	第二类	第三类
职能定位	政策职能	战略职能（国家安全、国际竞争与宏观调控）尤其是在重大和基础技术研发、科技成果转化、科技人才培养方面发挥其带动和引导职能，为公有制与非公有制经济产业升级、结构优化提供技术平台的支持	赢利职能（国有资产增值与保值）
治理目标	(1) 第一位目标：社会公共利益最大化（保障国计民生，实现社会主义优越性）。 (2) 第二位目标：国有资产保值与增值	(1) 第一位目标：保障国家安全，提升国家整个经济的国际竞争力，国内经济均衡发展，引领技术创新等战略目标的实现。 (2) 第二位目标：国有资产增值与保值	(1) 第一位目标：出资人价值最大化。 (2) 第二位目标：社会责任
产业布局	公用事业、自然垄断行业。进入其他非公用事业、非自然垄断行业及其经营范围、资本预算收支受到严格限制	资本密集型和技术密集型产业；民营资本不愿进入或没有能力进入，但基于国际、国内政治经济环境，出于国家战略和宏观调控需要而必须由国家进行投资的产业，一旦竞争格局形成，则适时退出	竞争性行业
法律地位	公法上的公法人	两种选择：(1) 特殊目的的公法人。(2) 公司法上特殊目的的项目公司。根据具体情况和需要来选择组织形态和治理结构	私法人

续表

企业分类	第一类	第二类	第三类
适用的主要法律	公共企业法与公用事业监管法。市场准入、运营、产品、服务质量及市场退出都受到严格监管	设立、运营、改制和退出都专案处理，通过专门特别立法来规范	适用普适一切市场主体的普通法和企业国有资产管理法
法人治理结构特点	(1) 由于不存在充分有效的外部竞争，治理以内部治理机制和监管为主。这就要求政府更多直接干预和监督。因此，政企分开、政资分开难度大，不宜一味提倡。外部约束主要是消费者监督，因此，提高其运营公开透明度，可以有效弥补外部治理机制缺失的缺陷。 (2) 内部治理结构也可以采取类似公司法人的董事会、首席执行官等。但董事会职责与构成和公司法人有本质区别，董事会成员可以视情况安排，由政府任命的和公众推举的消费者代表组成。 (3) 绩效考核以社会效益指标为主，兼顾经济效益目标。 (4) 政府任命的董事和管理人员纳入公务员体系管理，其薪酬激励机制安排与公务员基本相同，主要以政治奖励为主、经济激励为辅	可以根据具体项目、具体目标和具体需要而选择是采取公法人还是私法人治理结构。 当此类企业完成其战略职能和目标，没有必要存在的时候，就实行市场化改制，不能实行市场化改制的由政府负责进行处置	(1) 充分有效的外部竞争能够实现政企分开、政资分开，治理安排应该是内部治理与外部治理协调并重。 (2) 按照公司法和证券法等要求构建规范的内部治理结构。 (3) 人事任免完全市场化。 (4) 绩效考核也完全以经营业绩指标为准。 (5) 薪酬激励也完全市场化

二 主要任务

下一阶段国有企业改革主要任务有两个：

第一，推进和加快垄断行业国有企业改革，打破行政性垄断，消除垄断滥用对非公有制经济的排挤效应，深化和完善市场经济体制。

第二，建立和完善激励机制，充分发挥国有企业在高新技术、基础技术和关键技术的投入与研发等方面的先导作用，对非公有制经济的带动、引导和促进作用；在提升国有企业核心竞争力的同时，能够带动非公有制经济的技术水平提高和产业升级，遏制非公有制经济领域"洋进民退"；落实党的十七大精神，保障国家经济安全和促进市场经济体制完善，形成一个各种所有制经济共同发展、平等竞争、相互促进、良性互动的新格局。

三 配套措施

第一，完善社会主义市场经济体制，逐步剥离和调整国有企业目前的某些政策职能和战略职能，从根本上减少国有企业行政性垄断。例如，国有企业在国家安全保障、技术创新方面的先导性和战略职能，主要通过政府宏观调控、公共治理来实现，而不是由国有企业来承担。同时，落实和加强促进非公有制经济发展的各种政策，促进非公有制经济的发展，提升我国整体经济实力和国际竞争力，通过企业社会责任的提升来实现目前国有企业承担的保障国计民生、促进技术创新等政策职能和战略职能。

第二，落实和完善促进非公有制经济发展的各种政策，促进非公有制经济发展。只有实现多种所有制经济共同发展、平等竞争，混合所有制经济和股份制才可能成为实现以公有制为主体和国有经济发挥主导作用的主要形式。如果不能破除国有经济的不当垄断，不能为非公有制经济创造平等竞争的条件，那实现多种所有制经济共同发展、平等竞争就是一句空话，所谓混合所有制经济也只能是民营资本无奈的选择，其最终将导致许多行业和领域有效竞争的消失。

第三，目前国有资产管理体制与资本经营预算管理体制暴露出来的诸多问题主要集中于非竞争性领域的国有企业，本质上仍然是政资不分、国有出资人不到位、缺乏有效监督所致。对于承担国有经济主导作用的国有企业而言，其承担的政治职能决定了市场机制对它的约束不起作用。由于承担了主导作用的政治职能，国有企业必须在这些行业和领域保持绝对控制力，这就导致资本约束软化，原因是无论这些企业面临任何问题，国家都必须出手相助，不可能放弃不管。而由于这些企业处于垄断地位，缺乏外部有效竞争，建立在市场机制基础上的绩效考核与激励约束机制对于这些企业是无效的；从国有出资人层面来说，所谓"管事、管人和管资产"三结合在这里就行不通，出资人在企业人事任免上的表决权就失效了。因此，对于关系到国民经济命脉和国家安全领域的国有企业，市场约束是薄弱的，出资人治理是无效的，现行国有资产管理体制和资本预算对它们的约束都是不充分的。对于这部分非竞争领域的国有企业，必须针对它们所承担的特殊政治职能通过特别立法，建立起特殊的国有资产管理体制和资本经营预算体制，要求它们履行更高的信息披露标准，更加公开透明地接受全社会监督，对它们的经营业务范围、投融资、薪酬激励安排、资本预算收支等采取更为严格的监管标准。

第四，建立健全国有资产管理和资本经营预算管理监督机制。一是要保障公众知情权，加强国有资产管理和国有资本经营预算管理的公开透明度；二是要建立和完善对国有出资人职责履行的监督。从国有资产全民所有的性质来说，国务院、各级人民政府及其授权履行出资人职责的国有资产监督管理机构都应该是被监督的对象，但目前它们都成了监督者，对它们没有相应的监督机制。公开透明是公众能够参与监督、防止国有出资人渎职和道德风险最有效的防范机制，而当前国有资产管理和资本经营预算管理监督最薄弱的环节就是公众知情权得不到有效保障，在国有资产管理和资本经营预算管理上许多重大事项公开透明度不够，公众监督权无法落实和保障。

第五，严格区分国有资本经营预算与公共预算，硬化国有资本经营预算对国有出资企业的约束，杜绝一切对预算外国有出资企业的政府补贴和变相补贴。

第六，国有资本经营预算应把促进多种所有制经济共同发展、公平竞争和相互促进作为其目标，完善社会主义市场经济体制，为国有企业改革创造良好的外部治理环境。

第七，加快政府职能转变，提高政府宏观调控能力和公共治理能力，完善社会主义市场经济体制，尽可能减少国有企业承担的政治职能与公共职能，优化国有经济布局和结构，让更多行业和领域中的市场机制能够发挥作用，实现对国有企业的优胜劣汰。

四 实施步骤

第一，成立由国务院统筹安排的专家小组，对存量国有企业在整个国民经济中的地位与履行职能的情况进行甄别分类，并结合国际和国内政治经济环境，明确各国有企业应当承担的职能，并根据职能定位对国有企业进行分类，确定各类国有经济在国民经济中的布局和结构定位以及未来改革的方向。

第二，加快垄断行业改革。对垄断行业的国有企业按照其承担的职能进行甄别拆分，把同一集团中的自然垄断性国有企业与竞争性国有企业进行拆分。把自然垄断行业的国有企业划分到第一类企业，非自然垄断行业的则视具体情况分别划分到第二类企业和第三类企业。

第三，对于第一类企业，以行业为基础制定专门法，将此类行业国有企业改制为非营利的公法人，按照公法人治理结构要求建立健全其法人治理结构，严格限制其经营范围，严格其资本预算约束以防止国有资产流失，加强成本与定价监管，以社会效益最大化为其治理目标。

第四，对于第二类企业则采取新企业新办法、老企业老办法。新设立的第二类企业，先立法后设立企业，通过专门立法明确其职能定位、使命和经营范围，规范此类企业资产管理体制、预算收支管理体制，明确其法人治理结构安排、治理准则和行为规范。已经在位的企业，对于其职能、国有资产管理体制、资本经营预算管理体制、日常经营管理与公司法规定的治理结构安排不匹配、不协调的，通过专门立法对其进行改制，采取公法人治理结构，按照公法人治理结构要求构建国有资产管理体制和国有资本经营预算管理体制。采取公司制，运行良好，不与其承担职能相冲突的第三类国有企业，则继续保持现状。

第二章　国有企业产业结构与布局调整研究*

国有企业改革一直是我国经济体制改革的中心环节，国有企业的发展关系到整个国民经济大局。进入21世纪以来，伴随着国有资产管理体制的完善以及国有经济战略性的调整，国有经济的产业格局出现了重大变化。本章围绕着国有企业产业调整的现状展开研究，在界定国有企业定位和职能的基础上，利用统计数据分析国有企业在2003—2008年的产业变化，探讨国有企业存在的问题以及未来国有企业的产业改革方向。

第一节　国有企业产业定位和功能

在国家政策方面，从1996年开始，关于国有企业的产业定位和职能已经成为国有企业体制改革的重点，这一时期大体经历了三个阶段。

第一阶段，原则性意见期。1996年党的十四届五中全会制定国民经济和社会发展第九个五年计划和2010年远景目标时就给出了一个原则性意见，"要着眼于搞好整个国有经济，通过存量资产的流动和重组，对国有企业实施战略性改组"。1997年9月党的十五大报告在继续强调"要着眼于搞好整个国有经济，抓好大的，放活小的，对国有企业实施战略性改组"的同时，首次明确提出"要从战略上调整国有经济布局。对关系国民经济命脉的重要行业和关键领域，国有经济必须占

---

* 本章为2009年国家发改委经济体制综合改革司委托课题"国有企业改革研究"项目之"国有企业产业结构与布局调整研究"部分。课题主持人余晖，课题组成员为贺绍奇和周耀东。本部分由周耀东执笔。

支配地位"。

第二阶段,指导性意见期。1999年9月,党的第十五届中央委员会第四次全体会议通过了《中共中央关于国有企业改革和发展若干重大问题的决定》,进一步明确指出,要增强国有经济在国民经济中的控制力;从战略上调整国有经济布局和改组国有企业。这次会议把应保留国有经济的"重要产业和关键领域"明确为"涉及国家安全的行业,自然垄断的行业,提供重要公共产品和服务的行业,以及支柱产业和高新技术产业中的重要骨干企业",同时要求:"从战略上调整国有经济布局,要同产业结构的优化升级和所有制结构的调整完善结合起来,坚持有进有退,有所为有所不为。"

第三阶段,实施性意见期。2006年国资委正式颁布《关于推进国有资本调整和国有企业重组的指导意见》,明确界定了国有企业涉及的主要行业和发展层次。此后各年的政府工作报告均对国有企业的改革提出了指导性的意见,明确指出对于军工、石油和天然气等重要资源开发及电网、电信等基础设施领域的中央企业,国有资本应保持独资或绝对控股;对以上领域的重要企业和民航、航运等领域的中央企业,国有资本保持绝对控股;对于石化下游产品经营、电信增值服务等领域的中央企业,应加大改革重组力度,引入非公经济和外资,推进投资主体和产权多元化。同时,国有经济对基础性和支柱产业领域的重要骨干企业保持较强控制力,包括装备制造、汽车、电子信息、建筑、钢铁、有色金属、化工、勘察设计、科技等行业。这一领域国有资本比重要降低,国有经济影响力和带动力要增强。其中,机械装备、汽车、电子信息、建筑、钢铁、有色金属行业的中央企业要成为重要骨干企业和行业排头兵企业,国有资本在其中保持绝对控股或有条件的相对控股;对于承担行业共性技术和科研成果转化等重要任务的科研、设计型中央企业,国有资本保持控股。

早期学术界关于我国国有经济战略定位和职能的讨论大致分为两类观点:一类是从我国经济发展过程特别是国有经济改革过程出发,从实证角度指出了国有经济应当具有的功能及其产业分布,认为国有经济应发挥更大和更多的功能;另一类则从经济学理论出发,从规范的角度论证了我国国有经济的性质、功能及其产业定位,更倾向于国有经济仅承担"弥补市场失灵"的功能。总体来看,大多数学者都同意国有经济应当从竞争性产业领域收缩或退出，而进入外部性较强的领域，承担更多的社会功能；国有经济作为政府调控经济的一个工具，要重点对战略资源、战略产业和战略技术实施控制。

2006 年指导意见出台之后，学术界对于国有经济涉及的领域和控制力问题的争论比较激烈。核心的争论是国有经济涉及的领域是否过宽，抑制了市场资源配置的作用？这些领域是否都属于自然垄断、国家安全和公共产品领域？这些领域的国有控制力是否等同于垄断？是否需要市场竞争机制发挥竞争作用？如何实施和有效激励约束控制力？这些问题的核心与国有企业定位与职能认识模糊有关，特别是关于在我国目前和未来 20 年发展中，国有企业应该扮演的角色和发挥的作用。

本书认为这些争论实质上是关于国有企业的产业定位和职能问题，尽管在理论和政策层面上都不否认经济功能和社会功能是国有企业承担的两项重要职能，但在不同历史发展阶段中这两项职能的具体实现仍然各有不同。所谓"重要产业、关键性产业、国家安全、自然垄断行业以及公共产品"等领域所涉及的内涵过于模糊，客观上造成了国有企业产业定位的模糊性，这为此后难以对国有企业产业结构调整状况进行客观公正的评价埋下了伏笔。

第二节 国有企业产业结构布局与调整

根据上述认识，本节重点针对国有企业在 2003 年以后产业布局和调整的状况进行了数据分析。由于难以获得第三产业国有经济等方面的相关数据资料，我们以第二产业为主要分析对象，所有的数据样本均来自相应年份的《中国统计年鉴》，以保证数据来源的权威性。

一 现状

从统计年鉴来看，第二产业包括了采掘业、轻工业、重工业、机械制造以及公用事业等 39 个行业部门。自 1998 年以来，国有企业的产业变化特点主要表现为企业数目快速减少，单个企业资产和总产值能力迅速增加，企业赢利能力总体有所上升，资产负债率有所下降，国有企业在传统的产业集中领域保持不变（如采掘业、重工业和公用事业），在原来较为集中的领域（如机械制造业）比重有所下降。

(一) 总体现状

从总体状况来看，企业数目大大减少，单个企业的综合实力有了明显的增强，企业的赢利能力有了较为明显的改善。

单纯就数量来说，国有工业企业数目大大减少，由1998年的64737家减少到2008年的21313家，下降了2/3，但资产总额和工业总产值却迅速提高，资产总额从1998年的74916.27亿元，增加到2008年的188811.37亿元，提高了1.5倍，工业总产值也从1998年的33621.04亿元，增长到2008年的143950.02亿元，提高了3倍多，具体如图2-1所示。

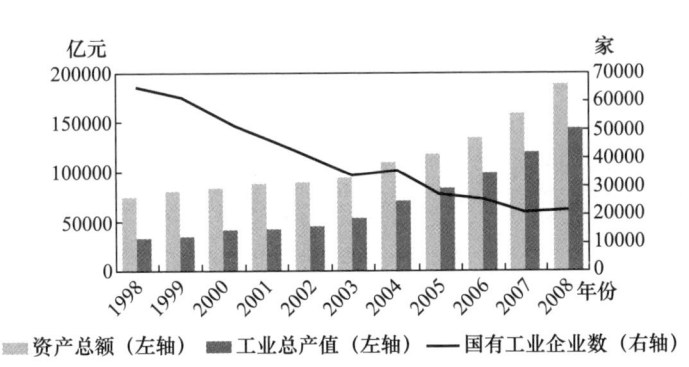

图2-1 1998—2008年我国国有工业企业数、工业总产值和资产总额情况

从与全部规模以上企业相比来看，我们以企业数目、工业总产值、利税总额、从业人数与资产总额为指标，列出1998—2008年这些指标的变化，见表2-1。可以发现，国有企业在第二产业总体系中的比重逐步下降。企业数目从1998年占全部企业的39.22%下降到2008年的5.00%，工业总产值占比从1998年的49.63%下降到28.37%，资产总额占比从1998年的68.84%下降到2008年的43.78%，利税总额占比从1998年的61.05%下降到2008年的36.15%，从业人员占比也从1998年的60.49%下降到2008年的20.30%，其中企业数目占比下降最快，降幅达到了87%，从业人数占比也有了66%的降幅。所有指标的下降表明国有企业在整个第二产业的控制力与支配力方面正明显地减弱。

在全社会固定资产投资方面，国有经济的投资比例也在逐步下降，从1995年超过50%下降到2008年接近30%的比重,与此同时,以私人经济、联营、股份制等为主体的企业投资在2003年以后迅速上升,目前总共超过了60%的水平,如图2-2所示。

表2-1　1998—2008年第二产业国有企业占全国企业的主要指标

年份	国有企业数（家）	占规模以上工业企业比例（%）	工业总产值（亿元）	占规模以上工业企业比例（%）	资产总额（亿元）	占规模以上工业企业比例（%）	利税总额（亿元）	占规模以上工业企业比例（%）	从业人数（万人）	占规模以上工业企业比例（%）
1998	64737	39.22	33621.04	49.63	74916.27	68.84	3371.03	61.05	3747.78	60.49
1999	61301	37.83	35571.18	48.92	80471.69	68.80	4079.10	60.87	3394.58	58.48
2000	53489	32.84	40554.37	47.34	84014.94	66.57	5878.97	61.80	2995.25	53.88
2001	46767	27.31	42408.49	44.43	87901.54	64.92	6047.71	58.69	2675.11	49.16
2002	41125	22.65	45178.96	40.78	89094.60	60.93	6615.27	55.03	2423.63	43.90
2003	34280	17.47	53407.90	37.54	94519.79	55.99	8451.64	53.24	2162.87	37.62
2004	35597	12.88	70228.99	34.81	109708.25	50.94	10889.68	50.75	1973.20	29.80
2005	27477	10.11	83749.92	33.28	117629.61	48.05	12739.86	48.40	1874.85	27.19
2006	24961	8.27	98910.45	31.24	135153.35	46.41	16028.44	47.20	1804.00	24.52
2007	20680	6.14	119685.65	29.54	158187.87	44.81	19988.81	43.86	1742.99	22.13
2008	21313	5.00	143950.02	28.37	188811.37	43.78	19714.99	36.15	1794.10	20.30

注:数据经四舍五入处理。下同。

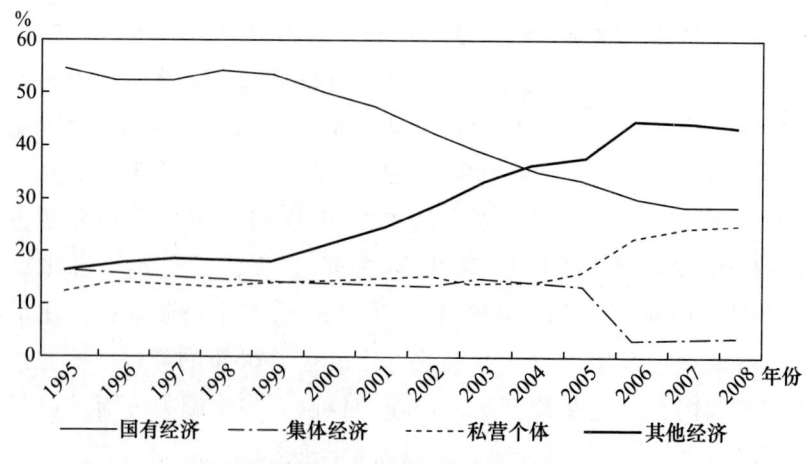

图2-2　1995—2008年全社会固定资产投资各类型经济占比

(二) 分布

产业结构和布局调整是 2003 年以来国有企业体制改革的战略重点。为便于分析和判断,我们以从业人员、总产值和资产占全国的比重为市场份额指标,建立了国有经济市场控制程度表,如表 2-2 所示。

表 2-2　　　　　　　　国有经济市场控制程度

国有经济占全部行业的比重(%)	市场控制程度
0—20 (不含,下同)	不控制
20—40	弱控制
40—60	一般控制
60—80	强控制
80—100	垄断控制

垄断控制表明该行业中国有企业的国有资产比例或产值比例、从业人员比例在 80% 以上,显示出该行业已经基本为国家所有,国有企业对该行业具有完全的权威和话语权。

强控制表明该行业中国有企业的国有资产比例或产值比例、从业人员比例在 60%—80%,有很强的控制力。国有企业在资产、产值或者人员上占有相当的优势,因此,该行业也很容易为国家所控制,国有企业在行业内具有很强的权威和话语权。

一般控制表明该行业中国有企业的国有资产或产值、从业人员的比例为 40%—60%,有较强的控制力。国有企业的资产、产值或者从业人员基本占有行业一半的市场份额,因此,国有企业也能够在一定的竞争压力下体现出一定的竞争优势,有较强的权威和话语权。

弱控制表明该行业中的国有企业的国有资产或产值、从业人员的比例为 20%—40%,有一定的控制力,但受到其他主体的竞争,有较强的竞争压力,行业权威和话语权受到抑制。

不控制表明该行业中的国有企业的国有资产或产值、从业人员的比例为 0—20%,基本上没有控制力,国有企业面临其他主体强大的竞争压力,没有行业权威和话语权。

根据 2003 年与 2008 年相关数据的对比,国有经济第二产业资产集中度分布如图 2-3 所示。从资产指标的市场结构变化来看,处于资产集中度比较高的行业2003年与2008年最大的变化是煤气生产业和其他采矿业从原来的占比在80%以上有了一定程度的下降，其他行业如烟草、石油开采和冶炼、煤炭开采、黑色金属加工、水等行业并没有很大的变化。① 垄断控制和强控制领域主要集中于资源型行业（石油、煤炭）、自然垄断的公用事业部门（电力、水）和特许权产业（烟草）。一般控制领域主要集中于重加工业与交通设备制造业，包括黑色金属冶炼及压延加工业、有色金属冶炼及压延加工业、有色金属矿采选业、燃气生产和供应业、交通运输设备制造业等。

资产占比增减情况见图2-4。与2003年相比，资产占比下降最快的行业主要有其他采矿业，非金属矿采选业，燃气生产和供应业，化学纤维制造业，医药制造业，木材加工及木、竹、藤、棕、草制品业，黑色金属矿采选业，专用设备制造业，饮料制造业等11个行业，降幅均超过了20%，从增长情况来看，烟草、电力、工艺品制造和废弃资源加工等行业比重有所上升，其中废弃资源加工上升超过了20%；2003—2008年，集中率变化不超过增减5%的行业有纺织服装、皮革、石油开采、烟草、电力、工艺品制造等，表明这些行业国有企业的资产集中度保持稳定。2003年与2008年国有企业资产占比的市场结构分布情况参见表2-3。

表2-3　　　　国有企业资产占比的市场结构分布

国有经济比重（%）	控制层次	资产占比的市场集中度		
		2003年		2008年
80—100	垄断控制	烟草制品业	煤炭开采和洗选业	其他采矿业
				烟草制品业
		电力、热力的生产和供应业	燃气生产和供应业	石油和天然气开采业
		石油和天然气开采业	水的生产和供应业	电力、热力的生产和供应业

---

① 为表达简便，这里描述的仅是行业的大概情况（简称），行业细分情况（全称）具体参见相应图表。下同。

续表

国有经济比重（%）	控制层次	资产占比的市场集中度		
		2003年		2008年
60—80	强控制	石油加工、炼焦及核燃料加工业	非金属矿采选业	水的生产和供应业
		黑色金属冶炼及压延加工业	有色金属冶炼及压延加工业	煤炭开采和洗选业
		交通运输设备制造业	有色金属矿采选业	石油加工、炼焦及核燃料加工业
40—60	一般控制	饮料制造业	黑色金属矿采选业	黑色金属冶炼及压延加工业
		通用设备制造业	化学纤维制造业	燃气生产和供应业
		医药制造业	专用设备制造业	交通运输设备制造业
		化学原料及化学制品制造业		有色金属冶炼及压延加工业
				有色金属矿采选业

总产值占比见图2-5。处于总产值占比集中度较高的行业由原来六家（烟草、石油采选、石油加工、电力、水、其他采矿业）变为2008年的三家（烟草、石油采选和电力），其他采矿业下降最快，2008年已经演变为不控制的行业部门，石油加工与水的生产比重略有下降，转变为强控制的行业部门。2003年的强控制部门均在2008年转变为一般控制部门，包括煤炭采选、燃气生产和交通运输设备制造等部门，2003年的一般控制中有色金属采选和冶炼已经转为弱控制部门。

总产值占比增减幅度见图2-6。降幅最大的仍然是其他采矿业，达到83%，除此之外还有九个行业降幅超过15%，包括医药业、饮料、燃气、黑色金属冶炼、煤炭采选、交通运输设备制造、化学原料、非金属矿采选与水的生产等。集中度有所上升的有烟草、石油采选、电力与废弃资源加工，其中废弃资源加工上升比例最大，为8.39%。增减变化不超过5%的行业有电气制造、塑料、金属制品、纺织服装、文教制造、仪器仪表、家具、皮革、工艺品、烟草和石油采选等，表明这些行业国有企业的生产能力比较稳定。2003年与2008年国有企业总产值占比的市场结构分布具体见表2-4。

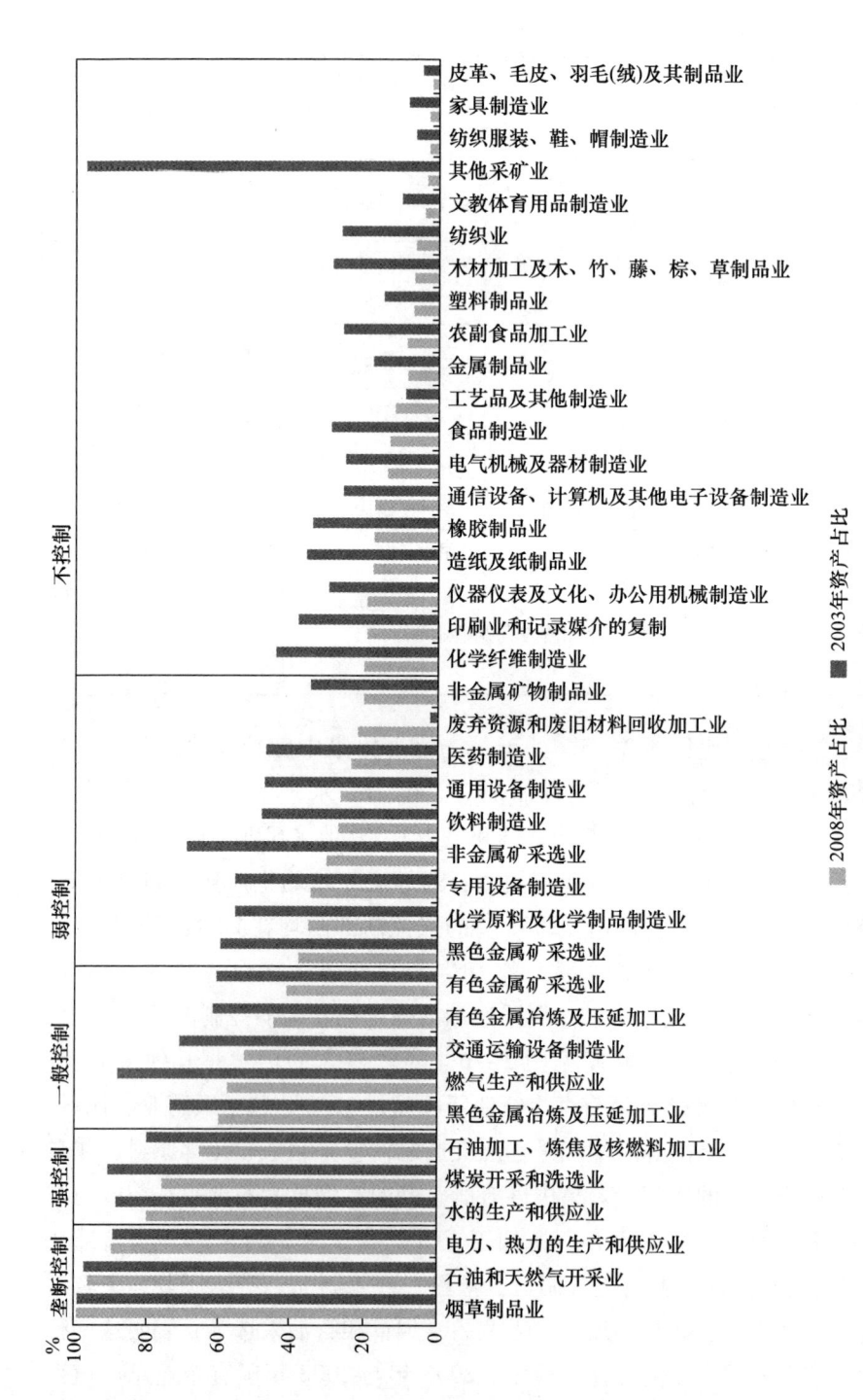

图 2-3 2003 年和 2008 年国有经济第二产业资产集中度分布

图 2-4 2003年和2008年国有经济第二产业资产占比的集中度变化

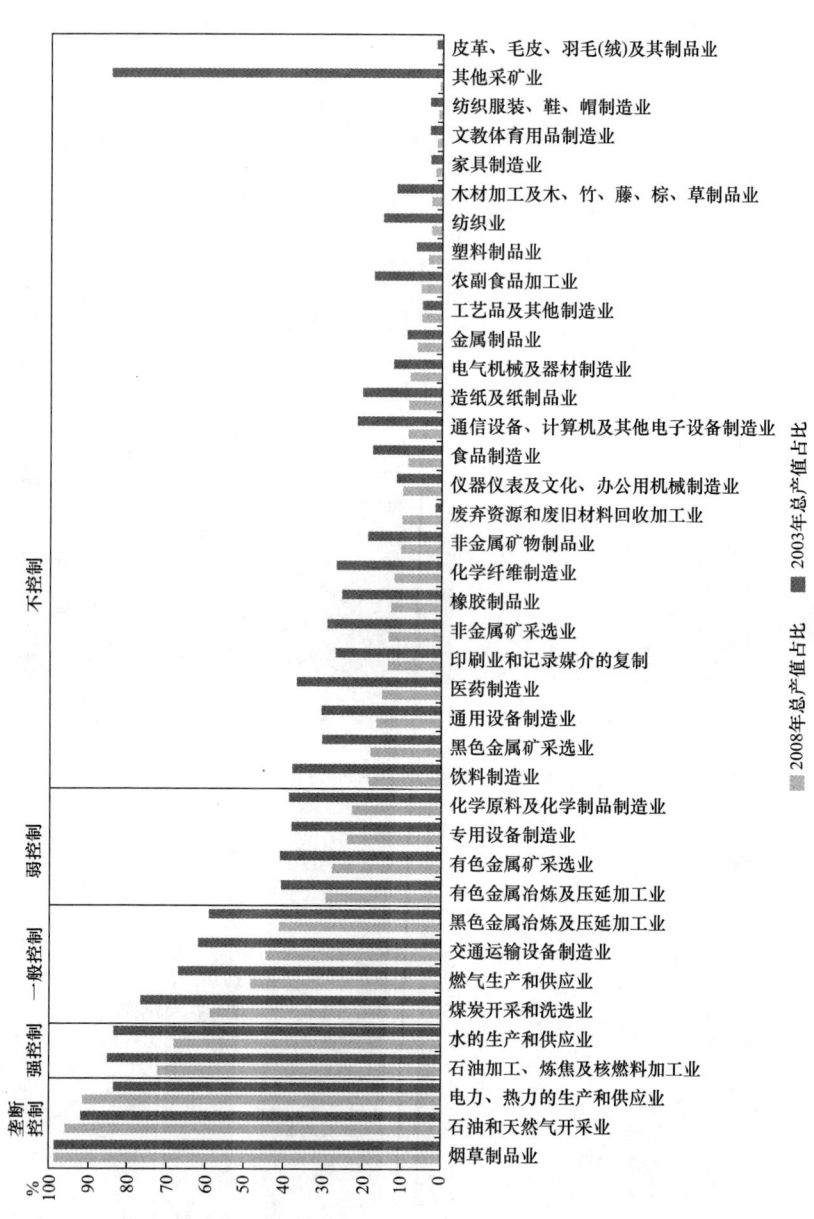

图 2-5 2003 年和 2008 年国有经济第二产业总产值集中度分布

图 2-6 2003 年和 2008 年国有经济第二产业总产值占比的集中度变化

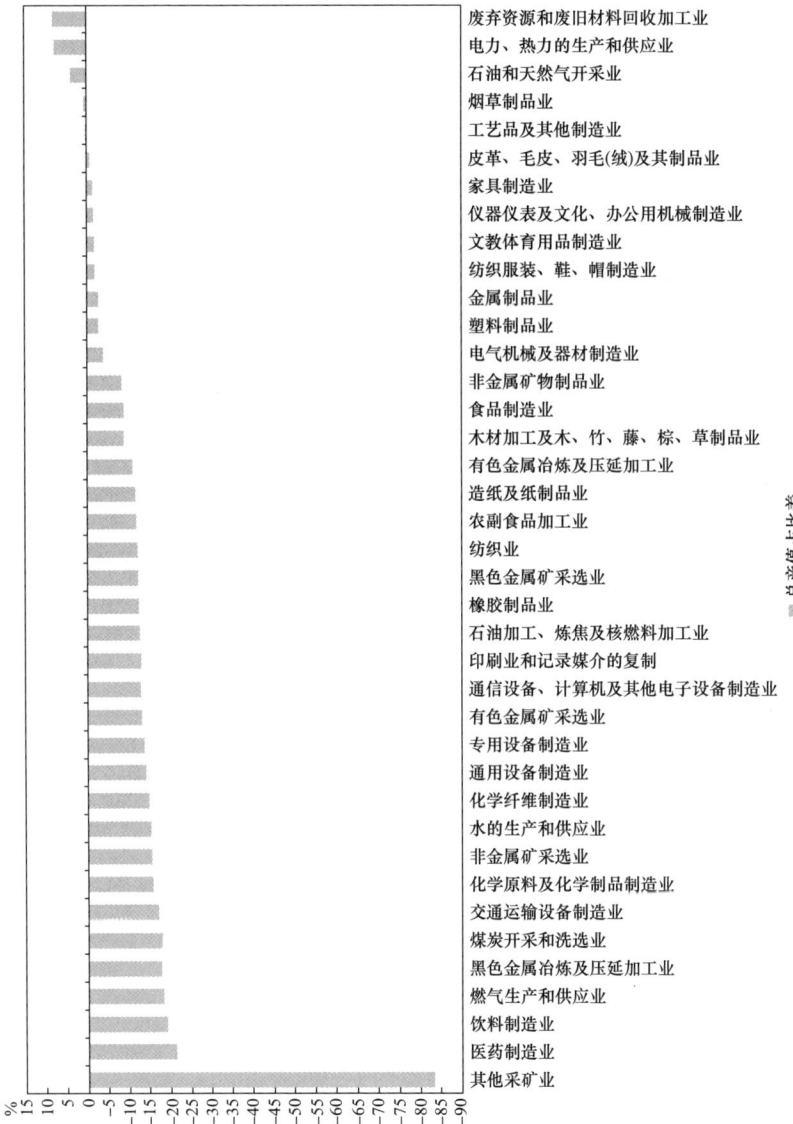

表 2-4　　国有企业总产值占比的市场结构分布

国有经济比重(%)	控制层次	总产值占比的市场集中度			
		2003 年		2008 年	
80—100	垄断控制	其他采矿业	烟草制品业	烟草制品业	电力、热力的生产和供应业
		电力、热力的生产和供应业	石油和天然气开采业	石油和天然气开采业	
		水的生产和供应业	石油加工、炼焦及核燃料加工业		
60—80	强控制	煤炭开采和洗选业	交通运输设备制造业	石油加工、炼焦及核燃料加工业	水的生产和供应业
		燃气生产和供应业			
40—60	一般控制	黑色金属冶炼及压延加工业	有色金属冶炼及压延加工业	煤炭开采和洗选业	交通运输设备制造业
		有色金属矿采选业		燃气生产和供应业	黑色金属冶炼及压延加工业

国有经济从业人员占比指标所形成的市场集中度如图 2-7 所示。2003 年处于高集中度的行业有七个，主要涉及烟草、煤炭、石油采选、电力、水、燃气和其他采矿业，2008 年为四个，主要涉及烟草、石油采选、电力和水的生产行业。煤炭降为强控制领域，燃气降为一般控制领域，其他采矿业降为不控制领域，表明在高集中度的行业中，燃气、其他采矿业等领域的从业人员结构变动较大。2003 年的强控制领域，黑色金属冶炼和石油加工在 2008 年均降为一般控制领域，一般控制领域涉及的九个行业全部转为弱控制领域，表明 2003—2008 年这些行业成为国有企业从业人员调整的主要对象。

国有经济从业人员占比集中度增减幅度如图 2-8 所示。2003—2008 年降幅超过 20% 的行业有 15 个，其中其他采矿业的从业人员占比降幅最大，为 89.53%，其余为燃气、专用设备、非金属采选、有色金属采选、黑色金属采选、饮料、化学原料、交通运输设备制造、医药、通用设备制造、有色金属冶炼、农副食品加工、黑色金属冶炼和纺织业

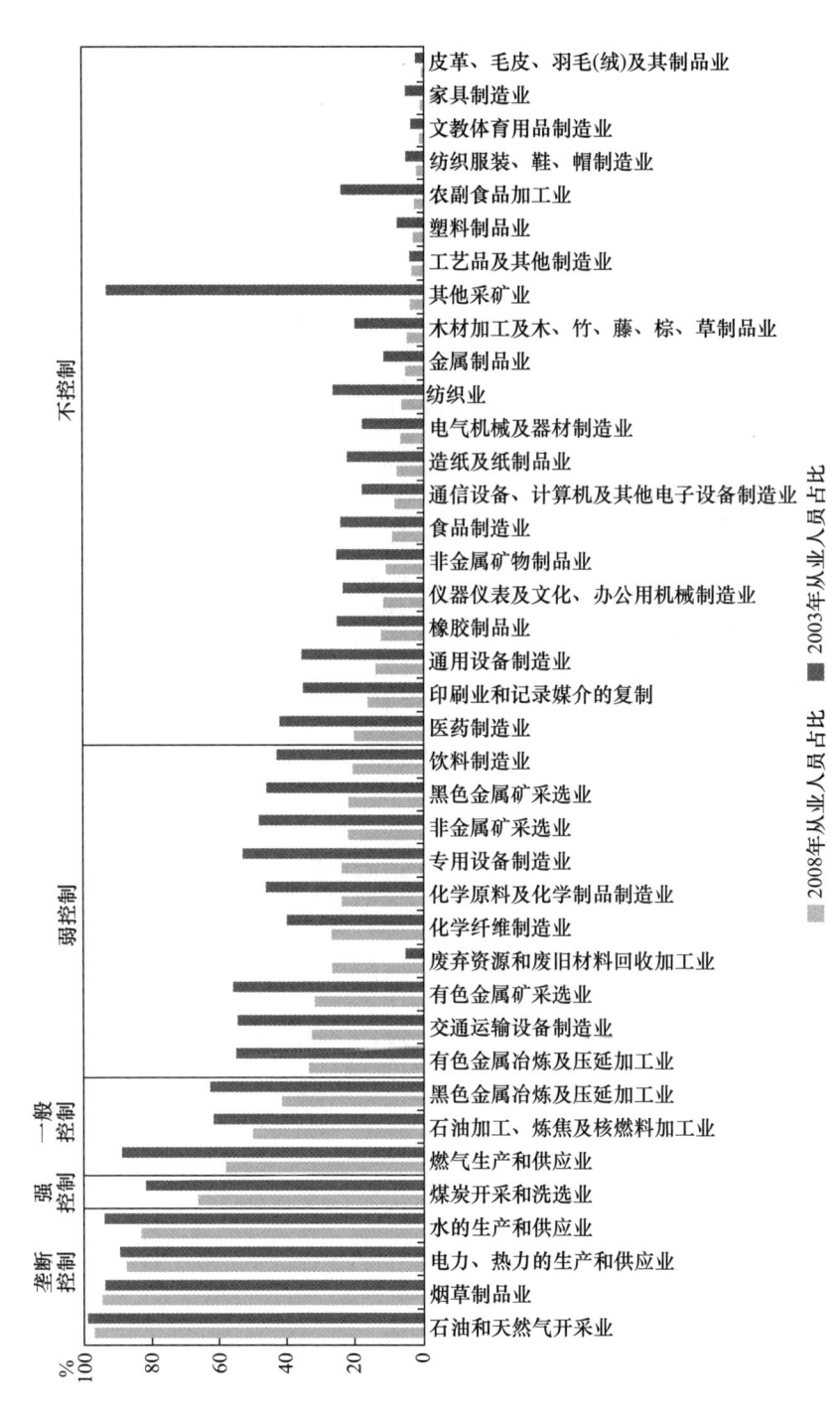

图 2-7 2003 年和 2008 年国有经济第二产业从业人员集中度分布

54 | 第一篇 国有企业体制改革与布局调整

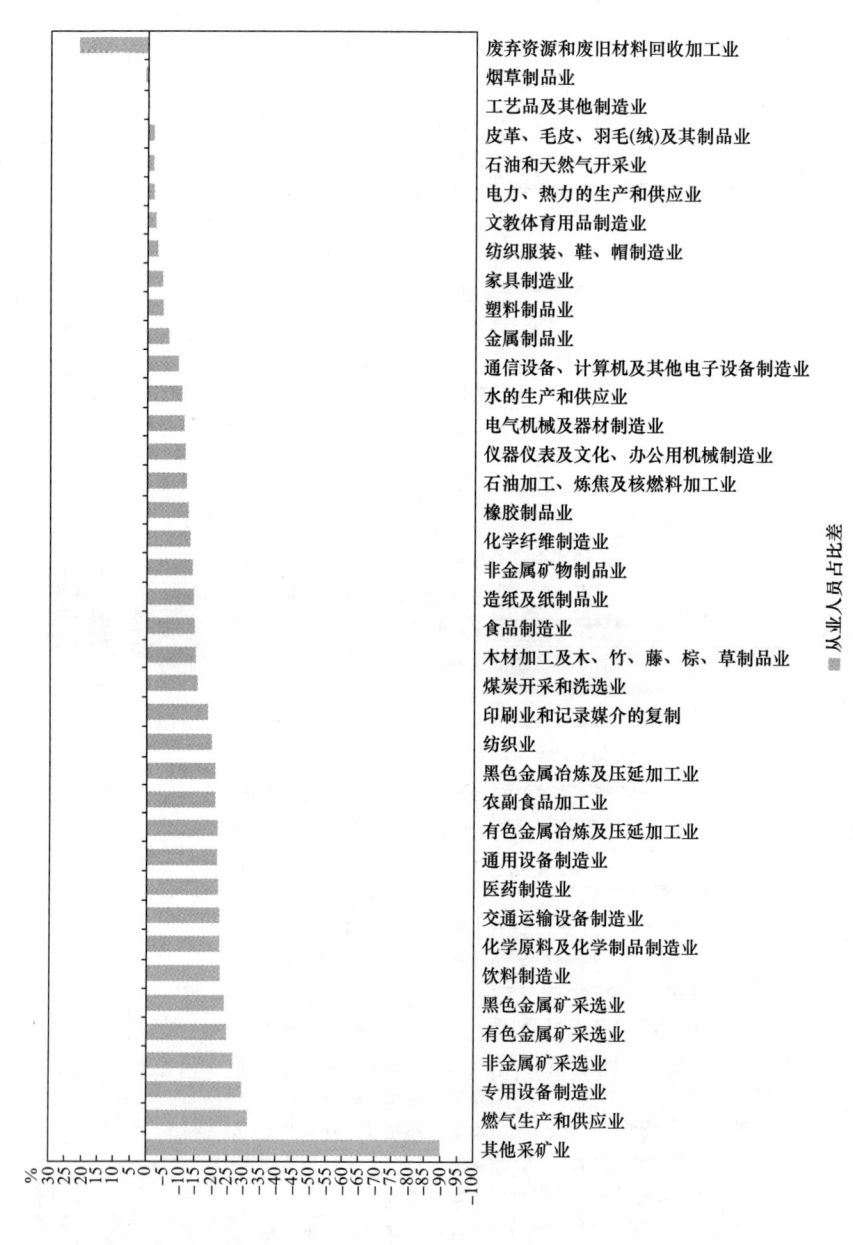

图 2-8 2003 年和 2008 年国有经济第二产业从业人员占比的集中度变化

等。保持5%增减幅度稳定的行业有塑料、家具、纺织服装、文教制造、电力、石油采选、皮革、工艺品制造、烟草,有一定增幅的行业有废弃资源加工,其从业人员增长幅度达到了21.47%。国有企业从业人员占比的市场集中度指标体现了市场结构的变化,如表2-5所示。

表2-5 国有企业从业人员占比的市场结构分布

国有经济比重(%)	控制层次	从业人员占比的市场集中度				
		2003年			2008年	
80—100	垄断控制	石油和天然气开采业	其他采矿业	煤炭开采和洗选业	石油和天然气开采业	烟草制品业
		水的生产和供应业	电力、热力的生产和供应业		水的生产和供应业	
		烟草制品业	燃气生产和供应业		电力、热力的生产和供应业	
60—80	强控制	黑色金属冶炼及压延加工业	石油加工、炼焦及核燃料加工业		煤炭开采和洗选业	
40—60	一般控制	有色金属矿采选业	饮料制造业	非金属矿采选业	石油加工、炼焦及核燃料加工业	
		有色金属冶炼及压延加工业	黑色金属矿采选业	医药制造业		
		交通运输设备制造业	化学原料及化学制品制造业		黑色金属冶炼及压延加工业	
		专用设备制造业				

总体上,三种指标体系分别从资产、从业人员和总产值三个投入或产出角度表明国有企业在39个行业中的分布变化。从三种指标体系构成的市场结构来看,处于40%以上较高控制度的行业变化并不是很大,主要涉及特许垄断部门(烟草)、主要资源采选(石油、煤炭)、重加工业(石油冶炼和黑色金属冶炼)、重装(交通运输设备制造)、公用事业部门(电力、煤气和水)等领域,如表2-6所示。原有2003年的部分采选(其他采选)、一般机械制造、一般化学制品等控制力较强的部门转为弱控制或者不控制,废弃资源加工业比例上升很快,表明国有企业在环境友好领域已经有了较大的改善。

表2-6　　　　　国有企业控制程度较高的行业分布

资产控制程度		工业总产值控制程度		从业人员控制程度	
烟草制品业	煤炭开采和洗选业	烟草制品业	水的生产和供应业	石油和天然气开采业	煤炭开采和洗选业
石油和天然气开采业	石油加工、炼焦及核燃料加工业	石油和天然气开采业	煤炭开采和洗选业	烟草制品业	石油加工、炼焦及核燃料加工业
电力、热力的生产和供应业	黑色金属冶炼及压延加工业	电力、热力的生产和供应业	燃气生产和供应业	电力、热力的生产和供应业	黑色金属冶炼及压延加工业
水的生产和供应业	燃气生产和供应业	石油加工、炼焦及核燃料加工业	交通运输设备制造业	水的生产和供应业	
有色金属冶炼及压延加工业	交通运输设备制造业	黑色金属冶炼及压延加工业			
有色金属矿采选业					

(三) 利税状况

从经济效益指标来看,国有企业的经济效益得到了明显改善。与2003年相比,2008年国有企业第二产业的利税状况有了明显的改善,2003年利税总额为8451亿元,2008年达到了19715亿元,增加了1.3倍;从产值利税率①来看,国有企业的产值利税率从1998年的10.03%增加到2008年的13.70%(在2007年一度达到了16.70%),全部企业的产值利税率由1998年的8.15%增加到2008年的10.75%;从人均利税额来看,国有企业的人均利税额从1998年的0.90万元增加到2008年的10.99万元,全部企业则从1998年的0.89万元增加到6.17万元。差距有扩大趋势,具体情况如表2-7所示。

---

① 产值利税率是利税总额(业务税金和附加+利润+应交增值税)/总产值,资产利税率是利税总额/资产合计,人均利税额是利税总额/从业人员平均数,上述指标均来自《中国统计年鉴》中的相关概念。

表 2-7　　1998—2008 年我国第二产业国有企业与全国企业的经济效益指标比较

年份	全国企业产值利税率（%）	全国企业资产利税率（%）	全国企业人均利税额（万元）	国有企业产值利税率（%）	国有企业资产利税率（%）	国有企业人均利税额（万元）
1998	8.15	5.07	0.89	10.03	4.50	0.90
1999	9.22	5.73	1.15	11.47	5.07	1.20
2000	11.10	7.54	1.71	14.50	7.00	1.96
2001	10.80	7.61	1.89	14.26	6.88	2.26
2002	10.85	8.22	2.18	14.64	7.42	2.73
2003	11.16	9.40	2.76	15.82	8.94	3.91
2004	10.64	9.96	3.24	15.51	9.93	5.52
2005	10.46	10.75	3.82	15.21	10.83	6.80
2006	10.73	11.66	4.61	16.21	11.86	8.88
2007	11.25	12.91	5.79	16.70	12.64	11.47
2008	10.75	12.64	6.17	13.70	10.44	10.99

与全国企业比较，国有企业在产值利税率、人均利税额等方面普遍较好，并且优势有所拉大。如图 2-9 所示，虽资产利税率差距较小，但在产值利税率方面，这种差距从 1998 年的 1.88 个百分点，放大到 2007 年的 5.45 个百分点。人均利税额的差距更大，由 1998 年的 0.01 万元，放大到 2007 年的 5.68 万元。这表明国有企业从 2003 年以来对总产值的贡献高于全国企业的平均水平。人均利税额的差距体现在减员增效方面，国有企业从业人数的下降提高了每人创造产值的能力，体现出效率改善的作用。

但国有企业盈利水平的改善分布并不均衡。从各行业利税增长状况来看，传统的石油、烟草、煤炭、交通运输设备制造和电力等六大行业增长迅速，重加工业也有一定增长，但国有企业利润分布状况并没有发生太大的变化，石油、烟草和电力等六大行业一直是利税总额中的最大部分，具体如图 2-10 所示，大约有 23 个行业的利税贡献率接近零，与 2003 年相比，2008 年变化最大的是石油加工，主要受国际金融危机和国际油价影响，石油加工业的利税状况出现了较大幅度的波动。其他

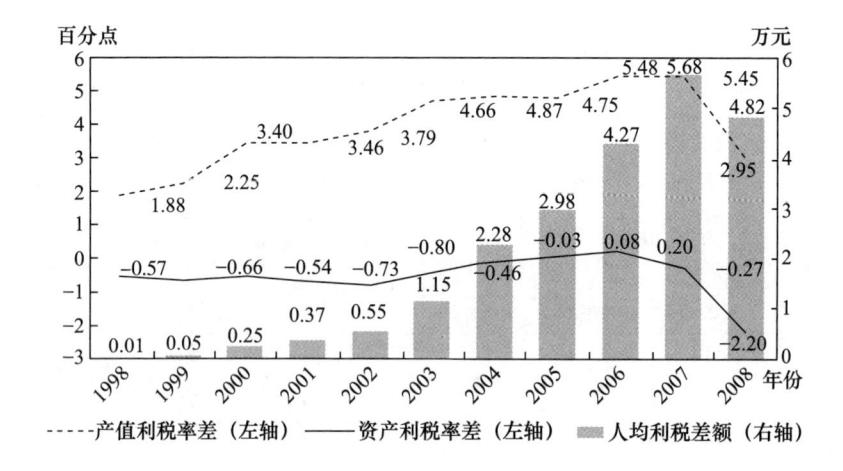

图 2-9　1998—2008 年国有与全部企业经济效益差距

行业与 2003 年相比在贡献方面，变化不大。通过对 39 个行业分布的测算发现，从 2003 年以来，国有企业的利税总额中处于最大份额的行业集中于电力、煤炭、交通运输设备制造、石油天然气采选、烟草、黑色金属冶炼六大行业，2008 年总贡献率达到了 88.30%，其他 33 个行业的利税总额占比不到 12%，如表 2-8 所示。集中于六大行业也反映了 2003 年以来国有企业战略调整所带来的结果。

二　市场集中度与绩效关系

2003—2008 年，第二产业中国有企业面向重要资源型、特许垄断、公用事业、重加工业等领域进行战略性调整，利润率和资产能力也有明显的改善。但行业内集中度的提高必然会对行业绩效产生一定的影响，过高的市场集中度将损害产业效率。这种现象集中体现在以下问题：其一，国有企业的产业分布与其利润贡献率的关系，是否产业越集中，利润贡献率越大；其二，国有企业的产业分布与其资产收益率的关系，是否产业越集中，资产收益率越高；其三，国有企业的产业分布与其他类型的资产收益率的关系，两者是否会出现负相关的关系。

（一）产业分布与利税贡献率的关系

利润贡献率是企业的利润水平对产业的整体贡献程度。利润水平越高，其对产业整体的贡献程度越大。计量国有企业的产业集中度与其利润贡献率的相关性主要表明市场集中程度对企业利润水平的贡献。因数据可得性，本节计量分析中采用利税贡献率作为替代指标。其实证的计

图 2-10 2003 年和 2008 年国有企业第二产业利税额分布

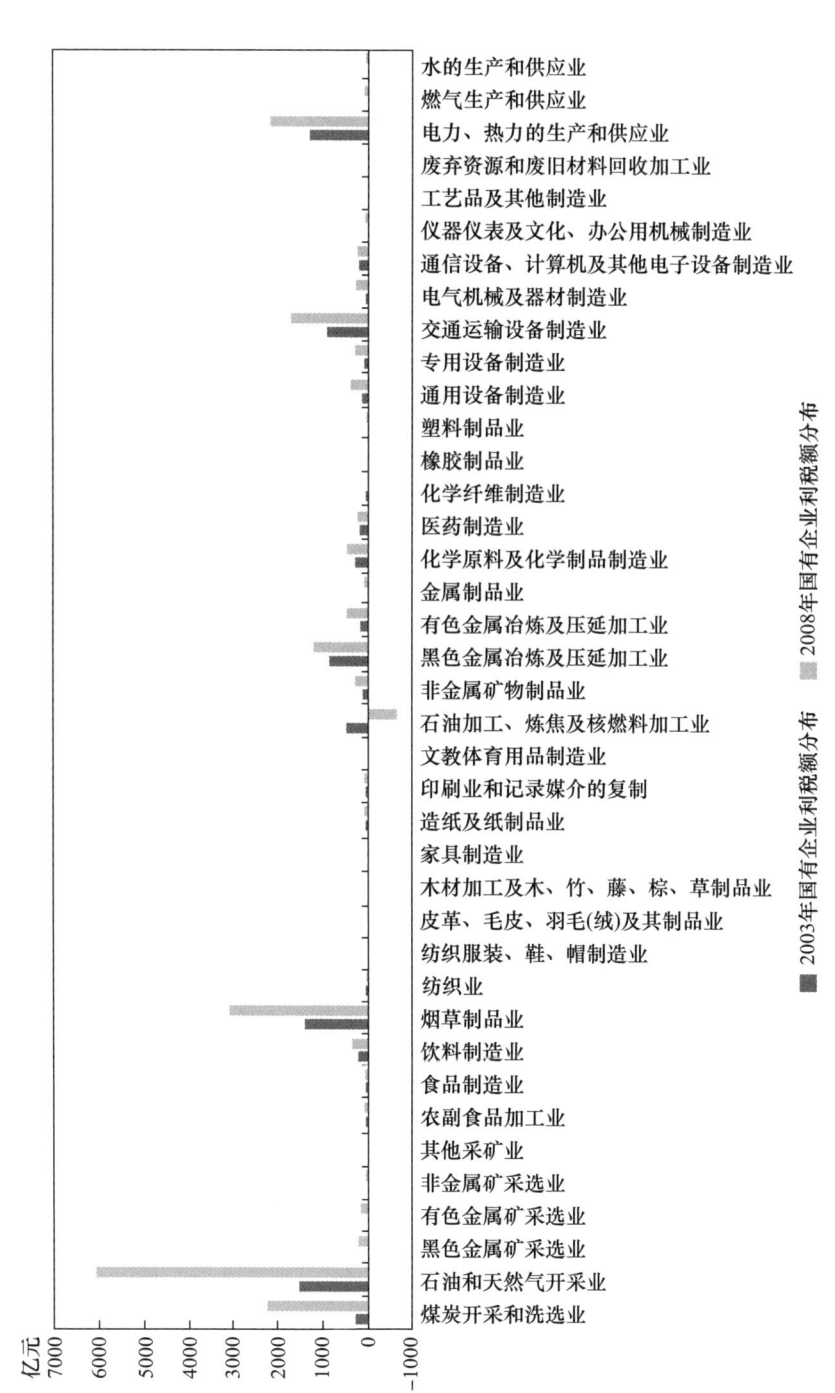

表 2-8　2003—2008 年国有企业主要行业的利税总额及贡献情况

单位：亿元，%

年份	利税\行业	石油和天然气开采业	烟草	电力、热力的生产和供应业	交通运输设备制造业	黑色金属冶炼及压延加工业	煤炭开采和洗选业	六大行业合计	总额
2003	总量	1519.95	1369.67	1274.38	912.30	841.97	268.87	6187.14	8451.63
	占比	17.98	16.21	15.08	10.79	9.96	3.18	73.21	
2004	总量	2145.29	1674.89	1348.07	852.29	1227.27	474.43	7722.24	10675.61
	占比	20.10	15.69	12.63	7.98	11.50	4.44	72.34	
2005	总量	3440.00	1861.82	2069.24	717.04	1195.74	720.21	10004.05	12739.79
	占比	27.00	14.61	16.24	5.63	9.39	5.65	78.53	
2006	总量	4660.52	2139.32	2844.67	1031.78	1333.19	867.42	12876.90	16028.45
	占比	29.08	13.35	17.75	6.44	8.32	5.41	80.34	
2007	总量	4500.52	2624.85	3367.46	1584.35	1790.21	1197.49	15064.88	19988.80
	占比	22.52	13.13	16.85	7.93	8.96	5.99	75.37	
2008	总量	6066.02	3075.32	3138.21	1705.72	1191.09	2232.06	17408.42	19714.99
	占比	30.77	15.60	15.92	8.65	6.04	11.32	88.30	

量模型为：

$$y = \hat{\beta}_0 + \hat{\beta}_1 x + \varepsilon$$

其中，y 为利税贡献率（行业的利税水平占整个产业利税额的比重），x 为行业的市场集中度。本章分别采用资产、总产值和从业人员等集中度指标对 2003—2008 年的利税贡献率进行了回归估计，其中总产值集中度与利税贡献率相关性最高，其计算结果如表 2-9 所示。可以看到，2003 年以来，行业集中度与利税贡献率的相关性逐步提高，2007 年拟合优度达到 0.8153，2008 年受到国际金融危机的影响，下降到 0.7214，但总体上相关性较强。从影响程度来看，斜率区间为 0.1118—0.1545，表明当国有企业行业集中度增加 1% 时，该行业的利税贡献率将最多增加 15.45%。

表 2-9　　国有企业产业集中度（总产值）对利税贡献率的影响程度（截面估计）

年份	回归系数（β_1）	t 检验值	标准误差	拟合优度（R^2）
2003	0.1118	5.7916	0.0346	0.6896
2005	0.1463	6.6042	0.0376	0.7355
2006	0.1545	7.0343	0.0381	0.7564
2007	0.1447	8.5646	0.0292	0.8153
2008	0.1535	6.3369	0.0415	0.7214

注：《中国统计年鉴》缺 2004 年国有企业总产值数据，故剔除 2004 年，下同。

（二）产业分布与利税率的关系

采用利税率来衡量国有企业的赢利能力，主要是来反映国有企业在利润水平和税收贡献中的作用，利税率主要可以用资产利税率与总产值利税率两种形式表示，前者主要来说明投入产出的指标，后者是用于解释产出中赢利能力的指标。本章同样采用三种集中度对 2003 年以来国有企业的资产利税率与总产值利税率进行回归研究，其回归方程为：

$$y = \hat{\beta}_0 + \hat{\beta}_1 x + \varepsilon$$

其中，y 为该行业的资产利税率或总产值利税率，x 为行业的市场集中度。利用 2003—2008 年第二产业 39 个行业的截面数据，令资产、总产值和从业人员集中度指标为自变量，分别用行业的资产利税率与总产值利税率作为因变量,建立截面回归方程,实证结果如表2-10和表2-11所示,所有的回归方程均通过检验。

表2-10　国有企业三种集中度与资产利税率的回归关系(截面)

年份	资产集中度		总产值集中度		从业人员集中度	
	回归系数	拟合优度	回归系数	拟合优度	回归系数	拟合优度
2003	0.1339 (3.0845***)	0.4523	0.1651 (4.0026***)	0.5497	0.1349 (3.1262***)	0.4571
2005	0.2307 (3.8913***)	0.5389	0.2380 (4.1162***)	0.5604	0.2240 (3.8475***)	0.5346
2006	0.2746 (4.2428***)	0.5721	0.2793 (4.4759***)	0.5927	0.2587 (3.9812***)	0.5476
2007	0.2460 (4.0216***)	0.5515	0.2546 (4.2907***)	0.5764	0.2384 (3.9041***)	0.5401
2008	0.2136 (3.0809***)	0.4518	0.2202 (3.2147***)	0.4673	0.2268 (3.2852***)	0.4752

注:括号内数据表示该系数的t检验值,*、**、***分别代表10%、5%、1%水平的显著性,下同。

表2-11　国有企业三种集中度与总产值利税率的回归关系(截面)

年份	资产集中度		总产值集中度		从业人员集中度	
	回归系数	拟合优度	回归系数	拟合优度	回归系数	拟合优度
2003	0.2429 (4.7916***)	0.6188	0.2648 (5.4169***)	0.6651	0.2468 (4.9500***)	0.6312
2005	0.2787 (4.1322***)	0.5619	0.2680 (3.9498***)	0.5446	0.2659 (3.9834***)	0.5478
2006	0.3276 (4.7281***)	0.6137	0.3129 (4.5269***)	0.5970	0.2999 (4.2280***)	0.5707
2007	0.2935 (4.8039***)	0.6198	0.2847 (4.6499***)	0.6073	0.2844 (4.6478***)	0.6071
2008	0.2663 (3.6960***)	0.5193	0.2620 (3.6298***)	0.5124	0.2745 (3.8039***)	0.5302

两种回归方程的结果具有一致性,表明无论是资产利税率还是总产

值利税率均与集中度在统计意义上有显著正相关关系，表明市场集中度在国有企业的利税率中起到了显著性的作用。但两组回归方程也显示出一定的差异。国有企业资产利税率与市场集中度的线性拟合关系较弱。以线性拟合最好的国有企业总产值集中度与资产利税率来看，这种拟合优度逐步提高，2003年为0.5497，2007年为0.5764，有所增长，但增长并不明显。这表明企业内部投入产出效率与市场集中度的提高关系不大。但国有企业总产值利税率与市场集中度的线性拟合关系较强。以线性关系最好的资产集中度与总产值利税率来看，2003—2007年基本保持在61%的水平。这表明国有资产集中度高的企业，产出效率有一定的改善。

综上，可以解释市场集中度提高在一定程度上提高了国有企业的产出水平，改善了企业销售环境，但对企业内部的成本控制缺乏有效的关联。与前文描述性统计结合来看，国有企业过度集中于六大行业，行业集中度高，利税率也明显高于其他行业。对于其他行业，在竞争程度提高的条件下，市场集中度减少与这些领域的企业利税率改善及内部成本控制缺乏有效的关联。

（三）市场集中度与其他类型企业绩效的关系

其他类型的企业包括除国有成分以外的企业，如私营企业、股份制企业、外资企业等。国有经济控制程度的增加，是否会对其他类型的企业构成一定的竞争压力？其产业绩效是增加还是减少？这也是整个产业发展的重要问题。以国有企业的资产集中度与其他性质的企业产值利税率进行回归分析，实证结果如表2-12所示。从线性拟合程度来看，资产集中度与其他类型企业的产值利税率线性拟合程度比国有企业更强，实质体现了在国有资产高集中度的行业，其中绝大多数都是高垄断性行业，一旦进入这一行业，无论是何种类型的企业均能享受到垄断带来的好处。

三　问题

2002年以来在"有所退，有所进"的战略性调整指导下，国有企业进行了较大规模的资产重组，在这一期间，有些行业的国有企业资产规模保持增长，而有些行业的国有资产规模逐步下降。在这一大变革期间，简单地采用计量模型来衡量这种转变的效率，缺乏一定的可信度。从总体上来看，这次调整是成功和有效的，绝大多数国有企业的经济效

表 2 – 12　　　国有企业资产集中度与其他类型企业产值利税率之间的回归关系（截面）

年份	回归系数	t 检验值	标准误差	拟合优度
2003	0.1414	5.7030***	0.0452	0.6840
2005	0.1559	4.4048***	0.0596	0.5865
2006	0.1168	5.5075***	0.0362	0.6712
2007	0.1439	6.7637***	0.0365	0.7435
2008	0.1282	4.5166***	0.0485	0.5962

益获得增长，产业发展得到了一定程度的保障，但仍然存在着一些突出的问题。

（一）利润率的产业分布并没有发生变化

自 2003 年国有企业战略性调整以来，国有企业的利税分布并没有发生很大变化，虽然 2008 年受国际金融危机和产业周期的影响，石油加工与黑色金属冶炼行业的利税额受到一定影响，但 2003 年国有企业最赚钱的六大行业（石油、烟草、电力、交通运输设备制造、煤炭和黑色金属加工）在 2008 年仍然位居前列。战略调整使这六大行业更加赚钱，利税额有了较大的改善，这形成的问题是：（1）前文的回归估计结果表明市场集中度的提高与这些行业的利润率提高有较高的关联性，与经营绩效关系并不密切，国有企业的配置效率的改革仍然任重道远。（2）其他行业国有企业的赢利能力基本没有发生迅速的变化。这表明战略性调整并没有给其他产业盈利水平的提高与改善带来短期的好处。

（二）上游产业的控制力

上述分析的六大行业，国有企业的市场集中度高，有些行业市场集中度高达 99%。这些行业均处于资源型行业和重加工业，位于第二产业的上游，是整个国民经济的关键部门。从战略布局来看，国家控制这些行业的做法对于稳定整个国民经济、提高国家竞争力是有好处的。近期提出的产业发展规划也在不断强化这些行业的地位和作用。但任何问题都有两个方面，这些行业作为整个产业的上游链条，过度的利润水平对中下游产业甚至服务业形成负面影响：（1）垄断控制力。利用自身"关键部门"的优势，对中下游企业形成了不对等的谈判地位，可以通过战略性定价等多种方式压榨中下游产业，客观上抑制了中下游产业甚至服务业的盈利空间和水平。（2）延伸控制力。产业扩张或者沿产业链扩张是绝大多数巨型企业在产业垄断到达一定程度时必然采取的战略，这些部门也不例外。通过延伸产业链、歧视性战略等方式，挤压竞争对手，这是否超越了国有企业本身的战略目的与作用，这是否又成为与民争利、与市场争利的典型表现？从目前来看，这种现象表现得并不明显，统计数据中也体现出在高集中度的行业中，其他类型的企业利润率也普遍较高。我国的市场空间还很大，范围经济的扩展在一定程度上削弱了这种控制力的程度。但如果范围经济带来收益递减，上述现象就会必然出现。到那时，国家所培育的这六大行业就将成为巨大利益集团的代表，它对市场经济的冲击必然是巨大的。

（三）垄断和寡头的产业

20世纪80年代以来，第二产业普遍面临着企业规模较小、规模经济弱等缺陷，在竞争过程中处处受到抑制，因此，自90年代初以来，政策层面和学术界都倡导实现"以大企业为导向"的产业布局，所谓垄断竞争的市场结构是最有效率的结构。本书认为产业中大企业的出现是必然的，以大企业为中心的资源配置结构也是现代市场经济必然出现的局面，这是客观事实，但问题是这种大企业的市场结构并非只有好处。应该清醒地认识到行业垄断对市场经济带来的负面作用。目前第二产业的上游产业，基本由少数国有企业控制，处于中下游产业的绝大多数都是竞争性部门，在不对称的市场结构中，上游产业的企业行为将最终决定下游产业的盈利水平，也将最终决定整个产业的绩效。目前，我国还缺乏有效的制度约束来规范这些企业的市场行为，诸如行业兼并与重组、歧视定价、霸王条款、纵向控制等。如不及时进行规范和约束，巨大的市场势力对未来我国市场经济的发展也将构成巨大的威胁。

（四）法律还是行政力量

目前，我国约束与规范垄断企业的市场行为主要是通过行政力量而不是法律的力量。行政力量迅速、便捷与历史继承性的优势，使目前在规范企业的市场行为时，大多数政府部门仍然采用这一工具。在现有的许多垄断性行业的国有企业中仍然有行政职位是这一行政力量的典型体现。通过行政力量约束国有垄断企业行为，防止其过度地压榨其他行业，就目前而言也是一种不得已的选择。

市场经济调节并不完全排斥行政的力量，在国际金融危机中美国政府通过国会实施的各种经济性议案无不是一种行政力量的体现。但仅仅用行政力量来干预企业行为就存在许多缺陷，行政力量决策迟缓，缺乏责任承担者，难以对迅速变化的市场状况进行快速反应。目前，在市场经济的体系构架中尤其是微观经济中法律对企业行为的作用还比较薄弱，涉及市场竞争中的企业行为的法律仅仅是《中华人民共和国反不正当竞争法》，但由于条文模糊，缺乏可操作性，缺少对这些垄断企业的约束作用。在这样的局面下，依靠行政力量控制垄断企业的行为就几乎成为必然的选择。

四　结论

战略性调整的确有利于国有企业盈利水平的提高，但2003—2008年的数据表明，盈利水平的改善主要来自高度集中的市场结构，而不是企业竞争能力的改善。高度集中的市场结构主要分布于资源型产业、自然垄断产业和特许行业等关键性部门，如果缺乏有效的约束与规范，其企业控制力和垄断势力的增加，将不利于整体产业的发展和效率的改善。实质上，战略性调整的关键在于制定一套平等进入和公开竞争的规则。战略性调整并不与平等进入、公开竞争之间产生必然冲突，控制也并不意味着垄断，应在竞争中引导，在竞争中控制，这样才能发挥有效竞争的最大效能。

第三节　关于国有企业产业结构布局与调整的建议

一　总体思路

进一步调整国有企业在自然垄断、关键性领域和国计民生领域的产业边界，根据国有企业本身的职能，明确其产业边界的内涵，防止企业采取纵向控制的方式操纵整个产业链，加快制定反垄断法案和国有企业法案，约束与规范大型企业的竞争行为，切实鼓励民营企业平等进入和公平竞争。

二　主要任务

明确职能。职能定位的关键在于明确国有企业经济功能的内涵和外延。我们认为，国有企业的经济功能不在于企业能够带来多少利润，而在于它是国家经济的稳定器和推动器。

界定边界。合理的产业边界有利于其他企业的竞争和进入，不能滥用"关键性领域""国计民生"的产业概念。法国人就将农业、零售业作为战略性产业部门予以严格控制，我国关于战略性产业、关键性领域、自然垄断产业以及国计民生领域的概念还十分模糊，其涉及的产业领域还非常广泛，国资委制定的产业边界是目前国有企业产业现状，而不是国有企业目标意义上的边界。实质上，界定边界的目的不在于对现有企业的进入和退出进行安排，而在于未来的产业布局和国有企业的投资规则完善。

区分控制力的层次和手段，防止过度控制。控制就意味着对微观经济主体的干预，关于国家控制力应拿出切实可行的实施意见，特别是如何控制、采取什么手段和工具。对于企业而言，控制就意味着企业会在市场中采取某些行为，因此就需要鉴别哪些企业行为属于正常的控制层面，哪些企业行为属于垄断性质。

完善法律。尽快完善规范与约束企业行为的相关法律，如企业国有资产法和反垄断法。要利用法律力量，而不是行政力量。建立对微观主体企业行为的规范，是有效解决垄断与竞争的长远方略。

提高效率。国有企业效率改善一直是国有企业改革的中心环节之一。目前，在竞争性领域国有企业的效率得到了明显的转变，但在垄断市场中，这些效率改善因为其高市场集中度和高利润水平而变得并不迫切，由此垄断行业中国有企业的赢利能力与其自身的效率改善无关。因此，完善治理结构、提高企业管理水平和运营效率仍然是垄断产业部门的重要任务。

鼓励竞争。竞争是推动垄断行业效率改善的"良药"。但对于资源型行业和重加工业，竞争也需要一套明确的制度规则，防止企业之间由于过度竞争导致资源破坏、环境污染等不规范的企业竞争行为的出现。因此，公开和开放的行业制度规则的形成与完善，以及规则的可实施性，能够最终保证平等竞争、良性循环。

三　配套措施

鼓励多种所有制进入，合理开发利用资源。应建立上游产业尤其是资源型产业的产业政策，公开进入条件（包括资金、技术、社会性责任等）和进入规则。

合理报酬原则。上游行业不应过度压榨下游行业，应对上游行业建立合理报酬原则，即在补偿成本的基础上，采用平均成本加成的方式。

开放平等接入政策。处于上游或者"瓶颈"性的大型企业，如大型基础设施、重要原料等应面向其下游企业建立平等性原则。

法律措施。尽快完善反垄断法和企业国有资产法，特别是针对企业的市场竞争行为应有明确的界定。

完善国有企业法人治理结构。

完善国有资本的投资和收益规则。国有资产实质上是国家纳税人提供的，因此它最终应为所有纳税人提供福利，而不应为某些利益团体服务。

公开与公告。大型国有企业应每年向全体公民公告企业行为和经营业绩。

第二篇

国有企业垄断及行政性垄断研究

第三章 国有垄断企业问题研究：文献回顾及政策建议[*]

国有企业改革一直是我国经济体制改革的难点。从 20 世纪 80 年代开始的这场改革基本上经历了三个阶段：

第一个是探索阶段（1982—1994 年）。这一时期国有企业（尤其是地方政府兴办的各类国有企业）的规模和数量在不断增加，国家先后在国有企业推行了扩大企业经营自主权、利润递增包干和承包经营责任制的试点改革，调整了国家与企业的责权利关系，进一步明确了企业的利益主体地位，调动了企业和职工的生产经营积极性，增强了企业活力，为企业进入市场奠定了初步基础。

第二个是体制改革阶段（1995—2002 年）。伴随着大量地方国有企业的破产、重组，1995 年中央提出"抓大放小"方针，迫使国有企业大规模退出一般竞争性部门尤其是消费品部门的生产，对退出的国有企业员工实行下岗分流、减员增效和再就业工程。与此同时，对继续保留的大型国有企业，国家也采取措施，鼓励兼并，逐步建立现代企业制度并推动国有资产战略性重组。

第三个是战略性调整阶段（2003 年至今）。2002 年以后，政府推动的国有资产管理体制改革明确提出，"国家要制定法律法规，建立中央政府和地方政府分别代表国家履行出资人职责，享有所有者权益，权利、义务和责任相统一，管资产和管人、管事相结合的国有资产管理体制"。此后，中央、省、市（地）三级国有资产监管机构相继组建，《企业国有资产监督管理暂行条例》等相继出台，在国有企业逐步实施了企业负责人经营业绩考核制度，落实国有资产保值增值责任。

---

[*] 本章是清华—布鲁金斯公共政策研究中心 2012 年所委托课题的研究成果，由余晖和周耀东完成。

上述改革的每一阶段所涉及的问题都有所侧重。探索阶段和体制改革阶段主要解决的是国有企业内的体制问题，包括企业内部的治理结构、国家对企业的控制权和企业效率等。1996年之后尤其是20世纪末21世纪初，大量国有企业从一般消费品制造业部门退出，国有企业问题出现了新的变化，更多的是从产业层面讨论在国有企业依然发挥主导作用的少数部门的市场势力、垄断和产业效率等。

大量文献表明，1996年以来的这次国有企业战略性重组和布局调整的改革被认为是成功的尝试。[①] 在1996年提出国有企业战略性重组和布局调整之后，在有色金属和非有色金属冶炼等重化和重加工行业也进行了试验。2006年国资委正式颁布《关于推进国有资本调整和国有企业重组的指导意见》，国有企业战略性重组和布局调整全面实施。2008年以后，实施后的效果逐步得到体现。一方面，国有企业的总体数目不断减少，国有资产的比重逐步下降。以制造业为例，企业数目从1998年占全部企业的39.22%下降到2008年的4.72%，资产总额占比从1998年的68.84%下降到2008年的43.78%。另一方面，企业的综合实力明显增强。以制造业为例，国有企业的资产总额从1998年的7.5万亿元增加到2009年的21万亿元，总产值从1998年的3.4万亿元增加到2009年的14.66万亿元。与此同时，一些与这次改革相关的问题开始显现。例如，山东钢铁重组日照钢铁、中粮集团入主蒙牛、国有企业"地王热"[②]、民营资本退出航空业[③]、山西煤炭产业重组、电力和石油部门的产业链延伸控制，以及来自服务业的邮政、电信、铁路、金融等"玻璃门"，所引发的国有企业垄断等问题成为各大媒体关于国有企业问题讨论的焦点。本章基于国有垄断企业在战略调整后的各种行为，回顾和梳理国内主要文献的研究进展，并提出未来改革的必要性与方向。

---

① 白天亮：《挺起中国经济的脊梁》，《人民日报》2011年3月2日；国有资产监督管理委员会：《"十一五"央企改革发展情况和"十二五"思路》，http://www.ce.cn/cysc/ztpd/2011/gzw/cj/201103/02/t20110302_20887155.shtml，2011年3月2日。

② 《山东钢铁重组日照钢铁事件》，《东方早报》2009年11月6日，http://stock.sohu.com/20091106/n268002341.shtml。

③ 《民营航空5年变局：受制度和资金之困退出舞台》，《广州日报》2010年4月6日，http://www.chinanews.com/cj/cj-gncj/news/2010/04-06/2208210.shtml。

第一节　认识国有垄断企业

早期国有企业①的改革更多的是从效率层面出发，解决内容制度激励设计，促使其有更大的营利动机。现代企业制度和国有资产管理体制的形成为解决这一问题提供了途径。在"抓大放小""国有资产战略性重组"等思路下，国有企业逐步从"普遍存在"演绎为"集中存在"，在大量转让、出售和拍卖中小国有企业资产之后，逐步形成了当下国有垄断企业的格局。

一　国有垄断企业形成的背景

总体来看，我们认为国有垄断企业的出现主要有三个方面的背景：

第一，历史遗留。中华人民共和国成立以来，无论是在竞争性领域还是在非竞争性领域，我国大型或者超大型企业无一例外都属于国有企业，很难在短期内找出一条稳妥的途径解决这些企业的身份问题。即使在股份制改造之后，国有资产仍然占据绝对的份额。

第二，国家战略。赶超战略②以及对国家富强的追求，促使政府将国有企业作为其重要的微观抓手。2002年国资委在战略性重组意见中明确表达了国有企业的定位，包括基础性、经济命脉性、战略性、前瞻性和资源性等产业部门。2006年，中国确认了七大国家要保持绝对控制权的战略产业：国防、电力、石油石化、电力通信、煤炭、民航和航运。在这些产业，国有企业之间存在着一定的但受到严格限制的竞争，而对新企业进入市场的管制则非常强大。政府还确定了基础或支柱产业，即机械、汽车、电信技术、建筑、钢铁、基本金属和化工。政府希望在这些产业内国有经济具有一定的强势影响力。进入这些产业市场的正式门槛要低一些，但对民营企业而言仍然困难重重。

第三，迷恋寡占市场。在我国经济发展进程中，竞争总是让位于控

---

① 国有企业的出现本身具有悖论的性质，即它总是面临着企业营利性和国家公共性之间的权衡。参见《国有企业性质、表现和改革》，天则报告，2011年。

② 林毅夫等：《中国的奇迹：发展战略与经济改革》，上海三联书店、上海人民出版社1994年版。

制。在早期关于市场结构的讨论中，大量国内文献强调的是市场完全竞争的不可实现性，认为寡占市场结构是现实中有效率的市场。① 产业政策以促进产业结构调整升级与抑制部分产业产能过剩为目标，通过目录指导、市场准入、项目审批与核准、供地审批、贷款行政核准、强制性清理（淘汰落后产能）等行政性直接干预，以政府选择代替市场机制和限制竞争，保护和扶持在位的大型企业，限制中小企业对在位大企业市场地位的挑战和竞争。在关于银行、石油、钢铁和汽车产业等产业的政策中，限制竞争的特征尤为突出。②

二 国有垄断企业的基本特点

传统意义上国有企业的主要问题是政企不分、内部治理机制错位、企业的激励动机不足等。与传统意义上的国有企业性质不同，当下的国有垄断企业在股份制改造、国有资产管理体制改革以及资产重组之后形成了一些新的特点：

第一，企业性更为突出。股份制改造为理顺国有企业的内部治理机制创造了平台，国有资产管理体制改革之后，国有资产的代理人具体化③，国有企业内部的所有权和控制权的缺位问题得到了缓解，企业的利润动机得到了充分释放。因此，无论在公共品领域，还是在非公共品领域，国有垄断企业的营利动机表现得尤为突出。

第二，资本和行政部门的利益结合。有研究表明，国有企业的政企不分是其天然的性质（天则报告，2011），但这并不说明国有企业是国家利益的代表。大量的文献研究表明，国有垄断企业具有行政性垄断的特点，更有观点质疑国有企业是否是公共利益的当然代表。④ 当下的国有垄断企业的政企不分已经不仅仅表现为行政代言人与企业的结合，更多表现为国有资本和行政部门所形成的利益链条得到了加强，行政部门的行业管理实质上为国有企业创造了各种有利条件，比如投标权、行业

---

① 江小涓对这一问题有过深入的分析，参见江小涓《经济转轨时期的产业政策：对中国经验的实证分析与前景展望》，上海三联书店、上海人民出版社 1996 年版。

② 江飞涛、李晓萍：《直接干预市场与限制竞争：中国产业政策的取向与根本缺陷》，《中国工业经济》2010 年第 9 期。

③ 《国有企业性质、表现和改革》，天则报告，2011 年。

④ 吴敬琏、江平主编：《洪范评论（第 13 辑）：垄断与国有经济进退》，生活·读书·新知三联书店 2011 年版，第 3 页。

壁垒、大额订单和补贴等。

第三，国家垄断的合法性。如果说行政性垄断还缺乏某些法律依据，国家垄断的合法外衣则为这些国有垄断企业的存在确定了前提。2006年国资委确定的国有企业涉及的领域，不仅仅包括传统意义上的公共品领域，还包括大量的涉及非公共品的竞争性领域。无论是电力、石油石化、通信、煤炭、民航和航运等所谓的国家战略产业，还是机械、汽车、电信技术、建筑、钢铁、基本金属和化工等基础或支柱产业，在目前的经济、技术条件下基本上可以逐步放开，允许民营资本进入和参与竞争，从而大大提高效率并增进生产力和就业。但政府往往强调这些部门是国民经济的支柱，需要国有企业主导，并实现国有资产保值增值，不仅限制民营企业的准入，甚至限制国有企业之间的相互竞争。国家垄断的合法性及其边界的可拓展性，为这些国有垄断企业的边界扩张提供了有力的保障。

在这些背景下，国有垄断企业不仅仅具有原先国有企业行政性垄断的相关特点，而且还形成了国家垄断性和经济垄断性，从而成为"三垄断结合"的超级垄断组织。

三 国有垄断企业的主要分布

到2008年年末我国国有垄断企业的市场结构基本形成，主要分布在上游石油加工和交通运输设备等重化工制造业，主要能源、原材料采选，金融、电信、航空与铁路交通等高端服务业领域，以及电力、燃气和供水等公用事业。以国有资产占有率表示国有经济的行政性垄断程度，以CR4表示企业的市场集中度，则如表3-1所示。

国有资本的市场占有率高，在某种意义上可以体现国家对行业总体的控制程度，或者行政壁垒的程度，但并不反映国有企业的行业集中程度。如果从产业集中度的层面来看，尽管各行业分布的集中度存在一定差异，但制造业部门的集中程度总体低于寡占市场结构标准，制造业的垄断程度低于服务业和资源型采选业。[①] 服务业和采选业是国有资本占有率和行业集中度双高的部门。采选业尤其以石油为主，服务业包括电信、邮电、银行、航空和铁路等。

---

① 丁启军：《行政垄断行业的判定及改革》，《财贸研究》2010年第5期。

表 3-1　　　　　国有资产占有率分布及代表性企业

产业分布	国有垄断企业分布	国有资本的市场份额（%）	行业集中度（CR4）（%）	代表性企业
采选业	石油天然气采选	98.90	45.36	中国石油、中国石化
采选业	煤炭采选	66.00	14.67	中源能源、神华集团
制造业	交通运输设备制造	50.17	9.80	北车、南车、一汽
制造业	石油加工、炼焦及核燃料加工	75.59	14.33	
制造业	烟草	99.34	29.15	各省烟草集团
公用事业	电力	90.00	20.28	国家电网、南方电网
公用事业	燃气	54.72	12.54	各地燃气集团
公用事业	供水	69.52	8.50	各地水务集团
服务业	运输（铁路）	94.01	64.08	铁道部
服务业	运输（航空）	50.23	80.34	中航、东航、南航
服务业	邮政	95.95	84.16	中国邮政公司
服务业	电信服务	60.04	97.61	中国电信、中国联通
服务业	银行	52.90	70.08	四大国有银行

资料来源：丁启军：《行政垄断行业的判定及改革》，《财贸研究》2010 年第 5 期。

从结果来看，与 20 世纪 90 年代国有企业退出竞争性消费品部门生产之前的普遍低利润率情况不同，在这些限制竞争领域所创造的利润远远高于其他行业和其他性质的企业。[①] 以制造业为例，2003 年以来，国有企业的利税总额中处于最大份额的行业集中于电力、煤炭采选、交通运输设备制造、石油天然气采选、烟草和黑色金属冶炼六大行业，2009 年这六大行业对第二产业的规模以上国有企业利税总额的贡献率达到了 80.63%，对规模以上全部企业利税总额的贡献率达到了 29%。与 2002 年的情况[②]相比，这一格局并没有发生变化。服务业中除铁路以外，电

[①] 韩朝华：《国有工业的资源利用率和发展态势》，载吴敬琏、江平主编《洪范评论（第 13 辑）：垄断与国有经济进退》，生活·读书·新知三联书店 2011 年版，第 42 页。
[②] 沈志渔、罗仲伟：《21 世纪初国有企业发展和改革》，经济管理出版社 2005 年版。

信、银行和航空的收益与同行业其他类型企业相比均处于优势地位。

第二节　竞争和垄断

从可进入的层面来看，绝大部分国有垄断行业的进入壁垒较高，其具有自然垄断特性，例如基础电信、供水、电力、冶炼等。规模经济性和网络经济性成为这些大企业（或者在位企业）在市场竞争中确立优势地位的条件，但从我国进入特征来看，行政性垄断也是形成进入壁垒的重要因素之一，在这种特定的进入壁垒条件下，国有垄断企业在市场竞争中出现了各种行为上的变异。

一　市场进入：关于行政性垄断的争论

关于行政性垄断问题，国内文献存在很大的争议。早在1988年，胡汝银首先提出了"行政垄断"概念，之后在经济学、行政管理学和法学等多个学科领域进行了广泛的研究，大量文献分析了行政性垄断的存在性、内涵、表现和影响。

在行政性垄断存在性问题上，国内学者基本认同行政性垄断的存在，但也有观点认为这一存在与我国特定的转型经济期有关，认为行政性垄断是我国计划经济向市场经济转型的特定产物①，有观点更将一般的行政性垄断的概念扩展到所有转型经济体之中，认为其广泛存在于转型经济体制下。② 持不同意见的观点否认行政性垄断的存在性，认为"如果行政垄断定义为政府对竞争的限制，那么行政垄断在西方国家也是普遍存在的，即使行政垄断界定为政府对竞争的不当限制，也很难说只有在中国这种转型体制国家中存在"③。因此，区分经济性垄断、国家垄断与行政性垄断缺乏理论和实际意义。④ 应该看到，即使在市场经济国家，区内或区际的各种贸易保护（壁垒）也会因各种因素而存在，

---

① 杨兰品：《中国行政垄断问题研究》，经济科学出版社2006年版；石淑华：《行政垄断的经济学分析》，社会科学文献出版社2006年版。
② 曹士兵：《反垄断法研究》，法律出版社1996年版，第16页。
③ 张瑞萍：《反垄断法理论和实践探索》，吉林大学出版社1998年版，第56—57页。
④ 史际春：《遵从竞争的客观要求——中国反垄断法概念和对象的两个基本问题》，《国际贸易》1998年第4期。

但并没有因为其贸易保护而削弱了市场竞争。① 存在性争论的焦点在于行政部门或者地方政府所制定的规章是否超越了一般意义上的民法和商法关于维持公共利益的原则，是否存在一个更加合理的基本制度关系来修补这一矛盾。

单纯从概念来看，可以达成共识的观点是，行政性垄断主要是维护在位厂商（国有垄断企业）的利益，是行政性垄断国家机构（或者国家行政性公司）运用（或者滥用）公共权力对市场竞争（或者企业间竞争）的禁止、限制或排斥。② 概念争论的关键，在于行政性垄断是一种进入壁垒形态还是干预行为的手段。有观点认为行政性垄断主要表现为地区贸易壁垒、部门特许等形式，因此行政性垄断是一种行政壁垒形态。也有观点认为行政性垄断包括行政强制交易、强制限制竞争和强制限制准入等形式③，因此行政性垄断是政府机构直接干预企业行为的手段。笔者认为，由于我国国有垄断企业历史的复杂性，当下的行政性垄断既是一种进入壁垒，也是一种政府直接干预企业行为的手段。

二 国有垄断企业的行为表现

国有垄断企业所涉及的企业行为是一个比较复杂的问题。由于我国还处于低市场集中程度的阶段，反垄断法和反不正当竞争法等正式的法律规章在制定、内容和实施中的不完善和不成熟，客观上为我国企业在产品和服务的市场竞争手段方式提供了更为宽容的空间。

（一）定价策略

定价策略是企业在市场竞争中最为基本的行为之一。国有垄断企业的定价行为主要表现为两个方面：（1）在竞争性领域，企业具有一定的定价权限；（2）在受管制领域，如公用事业部门、资源性领域，由于定价最终是由政府部门决定，企业的自主定价权较小。

在竞争性领域，大量的研究涉及过度竞争（Excessive Competition）和恶性竞争（Malignant or Vicious Competition）问题。④ 关于过度竞争，

---

① 谢玉华：《治理国内市场分割的国际经验与借鉴》，《广东社会科学》2006 年第 2 期。
② 杨兰品：《中国行政垄断问题研究》，经济科学出版社 2006 年版。
③ 于良春：《反行政性垄断与促进竞争政策前沿问题研究》，经济科学出版社 2008 年版，第 19 页。
④ 鞠文杰、孙绍荣、宋婷安：《恶性价格竞争研究综述》，《商业研究》2011 年第 2 期，第 62—65 页。

国内学者的研究是对早期贝恩[①]、小宫隆太郎与鹤田俊[②]等人研究的国内拓展。曹建海（2000）认为过度竞争不仅存在于低市场集中度行业，而且存在于具有较高固定成本的寡头市场，并认为制度性障碍是形成这种过度竞争的关键因素。罗云辉、夏大慰（2002）则从动态的层面认为过度竞争实际上是市场行为主体（企业或企业的代理人或政府）为在一定竞争准则和游戏规则（主要是产权制度）以及其他约束条件下，通过竞争最大化自身特定的效用函数所采取的有悖于其名义主体根本利益的竞争行为，并认为过度竞争是市场发展阶段的正常表现。唐晓华、苏梅梅（2003）提出并且实证研究了判断过度竞争程度的市场结构、行为和绩效的指标体系。

恶性竞争与掠夺性定价（Predatory Pricing）有关。陈章旺（1998）最早提出恶性价格竞争的概念，并归纳了恶性价格竞争的表现，认为不论商品质量优劣、价格高低以及是否适销对路，只要企业不择手段以挤垮竞争对手或以企业的短期、局部利益为目的进行过度价格竞争的，都可以被称为恶性竞争。从描述性层面来看，恶性价格竞争主要表现为企业的低价倾销、价格混战等（涂岩，1998；李文元、梅强，2001）。张维迎、马捷（1999）认为恶性价格竞争是价格小于边际成本的定价行为，并分析了在国有委托代理制度安排下恶性价格竞争形成的产权基础。郑理明（2003）认为所谓的恶性价格竞争是指将价格降到经营成本以下，通过牺牲短期利益以挤垮对手，从而扩大市场份额，获得长期利益。赵延昇、巫绪芬（2007）则认为恶性价格竞争实际上是企业在面临激烈市场竞争博弈中的反制策略，类似于"冷酷"策略（Grim Strategies）。也有观点认为恶性竞争是中小企业为了维持生存采取的非理性行为[③]，进入壁垒程度低和退出壁垒程度高是形成恶性竞争的重要条件。郑理明（2003）、田孝蓉（2007）、易去劣（2007）以例证方式，分别分析了药品零售、旅游市场和公路施工的恶性价格竞争形成的壁垒问题。

---

① Joe S. Bain, *Industrial Organization*, NewYork: John Wiley & Sons, 1959.
② [日] 小宫隆太郎、奥野正宽、铃村兴太郎编：《日本的产业政策》，黄晓勇等译，国际文化出版公司1988年版。
③ 李文元、梅强：《恶性价格竞争成因探讨》，《江苏理工大学学报》（社会科学版）2001年第1期。

在受管制领域（Regulated Sectors），定价问题涉及福利定价的改革和新价格机制的完善两方面。前者主要涉及水务、电力、燃气、铁路、公共交通等公共福利程度较高的领域。在这些领域内，企业没有定价权，价格长期以来被认为低于企业的边际成本，属于福利定价。后者涉及电信、煤炭、石油、银行等部门，企业具有一定的定价权，原有的福利性定价已经被新的定价机制取代。大量的研究主要涉及管制领域的价格决定机制、背后动机和相互博弈竞争等问题。

大量的文献研究表明福利性低价不仅对在位企业的运营构成了负担，而且由此导致了沉重的地方政府债务（天则报告，2010）。有研究表明，北京市交通在实施统一票价之前，每年需要向轨道交通和地铁公司支付约 30 亿元的财政补贴，统一票价后，地方政府的财政负担迅速增加，2010 年增加到 135 亿元以上。[①] 因此，改革福利性低价制度成为必然趋势。文献争论的焦点是放松规制还是强化规制，或者兼而有之，或者对规制方式进行改革，采取激励性价格规制等方式。

刘树杰（1999）进一步认为我国公用事业的问题已不是价格水平过低，而是产业效率低下、价格构成及差价关系不利于经济结构优化，必须从引入竞争机制和重建价格管制机能两方面，进行价格形成机制的改革。余晖（1998）、张昕竹（2000）等分析了公用事业领域价格管制中的政府失灵问题，认为市场化竞争或者竞争性价格形成是核心条件。孙永峰（2004）从市场失灵、朱柏铭（2002）从公用事业的公共性和企业性双重性质出发，认为公用事业领域中政府价格规制有必要性。王俊豪等（2002）则认为政府应该采用更有激励的方式控制价格，以解决受管制领域中亏损和福利损失的两难选择。苏素（2004）提出了公用事业综合间接规制定价思路，即综合收益率规制与价格上限规制的优点，以形成扩大生产能力与提高生产效率的双重激励。公用事业供给不足时，新增项目初期定价可采用资本收益率定价法以激励资本投入，项目建成使用的后期宜采用上限规制机制以提高企业效率。

有些学者采用实证分析方法，对具体的产业如供水、供热、电力和铁路等产业的管制与定价进行分析。梁雪峰（1999）通过对供热产业

---

① 《北京去年补贴公交地铁 135 亿以维持低票价》，《新京报》2011 年 1 月 2 日，http://news.163.com/11/0102/01/6PBUHGOV00014AED.html。

经济特性的分析，研究了供热产业的市场定价政策。沈大军等（1999）对水价问题进行了专题研究，提出了基于水资源可持续的完全成本定价理论。杨永忠（2003）对电价机制中的博弈进行了分析，认为电力企业的生产技术特征、产供销的同时性和电网运行的复杂性，为电力企业提供了明显而且是难以控制的信息优势。在不对称信息条件下，由于政府作为委托者处于信息劣势，电力企业可以通过虚报成本，从而抬高价格以牟取暴利。于良春等（2006）认为铁路客运市场具有双高峰、高峰固定等特征，并实证分析了铁路客运高峰定价问题。

对于初步形成新定价机制的部门，如电信、石油、煤炭等，更多的视角集中于通过案例方法分析新定价机制存在的问题。韩朝华、周晓艳（2009）分析了国有企业在基础工业领域的垄断地位和由此带来的定价优势。史丹（2003）分析了我国油价新机制，认为油价新机制[①]尽管在一定程度上与国际接轨，但新机制仍然存在价格行政决定机制和石油生产保证机制的两大缺陷，影响了不同石油企业的利益分配。史丹（2003）在其博士学位论文中进一步分析了石油、电力和煤炭等资源性市场改革和企业行为问题。也有观点认为油价政策制定的滞后性，为垄断企业进一步榨取消费者剩余提供了机会。当油价上调时，垄断企业坐享其成；当油价下调时，垄断企业会减少供应量，人为影响国内油品供求矛盾。[②] 张维迎、盛洪（1998）以中国电信为分析对象，指出其在垄断性经营的市话业务与竞争性业务间的交叉补贴定价模式排斥了竞争，扭曲了市场竞争机制而导致效率损失。

还有观点进一步分析在新定价机制形成过程中的公共政治问题，如听证会制度[③]、部门规章合法性[④]和院外力量[⑤]等问题。

综合上述观点，由于具有公共利益性质的部门定价机制的复杂性，

[①] 1998 年国家发改委关于油价调整方案的核心是以国际油价确定国内石油价格的机制，使我国成为国际石油价格的接受者。国内石油的供应不仅受国内需求的影响，更受国际油价的影响。

[②] 董秀成：《国内成品油价格改革现状、问题和思路》，《中国能源》2005 年第 9 期。

[③] 王建明：《城市公用产品价格有效性探讨》，《价格理论和实践》2006 年第 8 期。

[④] 魏琼：《论混合型行政性垄断及其规制》，《法学家》2010 年第 1 期。

[⑤] 杨帆、卢周来：《中国的"特殊利益集团"如何影响地方政府决策——以房地产利益集团为例》，《管理世界》2010 年第 6 期；余晖：《受管制市场里的政企同盟——以中国电信产业为例》，《中国工业经济》2000 年第 1 期。

以及政府或者有关部门的角色定位不明确，直接或者间接导致了资源性产业和公用事业部门的市场价格扭曲。在位厂商（垄断企业）在这种扭曲的价格机制中或持续亏损，或持续获得高额利润。因此，有观点形容这些产业部门存在着过度竞争和过度垄断的双重趋势。①

（二）非定价策略

在非定价策略方面，现有文献主要涉及产品质量、过度投资、兼并和串谋、技术创新等问题。1996 年以后，政府实施国有企业战略性调整，在"抓大放小"的方针下，大量中小国有企业被出售转让，大型国有企业不断以各种形式兼并地方企业，壮大实力。

关于国有企业的兼并和重组问题，大量的研究局限于产权、财务风险、资产控制和法律安排等方面，从产业组织层面讨论和分析国有企业纵向兼并和横向兼并中市场势力等的文献尚不多见。已有的文献涉及民航产业链整合②和中石化纵向整合存在的市场势力③，但仍有待于深入研究。

产品质量是转型期市场经济面临的问题之一。从 20 世纪 80 年代开始一直到现在，这一问题仍然十分严重。诸如"三聚氰胺"事件、注水肉事件、转基因食品争议等大量问题存在于食品、电子产品和中低端制造品等领域。周黎安、崔兆鸣（1996）认为我国过于分散化的市场结构和特定企业产权制度使得众多生产者和销售者时间视野过短，对声誉投资缺乏关注，从而促使假冒伪劣问题日益严重。谢识予（1997）通过博弈模型分析了假冒伪劣产品的产生条件、机制和违约因素，并认为假冒伪劣现象具有内在稳定性，可能长期存在。黄居林、董志清（2000）等认为假冒伪劣产品出现的背景一方面是产业集中度低，市场存在混乱甚至过度进入的秩序，企业之间恶性竞争等强烈的短期行为，不利于企业信誉的形成；另一方面是在行政性垄断下，如在石油、烟酒和食盐等国家垄断行业，价格不足以反映其产品质量。也有观点④认为

---

① 傅勇：《行政性垄断的经济分析》，《北京工业大学学报》（社会科学版）2004 年第 6 期。
② 刘伟：《基于纵向垄断市场结构的定价规制研究》，博士学位论文，重庆大学，2003 年。
③ 宋晶：《纵向一体化垄断问题和反垄断政策研究》，《中国工商管理》2010 年第 4 期。
④ 白千文、景维民：《转型期间我国假冒伪劣行为三段论》，《软科学》2009 年第 11 期。

我国假冒伪劣行为规模先增后减，并将国有企业制度变革、私人经济合法与否和假冒伪劣行为关联起来，指出国有企业全面推行承包制和私营经济合法化之前是假冒伪劣行为的滋生阶段；从国有企业全面实施承包、私营经济合法化开始，到国有企业股份制改造基本完成，是假冒伪劣行为的泛滥阶段；从国有企业股份制改造基本完成开始，我国产品质量进入逐步恢复阶段。

有研究还关注国有企业的过度投资和技术创新问题。于良春、张伟（2010）认为电力产业存在着过度投资的 A-J 效应（主要指管制机构采用客观合理的收益定价模型对企业进行价格管制时，由于允许的收益直接随着资本的变化而变化，被管制企业倾向于使用过度的资本来替代劳动等其他要素的投入，导致产品是在缺乏效率的高成本下生产出来的），垄断企业尝试凭借信息优势索取超额垄断利润，并为满足管制机构对不确定行为的控制需要采取对策性行为，进一步强化自己的垄断地位。电力需求与我国结构变化及效率改进是负相关的[①]，但电力产业固定资产投资保持高速增长，因而形成超过经济增长合理匹配的电力资产投资。周黎安、罗凯（2005）证明在规模经济显著的产业中，国有企业规模变化对技术进步的贡献明显低于民营企业。天则经济研究所（2011）也指出我国高端装备制造业长期为大型国有企业把持，产业竞争力提升缓慢，产业绩效长期在低水平上徘徊。

第三节　效率和福利损失

从现象上来看，国有企业战略性调整后，利润率有了明显的提高。但理论界就这一问题尚存在大量争论。从市场结构角度分析国有垄断企业的绩效，大体上有效率和福利损失两个层面的研究。前者涉及集中率—绩效假说（Concentrate Ratio - Performance Hypothesis）的经验性验证和估计，后者则涉及垄断福利损失（Deadweight Loss）的经验性估计。

一　集中率—绩效假说的验证和估计

效率问题是国有垄断企业研究的核心。对于转型期经济中的产权制

[①] 林伯强：《结构变化、效率改进与能源需求预测》，《经济研究》2003 年第 5 期。

度改革，国有企业的效率水平是其成功与否的关键指标。国内关于国有企业的效率问题研究大致有四个方向：（1）关于国有企业综合生产率的估计和分析（TFP）；（2）产权改革对国有企业效率的影响；（3）不同所有制企业效率的比较研究；（4）集中率—绩效假说的经验性验证和估计。前三个问题，目前国内已经有大量的综述性文献[1]，其主要观点是：从改革开放以来，国有企业 TFP 的增长是持续的，但有起伏、有阶段，且存在初期利润率下降的悖论[2]；相对于非国有企业，国有企业的效率仍然较低；国有企业的产权制度改革有助于改善国有企业效率。文献争论的焦点多是 TFP 指标设计和平减指数的衡量等细节问题。[3]

关于集中率—绩效假说检验问题，国内文献大多都是以 SCP 范式为理论框架进行拓展和实证研究。何禹霆、王岭（2008）将产业的技术特征作为内生变量，认为现实经济中各产业技术特征的差异决定了不存在普适的产业组织模式，产业技术特征决定了有效的产业组织结构，进而影响企业的行为和绩效，通过对汽车产业的实证研究验证了哈佛学派的集中度—利润率假说。于良春、张伟（2010）则将行政制度作为 SCP 的决定因素之一，分析了行政制度的垄断维持和传导作用。

在制造业部门的实证研究方面，有文献以汽车产业为例检验了集中度—绩效假说。干春晖等（2002）发现，汽车产业存在集中度低但利润率很高的背离现象。陈志广（2005）认为，汽车产业在中国的表现很特殊，一方面存在过度竞争，另一方面存在很强的区域性垄断，并且二者之间相互作用，互为因果。许辉（1999）的研究表明汽车产业存在的行政性和区域性壁垒是形成汽车产业利润率偏离产业组织经典理论的重要原因之一，比如上海、天津和西安就先后出台政策只给桑塔纳、夏利和奥拓的新增出租车挂牌。

关于制造业跨产业集中度与利润率的关系，大量的研究支持二者存在正相关关系（马建堂，1993；白文杨和李雨，1994；周妍，2008）。

---

[1] 张军、施少华、陈诗一：《中国的工业改革与效率变化——方法、数据、文献和现有的结果》，《经济学（季刊）》2003 年第 4 期。

[2] 刘元春：《国有企业的"效率悖论"及其深层次的解释》，《中国工业经济》2001 年第 7 期；刘元春：《国有企业宏观效率论——理论及其验证》，《中国社会科学》2001 年第 5 期。

[3] 林伯强：《结构变化、效率改进与能源需求预测》，《经济研究》2003 年第 5 期。

有观点认为这种关系并非简单线性、连续、单调的正相关关系,而是受许多因素的综合影响和扰动。① 也有观点认为二者之间整体上不存在显著的正相关关系,但剔除煤气生产与供应、烟草加工和煤炭采选业三个严格受国家管制的行业数据后两者有正相关的关系。② 还有观点认为在市场经济条件下,处于转型过程中的中国市场,主要是市场绩效决定市场结构,效率模式而不是 SCP 模式更能体现中国目前市场结构和市场绩效之间的关系。③ 文献的差异主要体现在数据的使用上,如马建堂(1993)比较了五个最高和五个最低集中度产业的销售利润率,白文杨、李雨(1994)采用 1992 年我国 38 个大类产业进行分析,殷醒民(2003)利用第三次全国工业普查 521 个四位数行业的近 60 万个企业数据,周妍(2008)利用我国制造业上市公司 1996—2007 年申银万国制造业 22 个三级子行业的面板数据。

关于国有垄断部门集中率—绩效的研究,国内文献主要涉及银行、钢铁、煤炭、航空、电力等部门,其中银行业市场结构与绩效关系是讨论的热点。文献集中分析了银行业的垄断市场结构与其绩效的相关性问题。于良春和鞠源(1999)以及易纲和赵先信(2001)的研究都表明中国的四大国有商业银行均呈现规模不经济的状态,其根本原因在于我国的银行业拥有高度垄断的市场结构。王国红(2002)通过对中国银行业的市场份额、市场集中度、规模经济、空间分布及进入与退出壁垒的分析,认为国有银行的空间分布是一种行政科层式的分布,其市场结构属于一种金融抑制下的垄断结构。贺春临(2003)通过实证分析,验证了我国银行业并不存在规模效率结构假说。宋玮等(2009)通过对我国 1997—2006 年 16 家商业银行的面板数据进行回归,也验证了其市场份额与市场集中度均与绩效负相关,国有银行中存在着较严重的规模不经济问题。刘志标(2004)认为银行业的寡占市场结构、不经济的市场行为和低下的市场绩效之间并不存在着必然的因果关系,其根本原因是行政干预。也有观点表明银行业市场集中度与绩效是弱正相关

---

① 殷醒民:《中国工业结构调整的实证分析》,山西经济出版社 2003 年版。
② 戚聿东:《中国产业集中度与经济绩效关系的实证分析》,《管理世界》1998 年第 4 期。
③ 陆奇斌、赵平、王高、黄劲松:《中国市场结构和市场绩效关系实证研究》,《中国工业经济》2004 年第 10 期。

(高辉、刘灿，2004)，于良春、高波（2003）采用生存竞争法以及 Translog 成本函数，表明规模经济在中国银行业中的确存在，但是"最大"并不是"最好"，四大国有商业银行呈现一种规模不经济的状态。

关于行政性垄断对产业绩效的影响问题研究，可以达成的共识是行政性垄断从长期来看对国民经济的增长有负面作用。就短期来看，部分观点认为行政性垄断导致地区性市场分割、贸易保护、收入分配不公和寻租等，不利于国家整体的经济增长和统一市场的形成。刘培林（2005）认为严重的市场分割和地方保护导致了中国地区产出配置以及生产要素省际配置的结构扭曲，最终导致了制造业的产出效率损失。陈敏等（2007）通过中国省级数据的分析认为经济发展水平较低时，经济开发加剧了国内市场的分割。国有企业的就业比重和政府消费是加剧市场分割的重要因素。越落后的地区越有激励采取市场分割政策，而发达地区倾向于区域市场整合。皮建才（2008）通过区域市场整合的成本与收益分析，认为地区收入的差距显著抑制了区域市场整合，而地区政府竞争的正外部溢出效应则有效推动了市场整合。孙早、王文（2011）采用全部工业产业的面板数据估计了内地 2003—2008 年不同资本密集度产业的所有制结构变化对产业绩效的影响，认为规模以上国有企业比重的变化与产业绩效之间呈现负相关关系。

也有观点认为，行政性垄断从短期来看对本地区的经济增长具有一定的支撑作用。我国现阶段具有较为明显的联邦制特征[①]的财税制度安排，地区性行政性垄断的供给制度有助于避免地方政府的租金被共享。陆铭、陈钊（2009）指出，分割市场对于本地即期和未来的经济增长存在倒 U 形影响，短期市场分割有助于地区经济的发展，但以损害长期全国统一市场的规模效应为代价。周业安、章泉（2008）认为中国的经济体制改革经历着市场化和财政分权的双重分权过程，市场化进程对经济增长的影响依赖于各地区财政分权水平，而对于高分权程度的地区，市场化明显抑制了经济增长。张卫国等（2011）根据 1994—2007 年省级面板数据分析了地方投资行为以及地区性行政性垄断与经济增长

---

① Qian 和 Ronald（1998）将其称为"中国特色的市场维持型的联邦制"（Market - Preserving Federalism）。参见 Qian and Weingast，"China's Transition to Markets: Markets - Preserving Federalism, Chinese Style"，*Journal of Policy Reform*，1996，1（2）：149 - 185。

的关系，结果表明现阶段地区性行政性垄断对地区经济增长具有倒 U 形特征，并且绝大多数地区的行政性垄断都促进了当地的经济增长。

二 福利损失的估计

垄断所带来的福利损失是研究垄断产业部门效率的另一个重要问题，其中福利损失估算是热点。大量的研究表明行政性垄断产业所产生的净福利损失近年来存在增加趋势。早期胡和立（1989）、万安培（1995，1998）采用公共福利租金、各种税收税差、价格补贴、利差和汇差合计租金，估计出 1988 年、1992 年和 1998 年的租金规模分别约相当于 GDP 的 30%、23.34% 和 9.18%，呈现逐渐下降趋势。过勇、胡鞍钢（2003）利用塔洛克寻租理论对 20 世纪 90 年代后期电力行业、交通运输业、邮电通信业、民航业、医疗机构五个行业的租金进行估算，其所测算的福利损失分为"各类税收流失""国有经济投资和财政支出流失""非法经济和黑色收入"和"垄断行业租金"四大类型，估算结果表明五个行业的租金相当于 GDP 的比例为 1.7%—2.7%。刘志彪、姜付秀（2003）运用哈伯格、柯林和缪勒的估计模型计算了 2001 年 30 家行政性垄断行业上市公司的垄断市场势力的福利成本相当于其销售收入的百分比，对我国某些行政性垄断行业的制度成本作最低限和最高限的测量，结果表明社会福利净损失在 1997—2000 年每年平均最低限估计相当于 GDP 的 1.15%，最高限相当于 GDP 的 2.75%。姜付秀、余晖（2007）采用来自电力、航空、自来水、石油、银行、煤炭采掘、水上运输、邮电通信等行政性垄断行业的 35 家代表性上市公司的样本数据，分析了 1997—2005 年我国行政性垄断行业的福利损失和制度成本，实证检验结果表明福利损失相当于 GDP 的 0.612%—3.279%，制度成本相当于 GDP 的 5.302%—8.3%。马树才、白云飞（2008）依照寻租理论中的塔洛克模型，估算了 2003—2005 年电力、电信、民航、铁路、烟草、金融保险，以及石油和天然气开采、销售等行政性垄断行业的社会成本，认为 2003 年、2004 年和 2005 年其福利损失分别约相当于 GDP 的 6.05%、7.83% 和 7.9%，呈现不断增加的趋势。丁启军、伊淑彪（2008）采用了 DEA 方法，认为社会净福利损失包括内部生产效率损失、寻租成本和账面利润，其测算了 2006 年的石油天然气开采业、烟草、电信、银行、航空、石油加工和冶炼、邮政、铁路、燃气和电力等行政性垄断行业的效率损失和寻租成本，结果表明垄断净福利损失约相当于当年 GDP 的 6.26%。于良春、张伟（2010）采用 DEA 和 Malmquist 生产效率指数方法测算了包括 X - 非效率损失和寻租成本在内的效率损失，其中电力 2.5%—3.7%，电信 1.4%，石油 3.1%—5.7%，铁路 0.5%。

第四节 市场化与管制体制改革

我国的产业组织政策一直是争议较多的领域。如何对国有行政性垄断企业或者行政性垄断产业进行有效的治理一直是我国经济社会体制改革的"坚冰"。早在 20 世纪 90 年代，各种改革试验就已经开始，如电信、水务、电力、邮政和航空等产业，但直到现在，仍有大量的行政性垄断部门尚未被触及，行政性垄断产业的改革仍然任重而道远。文献分析的对象主要涉及国有企业、自然垄断产业和公用事业部门三个不同方面；从内容来看，文献主要涉及市场化和管制两个层面，前者着重于市场化过程中各主体的利益关系和行为、市场化进程的秩序等，后者则关注决策机制和效果、管制失灵与管制制度等问题。

一 市场化和竞争

大量的文献梳理和分析了我国自然垄断产业和公用事业部门改革的市场化进程。针对电信[1]、航空[2]、电力[3]、铁路[4]、水务[5]等典型产业的研究表明，市场化进程是从政企分开开始，通过企业重组（公司化）到业务分离，逐步形成有限度的市场竞争格局。实际上，上述市场化改革思路基本上贯彻了我国建立社会主义市场经济体系的总体构想。

在市场化改革进程中，政企分开是起点也是关键条件。温银泉早在 1998 年就提出，政企分开包括资产所有者与管理者职能分离、资产管

---

[1] 陈小洪：《中国电信业：政策、产业组织的变化及若干建议》，《管理世界》1999 年第 1 期。

[2] 张帆：《模拟竞争市场的建立和生长——中国民用航空运输业的管制改革和市场竞争》，载张曙光主编《中国制度变迁的案例研究（第二期）》，中国财政经济出版社 1999 年版。

[3] 田志龙、张泳、Taieb Hafsi：《中国电力行业的演变：基于制度理论的分析》，《管理世界》2002 年第 12 期。

[4] 黄少安：《四元主体联合创新中国铁路体制》，《经济研究》1997 年第 5 期。

[5] 傅涛、常杪、钟丽锦：《中国城市水业改革实践与案例》，中国建筑出版社 2006 年版。

理者与运营者分离，以及出资人所有权和企业法人所有权分离的三层含义，并提出了可实现的基本形式。① 王珺（1999）从新制度经济学角度分析了政企分开从中央到地方再到跨地区的三阶段。但自然垄断产业的国有企业改革远比竞争性部门更为复杂。浦再明（2001）认为政企分开并不能削弱所有者对企业的控制。余晖（2000）进一步分析了在受管制产业中政企分开所引起的政企同盟问题。于立（2005）认为在国有垄断产业部门政企具有天然的利益关联，完全分离很难做到。也有些文献从重建政企关系出发，分析政企关系在具体产业市场化改革中的可实现形式，包括特许经营权②和 PPP 模式③等。

自然垄断产业在可竞争的条件下，对现有超级企业进行业务重组和分离是实现产业内有效竞争的重要条件。周其仁（1998）、刘世锦和冯飞（2003）等分别分析电信业和电力产业从纵向一体化到厂网分离的问题、选择和路径。也有研究提出了其他产业业务分离模式的设想，如铁路业④、燃气改革⑤等。但总体来说，自然垄断产业采用纵向分离、横向分离还是混合分离等产业分离模式并不单纯是一个技术因素，更多地体现出分离改革面临的阻力比较和可实施性。

二 管制体制的改革

管制体制是政府在自然垄断产业市场化改革进程中，应当扮演什么角色和如何扮演好这个角色的制度安排。从传统的计划管理体制向市场经济条件下的管制体制转型成为这一阶段的主要背景。

就现有的文献来看，大量的文献在分析我国目前管制体制存在的问题的基础上，研究了改革的思路。王俊豪（1999）认为，我国现行的管制体制存在大量的低效率问题，他提出了法律制度是政府管制体制改革的准则，政企分离是关键，竞争是主题，有效竞争是目标导向等政策思路。荣朝和（2000）认为铁路行业中企业和政府角色的缺乏导致了改革动能不足和效率损失。周耀东、余晖（2005）在水务管制改革的

---

① 温银泉：《政企分开的可行性研究》，《经济研究》1998 年第 2 期。
② 大岳咨询有限公司：《公用事业特许经营与产业化运作》，机械工业出版社 2004 年版。
③ 余晖主编：《公私合作制的中国试验》，上海人民出版社 2005 年版。
④ 李雪松：《中国铁路重组：方案比较和新探》，载张昕竹编《中国规制与竞争：理论和政策》，社会科学文献出版社 2000 年版。
⑤ 王俊豪：《中国政府管制体制改革研究》，经济科学出版社 1999 年版。

研究中认为，政府缺乏承诺是形成目前城市水务管制改革失灵的重要因素。本章指出，政府可信的承诺是建立在正式的制度基础之上的，包括基本经济制度、法律框架和管制结构等。利益群体之间的利益均衡程度、管制机构的处置权大小、司法制度的完善程度等是正式制度有效实现的重要条件。周勤（2009）在借鉴新加坡监管经验之后，提出了建立独立监管机构、选择恰当的价格监管机制、完善公用事业立法是管制体制改革的重点等思路。周林军（2004）提出了公用事业管制中的立法问题，认为我国公用事业在立法方面存在思路僵化、过重的政治或者意识形态负担以及重视政治规范轻视经济合理性等问题，导致自然垄断产业和公用事业部门在反不正当竞争法案和相关产业法下处于豁免状态，同时，应当构建公用事业基本法体系。余晖（2004）提出了因中国与西方政治体制的不同，管制者不需要追求选票的最大化，其追求的目标与企业目标一致，由此导致了需要管制管制者的问题，认为进一步政企分开、加快产业法规建设以及引入价格听证会等方式是解决这一问题的途径。

总体来看，管制制度的文献目前还仅仅局限于经济学、法学和行政学领域理论上的分析和研究。现有的改革实践还不足以支撑形成有效率的管制体制，例如电监会的监管职能并没有实现对电力行业独立有效的管制。相反，大量的管制权限仍集中于发改委等行政管理部门，管制体制的改革才刚刚开始。

第五节 国有企业的未来改革

20世纪90年代末期的国有企业改革，特别是让国有企业退出绝大部分竞争性消费品生产行业的政策决定，为中国经济在21世纪初以来实现出口超常规增长，并成为中低端消费品的"世界工厂"创造了良好的条件。也正是民营经济的大发展，极大地增加了全社会以及金融系统的总资源，并逐步化解了21世纪初银行系统由于20世纪90年代国有企业效率低下、大批亏损导致的大规模坏账。下游制造业部门的超常规发展，对上游能源、原材料行业以及重化工业部门的产品形成了强劲的需求，才使得这些行业从20世纪90年代末和21世纪初的严重亏损中走出,并开始逐渐大规模盈利。下游制造业部门的大发展,不仅是21世纪初以来中国实现第二次重化工业化的一个基本背景条件,也是各大型国有企业集团资产不断增值、利润持续上升的关键所在。在经济高速增长的情况下,原材料、高端制造业和装备行业的国有企业凭借对资源的垄断和行政性的垄断地位,获取了大量利润,极大地扩张了自身实力。在现有的国有银行垄断、金融抑制并压低利率与实行信贷配给的情况下,大量贷款被配置给垄断性国有企业和地方政府所建立的、实为国有企业性质的投融资平台,以进行资源并购、土地征用、城市基础设施建设和公用事业的超常规投资。在2009年大规模财政与信贷刺激政策出台后,上述趋势表现得更为明显,部分中央企业借货币政策宽松时机甚至进入房地产部门,参与"地王"炒作,结果房地产泡沫不仅在一二线城市被进一步吹大,同时也全面蔓延至三四线城市。由于外需市场持续不振,内需市场因普通百姓收入增长相对缓慢等因素也无法强劲增长,市场对资源、原材料、装备行业这些国有企业主导的产业产品需求也难以有效提升,导致2008年以来国有企业与地方政府的相当一部分投资项目效率低下,产能过剩问题进一步恶化。种种迹象表明,企业过度投资的负面效果正在显现,部分企业的财务风险开始加大,并可能在未来带来银行系统的坏账。为了扭转中国未来经济步入下行通道的局面,中国必须推进国有垄断行业改革。虽然因为利益集团的阻碍,改革一直举步维艰,但要保持经济增长乃至社会的长治久安,国有企业非改不可。国有企业在未来几年所需进行的改革,应从如下步骤开始。

第一,国有企业改革的顶层设计。国有企业的性质、定位、目标和功能需要进一步明确和细化。顶层设计应当重新认识国有企业在我国经济体系中所能承担的任务和所能起到的作用,认识社会主义市场经济需要什么样的国有企业,只有在宏观目标明确的条件下,才能重新梳理国有企业的分类改革问题。需要重新认识国有企业的政企分离问题,认真梳理哪些类型的企业不宜政企分离,哪些必须要政企分离;在不宜政企分离的国有企业应当建立怎样的制度规范来完善企业的各种经济行为;在政企分离条件下,国有企业的国有资产的权益应当如何保障。

第二,建立公法人制度。公法人制度是国有企业"国有"性质的重要代表,它是通过法律形式规范国有企业法人治理结构的重要手段。关于公法人制度,理论界已经讨论了许多年,国外也有成熟的经验可循。未来国有企业在分类改革的基础上,通过公法人制度对公司内部治理结构进行调整,有利于明确政企之间的关系,有利于国有企业提高内部治理结构效率和改善外部监管体制的水平。

第三,红利上缴和分配制度。在公法人制度下,根据企业的不同类型,国有企业应当履行上缴红利的义务,尤其是行政性、资源性和垄断性的行业。这部分红利类似租金,应当归社会分配。在此基础上,应当进一步明确和规范红利的分配制度,可以通过公共财政归入社会保障的资金来源,应由全体人民共同分享。

第四,国有企业行为规范。在明确国有企业顶层设计的基础上,应当进一步明确不同类型的国有企业的边界。经营中的重大决策、经济中的各项活动应当受到公共监督和法律监督,应当在反垄断法和反不正当竞争法中进一步细化企业竞争和垄断中的各项活动,规范企业在市场竞争中的行为。

第五,国有垄断部门的市场化改革。垄断部门市场化改革的核心是:通过多元化投资改善融资结构,鼓励多种形式的公私合作,推动市场竞争,提高垄断部门的绩效水平,提供更好的产品和服务。这一改革成功的前提在于明确政府和企业的关系,也即只有建立在顶层设计、法人制度和行为规范的条件下,市场化改革才能顺利实施,否则它只能成为又一个市场寻租的场所。

第六,外部监管制度和市场自组织。外部监管制度和市场自组织(经济、法律和社会等)是约束国有企业行为活动监督机制的重要组成内容。目前,我国的市场行为已经逐步成为市场竞争中的关键问题和关键环节,但监管主体分散于发改委、商务部以及工商总局等许多部门,监管可操作的空间十分有限,政策相互掣肘,部门之间沟通不畅,监管效能较低。建议整合各部委的监管力量,逐步形成独立监管机构行使监管权力。市场自组织是一个民间组织,它通过同行业企业之间的自愿协作,有效抑制行业内各种不规范的经营行为等,但目前在法律和行政等方面都存在着诸多缺陷,自组织目前仅仅在狭缝中生存,还难以成为一种行业治理的力量,难以有序引导行业中的企业行为。推动市场自组织的各项活动是市场经济逐步走向成熟的标志,应当进一步放松法律和行政约束,改善其生存环境,推动这一力量在市场经济中发挥重要作用。

第七,改革要循序渐进。改革过程中要给国有企业以激励和压力。

期望垄断企业主动进行改革无异于天方夜谭，因而需要政府渐进推动改革。比较现实的做法是在改革方案中设定一个过渡时间，并给现有垄断部门一定的利益补偿，让它们在激励和压力之下逐步放开垄断。有些行业，如石油行业，可以考虑在进口配额方面为民营企业开口子，逐步增加竞争，而其他一些行业，比如电信部门，可以制定措施，推动现有垄断企业之间先进行以价格战为主要形式的竞争，这样不仅可以增加国有企业竞争力，而且可以提升本行业就业和总产出，并推动全社会通信成本降低和经济增长，之后，再逐渐放开行业准入，那时引起的经济震荡会小得多。

参考文献

白文杨、李雨：《我国工业产业集中度实证研究》，《中国工业经济研究》1994年第11期。

曹建海：《过度竞争论》，中国人民大学出版社2000年版。

陈敏等：《中国经济增长如何持续发挥规模效应？——经济开放与国内商品市场分割的实证研究》，《经济学（季刊）》2007年第1期。

陈章旺：《恶性价格竞争的主要表现及其治理对策》，《福建论坛》（经济社会版）1998年第10期。

陈志广：《利润率与市场结构：基于中国汽车产业的实证分析》，《产业经济研究》2005年第6期。

丁启军、伊淑彪：《中国行政垄断行业效率损失研究》，《山西财经大学学报》2008年第12期。

干春晖、戴榕、李素荣：《我国轿车工业的产业组织分析》，《中国工业经济》2002年第8期。

高辉、刘灿：《转轨过程中我国银行业市场结构与绩效的实证分析》，《财经科学》2004年第5期。

过勇、胡鞍钢：《行政垄断、寻租与腐败——转型经济的腐败机理分析》，《经济社会体制比较》2003年第2期。

韩朝华、周晓艳：《国有企业利润的主要来源及其社会福利含义》，《中国工业经济》2009年第6期。

何禹霆、王岭：《基于CSCP范式的中国汽车产业组织模式研究》，《商业研究》2008年第10期。

胡和立：《1988年我国租金价值的估算》，《经济社会体制比较》1989年第5期。

胡汝银：《竞争与垄断：社会主义微观经济分析》，生活·读书·新知三联书店 1988年版。

黄居林、董志清：《以产业组织理论探讨假冒伪劣现象的成因及治理》，《财金贸易》2000年第4期。

姜付秀、余晖：《我国行政性垄断的危害——市场势力效应和收入分配效应的实证研究》，《中国工业经济》2007年第10期。

李文元、梅强：《恶性价格竞争成因探讨》，《江苏理工大学学报》（社会科学版）2001年第1期。

梁雪峰：《供热产业真的难以为继吗？——一个垄断产业的案例研究》，《经济研究》1999年第3期。

刘培林：《地方保护和市场分割的损失》，《中国工业经济》2005年第4期。

刘世锦、冯飞主编：《中国电力改革和可持续发展战略》，经济科学出版社2003年版。

刘树杰：《垄断性产业价格改革》，中国计划出版社1999年版。

刘志标：《中国商业银行的竞争、垄断与管制》，《财贸研究》2004年第4期。

刘志彪、姜付秀：《我国产业行政性垄断的制度成本估计》，《江海学刊》2003年第1期。

陆铭、陈钊：《分割市场的经济增长——为什么经济开发可能加剧地方保护》，《经济研究》2009年第3期。

罗云辉、夏大慰：《市场经济中过度竞争存在性的理论基础》，《经济科学》2002年第4期。

马建堂：《结构与行为：中国产业组织研究》，中国人民大学出版社1993年版。

马树才、白云飞：《我国行政垄断行业的社会成本估计——基于塔洛克模型》，《辽宁大学学报》（自然科学版）2008年第1期。

皮建才：《中国地方政府间竞争下的区域市场整合》，《经济研究》2008年第3期。

浦再明：《政企关系引论——政企分离及其深层问题研究》，《战略与管理》2001年第5期。

荣朝和：《论中国铁路行业改革与放松管制的关系》，载张昕竹编《中国规制与竞争：理论和政策》，社会科学文献出版社2000年版。

沈大军、梁瑞驹、王浩等：《水价理论与实践》，科学出版社1999年版。

史丹：《我国当前油价机制的效果、缺陷及完善措施》，《中国工业经济》2003年第9期。

史丹：《我国能源需求的影响因素分析》，博士学位论文，华中科技大学，2003年。

宋玮、李植、王冬丽：《中国银行业市场结构与绩效的实证分析》，《经济理论与经济管理》2009 年第 6 期。

苏素:《公用事业间接管制定价》,《重庆大学学报》(自然科学版) 2004 年第 5 期。

孙永峰:《有关我国自然垄断经营行业价格管制的简要分析》,《经济论坛》2004 年第 21 期。

孙早、王文:《产业所有制结构变化对产业绩效的影响——来自中国工业的经验证据》,《管理世界》2011 年第 8 期。

唐晓华、苏梅梅:《产业过度竞争测度基准及聚类分析》,《中国工业经济》2003 年第 6 期。

田孝蓉:《旅游价格恶性竞争的成因及对策分析》,《河南师范大学学报》(哲学社会科学版) 2007 年第 3 期。

涂岩:《制止低价恶性竞争》,《规范市场价格秩序》(价格月刊) 1998 年第 12 期。

万安培:《租金规模的动态考察》,《经济研究》1995 年第 2 期。

万安培:《租金规模变动的再考察》,《经济研究》1998 年第 7 期。

王国红:《论中国银行业的市场结构》,《经济评论》2002 年第 2 期。

王俊豪等:《中国自然垄断经营产品管制价格形成机制研究》,中国经济出版社 2002 年版。

王珣:《政企关系演变的实证逻辑——我国政企分开的三阶段假说》,《经济研究》1999 年第 11 期。

谢识予:《假冒伪劣现象的经济学分析》,《经济研究》1997 年第 8 期。

许辉:《我国汽车工业进入壁垒与进入壁垒失效研究》,《管理世界》1999 年第 5 期。

杨永忠:《自然垄断产业定价机制探析——以电价机制为例》,《当代财经》2003 年第 9 期。

易纲、赵先信:《中国的银行竞争:机构扩张、工具创新与产权改革》,《经济研究》2001 年第 8 期。

易去劣:《国有公路施工企业恶性价格竞争的成因分析》,《长沙大学学报》2007 年第 4 期。

于良春、高波:《中国银行业规模经济效益与相关产业组织政策》,《中国工业经济》2003 年第 3 期。

于良春、鞠源:《垄断与竞争:中国银行业的改革与发展》,《经济研究》1999 年第 8 期。

于良春、彭恒文:《中国铁路客运高峰负荷定价模型分析》,《中国工业经济》2006 年第 3 期。

于良春、张伟:《中国行业性行政垄断的强度与效率损失研究》,《经济研究》2010 年第 3 期。

余晖：《受管制市场中的政企同盟——以中国电信产业为例》，载张昕竹编《中国规制与竞争：理论和政策》，社会科学文献出版社 2000 年版。

余晖：《谁来管制管制者》，广东经济出版社 2004 年版。

余晖：《中国的政府管制制度》，《改革》1998 年第 3 期。

张维迎、马捷：《恶性竞争的产权基础》，《经济研究》1999 年第 6 期。

张维迎、盛洪：《从电信业看中国的反垄断问题》，《改革》1998 年第 2 期。

张卫国、任燕燕、花小安：《地方政府投资行为、地区性行政垄断与经济增长——基于转型期中国省级面板数据的分析》，《经济研究》2011 年第 8 期。

张昕竹：《中国规制与竞争：理论和政策》，社会科学文献出版社 2000 年版。

赵延昇、巫绪芬：《论"恶性价格竞争"的根本来源及规避策略》，《科技管理研究》2007 年第 5 期。

郑理明：《零售药店恶性价格竞争的危害及其解决办法》，《江苏药学与临床研究》2003 年第 1 期。

周黎安、崔兆鸣：《从信息经济学看当前假冒伪劣现象》，《北京大学学报》（哲学社会科学版）1996 年第 3 期。

周黎安、罗凯：《企业规模与创新：来自中国省级水平的经验证据》，《经济学（季刊）》2005 年第 2 期。

周林军：《公用事业管制要论》，人民法院出版社 2004 年版。

周其仁：《三网聚合，数网竞争——兼论发展我国电讯产业的政策环境》，北京大学中国经济研究中心，1998 年讨论稿。

周勤：《什么是好的管制》，载周林军等《中国公用事业改革：从理论到实践》，知识产权出版社 2009 年版。

周妍：《我国制造业与利润率——基于面板协整的分析》，《商业经济》2008 年第 17 期。

周耀东、余晖：《政府承诺缺失下的城市水务特许经营——成都、沈阳、上海等城市水务市场化案例研究》，《管理世界》2005 年第 8 期。

周业安、章泉：《市场化、财政分权和中国经济增长》，《中国人民大学学报》2008 年第 1 期。

朱柏铭：《公共经济学》，浙江人民出版社 2002 年版。

第四章 行政性垄断及其改革*

第一节 引言

与国外的情况一样，我国的行政性垄断也具有"官营""官督商办"的历史合理性，更兼具我国有过计划经济的历史，政企、政事或政资合一曾经是国民经济的主要组织方式。近30年的渐进性市场化改革，是国有企事业与民营企业和民办非企业组织此消彼长的过程。党的十七大提出了未来的中国深化改革的方向，其中在经济体制改革的攻坚环节，我们应当在全球经济和竞争规则一体化的过程中，以最终维持少数合理并合法的行政性垄断为限，在所有可竞争性的市场上加快消解现有的行政性垄断，以建立基于经济自由、经济民主和公平竞争的社会主义市场经济体系。

如若不然，经济改革步入新阶段，绝大多数行政性垄断行为必将成为业已形成的强势利益集团继续寻租以牟取垄断利益的手段，成为政府部门和政府官员设租和腐败的温床，并导致国民经济初次分配格局和社会效益的进一步恶化。即便是合法且合理的行政性垄断，也存在效率低下、行为性垄断时常出现的问题，不但广大弱势群体难以享受经济高速发展所带来的福利，政府也难以筹集到更多的财政资源以向广大公民提供更多的公共服务，建立社会主义和谐社会的政治目标也因此难以实现。

虽然反行政性垄断已经成为社会各方的基本共识，2007年8月全

---

* 本章是受中国经济体制改革研究会于2007年委托并完成的研究成果，课题组组长余晖，课题组成员为朱彤、贺绍奇、宋华琳、高春量、周晓艳。

国人大也通过《中华人民共和国反垄断法》，但在该法制定的过程中，对行政性垄断的概念、范围、制度基础、运行机理、福利损失以及规制行政性垄断的具体政策和制度安排却莫衷一是。本书采用经济学和法学跨学科的视角，希望在这些方面展开空前广泛和深入具体的研究，为政府和立法机构的下一步决策提供尽量可行的思路和具体建议。

本章由以下四部分组成：第一，行政性垄断的定义、类型与经济合理性；第二，转轨时期我国产业行政性垄断的合理合法性分析；第三，行政性垄断的危害；第四，反行政性垄断的对策与建议。必须说明的是，本章虽然搭建了包括行业性行政性垄断、地区性行政性垄断和事业性行政性垄断在内的分析框架，但是以行业性行政性垄断为主。以下分别简要介绍各部分的主要内容。

一 行政性垄断的定义、类型与经济合理性

本部分包括两大主要内容。一是在行政性垄断的经济学和法学文献回顾与评述的基础上，提出本书所采用的行政性垄断的概念和分类。本书是从最基本从而也是目前分歧最少的层面来界定行政性垄断概念的，即"行政性垄断是借助行政权力得以产生和维持的垄断"，并从经济学和法学两个维度分别提出行政性垄断的分类标准：从经济学维度看，行政性垄断分为合理的行政性垄断与不合理的行政性垄断；从行政法学维度看，行政性垄断分为合法的行政性垄断和不合法的行政性垄断。由此，本书提出行政性垄断的四种类型：合理合法的、不合理合法的、不合理不合法的以及很少见的合理不合法的。二是在简要回顾西方国家行政性垄断产生和发展的历史，特别是主要产业治理结构和行政性垄断变化过程的基础上，提出了合理的行政性垄断的四种主要存在形式，并以此作为第二部分考察我国行政性垄断的合理性和不合理性之基础。

本书认为，在经济活动中，行政性垄断的存在有其必然性，因为行政权力和经济利益之间具有天然的"亲和力"，两者的结盟是实现各自利益最大化的最有效手段。所以在12世纪以前，欧洲的国王就已经"无师自通"地学会发放各种特许以牟利。行政性垄断的存在也有其必要性。市场经济实践与经济理论分析表明，在某些领域，离开了行政权力的干预，经济运行并不是充分有效的。从实践看，政府干预程度比较深的领域主要是电信、邮政、电力、铁路、石油、民航、烟草等行业。

然而，从欧美等发达市场经济国家的产业发展和改革历史看，对政

府干预必要性的认知过程和行政性垄断的合理存在范围与形式的演变过程是复杂和曲折的。这不仅是因为行政性垄断的合理存在范围和表现形式随着技术进步和产业特征而变化，更重要的是行政权力与经济主体有很强的激励结成利益共同体。产业的加强或放松管制改革，除了理论和舆论的导向，最重要的推动力来自不同的利益集团。

尽管如此，我们仍可以发现这样一个趋势，那就是：行政性垄断的存在范围不断缩小，政府权力介入经济领域的行为日益法治化，干预过程受到控制和变得透明，干预后果可以大致预见等。只有这样，政府干预经济的必要性才能更多地被导向合理合法的行政性垄断。否则，我们的经济活动中大量存在的将是不合理合法的行政性垄断，或合理不合法的行政性垄断，甚至是不合理不合法的行政性垄断。

本部分的创新之处在于提出了行政性垄断的新分类标准，并归纳总结了行政性垄断合理存在的四种主要形式，即知识产权保护制度、政府基于自然垄断性实施的产业管制、以政府企业和特殊法人企业形式存在的"国有企业"的合理行政性垄断、特殊行业的特许招标制度。其隐含的一个观点就是在这四种形式之外的行政性垄断即便是合法的，也是不合理的，既不合法治原理也不合经济原理。

二　转轨时期我国行政性垄断的合理合法性分析

中华人民共和国成立后，我国逐步形成了高度集中的计划经济体制。在这种体制下，国家运用指令性计划直接掌握和控制各种经济资源，国有经济几乎垄断了所有的生产和贸易领域。经济活动中无处不在的行政性垄断使经济效率受到严重损害。而且，因为政府主要采用行政命令而不是法律手段管理经济活动，从法律角度看，行政性垄断的合法性是有问题的。20世纪80年代以来，随着经济体制改革和法制建设的深入，行政性垄断的合理合法性开始出现一些新的特点，尤其是合理性和合法性之间的相互冲突和矛盾，使人们在判断某一项行政性垄断的善恶是非时常常陷入无奈。

转轨时期，我国的行政性垄断广泛存在于各类行业。不同行业中行政性垄断的形成过程及其特点与该行业的改革过程密切相关。这里，我们根据行业特点，分三种类型来讨论不同行业改革进程中行政性垄断形成的特点及表现形式。（1）第一类是垄断行业。这里所说的垄断行业，在中国的特定情况下，是指有一定自然垄断特性，同时也有很强的行政性垄断性质，通常以国有独资或控股，全国性、行政性的大公司或主管部门为主的行业，主要是电力、电信、铁路、民航等行业。（2）第二类是涉及国家经济安全而广泛存在行政限制或禁止进入的行业，比如能源行业、金融行业。（3）第三类是政府专营的行业。从世界各国实践看，政府对某些行业实行专营的理由主要有三种情况：一是政府出于获取经济收益的考虑，如烟等容易上瘾或盐等需求弹性小的商品；二是一些私人不愿意提供，但有普遍服务需要的公共产品（服务），比如普通信件的邮递服务；三是涉及安全的一些特殊行业，如铸币。本章主要讨论了有普遍服务需要的公共产品。

从经济合理性角度分析，本章提出了主要行业行政性垄断合理存在的理由、范围与形式（见表4-2）。本章同时指出了这些行业不合理的行政性垄断的表现形式，具体如下：

第一，对自然垄断行业的过度管制。我国几乎所有具有自然垄断性质的行业都存在过度管制的情况。这种过度管制主要表现在两个方面：（1）以自然垄断的名义对整个行业实施全面管制。比如，铁路行业只有路网和站场具有自然垄断性，而且在我国铁路运输需求快速扩张的背景下，其自然垄断性程度远比需求已经萎缩的欧美国家要弱得多。铁路是我国目前管制范围最广、程度最深的行业之一。（2）政府以严格的投资项目审批制度对行业进行严格控制。电力行业经过改革，基本实现了具有自然垄断性的输配电网与发电环节的分离，并成立了独立的电力监管机构。虽然这种改革还很不彻底，比如监管权力分散导致无法有效监管，输配电网公司的独家垄断背后仍有法律和行政权力的强大支持等，但这仍是按行业性质进行分类监管的有益尝试。

第二，对非自然垄断的行业实行进入限制。我国竞争性行业中存在大量行政性和政策性的进入限制，这些限制使行业的在位者获得事实上的垄断地位，妨碍产业技术进步，损害消费者利益。竞争性行业进入限制主要表现形式有两类：（1）以实现规模经济、避免重复建设的名义，利用产业政策或行政审批手段限制企业进入。最为典型的是汽车行业。（2）以国家安全和整顿市场的名义对行业或行业中的某个环节实行进入限制。比如石油石化行业，政府除把石油开采和炼制都交由中石油、中石化、中海油等大集团垄断经营（部分地方企业逐渐被整合到三大集团），不允许任何新企业进入以外，还在石油销售环节明确规定只有中石油、中石化两大公司拥有批发权，所有石油销售企业必须从两大公司购买。而在行政权力支持下的石油石化垄断企业在充分发挥其"影响力"掠夺下游企业和消费者的同时，其所作所为却往往与国家经济安全背道而驰。

第三，政府机构或公共服务组织利用公共资源和借口提供公共服务牟利。由于诸多历史原因，中国行政收费种类仍旧繁多。大规模的行政收费成长于改革开放以后，收费形成的初衷是国家放权让利，允许一些部门通过一些行政收费弥补行政事业经费不足，在特定时期对于促进各项事业的发展起到了一定的作用，但之后行政收费在部门利益的驱使下迅猛扩张到了政府各个部门和提供公共服务的组织。这种收费因为是政府机构或相关组织在提供公共服务时收取的，具有一定的强制性，我们也认为属于行政性垄断的一种形式。从政府机构看，这类行政性垄断比较典型的表现是把本应免费供公众使用的公共信息资源转化为下属事业单位的收费产品。

从法律合法性角度分析，本章按照第一部分的分类简要梳理了作为各类行政性垄断合法性根源的法律、法规及其他行政规章、文件，得到了行政性垄断的类别及其典型示例（见表4-3）。

可以看出，我国行政性垄断更多的是合法但不合理的形式或貌似合法但不合理的形式（不合理不合法的行政性垄断也可以被称为貌似合法但不合理的行政性垄断，因为政府部门规章、地方性法规或地方政府规章赋予了其合法外衣）。换句话说，大多数的行政性垄断获得了国家法律、行政法规、政府部门规章、地方性法规、地方政府规章以及政府其他规范性文件的保护，根植于现行体制中；它们根植于现行行政体制和行政文化，因而具有非常强的隐蔽性和顽强的抗治理性。

在上述研究的基础上，我们分析了我国行政性垄断产生的制度原因与未解决的问题：（1）从动因上来分析，现行体制为各级政府谋求行政性垄断提供了有效的激励。首先是体制改革不彻底难以阻隔行政权力与企业"结盟"，其次是分权改革强化了地方政府干预经济的激励。（2）现行法律体系及监管执法体制不能有效遏制政府行政性垄断行为。首先是现有法律体系无法对行政性垄断实施有效制约。在反行政性垄断方面，现行的法律法规存在很大的欠缺：现行反垄断法规数量少，体系不完整，而且位阶低，缺乏权威性，难以适应反行政性垄断的需要。其次是现行法律体系未能有效促进政府职能转变，厘清政府与市场的边界：第一，改革没有解决政府与市场边界不清问题，政府对经济干预过多；第二，改革进一步强化了垄断行业国有企业的地位，导致反垄断的法律法规和相应的执法机构成为"没有牙齿的老虎"；第三，反垄断上位法和国家政策不断被次级的政府部门规章、地方性法规和地方政府规章以及政府红头文件侵蚀、抵消和瓦解；第四，法律责任的设计对从事行政性垄断行为的政府机构和政府官员缺乏威慑力或量刑过低；第五，在监管执法体系上也存在明显的缺陷：一是缺乏一个权威的能够对政府抽象行为（包括国务院各部委、地方各级政府的抽象行政行为）进行反垄断事前审查、事后纠正的审查裁判机制；二是缺乏一个强有力的能够对行政性垄断行为进行查处、确保反垄断法实施的统一执法体系。

三 行政性垄断的危害

在这一部分，我们基于法治原理和经济计量对行政性垄断的危害进行了理论和实证分析。

本书认为行政性垄断有悖于法治原理，侵害了市场主体的经济自由，违背了平等保护和法律保留原则，侵害了作为市场经济要义的公平竞争秩序。

通过改进了的经济计量方法，对行政性垄断的福利损失和收入分配扭曲效应进行了实证研究，本书发现，我国产业的行政性垄断对我国经济社会产生了很大的危害，1997—2005年，仅仅是烟草、铁路运输、电力、邮电通信、石油开采与加工、金融六个行政性垄断行业所造成的福利净损失和制度总成本就令人触目惊心，就福利净损失而言，九年的平均情况，最低限的估计为737.9946亿元，最高限的估计为3748.0586亿元，占国民总收入的比重分别为0.6%和3.279%，而这部分福利既没有被消费者得到，也没有被生产者得到，是纯粹的福利损失。同时，如果考虑垄断的成本，我国行政性垄断的制度总成本的九年平均值最低限的估计为6021.8257亿元，最高限的估计为9388.3687亿元，分别占国民总收入的比重为5.302%和8.30%。

同时，我们的研究还表明，在研究区间，我国行政性垄断行业的职工平均收入远远高于其他行业，而且这种趋势并没有随着我国市场经济地位的确立而表现出些许改变的迹象。从这一意义上说，行政性垄断对我国经济社会不仅带来很大的福利净损失和制度总成本，还加剧了社会分配不均尤其是由于身份地位而不是个人能力等素质的差距而导致的贫富差距拉大。

我们认为，我国的行政性垄断导致的社会福利损失已经到了严重威胁国民经济平衡发展和初次收入分配严重不均衡的地步，利益集团的形成有可能使改革难以深化，从而危及执政的社会基础。行政性垄断的改革势在必行！

四 反行政性垄断的对策与建议

刚刚颁布的反垄断法对上述各类行政性垄断行为均有涉及，但其最大缺陷是在监管执法体系上显得异常单薄，对特殊行业国有企业垄断也简单地采取了几近豁免的立场。所以，虽然反垄断法反行政性垄断立场鲜明，但反的力度、反的措施显得苍白无力，尤其是在监管执法体系制度安排上。因此，要治理行政性垄断，一方面要从完善反行政性垄断的法律制度着手，包括完善监管执法体系；另一方面要通过法治建设以及经济体制改革深化从根源上反行政性垄断。基于此，在本部分的对策研究中，我们并非只围绕反垄断法的法律框架来讨论行政性垄断治理的问题，而是从经济体制改革、政府间利益关系调整、国有企业公司治理等范畴来讨论治理对策。

（一）对域外反行政性垄断的制度进行比较研究，提炼其对我国完善反行政性垄断制度的借鉴意义

第一，反行政性垄断应该采取疏堵相结合的策略。疏导包括三个层面的制度安排：（1）立法层面，在国家立法和重大决策上，应有代表利益集团的代表充分参与讨论，并最终达成妥协与平衡；（2）在行政层面上，在公共事务管理与资源分配上，中央与地方、地方与地方之间都有高度组织化、制度化的利益协调机制，协调和平衡各方利益；（3）在司法层面上，有一个司法机关处理政府间利益纠纷，保障政府间合约和国家法律得到遵守和执行。

第二，对于自然垄断行业或国有垄断行业之企业的法律地位和治理结构，由特别法加以规范，以便同商业性公司区分开来，对这些行业内企业的权利能力和行为能力加以严格规范，以防止这些经济实体利用法律赋予的特权谋取非法垄断利益，同时也防止政府过度管制。

第三，在监管执法体系安排上，（1）强调反垄断机构的专业性和独立性；（2）强调反垄断机构在监管执法中的主导地位，包括对行业

监管机构的监督；（3）强调行政执法对私人诉讼的支持，为私人诉讼提供诸多激励安排，使私人诉讼成为行政监管执法与司法控制有机结合、社会监督与监管执法有机结合的桥梁。

第四，在维护监管独立性方面，国外也有许多值得我们借鉴的做法，如禁止监管机构离职官员到被监管企业任职等。

（二）分析我国反行政性垄断需要解决的主要问题和当前面临的主要挑战，提出我国未来反行政性垄断的具体对策与建议

1. 确立反垄断法在竞争法体系中的"经济宪法"地位，建立健全"违宪"审查制度

必须确立反垄断法在竞争法体系中的"经济宪法"地位，也就是说，在反垄断问题上，反垄断法是仅次于宪法的根本大法，任何现行法律和今后的立法都不能与之相抵触。现行和将来立法如不能通过反垄断法的审查，就必须进行修改和清理。

第一，在目前体制下，充分发挥反垄断委员会的指导、协调作用：（1）明确反垄断委员会在全国人大及其常委会有关市场竞争立法和国务院宏观经济政策及产业政策制定上的专业咨询机构的地位，赋予其对有关立法、政策和产业政策在制定和立法过程中，从竞争政策角度进行审议，提出评估报告，以及定期在有关立法、政策执行过程中对市场总体竞争状况发布评估报告的职能。（2）在协调职能履行上，应明确赋予反垄断委员会对有关市场竞争的部委政策及规章，对地方政府法规、规章和政策依照反垄断法进行合法性审查的权力，对上述政策、规章和法规进行过滤，加强反垄断委员会对中央政府各部门、各地方政府（地方立法机关）抽象行政行为的审查把关。

第二，完善立法法所规定的全国人大及其常委会和国务院对有关立法、法规、规章进行合宪或合法审查的程序，使其具有可操作性。

第三，逐步建立健全我国司法审查制度，加强司法对政府抽象行政行为的控制。一是加强对立法事前和事后的合宪性审查；二是扩大行政诉讼管辖范围，允许利害关系人对政府抽象行政行为提起行政诉讼，加强对行政行为的司法审查。

2. 建立健全政府间利益关系协调机制，引导政府间通过合作消除利益上的对抗

第一，引导和推动政府间在公共管理和经济发展上进行合作，并使

这种合作安排更加组织化和制度化。

第二，提高政府间合作安排的透明度，要求所有政府间合作安排都应当向社会公开，让社会公众能够充分知情，同时也方便中央政府和社会公众监督，确保政府间合作安排不会损害其他利益关系方的合法权益和公共利益。

第三，充分发挥非政府组织在政府间利益关系协调、经济合作方面的促进和协调作用。

第四，尽快建立健全能够调节政府间利益关系、解决政府间争端的司法调节机制，以保障政府间合约的履行。

3. 完善自然垄断行业和国有垄断行业的企业治理结构，建立健全动态监控机制，以防止过度管制和不当管制

第一，针对这些行业过度管制和不当管制的问题，我们建议采取以下对策：（1）对管制监控的标准应当是动态的，而且审查应当是适时进行的。（2）这些行业的经营状况应该足够透明，对其是否存在控制或专营地位滥用，社会公众和反垄断部门都能够进行有效监控。（3）对监管的监管。对这些行业是否存在过度管制或不当管制的审查应当由更为独立的反垄断机构负责进行，而不是由行业监管部门。（4）彻底实现政企分开、政资分开。

第二，完善自然垄断行业和国有垄断行业企业治理结构的建议具体如下。（1）在公司治理的目标上，享有反垄断豁免特权的非竞争性行业中的国有企业所承担的主要职能是维护国家公有制主导地位和经济安全，这些目标是政策性的，而非盈利最大化。基于这一点，这些企业的公司治理结构应与竞争性国有企业有所区别。（2）应尽快研究和建立特殊国有企业的公司法人制度，制定和颁布调整规范非竞争性行业国有企业公司治理结构及其经营活动的立法。（3）提高非竞争性行业国有企业的透明度，确保监管机构和社会公众有效监督。（4）在国有企业激励机制和薪酬体系的安排中，要严禁国有企业高管人员和职工从国有企业因履行公共职能而享有的特权中通过薪酬、福利和在职消费等其他形式获得不当收益。（5）在政企分开上，应从完善非竞争性行业公司治理结构上进行改革，将政府行使所有者职能的重心集中到董事、监事代表的选派和问责上，通过董事会和监事会来行使其所有者职能，而不是直接越过董事会、监事会插手公司管理团队高管人员的任免。同时，

对于监管部门官员，禁止在离职后 3 年内到被监管企业担任董事、监事、高管等职务。（6）在政资分开上，在公共资源配置上，非竞争性国有企业享有之特权必须限于履行其公共职能所必需的合理界限内。而在竞争性领域要做到：应当明确区分国家所有权职能和其他可能影响国有企业竞争环境的公共管理职能，尤其是市场监管职能；任何超出普遍接受的规范要求国有企业承担任何公共服务的义务和职责都应当获得法律或法规明确的授权。该义务和职责应当向公众披露，相关成本应当是公开透明的；国有企业不应当获得法律和监管豁免的特权。利益相关者，包括竞争者，在权利受到侵犯时能够获得公平和有效率的救济与保护。国有企业的融资应当通过竞争性金融市场获得，它们与国有银行、国有金融机构和其他国有公司的关系应当建立在纯粹的商业背景下。（7）对不承担任何公共服务或特殊政策的行业及自然垄断行业非自然垄断环节，应该尽快开放，取消现行一切管制（包括显性的和隐性的），引入竞争；对于已经处于国有垄断状态的行业要尽快通过民营化改革消除垄断，开放竞争。

4. 完善我国反垄断监管执法体系

第一，反垄断委员会的地位、职能、组成及工作规则。（1）加强反垄断委员会的独立性与专业性，加强反垄断委员会任职保障。应当将反垄断委员会与国务院部委在人事、财政上区分开来，不受国务院其他职能部门牵制。反垄断委员会主席应当由总理提名，经全国人大常委会任命，委员会成员由经济、法律专家组成。反垄断委员会财政预算应当在提交全国人大的预算中单独编列，反垄断委员会就反垄断工作直接向全国人大报告，直接向全国人大述职。（2）应赋予反垄断委员会准司法权，明确反垄断委员会与国务院反垄断执法机构的"审""执"分工关系。也就是说，所有涉及行政性垄断的指控和投诉都由反垄断委员会负责组织调查、举行听证和做出认定与裁决，反垄断执法机构负责执行。对于反垄断委员会下达的任何裁定、裁决和命令，反垄断执法机构（包括职能监管执法部门和行业监管执法部门）都必须执行。（3）赋予反垄断委员会对反垄断执法机构工作、中央政府各部门和地方政府反垄断法执行情况的考核评估权力。明确将反垄断实施情况作为上述政府及负责官员政绩考核的一个重要部分，并将该部分考核权力赋予反垄断委员会。

第二，建立独立于中央政府各部门和地方政府的全国统一的监管执法体系。（1）从条条体制上来说，将分散于各职能部门和行业监管部门的监管执法权力适度集中，最好是集中到一个统一执法部门。（2）从条块体制上来说，从中央到地方都由国务院反垄断监管执法机构统一负责执法，不允许将该执法权力转授于地方职能部门。

第三，改革司法体系，建立全国统一的司法系统，使司法机构从人、财、物上摆脱对地方政府的依赖。在当前体制下，对行政性垄断案件可以采取指定管辖的方式，指定一些专业素质高的高级人民法院管辖一审法院，不受普通民事诉讼地域管辖限制，使反垄断案件的司法能够摆脱司法地方保护主义的影响。

第四，消除现行法律对私人诉讼尤其是集团诉讼的限制，充分发挥私人诉讼在执法中的作用。（1）将反垄断私人诉讼定位为公益诉讼，要为私人诉讼提供更多便利，方便消费者和一些公益社会团体能够对非法垄断提起诉讼。如在诉讼主体资格上，不仅应允许直接受到行政性垄断行为伤害的消费者提起诉讼，而且应允许消费者团体等公益社团提起公益团体诉讼；不仅应允许消费者和消费者团体对具体行政行为提起民事诉讼，而且允许对抽象行政行为提起诉讼。（2）为私人诉讼提供足够激励。这包括开放和鼓励集团诉讼和团体诉讼，在举证责任上采取类似美国的发现程序，让实施非法垄断行为的经营者对其抗辩进行举证，允许反垄断民事诉讼律师进行风险代理等。

第五，加大行政性垄断法律制裁的力度。（1）对于抽象行政行为和集体行为，首先应当追究负责人的政治责任，并一并追究其他参与集体决策但没有表达异议的所有领导班子成员的法律责任。（2）对于官员以权谋私的个别行为以及政府官员与企业合谋实施的行政性垄断行为，应当依照国家反腐败法律追究有关责任人的法律责任。（3）对于累犯者，有关监管执法机关或司法机关裁定要求撤销或改正，拒不改正的，应当加大制裁力度，上升到刑事制裁力度，追究有关人员的刑事责任。（4）对于地方政府集体行为，实施行政性垄断，且累犯不改、拒不配合执法部门执法工作者的，除追究政府有关责任人员责任外，中央可以考虑采取类似目前环保部门"流域限批"的制裁措施，由反垄断执法机构协调中央各职能部门在项目审批、财政转移支付、金融、税收等方面共同采取系列制裁措施。

第二节 行政性垄断的定义、类型与经济合理性

本部分包括两大主要内容。一是在行政性垄断的经济学和法学文献回顾与评述的基础上，提出本书所采用之行政性垄断的概念和分类。本书是从最基本，从而也是目前分歧最少的层面来界定行政性垄断概念的，即"行政性垄断是借助行政权力得以产生和维持的垄断"，并从经济学和法学两个维度提出行政性垄断的分类标准。从经济学维度看，行政性垄断分为合理的行政性垄断与不合理的行政性垄断；从行政法学维度看，行政性垄断分为合法的行政性垄断和不合法的行政性垄断。由此，本书提出了行政性垄断的四种类型：合理合法的、不合理合法的、不合理不合法的以及很少见的合理不合法的。二是在简要回顾西方国家行政性垄断产生和发展的历史，特别是主要产业治理结构和行政性垄断变化过程的基础上，提出了合理的行政性垄断的四种主要存在形式，并以此作为第二部分考察我国行政性垄断的合理性和不合理性的基础。

本部分的创新之处在于提出了行政性垄断的新分类标准，并归纳总结了行政性垄断合理存在的四种主要形式。其隐含的一个观点就是在这四种形式之外的行政性垄断即便是合法的也是不合理的，既不合法治原理也不合经济原理。

一 研究回顾

（一）行政性垄断的经济学定义与分类

我国经济学者对行政性垄断的关注始于80年代中后期一些学者对社会主义条件下垄断问题的讨论。2000年以来，行政性垄断以及反行政性垄断问题更是引起国内学术界的高度关注，产生了大量研究成果。这些研究对于行政性垄断的内涵、表现形式、产生原因、危害以及反行政性垄断的重要性和必要性等重要问题达成了基本共识，但对行政性垄断的存在范围这一基本问题的理解却莫衷一是，对行政性垄断运行机理和合理性边界等重要问题鲜有研究。这是导致我国当前行政性垄断研究"结构性失衡"的重要原因之一。一方面，经济学者提供了大量有关行

政性垄断的研究成果；另一方面，在反垄断法已经通过并即将实施的情况下，我国反行政性垄断问题的立法仍然缺乏一个逻辑清晰的经济学分析框架作为理论支持。

1. 行政性垄断定义的代表性观点及其分歧

从 20 世纪 80 年代中后期到现在，不同学者由于所处历史背景差异，对行政性垄断的定义表述不完全相同。80 年代中后期的学者强调行政性垄断是计划经济体制的一个派生属性。比如，胡汝银认为，行政性垄断是通过行政手段和具有严格等级制的行政组织所维持的垄断。他指出，"在传统集权体制下，……国家对企业实行财政统收统支，产品统购统销，劳动力和物质技术统一分配等方法，直接统制企业的投入和产出，从而统制着整个社会的生产和流通，形成一种绝对垄断的局面。……为了便于同一般的市场垄断相区别，我们把它称为行政性垄断"。[①]

2000 年以来，经济学家对行政性垄断的界定表现出明显的转轨经济特点。胡鞍钢认为，行政性垄断是基于行政权力形成的垄断，实际上是行政权力对行业的过度干预和保护，包括贸易保护（实行高关税、进口配额制）、投资保护（提高进入门槛、审批制）、政治保护（官商一体化、副部级或正部级待遇）等，形成政企同盟。[②] 谢茂拾强调，"行政性垄断是由于行政权力保护所形成的卖者独占（Monopoly）或买者独占（Monopsony），它是通过国家法律、政府行政法规或规定的形式取得的一种排他权，是政府凭借公共权力来排除或限制竞争的一种行为"。[③]

经济学者对行政性垄断概念的内涵认识基本取得一致，即行政性垄

[①] 胡汝银：《竞争与垄断：社会主义微观经济分析》，上海三联出版社 1988 年版，第 48 页。

[②] 胡鞍钢：《在社会主义市场经济体制下反行政性垄断也是反腐败》，《经济参考报》2001 年 7 月 11 日。

[③] 谢茂拾：《垄断已成为建设和谐社会面临的主要问题》，《中国经济时报》2007 年 8 月 27 日。

断是基于行政权力而形成的垄断①，但对行政性垄断的外延（范围）方面的看法仍存在重要分歧。② 这主要表现在：

第一，一些学者强调行政性垄断是特殊条件下的特殊产物。比如，胡汝银等从改革开放初期的历史条件出发，敏锐地认识到计划经济体制下的垄断本质上是行政性垄断，但石淑华在其2006年出版的关于行政性垄断的专著中提出，行政性垄断不是计划经济体制下的范畴，而是经济市场化改革过程中特有的范畴。因为在计划经济体制下，行政手段是资源配置的唯一方式，企业是政府机构的附属物，不是独立的经济主体。③

第二，一些学者则强调行政性垄断的普遍性。比如，杨兰品认为行政性垄断作为政府干预经济的一种形式，其存在具有普遍性。各国历史上由国家主导的禁止、限制或干扰自由竞争的行为都很普遍。当前，行政性垄断不仅仅存在于转型国家，还存在于市场经济发达国家。比如，发达国家的政府实行国有化运动，借助政府力量促进市场集中，设置市场障碍；对部分特殊行业、公用事业和自然垄断行业实行支持与保护政策；通过各种方式支持和扶持中小企业；对某些商品实行专卖制度等。④

第三，一些学者强调行政性垄断的非法性。行政性垄断是"政府职能部门对市场竞争中的主体和规则滥用行政公权以谋取部门和地区利益而损害整个社会福利的一种非法行为。它不应成为市场经济中政府管制的范畴"。⑤

2. 行政性垄断的分类标准

对于我国转型时期行政性垄断的分类，经济学者的观点大同小异。

---

① 当然，也有部分经济学者受法学家的影响，把行政性垄断界定为"权力的滥用"。比如，历永认为，行政性垄断是"市场管理部门滥用其手中的管理权"。这里所说的市场管理者是指所有对市场运行秩序发挥影响的部门，包括行政、司法和立法部门以及得到政府授权的行业协会。参见历永《我国行政垄断与WTO国民待遇冲突探析》，《世界贸易组织动态与研究》2001年第1期。

② 对行政性垄断存在范围的分歧甚至是导致经济学家与法学家争论的重要原因之一。

③ 石淑华：《行政性垄断的经济学分析》，社会科学文献出版社2006年版，第65页。

④ 杨兰品：《中国行政性垄断问题研究》，经济科学出版社2006年版，第48—49页。

⑤ 李世英：《市场进入壁垒、进入管制与中国产业的行政性垄断》，《财经科学》2005年第2期。

主流看法是把行政性垄断分为地区行政性垄断和行业行政性垄断。一些学者在前两种行政性垄断类型的基础上又增加了行政性公司和政府限制交易两种类型。如果把上述四种类型并列作为行政性垄断的分类，则存在划分标准不明、划分后的种类之间仍有交叉的问题。因此，有学者主张采用两分法，即把行政性垄断分为地区行政性垄断和行业行政性垄断。[1]

石淑华在总结其他学者研究成果的基础上，对行政性垄断分类做了较为全面和深入的研究。她在其关于行政性垄断的专著中提出了行政性垄断的五种分类标准。[2]

以行政权力作为划分的标准，可以有如下四种分类方式。一是根据行政权力作用的范围和方向，分为地方性行政性垄断和行业性行政性垄断。二是根据行政权力存在的形态，分为组织型行政性垄断和个体型行政性垄断。前者指行政权力以机构、组织的形式所形成的垄断；后者是指行政权力以个人的名义直接干预企业活动所形成的垄断。三是根据行政权力行使的方式，可分为越权型行政性垄断和不当型行政性垄断。前者指行政主体因行使不属于其固有职权和授予职权范围的权力所形成的排他性限制。后者指行政主体在其法定职权范围内做出的不符合立法精神和原则的行为所导致的排他性限制。四是根据行政权力的载体，可分为职权性行政性垄断和授权性行政性垄断。

以行政机构与企业联合作为标准，有如下三种分类方式：一是根据行政机构与企业联合的方式，分为政企合一型行政性垄断和政企同盟型行政性垄断。二是根据行政机构和企业在联合中的相对地位，分为显性行政性垄断和隐性行政性垄断。前者是指行政机构运用行政命令直接参与排他性经济活动，行政机构处于主导地位；后者是行政机构将产品的垄断经营权授予企业经营。三是根据行政机构与企业联合的态度，分为直接的行政性垄断和间接的行政性垄断。前者指行政机构通过主动的行政作为直接与企业联合而形成的行政性垄断；后者指行政机构通过行政不作为的方式为其他市场主体进入设置障碍，间接为在位企业创造有利环境。

---

[1] 崔弘树：《中国行政性垄断的经济分析》，《浙江社会科学》2003年第2期。
[2] 石淑华：《行政性垄断的经济学分析》，社会科学文献出版社2006年版，第66页。

根据行政力量与市场力量的相对强弱程度，分为高度行政性垄断、中度行政性垄断和低度行政性垄断。

根据政治壁垒的形态，分为立法性行政性垄断和规范性行政性垄断。

根据宏观经济环境不同，分为短缺型行政性垄断和过剩型行政性垄断。

（二）行政性垄断的法学研究

1989 年魏剑在发表在《中外法学》的论文中，多处使用了"行政垄断"或"行政性垄断"的表述，这或许是法学领域最早涉及行政性垄断的研究论文。① 1990 年王保树在《企业合并与制止垄断》一文中，首次从反垄断法的角度将我国经济生活中的垄断分为经济性垄断和行政性垄断两类，并认为行政性垄断是相对于经济性垄断而言的，是指国家经济主管部门和地方政府滥用行政权力，排除、限制或妨碍企业之间的合法竞争。② 1993 年，高帆在讨论市场经济和行政权力的关系时，论述了地方以行政的、经济的、法律的手段，强行割断商品流通渠道的现象。③

在学界对制定反垄断法的探讨中，许多学者对行政性垄断在反垄断立法中的地位以及规定的方式展开讨论。其中，更多的经济法学者参与了行政性垄断课题的讨论。黄欣、周昀于 2001 年对行政性垄断的构成特征以及危害进行了梳理，指出应制定包括反行政性垄断在内的反垄断法典，并明确相应的法律责任，建立相应的司法审查制度。④ 许光耀认为应建立独立的反垄断执法机关，同时行政性垄断和经济性垄断的区别在于支配权力的来源，但由于反垄断法更关注的是对行为的规范，可以由反垄断法来规制行政性垄断行为。⑤

在更为学理化的研究成果中，中国社会科学院法学研究所王晓晔研究员取得了最具代表性的成果，她于 1996 年系统论述了企业合并中的

---

① 魏剑：《试论我国的反垄断立法》，《中外法学》1989 年第 3 期。
② 王保树：《企业联合与制止垄断》，《法学研究》1990 年第 1 期。
③ 高帆：《市场经济与行政权力》，《中国法学》1993 年第 2 期。
④ 黄欣、周昀：《行政性垄断与反垄断立法研究》，《中国法学》2001 年第 3 期。
⑤ 许光耀：《行政性垄断的反垄断法规制》，《中国法学》2004 年第 6 期。

反垄断问题，对行政性限制竞争的表现形式加以论述①，剖析了政府组建企业集团的利益和动机；于1997年论述了德国法上对公用企业滥用权力的监督，并探讨了如何以反垄断法来规范我国市场经济中公用企业的行为②；于1998年明确指出反垄断既要反对经济垄断，也要反对行政性限制竞争③；在2001年，她对欧共体竞争法进行了颇为系统全面的整理，论述了国家如何对企业给予援助以及国家援助的概念、方式与内容。④

此外，湖南大学法学院郑鹏程教授是国内较早系统研究行政性垄断的学者，他在西南政法大学的博士学位论文《行政性垄断的法律控制》中，对行政性垄断的概念、分类、成因，行政性垄断与竞争、经济自由、经济效率的关系，行政性垄断的法律控制体系进行了较为全面系统的论述。⑤ 之后，他还就美国反垄断法的适用除外制度⑥、三倍损害赔偿制度进行了梳理。⑦ 袁祝杰在其北京大学法学博士学位论文《竞争秩序的建构——行政性限制竞争研究》中，论述了行政性限制竞争行为的界限及其对竞争法和财产制度的侵害。⑧

在对行政性垄断的探讨中，法经济学的背景是不可忽视的重要知识理路。浙江大学法学院经济法学者、神户大学博士王为农对行政性垄断产生和发展的深层次原因进行了剖析，指出在行政性垄断同反垄断法的"适用除外"之间，应加以清晰厘定。⑨ 王传辉以法经济学理论为背景，以芝加哥学派理论为支持，论述了行政性垄断对经济效率的损害，以及滥用行政权力形成的垄断，并以美国的"杰弗逊教区医院案"和中国的"第四人民医院案"作为对比，分析了我国规制行政性垄断所遭遇到的困境。⑩ 胡光志、工波以经济分析的方法，分析了行政性垄断和反

---

① 王晓晔：《企业合并中的反垄断问题》，法律出版社1996年版，第165—169页。
② 王晓晔：《规范公用企业的市场行为需要反垄断法》，《法学研究》1997年第4期。
③ 王晓晔：《依法规范行政性限制竞争行为》，《法学研究》1998年第3期。
④ 王晓晔：《欧共体竞争法》，中国法制出版社2001年版，第340—372页。
⑤ 郑鹏程：《行政性垄断的法律控制研究》，北京大学出版社2002年版。
⑥ 郑鹏程：《美国反垄断法适用除外制度发展趋势探析》，《现代法学》2004年第1期。
⑦ 郑鹏程：《美国反垄断法三倍损害赔偿制度研究》，《环球法律评论》2006年第2期。
⑧ 袁祝杰：《竞争秩序的建构——行政性限制竞争研究》，北京大学出版社2003年版。
⑨ 王为农：《经济法学研究：法理与实践》，中国方正出版社2005年版，第147—148页。
⑩ 王传辉：《反垄断的经济学分析》，中国人民大学出版社2004年版，第262—298页。

行政性垄断立法的成本与收益，提出应科学合理地设定行政性垄断行为的法定成本，提高行政性垄断行为的被追究率，削减主体实施违法行为的能力。①

但在目前法学界对行政性垄断的研究成果中，对行政性垄断与其他垄断的相异之处的分析、对形成行政性垄断的深层社会机理的分析以及如何从规制改革的角度来削减行政性垄断的分析，仍略显不足。

二　行政性垄断的定义与类型

（一）经济学有关垄断的初始含义与类型

1. 垄断的初始含义是行政性垄断

垄断最早的含义特指行政性垄断或政府授权的垄断。14世纪甚至更早，英国统治者就与商人结成了垄断的利益共同体。1601年英国下议院有一次关于垄断的讨论，可能是垄断词源的最早文献之一。"首先让我们考察垄断（monopoly）这个词的意思：monos 是单一（nuns），polys 则是指公民权（civitas），因而这个词的含义是：对某种公共物品限于由某一私人使用。这个使用者叫做垄断者。"②

这个资料，解释了最早时期的垄断，天然地是与政府对市场的制度限制联系在一起的概念：一方面，垄断所具有的排他力量的根源，来自国王或政府设置的限制进入的行政和法律壁垒；另一方面，垄断的特性在于公权力由私人支配，支配者支配地位来自公权力的授予过程，而不是市场竞争。

在17世纪到18世纪末，垄断与特权是可以互换的一对概念，而垄断的行为特指由于政府授权形成的垄断者的定价行为。可见，垄断的基础含义是政府授权，垄断的市场后果表现为阻碍竞争者的进入和要素的自由流动。

2. 垄断有四种基本类型

主流经济学文献所指称的垄断，含义多样，可能是指垄断者即市场上唯一的销售者，可能是指垄断状态即作为竞争过程产生的结果，也可

---

① 胡光志、王波：《行政性垄断及反行政性垄断法的经济学分析》，《中国法学》2004年第4期。

② ［美］小罗伯特·E. 埃克伦德、罗伯特·F. 赫伯特：《经济理论与方法史》，张凤林译，中国人民大学出版社2001年版，第43页。转引自赵杰《垄断的观念》，人民出版社2007年版，第14页。

能是指垄断能力（市场势力）即企业对市场中的产品数量、价格和性质的控制能力，还可能是指垄断行为。

根据垄断的形成原因，垄断通常有四种基本类型。一是市场垄断，它是企业在市场竞争中，凭借产品和服务的技术、质量、价格和效率，运用联合与兼并等竞争手段逐步形成的。二是自然垄断。一些产业，需要巨大的一次性投资，才能形成供给能力。这些投资一旦发生，就成为沉没成本。这就是通常所说的自然垄断。这种垄断是受自然禀赋条件和经济、技术特点决定的。三是资源垄断，即关键资源由一家企业拥有后，其他企业很难进入而形成的垄断。关键资源可以是矿产资源等物质资源，也可以是专利、发明、版权等非物质性的。四是行政性垄断，主要是基于法律和行政权力而产生的独家或少数企业对市场的垄断。[①]

不同原因所引起的市场垄断，对经济效率的影响很不相同。在所有的垄断类型当中，只有行政权力强制地限制竞争者的市场准入，才能对技术进步和经济效率起长期和真正的阻碍。因为，对市场机会的强制性禁入和限入，可能完全地或部分地消除替代，也就是消除潜在的竞争。

（二）行政性垄断在法学上的定义及分类

1. 界定

《孟子·公孙丑》说"必求垄断而登之，以左右望而罔市利"。其含义是在集市的高地上操纵贸易，也可以解释为把持和独占，想方设法阻止他人涉足自己的领域。[②] 行政性垄断是指因公权力支持而获得的垄断力量，包括法定垄断的情形、因法定垄断而滥用优势地位以及滥用行政权力排除或限制竞争。[③]

2. 行政性垄断与其他性质垄断的区别

（1）行政性垄断与经济性垄断的区别

从是否具有行政权力干预因素的角度来区分，可以将垄断分为经济性垄断和行政性垄断。从世界范围看，经济性垄断是市场经济国家反垄断法普遍规制的对象，只有在部分市场经济国家和从计划经济向市场经

[①] 董宏、王强：《反垄断进程中的体制性障碍》，《中国反垄断案例研究》，上海远东出版社 2003 年版。

[②] 刘戒骄：《垄断产业改革——基于网络视角的分析》，经济管理出版社 2005 年版，第 25 页。

[③] 王传辉：《反垄断的经济学分析》，中国人民大学出版社 2004 年版，第 266 页。

济转轨的国家，行政性垄断才成为反垄断法的主要规制对象。

①垄断主体有别

行政性垄断的主体是各级政府、行政机关、法律和法规授权的具有管理公共事务职能的组织以及与人民群众利益密切相关的公共企事业单位。[①] 公共企事业单位是指教育、医疗卫生、计划生育、供水、供电、供气、供热、环保、公共交通等与人民群众利益密切相关的单位。[②] 而经济性垄断的主体是自然人、私法人或其他经济组织。

②垄断成因有别

行政性垄断是一种外生于市场经济的垄断形态。行政性垄断不是在市场竞争中形成的，而是行政权力介入市场竞争的结果。经济性垄断内生于市场经济。在一定程度上，经济性垄断是在资本积聚和资本集中基础上形成的，是市场机制作用的结果。

③垄断力量有别

行政性垄断所依靠的力量是行政主体所控制的行政权力，这种行政权力具有公定力、强制力等特征；经济性垄断所依靠的力量是经济主体所具有的经济力，即经济主体自身具有的市场支配地位，主要是经济主体单独或联合影响市场价格的能力，经济力并不具有强制执行的效力。

④垄断手段不同

行政性垄断主要是通过制定法律法规和规范性文件、发布命令与禁令、行政许可、行政处罚等手段来实施的，主要的表现形式是政府部门滥用行政权力强制交易、地方保护、部门行业设置市场壁垒；经济性垄断主要是通过经营者垄断协议的达成、市场支配地位的滥用、经营者的集中来达到排除、限制竞争的效果。

⑤垄断性质不同

行政性垄断是一种割据型垄断，经济性垄断是一种集中型垄断。除在少数具有跨区域物理网络特征的行业以外，行政性垄断是一种分割统一市场、企业数量多、经济力趋于分散的垄断；经济性垄断是一种相关市场上竞争性企业数量减少、经济力不断趋于集中的垄断。

[①] 《中华人民共和国反垄断法》第8条。
[②] 《中华人民共和国政府信息公开条例》第37条。

（2）行政性垄断与自然垄断的区别

①产生的根源相异

在中国，自然垄断的成因或许在于经济因素的考量，而行政性垄断的产生则可更多地归因于中国社会的独特历史发展轨迹。在我国计划经济时代不存在真正意义的市场竞争，整个社会都被高度组织化的行政系统所控制，所有的企业都是国有的，按照条块划分，都是通过计划分配资源，所有的行业都是垄断行业。在改革开放过程中，这些行业中的可竞争性行业大多数逐步向国内外私人资本开放，但其中仍然有少数所谓的"特殊行业"没有引入实质性的竞争，反而通过产业政策、财政补贴、银行优惠贷款、国有企业改制等方式加强了垄断。①

自然垄断的成因则与之不同。一般认为，由于存在资源稀缺性、规模经济、范畴经济，提供单一产品和服务的企业或联合起来提供多数产品和服务的企业形成一家公司（垄断）或极少数企业（寡头垄断）的概率很高，这种由于特别经济理由而形成的垄断或寡头垄断被称为自然垄断。② 自然垄断现象也更多地出现在电力、电信、天然气、水务、铁路等具有网络效应的产业。

②法律性质不同

一般而言，自然垄断在反垄断法中可以适用除外。尽管自然垄断是难以避免的，但其仍会因效率低下造成社会福利损失，同时滥用其特权限制有效的竞争。在中国，相当数量的公用事业都具有自然垄断的性质，因此政府应对自然垄断加以必要的法律控制。例如，限定其产品和服务的价格，要求其不得滥用市场优势，不得借自然垄断之名实施其他非法垄断，不得不合理地限制竞争，不得侵害消费者的合法权益。

值得注意的是，在我国反垄断法制定的过程中，曾将邮政、电力、铁路等自然垄断行业列为反垄断法适用除外的行业，在 2007 年 8 月 30 日颁布的《中华人民共和国反垄断法》中，删除了这样的例外规定，但第 7 条第 1 款规定，"国有经济占控制地位的关系国民经济命脉和国

---

① 参见《不反行政性垄断，反垄断法没意义——中国经济体制改革研究会公共政策研究中心主任余晖访谈》，《南方周末》2007 年 7 月 5 日第 1 版。

② 参见［日］植草益《微观规制经济学》，朱绍文、胡欣欣等译，中国发展出版社 1992 年版；曲文轶《转轨国家自然垄断产业的改革：以俄罗斯为例》，载黄继忠主编《自然垄断与规制：理论与经验》，经济科学出版社 2004 年版。

家安全的行业以及依法实行专营专卖的行业，国家对其经营者的合法经营活动予以保护，并对经营者的经营行为及其商品和服务的价格依法实施监管和调控，维护消费者利益，促进技术进步"。这个条文并未体现对自然垄断行业的规制，更多的却是对自然垄断行业特殊地位的确认，为其维持行政性垄断地位留下了借口。

③存在领域不同

"自然垄断就是最有效率的组织生产的方式是单一厂商的行业。"①自然垄断往往存在于那些具有网络效应、无法展开竞争或者无法展开充分竞争的行业。而在中国这样一个行政权力影响社会生活方方面面的国度，行政性垄断存在的领域不限于自然垄断，还包括行政权力发挥作用的社会生活的诸多领域。

（3）行政性垄断的构成要件

①行政性垄断的行为主体

A. 行政机关

行政机关是最主要的行政性垄断实施主体。从宪法规定出发，行政机关是指国务院和地方各级人民政府。而根据组织法的规定，行政机关可以设立若干工作部门，可以设立派出机构。实践中，政府所属部门经常成为行政性垄断的行为主体。②

B. 法律、法规授权的具有管理公共事务职能的组织

在反垄断法第五章"滥用行政权力排除、限制竞争"中，将"法律、法规授权的具有管理公共事务职能的组织"和"行政机关"相提并论。法律、法规授权的组织是指依具体法律、法规授权而行使特定行政职能的非国家机关组织。在实践中，这些组织可以包括社会团体、事业单位、有关的技术检验和鉴定机构。

C. 公用企业

反不正当竞争法第6条中，出现了"公用企业"的概念，规定，"公用企业或者其他依法具有独占地位的经营者，不得限定他人购买其

---

① ［美］保罗·萨缪尔森、威廉·诺德豪斯：《经济学》，萧琛译，机械工业出版社1998年版，第313页。

② 例如，《黑龙江省食品卫生管理条例》（2005年6月24日修正）第32条规定，"外埠食品（包括定型包装食品、直接入口食品）、食品添加剂、食品原料等，应当符合相应的食品卫生要求，省卫生行政部门根据需要，可对指定品种进行抽验，检验不合格的严禁销售"。

指定的经营者的商品，以排挤其他经营者的公平竞争"。在国家工商行政管理局1993年颁布的《关于禁止公用企业限制竞争行为的若干规定》中，将"公用企业"界定为"涉及公用事业的经营者，包括供水、供电、供热、供气、邮政、电讯、交通运输等行业的经营者"。

②行政性垄断的客体要件

行政性垄断的客体要件即行政性垄断所侵害的社会关系，也是市场的公平竞争秩序。判断某种行为是否构成行政性垄断的标准，在于判断其是否侵害了市场上的公平竞争秩序。

③行政性垄断的主观要件

这是指垄断者的主观心态，即行政性垄断主体对行政性垄断及其后果所持的主观心理态度。在执法和司法实践中，要确认行政性垄断主体的主观态度是较为困难的。但是，行政性垄断主体应该知晓相应的法律法规，应当遵循法定程序行事。因此，行政性垄断主体的行为无论是出自故意或过失，都应视为有明显的主观过错。①

④行政性垄断的客观要件

反不正当竞争法第7条、反垄断法第32条—第37条都规定"不得滥用行政权力"。行政性垄断行为应是实质性地给竞争带来限制的行为。它使在一定交易领域里某些商事主体的经营活动难以继续进行，并直接或间接地剥夺该商事主体在经营活动中自主做出决定的权利；它还妨碍了公平竞争，这是指存在给公平竞争秩序带来不良影响的危险性，而不必是已发生了妨碍竞争的结果。

（三）行政性垄断的定义与分类：经济学与法学综合的视角

1. 行政性垄断的定义

到目前为止，经济学家和法学家提出的行政性垄断概念达数十种，这些概念从不同角度强调了行政性垄断的不同方面、不同特点。本书无意通过提出一个"面面俱到"的新概念来达到一个"融合"的效果，而是将行政性垄断这一概念还原到几乎为所有学者（包括经济学家和法学家）都认可的基本含义，即行政性垄断是借助行政权力得以产生和维持的垄断。

但是，由于目前经济学家和法学家对行政性垄断概念的外延没有达

---

① 郑鹏程：《行政性垄断的法律控制研究》，北京大学出版社2002年版，第48页。

成共识，为了进一步明确行政性垄断概念的适用范围，这里有必要对本书中的行政性垄断概念所涉及的几个问题进行解释。

（1）行政性垄断概念中的"行政"是广义行政

"行政"一词有广义和狭义之分。狭义的行政指与司法、立法相对应的政府行政部门，广义的行政包括司法、立法与政府行政部门在内。我国目前正处于体制转轨时期，市场经济与政府的司法、立法和行政部门权力之间仍没有形成清晰的边界。政府的司法、立法和行政部门，甚至获得政府行政部门授权，具有一定行业管理职能的事业单位和行业协会对微观经济活动的干预，都会形成不同程度的行政性垄断。从我国这一现实特点出发，本书的行政性垄断概念中的"行政"采用广义行政。

（2）行政性垄断与国家宏观调控政策的区别

行政性垄断是以国家行政权力为基础，以国家对微观经济活动的干预为方式，其结果是使特定的经济主体获得优势地位和垄断收益。因此，行政性垄断可能存在于任何国家和任何时期，具有普遍性。然而，不是所有的行政权力对经济活动的干预都会形成行政性垄断。正确理解行政性垄断概念的适用范围，必须区分行政性垄断与行政部门以政策方式对经济活动的正常干预。

第一，行政性垄断与政府宏观调控政策的区别。政府的宏观调控是通过财政政策与货币政策使社会总需求与社会总供给达到相对的、动态的平衡，政府并不直接对企业施加干预。更重要的是，受调控对象受政策的影响是相同的，彼此之间的相对市场地位不因宏观调控政策而改变。行政性垄断直接干预的对象是微观个体的行为，其结果必然导致特定微观经济主体的优势地位，妨碍公平竞争和竞争效率。

第二，行政性垄断与产业政策的区别。与行政性垄断一样，产业政策实施的对象也是微观经济主体。不同之处在于，产业政策影响的是一个行业中的所有企业（包括在位者和潜在进入者），它通过歧视性的政策安排，引导行业中的企业行为靠近政策目标。比如，政府采取研发资金税前扣除政策鼓励企业增加研发投入以提高研发能力和技术水平，那么，所有有此行为的企业都可以享受这一政策，而享受到这一政策的企业也因技术能力提高而在市场竞争中脱颖而出。这与利用行政权力事先给予特定企业某种特权来获得竞争优势的行政性垄断完全不同。前者有利于整个行业效率和技术水平的提升，后者则恰恰是行业效率和技术水平提升的障碍。

需要注意的是,在经济转轨时期,各级政府和行业主管部门通常以错误理解的宏观调控(如"铁本事件")和产业政策(如所谓的汽车生产许可名录)之名,行行政性垄断之实,限制甚至打击竞争,人为阻碍潜在竞争者进入。这更容易使人们把宏观调控和产业政策与行政性垄断混为一谈。

(3)政府管制具有行政性垄断的特点和性质

政府管制是政府行政权力对特定微观主体的直接干预,包括进入和价格等方面的管制。受管制的一个或几个企业的垄断地位的实现和维持得到了行政权力的支持。一些学者把行政性垄断局限为"非法行为",认为"合法"的政府管制不属于行政性垄断的范畴。我们认为,行政性垄断同样有"非法"与"合法"之分。"合法"的行政性垄断大量存在恰恰是转型经济时期行政性垄断的特点之一。比如,铁路法直接赋予我国铁道部垄断地位。

2. 行政性垄断的分类

概念的分类除了要符合一般的逻辑学原理(比如,分类的种属关系之间不应该交叉),还取决于我们的研究目的。概念的分类在一定程度上反映我们的研究思路。因此,概念的分类实际上非常重要,它可以使我们所定义的概念指向变得更加明确和具体。

行政性垄断这一范畴跨越经济学和法学两大领域,具有相当的复杂性和综合性。

经济学家和行政法学家提出的行政性垄断的分类标准很多,并且也将其部分分类标准贯彻到了研究过程中。比如,多数学者都围绕地区行政性垄断和行业行政性垄断来展开分析。然而,行政性垄断的现有分类标准不能反映我国当前存在的行政性垄断的现实特点。我国当前行政性垄断的现实特点是:大量行政性垄断行为以政府管制和产业政策的名义存在,在不应实施管制的行业通过管制维护特定主体的经济利益,妨碍公平竞争;在可以管制的行业过度管制,阻碍效率提高与技术进步;以产业政策之名行限制竞争之实,保护在位者等。

基于此,本书从经济学和法学两个维度提出新的行政性垄断分类标准。从经济学维度,把行政性垄断区分为合理行政性垄断与不合理行政性垄断。而一种行政性垄断是否合理的标准是:行政性垄断的存在是否有利于经济配置效率的提高和技术创新。比如，在特定时期内对专利权和版权的行政支持有利于技术创新（动态效率）的改善和提高，这种借助于行政权力而形成的有限时期的专利权垄断就是合理的。从行政法学维度，把行政性垄断区分为合法行政性垄断与不合法行政性垄断。这里合法与否的判断标准是：一项行政性垄断的产生与存在是否具有法律依据，即形式上的合法，尤其是合乎宪法和人大制定的法律。从经济学合理与否和法学的合法与否两个维度，可以得到四种类型的行政性垄断：合理合法、合理不合法、不合理合法、不合理不合法。具体如图4-1所示。

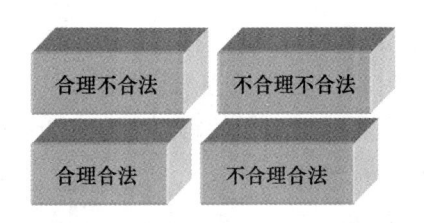

合理不合法	不合理不合法
合理合法	不合理合法

图4-1　行政性垄断的分类

三　从历史视角对行政性垄断的合理性与合法性的动态分析

必须要指出的是，行政性垄断的合理性与合法性是动态的。从合理性维度来说，合理性要受到特定经济条件和技术条件的制约，也即随着经济技术条件的变化，原来合理的行政性垄断可能演变为不合理的，原来不合理的行政性垄断也有可能演变为合理的。但从市场经济发展的广度和深度来说，大多数原先合理的行政性垄断随着经济和技术条件变化而逐渐失去合理性是必然的趋势。从法律的应然维度来看，合理的行政性垄断一旦失去其合理性的基础，也就失去了合法性。但法律制度的演变相对经济发展总是有时滞性的，因此，从实证法的角度来说，一些失去合理性的行政性垄断可能仍然受到法律的保护，法律未能及时将其界定为非法。因此，这就必然会出现一些合法但不合理的行政性垄断。这就要求必须有一个动态审查标准和审裁机制。反垄断法确立的本身违法原则和合理原则可能在一定程度上缓解僵化立法带来的时滞性问题，但这又对反垄断监管执法提出了非常高的要求，增加了监管执法的技术难度。

(一) 西方国家行政性垄断的演变

1. 18 世纪以前的行政性垄断

欧洲的经济发展史表明，从 12 世纪甚至更早开始，以国家（国王）权力为基础的商业垄断非常普遍，主要表现为以下两个方面。

(1) 从国王特许独占到专利制度

根据王桂玲①对专利制度起源的考察，12 世纪甚至更早，在英国和其他欧洲君主制国家，国王为了增加收入，常常把某一商业活动特许给商人独家经营，或把产品特许给生产者独家垄断生产。13 世纪开始，除了收入考虑，欧洲各国开始考虑授予技术工人有限时间内的技术专有权来鼓励技术工人的迁移和新技术的发明。1236 年，西法兰西及英格兰的亨利三世向一名波尔多（法国港口城市）人授予其在该城市生产花布的独占权，期限为 15 年。在 14 世纪，英国爱德华三世（1312—1377 年）对外国纺织、造船、玻璃、矿工等技术人才，授予特别制造许可。很多外国织布工人及矿工作为新技术的引进者被授予使用该技术的专有权，即垄断权，以鼓励他们在英国创业。影响最大的是 1421 年意大利建筑师布鲁内来西获得的在 Arno 河上运输重物的方法的三年独占权。但这种权力经常被滥用。比如英国詹姆士一世（1556—1625 年）以及查理一世（1600—1649 年）滥发特许证书给对王室有恩之人的现象很严重，这导致当时英国日用品的制造被垄断，因而品质低劣、物价昂贵。

到 17 世纪，新兴的商人制造者对于传统的商人垄断国内生产和贸易以及国王滥发特许证书的做法非常不满，开始发动了反对特许权等独占性的斗争。赵杰②所讲述的发生于 1602 年的"达西诉阿莱恩案"正是这一情况的生动例证。达西是英国女王的新郎，他获得了伊丽莎白一世授予的进口和销售扑克的专营权，即限制其他人经营扑克的垄断经营权。但是，后来英国王座法院认为，英国女王授予其垄断权是在被欺骗条件下给予的，进口和销售扑克的专营权剥夺了其他人进行同类贸易的机会，垄断还带来过高的价格和低下的质量，因此宣布伊丽莎白女王授

---

① 王桂玲：《专利制度的起源及专利文献的产生初探》，《专利文献研究》2000 年第 1 期。

② 赵杰：《反垄断之前世今生》，《法人》2006 年第 7 期。

予其独占的纸牌进口权为无效。

该案直接导致世界第一部专利法的产生。在17世纪以前的英国，作者或者发明者是无法得到知识产权保护的。1624年，英国的垄断法开始实施。垄断法宣告，除专利权、议会授予的独占权以及行会和城镇传统上享受的行业与区域垄断权以外，所有封建王朝御赐（接近现今我国法律界所熟悉的"行政性"）的独占暨垄断特权无效。垄断法明确规定了专利法的一些基本范畴，这些范畴对于今天的专利法仍有很大影响。①

（2）重商主义影响下的内贸限制与外贸垄断

1258年，英国颁布法令，明确规定英国生产的羊毛必须在国内加工生产，不准卖给外国人，人人都必须穿用本国织造的呢绒，试图以此来确保英国呢绒生产长期保持的绝对优势。德国统一之初，"铁血宰相"俾斯麦就制定了限制自由贸易的法令，禁止国外商人进入德国从事贸易，以保证德国容克地主和由容克地主转变而来的大资产阶级的利益。

商人在封建社会没有地位，商业发展受到封建割据或地方主义的限制，国家之间的贸易壁垒横行，商业发展所需要的统一的国内市场和世界市场不具备，导致商业的发展和商人利益的扩增都严重依赖于国王和政府的支持。于是在对外贸易方面，商人与国王在政治权力与经济利益之间达成交换互惠的默契：国王授予商人经济拓展的权威，商人供应国王建立强大的中央集权和民族国家所缺的巨额资金。英国、荷兰、法国等国在17世纪先后在印度建立了各自的"东印度公司"。这些公司都拥有国家通过法令所赋予的专营贸易的特权。直到18世纪，这些专营特权才有所松动。

2. 欧洲国家经济国有化与行政性垄断

随着市场经济体制的完善、法制的健全，欧美发达国家普遍崇尚自由竞争，但由政府所实施的运用公权力对市场竞争的禁止、限制或妨碍行为依然存在，第二次世界大战后欧洲很多国家甚至出现了把私人企业收归国有的国有化运动。国有化主要是通过法律方式，对电力、煤炭、

---

① 王恒涛：《英美早期反垄断判例与制度——美国反垄断法的来龙去脉》，中国法院网（http://www.chinacourt.org）。

城市煤气、铁路运输、航空、邮政、电信等公共生产服务部门及传统产业部门实行国有化，从而形成国家对上述行业的合法的行政性垄断。

(1) 主要欧洲国家的经济国有化与行政性垄断

英国。英国很早就开始广泛运用政府权力推动一些行业的垄断。1921年，政府通过法律将在第一次世界大战前就已走向垄断化的铁路业进一步合并为四个垄断组织。这四个垄断组织控制了全国铁路运输的95%。在国家的干预下，采煤业、纺织业也都先后形成了垄断的局面。第二次世界大战后，英国经历了两次国有化运动。在1945年开始的第一次国有化运动期间，英国工党在战后初期大选获胜后单独组阁执政，艾德礼政府把国有化作为其基本政策，从银行、能源到交通运输和冶金业，实行了大规模国有化。政府先后通过了八个国有化法令，包括英国银行法、煤业国有法、民用航空法、电力法等法令，强制性地收购非国有企业的资产，把一批分散的小型私有企业组织成少数大型国有企业。国有企业在国民经济中的比重上升到20%。在1975—1980年的第二次国有化期间，国有化主要集中在制造业和高科技领域，包括汽车、船舶、机床、火箭、电子宇航等部门。由国内最大的19家造船公司组成的国有英国造船公司，控制了全英商船生产的98%。

法国。法国在第二次世界大战后曾掀起两次国有化高潮。为了重振经济和加速现代化，在金融、电力、煤炭、石油、核能、交通等部门掀起国有化高潮，使国有企业从战前的11家猛增到103家。1982年，社会党人密特朗上台执政后，颁布新的国有化法令，再次掀起国有化高潮。第一次国有化高潮主要涉及自然垄断部门和基础设施部门，这次国有化高潮则明显地向金融和竞争性行业倾斜，其中有39家银行和全国最重要的工业集团中的5家被国有化。

德国。第一次世界大战以前，德国政府就系统地把利润丰厚的军事订货分配给各垄断组织，国家规定高额关税，给予出口津贴，帮助垄断组织对外倾销商品。德国政府先后颁布了许多容许甚至鼓励卡特尔和辛迪加组织发展的法令，还以专门的法律来加强垄断组织的势力。第一次世界大战前夕，从备战要求出发，德国政府拥有44个最大的矿山、12个大钢铁企业、24%的发电设备和20%的制盐生产，80%以上的铁路线也由国家经营。在德国，1922—1930年，国家拥有几乎全部铁路、大部分发电和炼铝能力、2/5的制盐和炼铅生产以及一部分煤炭生产和机器制造。纳粹上台后,为了推行国家统制经济,于1933年制定了《强制卡特尔法》,大大推动了卡特尔组织在德国的发展。

其他欧洲国家。意大利通过完善和发展伊里公司,建立埃尼公司,在政府内设立国家参与部,对电力部门实行国有化,形成了庞大的金字塔式的国家参与系统和公共企业体系。奥地利1946年通过法案,将70个工业企业和3家银行国有化;1947年又将除配电系统以外的整个电力部门国有化。20世纪80年代初,奥地利公共企业占冶金部门产量的98%,10家国有企业占全国最大100家工业企业销售额的42%。荷兰、瑞典、西班牙、葡萄牙、希腊等国也都有为数众多的公共企业。西班牙公共企业占全国造船业的80%、交通和通信业的59%。希腊电力工业、铁路运输和邮电部门几乎全部由公共企业经营。

政府通过大规模国有化在市场集中方面起了推动作用,使许多基础设施产业如通信、自来水、铁路、煤气和电力成为国有垄断行业(见表4-1)。

表4-1　　1977年主要资本主义国家重要部门中国有企业比重　　单位:%

国别	邮电	无线电广播通信	电力	煤气	煤炭	铁路运输	航空	钢铁	汽车	造船
英国	100	100	100	100	100	100	75	75	50	100
法国	100	100	100	100	100	100	75	75	50	—
联邦德国	100	100	75	50	50	100	100	—	25	25
意大利	100	100	75	100	—	100	100	75	25	75
美国	100	—	25			25				
日本	100	100	—			75	75			
加拿大	100	25	100			75	75			

资料来源:英国《经济学家》1977年12月30日,转引自杨兰品《中国行政垄断问题研究》,博士学位论文,武汉大学,2005年。

(2)经济国有化的原因分析

西欧曾经是发达资本主义国家推行国有化的典型地区。当时推行国有化,有各种各样的理由。在理论上,当时混合经济理论盛行,而实行国有化、建立公共企业，则是国家直接干预经济、发展混合经济制度的主要手段。在社会思潮方面，西欧作为社会主义学说的发祥地，社会主义思想有广泛的传播和深刻的影响，而建立公有经济则是社会主义的一项重要主张。从战后初期的经济形势来看，经受大战重创的西欧各国，迫切需要国家在基础设施领域和投资大、风险高的部门直接出面配置资源、组织生产，而国家要做到这一点，公共企业则是最直接、最得心应手的工具。

此外，还有一些具体因素，也从各个方面推动了当时公共企业的发展。例如，在本国私人资本实力不足的情况下，通过建立公共企业可以加速资本集中，抵御外国大企业对本国市场的大规模渗透；为了推动落后地区的工业化，只有公共企业才会言听计从地向落后地区投资建厂；有些部门具有自然垄断性质，无论从生产、管理还是从维护消费者利益来看，都适合由国家经营；为了避免某个私人大企业在一个部门的垄断，公共企业可以成为其竞争对手；在社会矛盾（如大批失业）尖锐的形势下，公共企业可以通过不裁减冗员甚至扩大招工来缓和社会关系的紧张；为了对付经济危机，公共企业可以通过在衰退时期增加投资来缓和或熨平周期波动；一些具有战略意义的产业（如军火工业）和一些涉及国家安全的产业（如电信业），由国家直接经营等。

国有化的上述理由确实有其理论基础和实践依据。所以，战后许多国家的国有化都得到了国民的认同，甚至有些国有化举措也是保守党人提出的。如英国战后初期的国有化，工党诚然是主导力量，但许多措施则是由保守党政府建立的一些独立的委员会制定的。瑞典在20世纪70年代后期的国有化，正是一贯主张市场经济、反对国家干预的三个小党联合政府推动的。从实际情况来看，公共企业在西欧国家战后经济发展和创造"经济奇迹"过程中，确实发挥了无可替代的历史作用。

（二）网络型产业的治理结构演变与行政性垄断

网络型产业具有自然垄断属性①，而且大多数网络型产业具有公共事业特点，存在普遍服务的要求。因此，网络型产业不只涉及政府管制问题。从理论和实践看，政府治理自然垄断产业、业务或环节的方式主

---

① 产业的自然垄断属性可以存在于整个产业，也可以存在于产业的部分环节或个别业务。目前整体上具有自然垄断属性的产业几乎不存在了。

要有两种：一是实行国有化，建立国有企业，自然垄断设施（如输电网、固定电话网等）由国有企业垄断拥有，同时国有企业垄断经营自然垄断业务，即政府实施垄断所有权和控制权。例如，英国、法国等国家曾经对各自国内的电力、电信等产业实行国有化。二是由私人企业垄断拥有自然垄断设施并垄断经营自然垄断业务，同时政府对其进行管制，力图实现资源配置效率最优。这种情况相当于政府授予私人企业垄断所有权和控制权，但要受政府管制的约束。美国治理自然垄断主要采取的就是这种方式。在这两种治理方式下，行政性垄断的运作方式和存在形式是不同的。

这里，我们将从两个方面分析网络型产业的治理结构演变过程特点以及这一过程中政府行政权力在产业中的作用方式和特点。第一，概述网络型产业治理结构从私人企业自由竞争到政府管制、政府经营、重新私有化后再次引入竞争和管制重构的演变过程；第二，梳理电力和铁路两个代表性网络型产业的治理结构变化特点。

1. 网络型产业治理结构变化与行政性垄断：概述

网络型产业包括区域性网络产业和全国性网络产业两类，前者如城市公共煤气、自来水等行业，后者有铁路、电信、电力等行业。从历史上看，网络型公用事业采用的体制，经历了"私人企业竞争和政府协调—收归政府管理—逐步引进竞争"的演变过程。

最初，网络型公用事业采用私人资本和完全竞争的方式，因为这是当时政府唯一愿意采用的管理模式，比如公共煤气和自来水业。1850年前伦敦有14家煤气公司，竞争和管网的区域垄断性产生尖锐的矛盾，出现了重复建设和价格共谋（卡特尔化），损害了服务质量，从而使"市政所有制"的呼声逐渐高涨。1870年英国出台煤气自来水设施法，使原来复杂的协调企业工作，可以通过一道行政命令获得解决，并可以让公众获得充足的自来水供应。伦敦市政府接管了私人供水公司，并设立市政所有的煤气公司。这一举措把服务价格保持在一个合理的水平上，又使当地政府获得了政治上的支持。同时，市议会给私人所有的公用事业企业发放有期限的特许经营证，使地方政府有权在若干年（一般是21年）后收购这些私营企业。

覆盖广大区域的铁路、电报、干线电话等，对合理布局、普遍服务等技术经济综合优化有强烈的要求，需要全国性的规划和管理协调，而这是分散的竞争性市场无法提供的。19世纪40年代，欧美电报完全是私人经营。英国早期的铁路由于所有权分散、互不统属，无法形成规模经济，出现了"卡特尔化，浪费性的重复建设和地理覆盖不全等问题"①，结果是垄断和过度竞争并存，这显然是最糟的市场失灵现象。

当时，全国性的网络体制，在欧美各国实行过三种不同方案。一是中央所有制，如比利时铁路。据资料，比利时铁路在1838年前的定价是英国的一半。二是区域性的私人企业垄断或企业联合（卡特尔协议），以获得足够的规模经济，防止低效率的重复建设。如美国西部联合公司通过收购竞争对手，获得电信网络经济性。这可能是美国地广人稀的特点自然形成的。三是垄断竞争，如上述英国铁路早期的情况。

据英国有关资料，英国的电报业务在19世纪70年代全部国有化并转给邮政局管理，结果服务价格降低，业务量翻番；电话（包括长话和市话业务）于19世纪和20世纪之交全部国有化；电力工业由于私有制下的竞争阻碍电网系统的规模化发展和技术进步，1926年成立国有中央电力局后才建立高压输电网，1945年后全部国有化。

总之，直到20世纪70年代，政府的公用事业政策的演变趋势，是从早期的自由竞争和"资本本位"取向，转向对消费者利益和宏观规划调控的重视。②

从20世纪80年代开始，潮流又开始向另一方向转化。随着科技的进步和管制与反垄断理论的发展，各个受管制的自然垄断性网络型产业开始出现一种普遍的放松管制、引入竞争、加强外部反垄断监督的趋势。欧美各国率先对铁路、电力和电信等垄断行业实行以引进竞争为主线的改革，基本内容是网络和运营业务分离、在运营业务部分引进竞争或实行私有化。如英国的电力改革，除了输电网由国家保持垄断经营（实行固定收费），在发电、配电两端还可以向私人资本开放；铁路改革也采取了以网络由国家控制为前提的"网运分离"改革。

这轮改革的首要动因，是对国有企业和政府管制的低效率的不满。通过引进竞争部分取代政府管制的目标是使定价更有效率和降低成本。以美国航空行业监管为例，1978年美国国会通过了放松航空管制法后，

---

① 高梁：《网络型公用事业的竞争和规制问题》，《红旗文稿》2007年第9期。
② 高梁：《网络型公用事业的竞争和规制问题》，《红旗文稿》2007年第9期。

联邦航空管理局（CAB）的管制权力被一步步剥夺，最后其自身也被从美国管制机构中取消。管制放松的目的就是通过竞争实现优胜劣汰，这将使全体消费者受益。以美国为例，在 1978 年管制放松后，航空业经历了残酷竞争，共有 200 家航空公司破产。同时统计资料显示，由于取消管制，在 20 世纪 80 年代美国的航空业为消费者节约了 1000 亿美元的票价，每年可以给社会带来 200 亿美元的净收益。

2. 电信产业治理结构变化与行政性垄断

从 20 世纪 80 年代开始，欧美等工业化国家先后启动了电信改革的步伐。此后的 20 多年中，电信改革一直是各国关注的焦点。打破垄断、提高效率、推动竞争已经成为电信业发展的世界性趋势。从实践看，目前各国电信业打破垄断、促进竞争主要有两种模式：英国模式和美国模式。

（1）英国电信业

英国电信业改革模式的基本特点是通过开放电信市场，引入新的电信竞争者与在位者竞争来改变市场结构，提高竞争绩效。20 世纪 80 年代初，英国邮政和电信统一由国有企业英国邮政局垄断经营，海外电信业务则由大东电报公司（C&W）主要经营。1981 年，英国政府通过电信法，将电信业务和邮政业务分开，分别建立英国电信公司（BT）和皇家邮政公司。同年，由 C&W、巴克利商人银行等发起成立了由 C&W 控股的 Mercury 通信公司（MC）。1982 年，英国政府向 Mercury 通信公司发放电信运营许可证，允许其建立第二个固定电话网络，与 BT 在英国国内进行电信竞争。1983 年，英国政府正式规定只允许 BT 和 Mercury 两家建设经营固定网和基本电信业务，形成了英国电信业固定电信业务领域"双寡头垄断"的格局。

在移动电话市场，1985 年，英国政府授予两家公司（Cellnet 和 Vodafone）25 年期的移动电话网络建设和服务的牌照，后来，移动电话牌照增加为 4 个。1991 年，英国结束有线电视的垄断经营，随后，又修改宽带有线电视牌照，允许经营商传送电话，进一步增加市话网络的竞争，全面开放了英国的国内电信业务。

英国政府在电信市场有限度地引入竞争者的做法取得了比较明显的效果。1991 年，Mercury 公司基本建立了运营和竞争的基础，而 BT 的运营效率和服务质量也有明显提高。1985—1994 年，BT 国内长途电话网络的失误率从 4.4% 降到 0.2%，市内电话失误率从 2.0% 降到 0.1%，网络的可靠性有了大幅度提升。及时装机率（在 8 个工作日内完成用户装机要求）从 1986 年的 59% 提高到了 1996 年的 98%。同时，用户障碍及时修复率、话务员及时应答率等都有了明显提高。[①]

（2）美国电信业

美国电信业改革模式的基本做法是通过拆分在位的主导运营商来创造竞争性的电信市场。美国从电信发展初期就有竞争，但在 20 世纪 80 年代以前，虽然存在不同程度的竞争，但电信市场总体上还是由 AT&T 垄断经营的。70 年代，美国政府逐渐开始关注 AT&T 在电信市场的垄断状况。1974 年 11 月，美国司法部提出一项针对 AT&T 的反托拉斯诉讼，指控该公司阻碍电话服务供应商进入市场，妨碍电话设备制造商把产品卖给贝尔运营公司，妨碍 AT&T 的长途电话竞争者使用其本地线路。司法部谋求按照拆分标准石油公司的做法拆分 AT&T。这场诉讼反复持续了 8 年时间。AT&T 公司动用了所有关系试图推翻这场诉讼，感到没有希望后，主动要求结束诉讼，并于 1982 年 1 月与司法部达成一项历史性协议：AT&T 同意剥离它的 23 个贝尔运营公司，并重组为 7 个独立的地区贝尔运营公司（RBOC）。AT&T 只经营国际长途、国内长途及数据业务，不进入市话领域。该协议于 1984 年 1 月生效。

分拆 AT&T 使美国长途电话市场竞争性大为增强。美国政府为了扶植其他公司，先后采取了限制 AT&T 的业务经营范围、经营利润、资费水平的手段，使 AT&T 的市场份额以每年 3% 的速度丢失，这样一来其他的新经营者相对更容易进入市场，并逐渐发展起来。从长途市场占有率分析（按收入计算），在 AT&T 解体前的 1981 年，AT&T 占 72% 的市场份额，其他独立电话公司只占 26%。1984 年，AT&T 在长途市场仍占绝对优势，市场占有率 68.3%，其他经营者还无法对它构成威胁，但到 1999 年 AT&T 的优势已不复存在。在国际业务领域，1989 年 AT&T 为 89.9%，占主导地位，MCI、Sprint 和其他电信公司分别只有 10.3%、4.4% 和 1.4%，无法与 AT&T 抗衡。1989 年后，AT&T 的市场逐渐被挤占，其他公司的实力逐渐增强。到 1998 年，AT&T 的优势已

---

① 数据来自 OFTEL，转引自唐晓华、苏梅梅《中英电信"双寡头垄断"模式比较研究》，《当代经济科学》2003 年第 2 期。

下降到62%，MCI、Sprint和其他公司的份额则上升，分别达到25%、8.4%和3.8%。①

相比之下，拆分在位者对美国本地电话市场竞争改善的效果并不明显。1984年后，本地领域有7家贝尔公司分割经营，另有1000多家独立公司经营。增值电信与信息服务实行自由竞争。有线电视由专门公司划区经营。到1996年，美国本地业务开放的州已有19个。从市场占有率看，原有经营者仍占绝对优势，虽然新进入者的市场份额有扩大的趋势，公用电话经营者数量一直增加，但是在市场中所占份额还不足1%。转售经营者市场占有率增加相对明显，以主线计算的市场占有率为2%—3%，以收入计算市场占有率为5%。② 这说明本地业务取消管制后，竞争并没有全面铺开，没有达到应有的水平。

1996年美国通过新电信法，根据网络融合的趋势，管制机构开始改变分立管制的立场，允许长话、市话、有线电视及其他信息服务业务互相进入、交叉经营。新的电信法要求本地经营公司开放其网络，包括互联、提供网络元素的租用等；同时，允许电信公司、有线电视、卫星通信公司业务交叉，全面引入竞争。2000年10月，AT&T为适应日益增强的竞争压力，把自己分拆成四个独立的上市公司——AT&T无线业务公司、AT&T宽带业务公司、AT&T长途电话业务公司和AT&T客户服务公司，竞争更加专业化。

3. 电力产业治理结构变化与行政性垄断

20世纪中叶以前，电力产业结构虽然具有一定程度的竞争性，但却是以小火电（机组）、小电网为基础的。随着经济和社会的发展，电力产业的规模经济与范围经济越来越明显。在这种情况下，受凯恩斯国家干预主义思想的影响，考虑到电力产业的自然垄断性、网络化发展的外部性和私人投资者动员资金的能力有限，20世纪中叶，很多国家为纠正市场竞争在电力产业中的缺陷，对电力产业进行了以集中化、国有化和垄断化为特点的重组，从而使垂直一体化的国有垄断成为多数国家电力产业的结构特征。

进入20世纪90年代，电力产业的自然垄断性质在某种程度上得到

---

① 陈凯：《中美电信竞争力比较》，电信科学研究院电信政策研究所，2002年。
② 陈凯：《中美电信竞争力比较》，电信科学研究院电信政策研究所，2002年。

部分消除，受电力产业垄断国有经营存在的问题以及经济自由化思潮的影响，世界电力产业进入打破垄断和重新引入竞争的阶段。电力改革以英国和美国为先行者，迅速影响到世界主要国家。改革的基本出发点是重新认识公用事业的垄断性，重新界定电力产业自然垄断的范围——发电、输电、配电、售电一体化并不是电力产业理所当然的组织形式，并在此基础上构建电力产业的合理组织结构和管理体制。

(1) 英国电力产业

英国电力产业在1947年实行国有化以前，不存在全国性的电力输送网络。数百家规模不大的市政企业和私人企业以特定的地域作为其经营范围，其中，私人企业主要从事电力配送业务，而市政公共企业主要从事电力生产。

1947年，英国政府颁布电力法，对电力产业实行国有化改造，并依据该法建立中央电力管理局。中央电力管理局作为一个公共企业负责电力生产和供应，同时建立14个地区电力局负责本地区的电力分销活动。1957年，英国政府又颁布了新的电力法，设立中央电力生产局，负责电力生产和大批量输送，并控制了整个产业的大部分投资。

这种电力产业国有化治理结构有如下四个特点：第一，不允许新企业进入电力产业，消费者对电力供应者缺乏选择权；第二，电力企业的资金由政府提供，价格受政府管理，不存在提高效率的刺激；第三，企业决策服从政府的政治需要；第四，不存在独立的外部监管，国家直接控制企业。

自1990年开始，英国以拆分和私有化为主要内容开始了电力产业的改革。在发电、输电、配电三个环节中，除输电仍由英国国家电网公司垄断外，其他部分均已放开。电力生产的经营者只要获得英国电气管理局颁发的许可证就可进入电力市场，参与竞争。其改革的具体内容是：第一，把国家中央电力局拥有的所有电厂重组为3家发电公司，即英国电力公司、英国电能公司和英国核电，逐步推向资本市场实现私有化，同时鼓励新的发电公司进入。第二，成立国家电网公司，原12家地区供电公司拥有国家电网公司的股份但不参与电网公司的具体运行。1996年，12家地区供电公司不再拥有电网公司的股份，国家电网公司完全成为一个单纯的电网公司。第三，在配电环节，英格兰和威尔士的配电仍由12家供电公司负责，供电公司允许购置自己的发电资产，但其在发电公司的持股不得超过15%。第四，电力销售逐步放开，大用户可以自由选择电力供应商。地区供电公司可以从事电力销售业务，但配电业务和销售业务必须在会计账面上分开，支持成立专门的电力销售公司，允许发电公司进入。第五，英国电力市场计价分为发电电价、销售电价和供电电价三个部分，具体价格主要由竞争产生。

同时，英国政府在1989年颁布的电力法为电力产业建立了新的政府管制体制框架。按照这一法律，设立了新的电力监管办公室，并由能源大臣委任一个电力供应（管制）总监，由电力供应（管制）总监担任电力监管办公室主席，任期五年。电力产业的政府管制权力主要由电力总监、能源大臣和统管各个基础设施产业的垄断与兼并委员会（MMC）三者共同实施。1999年7月16日，原先各自独立的燃气管制办公室（OFGAS）和电力管制办公室（OFFER）合并成立新的监管机构——燃气与电力市场监管办公室，统一对燃气与电力产业进行管理。对电力产业总的管制途径可以总结为以下两条：一是防止在电力产业中从事自然垄断性业务（电力输送与分销）的企业滥用垄断力量，实行最高限价管制；二是采取适当的管制措施，以促进电力生产与供应企业之间的高效率竞争。

（2）美国电力产业

与英国相比，美国的电力市场化比较超前和彻底，走的是另外一条路径。美国电力产业没有像英国那样经历过大规模的国有化，有75%为私人所有。因此，尽管美国政府意识到对发电、输电、配电和供电实行垂直一体化的市场结构会阻碍竞争，但也不能像英国对待国有电力产业那样实行市场结构重组政策，而只能主要通过放松进入管制，以更大限度地发挥市场机制的作用。

美国电力管理以各州为主，因此在改革实施的过程中，联邦能源管制委员会只提出要求，具体改革方案由各州自行确定。1978年出台的《公共事业管制政策法案》，鼓励非电力公司建设发电厂，激活了发电侧的竞争。1992年美国出台《能源政策法》，规定了电力市场的竞争性定价和市场准入等内容；同年，通过了修改《联邦电力法》的决议，要求公共电力企业以成本价向第三方提供输电服务，联邦能源管制委员会对开放输电业务进行监管，促进电力批发市场的竞争。1996年，联邦能源管制委员会发布888号和889号法令，详细规定了电网开放式输送电力及其收费标准。输电线路由电网经营企业运营，向发电企业提供输电服务，电力趸售用户可以通过电网向发电企业直接购电。这样，继发电领域市场化后，又形成了输电线路公用化、电力趸售市场全面和公平竞争。

美国对电力产业的监管，大多是以州为单位进行的。联邦政府层面只有美国联邦能源管制委员会（FERC）代表美国政府对电力产业进行监管，其监管的形式主要是通过制定有关政策法律和规则，以确保竞争的实施。具体对电力产业的管制，各州因具体情况不同，在管制的范围、管制的程序、管制的方式等方面均有所不同。大体来说，在发电领域，除环保管制的因素以外，几乎不存在电力产业进入的任何障碍；在输电领域，依然存在严格的政府管制，政府的法律严格规定了输电费用收取标准以及无歧视性地向发电商和趸售商提供输电服务的义务；在配电业务方面，政府通过发放经营许可证的方式特许某些电力公司在某一区域内垄断经营。同时这种管制还体现在销售价格上，在美国，禁止公用企业随意提高电价，通常各州都有对零售电价进行限制的管制措施。

从电力产业的技术经济特性来说，为了保证电网的安全可靠运行，需要高度集中的管理体制和统一的运行规则。但是，美国有近200家电网企业分散在各大电网，作为不同的利益主体，各个电力公司在调度程序、线路设计标准和电网运行规则等方面存在较大差异，协调成本巨大，一旦电网发生紧急情况，极易引发重大事故。因此，美国 FERC 在 2001 年就宣布计划在未来 8 年内（至 2009 年），将 195 家各自独立的电网企业通过政策引导，采取鼓励重组兼并的方式，最终融合为 3—5 家。

4. 民航业治理结构变化与行政性垄断

（1）美国民航业

美国是最早实施民航管制的国家之一。依据1938年的《民航法》，美国成立联邦民用航空委员会（CAB），使航空管制成为联邦政府的职能。这一机构的成立及其行为反映了当时美国航空业在位企业的要求。因为航空公司竞争激烈，价格经常出现大幅度下降，所以主要的航空公司积极游说，希望建立一个管理机构来稳固自己的地位，并排斥新的竞争者。民用航空委员会成立后保持了该行业的格局：大航空公司获得有利地位，大多重要的航线只有 2—3 家航空公司经营。①

1940—1960 年，民用航空委员会几乎完全阻止了新的航空公司进入该行业。这种保护使主要航空公司结成了类似瓜分市场的卡特尔组织，它们经常在运费上涨问题上达成一致，并提交民用航空委员会批准实施。总体来说，民用航空委员会并没有为保护消费者而设置运费上限，相反，它设置了票价的底线来限制竞争。

民用航空委员会的管制政策受到潜在进入者的强烈反对。管制导致机票价格上涨、效率下降、运力过剩、服务下降等问题，到了 20 世纪 70 年代开始成为经济学家和政治家抨击的对象。1977 年，时任美国总统卡特任命著名经济学家、民航管制政策的激烈批评者卡恩担任民用航空委员会主席，启动了美国民航业放松管制的改革。

1978 年，民用航空委员会颁布了允许自由进入和退出所有航线的规定；1979 年 10 月，卡特正式签署了航空公司取消管制法案，规定最晚到 1981 年年底和 1982 年年底，分别取消对市场准入和价格的监管权力，并且整个机构在 1985 年 1 月 1 日自动取消。但放松管制的实际进程远远快于预定的时间表。到 1980 年，美国民航已经完全取消了经济管制。

民航业放开进入后，很多新的航空公司开始进入该行业，一些地方性航空公司开始通过合并开展全国性业务。全国性的航空公司则开始调整航线和营销策略。总之，机票价格下降了，服务质量提高了。

然而，1984—1988 年，政府交通管理部门同意实施的一些大型航空企业的合并，直接削弱了竞争。因为这些公司之间的业务是相互重叠的。② 到 20 世纪 90 年代，美国航空市场经过激烈竞争和兼并开始进入相对稳定的状态。前 8 家最大航空公司占国内航空市场的份额上升到 95%，前 3 家则占 50% 左右。大型航空公司还通过价格歧视政策、长期租约对枢纽航空港的控制以及企业联盟等方式强化其优势地位。这些都在一定程度上抵消了开放进入带来的好处。

---

① ［美］沃尔特·亚当斯、詹姆斯·W. 布罗克主编：《美国产业结构》，封建新、贾毓玲等译，中国人民大学出版社 2003 年版，第 196 页。

② 美国交通部由于没有及时阻止这些妨碍竞争的合并而被国会收回了航空合并管辖权，转交由司法部反垄断司管辖。但司法部也没有对这一时期的航空业合并采取严厉措施。

(2) 加拿大民航业

加拿大民航业先后经历了"国家航空公司特许垄断—放松管制—重新管制"三个阶段。20 世纪 30 年代，为了防止美国航空公司控制加拿大市场，加拿大逐渐形成要成立国有航空公司的主张。1935 年自由党赢得选举上台后，成立国有航空公司的计划开始浮出水面。1936 年成立了运输部，并把原来的铁路监管委员会重新命名为运输监管委员会，承担航线运营、价格以及航班计划等的审批和管理，同时也负责新航空服务执照的审批。1937 年，由政府独资的加拿大国有铁路公司出面，建立了一家国有的航空公司，取名为环加航空公司（TCA），这家公司获得政府特许独家提供国际航线服务。

1944 年，加拿大成立了一个专门的机构——航空运输委员会负责航空业的管制。在新机构管理下，除 TCA 的执照可以自动批准以外，所有其余承运人都必须申请获得运营许可，委员会还有权规定票价、航班、机型及其适飞的航线。这一管制政策主要是为了保护在位承运人，即 TCA 的利益。

1957 年保守党上台后开始在民航业引入竞争。1958 年，包机运营和专业飞行不再受到限制；1959 年这一政策扩展到机重不大于 18000 磅的飞机。但 TCA 仍享有很高的垄断地位[①]，提出的票价和航线都可获得政府的自动批准。直到 20 世纪 80 年代初加拿大实行航空自由化改革后，这一状况才有所改变。

1984 年，加拿大运输部发布了一份名为《加拿大新航空运输政策》的文件，把加拿大全国划分为南部和北部两个区域。新政策的目标是实现人口密集的南部航空市场自由化。新政策规定，针对容量、服务频率和机型及相应设施的限制完全取消，航空公司可以自由降低票价而不需要任何批准，但是涨价幅度不能高于当年的消费者价格指数变化水平。1987 年，加拿大通过《国家运输法案》，南部地区引入了几乎全部的管制放松改革措施，政府对在位航空公司的限制也基本上予以取消。但加拿大运输委员会下属的部门仍负责票价和费率的监控，以防止承运人之间的过度竞争。在北部地区，航空公司仍必须服从对准入、票价和其他服务条件的限制。

---

① 1964 年更名为加拿大航空公司。

由于加拿大航空市场比较小，放松管制后，并没有出现大量航空公司竞争的情况，而是形成了加拿大航空公司和加拿大国际航空公司双寡头竞争格局，两公司占有加拿大全国80%以上的市场份额。两公司的航线网络高度重复、过度竞争，导致其在20世纪90年代多数年份都产生了巨额亏损。1999年，部分是因为两者之间的竞争，部分是因为要面对美国大型航空公司的竞争，两家公司寻求合并，并得到了加拿大运输部的批准，从而使双寡头的市场结构变成了近乎垄断的结构。

出于对以上兼并收购结果的担忧，加拿大运输部在2000年宣布对航空运输业重新实行管制，所提出的立法建议包括增加加拿大运输部在控制票价方面的权限以及对违法航空公司的管理人员进行刑事处罚的条款。

在新管制政策的影响下，加上运营管理效率低下，加拿大航空的垄断地位迅速受到市场的挑战。一些新进入者通过采纳低成本模式快速发展和成长，其中最突出的是1996年成立的西部喷气航空公司（Westjet），目前已经是加拿大的第二大航空公司。1999年加拿大航空公司与加拿大国际航空公司总市场份额达到加拿大国内市场的86%，2000年大幅下降到77%，到2003年年底已下降到仅59%，而作为新进入者的第二大航空公司西部喷气航空公司的份额已达到25%。民航业的竞争得到显著加强，新进入者的成本优势和效益明显强于加拿大航空公司。这一结果是管制机构所没有预料到的。

5. 铁路产业治理结构变化与行政性垄断

1825年，世界第一条铁路在英国投入运营，五年后美国也在巴尔的摩至俄亥俄之间开始了铁路运营，此后不少国家也相继修建和使用铁路，世界进入铁路时代。由于铁路是当时运输市场中最为迅捷、先进的工具，其发展得到政府的大力鼓励和支持。美国、欧洲和日本因政府支持和介入铁路产业发展的方式与程度不同，形成了不同的铁路产业治理结构。

（1）美国铁路产业

美国铁路基本上是私人公司投资、私人经营，政府与铁路产业之间的关系主要表现在政府对铁路管制方面。早期铁路发展中，联邦和各州政府采取赠送土地的办法鼓励私人公司修建铁路，铁路发展迅速。1865年后，铁路逐渐确立了其在美国运输业中的垄断地位，成为"铁老大"。由于价格歧视盛行、贿赂丑闻不断，社会要求对铁路进行管制的呼声日益高涨。19世纪70年代几个农业州开始对铁路进行限价等管制措施。1887年《州际商业法》颁布，联邦政府设立州际商业委员会（ICC），开始对铁路运费和其他垄断行为进行管制。1890年《谢尔曼反托拉斯法》通过，1906年Hepburn法通过，1910年Mann-Elkins法通过，逐步加强了对垄断典型代表的铁路的管制要求。ICC的权力越来越大，对铁路公司的要求越来越严格。ICC制定最高限价，终止认为不合适的铁路公司定价措施，直至取消公司自由定价权。

1917—1920年，为适应战争的需要和尽快结束铁路混乱的局面，联邦政府成立美国铁路委员会，实际接管了所有美国铁路，把全国铁路分成东部、西部、南部三个区域，实行集中统一管理。政府接管铁路后，客运和货运都有所增加，但经济效益大大下降。1920年，联邦政府把铁路的管理权归还私人手中。但后来的法律进一步规定，铁路行业实行统一的收费标准，铁路不能放弃与公众利益有关的线路和客运业务，甚至要求铁路公司交纳一定比例的收益，用于抽肥补瘦，并对铁路雇工方面提出了更为严格的要求。因此，尽管铁路公司所有权私有，但铁路更多地具有了公益性质。

20世纪30年代后，美国铁路日益衰落，陷入困境。铁路在运输市场上的份额大幅下降，大量铁路变得多余而被拆除。在30年代的经济大萧条中，铁路收益减少一半，1/3的铁路经营不下去而被兼并。从40年代开始，铁路股票平均回报率不断下降：40年代4.1%，50年代3.7%，60年代2.8%，70年代2.0%左右，最低的1978年仅为0.2%。

面对铁路行业的困境，美国政府从20年代70年代开始进行改革，主要内容包括：

第一，1970年美国颁布《铁路客运服务法》，组建国有的Amtrak，剥离铁路公司亏损的客运业务。各铁路公司可以不再经营客运业务，所有的铁路公司都把客运业务移交给Amtrak。Amtrak实行网运分离，与经营的铁路公司签订长期租用合同，付过路费。

第二，根据1973年的《地区铁路重组法》，成立了两个联邦代理机构：北美铁路协会（USRA）负责规划地区铁路系统，铁路服务规划办公室（RSPO）指导铁路并购。1973年，帮助组建联合铁路公司（Conrail）等，并入破产的铁路，免除其许多管制规定的责任和义务，同时投入大量资金,进行重组。

第三,1976年的《铁路复兴和规章改革法》和1980年的《斯塔格斯铁路法》是放松管制的重要法律。放松管制的主要内容如下:一是放松对铁路公司资产重组的管制。改变ICC审批铁路公司废弃线路的程序,实际上已经不再要求铁路公司继续经营亏损的线路。二是放松价格管制,扩大铁路公司定价范围,使铁路公司获得了相当大的定价空间。另外,还允许铁路和托运人为特定业务签订价格协议,以建立长期稳定的业务关系。

(2) 英国铁路产业

与美国相比,英国政府在铁路产业发展中的直接和间接干预都大得多。1825年世界第一条铁路在英国投入运营。1830—1947年,英国铁路经历了蓬勃发展、自由竞争、弱肉强食而走向多头垄断的过程。

1948年,英国政府根据1947年颁布的运输法,将私营铁路公司收归国有,组成了统一的英国铁路总局。此后,英国铁路一直由国家所有的企业经营。1962年,英国铁路总局成立董事会,实行全行业统一,从而控制了英国铁路的全部资产、经营权和人事权。到1993年,铁路运输业仅占客货运输总量的10%左右。国家铁路重外部效益、轻内部管理,特别是英国工会力量很强,工资缺乏弹性,成本居高不下,亏损增加,铁路成为财政的沉重包袱。

1993年11月,在保守党政府的推动下,英国议会通过铁路改革法案,1994年实施,1997年完成。改革的主要内容是网运分离和企业私有化,将铁路分拆为1个全国性路轨公司(Railtrack)、25个客运公司、6个货运公司、3个机车车辆租赁公司以及多家设备改造、维修服务公司,原来的国铁公司被120多家私营企业取代。路轨公司负责管理经营全国铁路基础设施(轨道、桥梁隧道、车站、信号),向运营公司收取基础设施使用费。该公司是全部私人股份的上市公司。

网运分离后,路轨公司经营状况由好变坏,逐渐恶化,路轨公司成立头二年,不注重线路维修投入,还将利润分给股东,自1999年下半年逐渐经营亏损,债务不断增加,维护费用缺口增大,达10亿英镑,到2001年10月总负债达33亿英镑,虽有政府多次补贴,但亏损仍然增加。由于维护资金不足,线路老化,且路网系统维护由多家公司承包(二次转包公司2000余家),雇用的维护人员技术水平参差不齐、安全责任意识不强，敷衍塞责严重，事故不断增加，招之英国公众的强烈不满和批评，最终路轨公司破产，由政府接管。

完成铁路私有化后，为了加强政府对铁路的宏观管理，英国政府于2002年2月正式成立铁路战略管理局（SRA）。管理局负责铁路客运特许经营权的发放、规划铁路发展战略、发放政府补贴等工作。由于该机构的属性不明确（不属于政府机构，却行使部分政府职能），在协调管理英国铁路行业全局性工作方面有很大困难。为此，英国决定撤销该机构，在运输部设立铁路署，以进一步加强政府对铁路的管理。但直到2005年4月7日，英国铁路法获得王室批准后，才正式撤销铁路战略管理局，成立运输部铁路署。铁路署的主要职能包括制定铁路长期发展规划和战略；调整国家铁路产业战略；管理铁路客运特许经营权；推动路网公司和列车运营公司提高绩效、控制成本；与完全垂直一体化公司合作；与外部股东和铁路使用者合作；确保整个铁路行业的职责和义务清晰、透明。

铁路署不能直接控制路网公司。政府对英国铁路未来发展的设想是建立完全垂直管理的公司，有可能建议一些列车运营公司控制运营线路或者强化路网公司对线路的使用分配权（如编制列车时刻表等），使路网公司的8个地区公司从列车运营中获得更多的利益。

新的铁路法涉及铁路监管改革的其他内容，包括：合并经济和安全管制的职能，成立铁路监管办公室，将安全职能从健康和安全委员会移交给铁路监管办公室；使铁路旅客运输管理局的作用更加顺畅，将来可以直接向运输部部长汇报工作。

（3）日本铁路产业

日本是实行铁路产业国有国营较早的国家。日本铁道创立于1872年。最初铁路是国营的，因民众对铁路建设热情极高，政府放开路权，1892年民营铁路达2100千米，是国营铁路（1000千米）的2倍以上。1906年日本政府开始对铁路实行国有化，民营铁路只占极少的部分。第二次世界大战后，日本开始对铁路全面实行国有国营的管理模式。1949年，日本国有铁路（以下简称国铁）成为公共企业，政府直接控制包括运价、投资、工资等方面的决策权。1964年国铁开始亏损，国家每年支付巨额补贴，而且其在国内运输市场中所占份额不断下降。20世纪60年代末到80年代初，日本政府多次试图进行国铁的内部改组和制度改革，但都未成功。

1986年，日本政府公布《日本国铁重新组织法》《铁路企业法》和《特定城市推动铁路建设特别办法》等法规。1987年4月政府对国铁实施民营改组，原来作为公共企业的国铁被解散，取而代之的是七个股份制公司（JR），每一个公司重点负责某一地区或某一方面的业务。七个公司中，六个是以地区划分的铁路客运公司，一个是在全国市场享有特权的铁路货运公司。国铁改制后，收支经营状况不断改善，服务质量不断提高，以劳资关系稳定为背景的劳动生产率也稳步上升。①

日本铁路改革没有像欧洲铁路那样采取"网运分离"的模式，而是采取了"区域公司为主，网运分离为辅"的模式。因为日本的人口密度非常大，从承担的运输量来看，其负荷比欧洲铁路重得多，实行线路基础设施和运营相分离非常困难，既无法实现对线路的最优利用，也不利于提高效率和安全水准。因此，在改革时客运公司是网运合一的，而货运公司由于货物全国流动的特点和收支平衡的考虑，采用了网运分离的方式。同时，新建设的新干线是网运分离的，建设由国家负责出资，建成后由客运公司付费使用。

从效果上看，日本国铁民营化改组无疑是成功的。尽管日本国铁民营化仍是通过多级控制和多种法人形式，国家实质上保留对企业的最终所有权，只是由直接干预转到间接控制而已，但是民营化后政府对铁路的管理发生了很大变化。作为企业的JR集团各公司的经营责任与国家的行政职能明确分离，铁路企业与政府的关系依据《铁道事业法》得以明确，而且建立了政府不得随意干预企业的自主决策的制度。新线的建设资金由国家融资或补贴利息，但大部分依靠贷款，国家对新线建设不再干预。铁路运价的制定，实行运价上限认可制，由运输大臣认可运价的适当范围，在其上限之内的价格调整只需事先提出申报。

6. 石油天然气产业治理结构变化与行政性垄断

石油天然气产业由四个垂直关联的阶段构成：生产、提炼加工、运输和销售。生产包含勘探和从地下含油层开采石油和天然气。提炼加工阶段生产出最终产品，从原油加工为发动机使用的汽油和飞机燃油等。批发商和零售商将这些产品分送到消费者手中。而运输工业则将这几个

---

① 江宇：《发达国家铁路发展史对我国铁路改革的启示》，《综合运输》2003年第10期。

阶段连接起来，包括管道、油轮、驳船和卡车。理论上说，这四个垂直关联阶段的工作可以由独立的公司来完成。但纵观石油产业的发展历史和趋势，纵向一体化是这一行业的主要特点。同时，由于石油资源在国家能源安全和经济增长方面的重要作用，西方国家的政府都对石油天然气产业进行了形式不同的行政干预（包括监管）。

（1）英国石油天然气产业

和多数西方发达国家一样，英国石油天然气产业的政府管制主要集中在资源的勘探开发和油气管网方面。石油的提炼和成品油的批发、零售领域都是开放的。凡是符合一定的质量、安全和健康标准的企业，均可进入该领域。但这一领域的集中度比较高，市场主要由英国石油公司（BP）、壳牌、雪佛龙德士古和道达尔瓜分。价格方面，除了天然气的管道运输价格和储气价格受到管制，其余的价格，包括原油价格、成品油价格、天然气井口价格由市场决定。

英国的石油天然气资源依法全部归国家所有。上游油气资源开发和管理工作由英国贸易工业部下设的石油天然气理事会承担。该机构依据《1998年石油法案》管理并推动英国石油天然气资源的勘探与开发，促进上游油气市场的竞争。英国对石油天然气资源的勘探和开发实行许可证管理。国内外企业均可根据石油法规定的程序，随时向石油天然气理事会申请油气勘探许可证。许可证持有期限一般为3年，可以延长3年。生产许可证的申请和发放每两年进行一次。

20世纪80年代以前，英国天然气产业下游为国家所有的英国天然气总公司垄断，该公司负责建设和经营全国天然气管网，并向用户售气。在80年代中期对天然气产业进行打破垄断和私有化的改革时，英国政府考虑到天然气产业的特殊性，比如上游开发、下游管输和用气必须有机结合，管道具有自然垄断性，供需双方具有相对固定性等，没有简单地开放市场。根据1986年的《天然气法案》，国有的英国天然气总公司（British Gas Corporation）改组为英国天然气公司（British Gas）。该公司获得天然气专营权，向年用气量少于70000立方米的消费者提供捆绑式服务（将管输和供应集于一身），专营期为25年，采用最高限价的方式对其价格进行监管。同时，为了为天然气产业其他环节竞争创造条件，法案还规定了管网公平接入的条款，并且规定年用气量大于70000立方米的消费者可以选择天然气供应商。

天然气产业私有化改革非常顺利，但也出现了英国天然气公司作为具有优势地位的购买商、运输服务提供商和供应商，利用市场优势地位实施不公平竞争的情况。因此，天然气的监管部门——天然气电力市场办公室进一步将该公司的交易业务和运输、储存业务拆分为两个独立的公司，而只对从事运输和储存业务的经营单位进行监管，包括获得经营资格需要特别许可、最高限价等。管道经营单位最终组建为 Lattice 集团。英国天然气产业改革的效果是：天然气价格更低，消费者有更多的选择，质量得到了改善，出现了新的服务方式，增强了竞争性，并且整个产业的效率得到了提高。

（2）加拿大石油天然气产业

加拿大的石油天然气产业治理结构也具有类似的特点：政府除了对管网进行管制、对油气资源勘探和开采实施许可证制度，其余的环节基本以市场机制为主导。从管制制度的演变看，石油天然气产业的发展也同样经历了一个"加强政府管制—放松管制—市场导向"的演变过程。不同之处在于，这一过程也是加拿大逐步从跨国公司手中夺回对本国石油天然气资源控制权的过程。

加拿大的石油天然气产业开始于 19 世纪中期，但随着 1898 年加拿大当时最大的石油公司——帝国石油公司——被美国石油大亨洛克菲勒的标准石油公司（Standard Oil）收购以及 1911 年荷兰皇家壳牌公司（Royal Dutch/Shell）在加拿大设立分公司以后，加拿大尚未开发的油气产业就开始大部分受控于大型跨国石油集团。到 1962 年，八大国际石油公司拥有加拿大 60% 的石油产量和 95% 的炼油能力，国际石油公司垂直型的垄断地位和行为使加拿大本国石油企业很难参与市场竞争。

尽管这些石油巨头为加拿大油气资源的勘探、生产、提炼、运输、销售等发展提供了必不可少的资本和技术，但加拿大政府和公众开始担心外国绝对控制石油产业会控制国家经济、危害国家安全。不过，政府没有采取激进的措施，唯一与外资有关的政策是 1961 年颁布的关于北部地区和大西洋、太平洋近海岸土地使用权的规定，规定只有加拿大人拥有的公司或者加拿大人有机会投资的外国控股公司才有权获得在上述地区的开采和生产许可，目的是使加拿大本国公司在尚未开发的石油区块拥有控制权。

在 20 世纪 60 年代初加拿大经济增长放慢的背景下，政府以声明的形式实施国家石油政策（National Oil Policy）。该政策建议渥太华河以东地区（包括魁北克省和大西洋省份）的石油需求由廉价的中东和委内瑞拉进口油来供应，渥太华河以西地区由加拿大本国西部的石油供应。在当时没有直通东部地区石油管道的情况下，该政策的目的是既保证东部地区拥有廉价原油，又为加拿大西部不断增长的石油提供本国市场以及美国市场。国家石油政策一定程度上扩大了本国石油的市场，但对外资控制权并没有产生多大影响。相反，石油市场竞争的加剧使更多的加拿大独立石油公司成为跨国公司收购的目标，从而使加拿大控制本国石油产业的能力进一步下降。

1966 年，加拿大设立能源矿产资源部，专门负责能源资源政策法规的制定和管理。1967 年，加拿大政府决定与 20 家石油矿业公司组成联合体，共同开发极地石油天然气，这是加拿大政府第一次真正进入油气产业。目的是促进极地圈油气开发并保持加拿大对最大保留地的控制权。

两次世界石油危机爆发激发了加拿大政府对于加强对本国油气资源控制力的决心。重要的举措有三个：

一是 1973 年设立了外国投资审查局（Foreign Investment Review Agency，FIRA），开始对新的外资并购和石油巨头在加拿大的多元化经营活动（如金融、保险等业务）进行审核和控制，并且使加拿大有机会在石油巨头母公司的股权发生变化时有机会购回一部分加拿大子公司。目前的《加拿大投资法》（*The Investment Canada Act*）就是由 FIRA 演变而来的，政府仍对 2.5 亿加元以上的外资并购拥有否决权。

二是于 1975 年成立加拿大石油公司（Pctro-Canada）。加拿大石油公司在国家政策的支持下，经过不断的收购和兼并，已经发展成为目前经营传统油气领域以及油砂和海洋石油的大型综合石油公司，也成为国家调控石油产业的一个政策工具。

三是 1980 年实施国家能源计划（National Energy Program，NEP）。该计划的目标是到 1990 年油气生产中的加拿大比重至少增加到 50%。为此，加拿大政府出台了一系列具体的政策来鼓励本国绝对控股，比如石油鼓励计划（Petroleum Incentives Program）给予加拿大控股公司直接贷款，取消资源耗减补助（Depletion Allowance）政策，实行新的油气收入税，给予加拿大石油公司在油气开发方面 25% 的土地权，指示加拿大石油公司收购其他外资公司，等等。但是，这一计划遭到美国政府和外国石油公司的强烈反对。同时，这一计划也导致加拿大联邦和地方政府关于能源资源所有权的争执。这一计划于 1985 年被迫取消。

此后，加拿大政府开始逐步放松对石油天然气市场的管制，并减少对所有权的限制，转向以市场为基础的、重点在于促进油气产业繁荣的政策。同时，随着加拿大石油公司逐步发展成为加拿大五大综合石油公司之一，拥有加拿大第四大石油储备、上游链第三大生产能力和下游链第二大炼油能力，以及加拿大自身石油产业（勘探、开发、设备制造、研发）的发展，外资在加拿大能源业总体比重逐渐下降，2000 年外资占加拿大油气资产的 41.7%，所有权问题不再像 20 世纪 70 年代受到社会公众和政府的关注。

（三）行政性垄断的合理性及其存在形式

经济性垄断是基于市场竞争而形成的垄断，经济主体垄断的目的是实现垄断收益。一般来说，经济主体通常利用其市场优势地位，通过限制竞争者或潜在竞争者进入市场、实施歧视性待遇、强制交易等具体方式来实现其垄断目的。行政性垄断是基于行政权力而形成的垄断。与经济性垄断一样，它也需要通过限制进入、歧视性待遇、强制交易等具体方式来实现其垄断目的，但政府实施垄断的目的是多种多样的，不单纯是为了垄断收益。

政府实施垄断的目的可能是垄断利润，如欧洲国家早期王室与商人的结盟、中国古代盐铁专卖制度等就是为获得大量收入，也可能是出于其他非经济利益目标而采取国家垄断或国家特许私人垄断。以经济利益为目的的行政性垄断必然导致行使行政权力的部门或官员与企业结成利益同盟，这不仅会妨碍公平竞争，损害经济效率，而且导致权力腐败。因此，从欧美发达国家历史发展看，行政性垄断范围是逐渐缩小的，其中以实现经济利益为目的的行政性垄断受到严格控制，只有少数国家保持烟、酒、彩票等产品的政府垄断方式。而在必须要政府介入维持某种形式的行政性垄断的情况中，也尽量限制或割裂干预者与被干预者之间的利益关联。

因此，合理的行政性垄断总是有利于经济效率提高、技术创新和社会公平改善。概括起来，行政性垄断的合理存在形式主要有以下四类。①

1. 知识产权保护制度

《知识产权保护法》所提供的对知识创造和技术发明的排他性垄断是典型的行政性垄断。最早的知识产权保护制度产生于15世纪的英国。1449年，当时的亨利六世国王向佛兰芒人John of Utynam授予伊顿公学制造彩色玻璃的方法专利，但真正的专利法直到1624年才开始在英国得到实施。此后，其他资本主义国家纷纷颁布了自己的专利法。②

几百年来人类的社会实践表明：通过法律人为地赋予知识创造者适度（一定期限内）的专有排他权，是鼓励知识创新、促进社会进步的重要制度安排；适度的知识产权保护有利于知识的创新和推广，对知识产权保护的忽视不仅导致创新投入不足，而且阻碍创新知识的传递和共享，并造成重复研究等问题。因此，尽管发达国家和发展中国家在知识产权的保护范围和程度上一直存在重大分歧，但对知识产权保护制度本身的上述作用是基本认可的。到目前为止，世界上建立起专利制度的国家和地区已经超过175个。

作为行政性垄断的一种存在形式，知识产权保护制度的经济合理性来自知识和技术的自身特点。从本质上讲，知识的使用具有非排他性，即一个人对知识的占有并不妨碍他人的占有，一个人（或企业）对一种技术方法的使用同样也不妨碍他人的使用。因此，知识和技术不具备通过自发的市场力量成为商品的条件。但是，由于知识和技术创新是一种相当昂贵的生产活动，如果无人分摊知识和技术创新的费用，社会的知识存量就将枯竭，技术进步会受到抑制。正是上述考虑构成了知识产权保护的合理性：为了鼓励创新精神、加速知识和技术传播，通过法律

---

① 一些国家为了财政上的需要，通过垄断经营高利润的企业来直接获取财政收入，也属于常见的行政性垄断，但这一形式本身很难说有经济合理性。这些行业通常是需求弹性小、利润高的行业。法国从1674年开始直到现在，就由政府垄断经营烟草行业。其他国家或地区垄断经营的行业有制糖（日本、意大利）、盐业（奥地利、意大利、日本）、酒（德国、法国、加拿大和美国的许多州）。不仅在发展中国家，许多西方国家政府也设立国有企业经营彩票发行和赌博业来增加财政收入。尽管这些国家视私营彩票和赌博为非法，但乐于自己经营这些行业来获取财政收入。比如，瑞典在20世纪30年代就成立了全国性的彩票发行和赌博经营机构。我国对盐、烟、黄金等采取专营政策。

② 王桂玲：《专利制度的起源及专利文献的产生初探》，《专利文献研究》2000年第1期。

人为地赋予知识和技术创新者在有限时间内对该知识拥有某种程度的排他权（如专利权、署名权），从而使知识创新者能够将知识和技术作为商品出售并获得有限的保护性收益。这样可以激发更多个体从事知识创新的积极性。

保护知识产权实际上是保护垄断，因而知识产权保护制度只有在创新激励与知识分享之间实现一种平衡才是适当的。各国的经济发展程度与技术吸收能力不同，对知识产权的保护范围和强度的合理标准自然也很难达成一致。不过，这种保护范围和程度的合理性不在本书的讨论范围。围绕这一问题进行的争论也不影响争论各方对行政权力保护知识产权制度存在的经济合理性达成一致认识。

2. 政府基于自然垄断性实施的产业管制

政府对产业的管制包括经济性管制和社会性管制两大类。基于本书研究目的，我们主要讨论经济性管制。经济性管制是指通过许可、认可等手段，对企业的进入、退出，产品或服务的价格和质量，交易方法以及基本活动所进行的管制。经济性管制的共同点是限制同类企业的自由竞争（准入管制、进出口管制等）。管制主要是因为市场自身无法弥补的一些缺陷，通常包括自然垄断、公共物品、信息不对称和外部性四种情况。然而，从管制与行政性垄断的关系看，政府对基于自然垄断性实施的产业垄断最为典型。[①]

按照现代经济学的定义，如果一个企业独家垄断市场的社会成本最

---

① 对于市场无法提供的（纯）公共物品，世界各国的提供方式通常有两种：一是政府直接提供，即通过国有国营的企事业单位提供，比如公共道路、路灯等。这也属于行政性垄断的合理存在形式，但与基于自然垄断的管制导致的行政性垄断不同（下面详细分析）。二是政府授权私人企业提供，并为私人企业提供亏损补贴。严格地说，既然这类公共物品的提供必然亏损，政府不需要对这类产品或服务进行进入管制来维护该企业的垄断地位，因而不必然产生行政性垄断。如果有企业自愿提供这类公共产品与在位企业竞争，那说明现有的补贴机制存在问题（补贴过高），但这种情况下可以采用"补贴最低"方式招标来降低成本、提高效率，而不必采用行政力量限制进入。

解决信息不对称而产生的市场失灵的最好办法是强制披露信息、促进市场竞争、提高市场透明度，而不是通过限制进入来维护在位者的垄断地位。换句话说，这种情况下的政府管制是抑制，而不是加强在位企业的垄断势力和垄断行为，因而也不会产生行政性垄断的效果。

外部性的市场失灵一般是指环境污染导致负外部性的情况，政府管制的目标是尽量消除负外部性导致的效率损失。管制的直接手段一般有制定和实施相关环保标准，间接手段有征税、收费等方式。即使环保标准实际起到限制进入的效果，那也是促进优胜劣汰，而不是强化在位企业的垄断地位，因而一般也不属于行政性垄断的合理存在形式。

小或者一家企业提供产品或服务满足整个市场需求的成本小于多个企业生产成本之和,该产业就是自然垄断产业。① 一般来说,自然垄断产业具有如下三个重要特征:一是这类产业大多属于网络型产业;二是生产技术的固定成本很高,资产专用性很强;三是这类产业通常是公用事业,其所提供的产品或服务必须保持长期性和稳定性,不能随意中断。

产业的自然垄断性质可随着需求变化和技术进步减弱或者增强。例如,在由两个城市构成的社会,两个城市之间每天来往的旅客数量需要 10 辆列车运输。如果只铺设一条铁路,其运输负荷容量在 10 辆以上,就足以满足所有的社会需求。如果铺设 2 条以上的铁路,就会出现极大的社会资源浪费。但如果需求扩大到 18 辆列车,那么就需要铺设两条铁路来满足需求。理论上讲,该铁路网不再具有自然垄断性,最终可以容纳两家企业提供运输服务。

自然垄断的实现条件无法通过市场竞争来实现,因而需要政府管制来提供。具体地说,管制目标至少通过如下四个手段来实现:第一,政府通过进入管制,只允许一家企业垄断经营——其垄断地位直接来自政府的授权和许可,是典型的行政性垄断;第二,通过价格管制避免该垄断企业实施价格歧视;第三,通过报酬率管制限制其获得高额利润;第四,通过质量标准管制来确保企业所提供产品和服务的基本质量。这四个方面的管制是相辅相成的,后三个方面的管制是由进入管制直接导致的。

自然垄断的实现条件必须通过政府的进入管制来满足,因而本质上属于行政性垄断。这也正是其经济合理性的表现。

欧洲网络型产业改革的历史经验表明,把电力、铁路、电信等网络

---

① 严格地说,自然垄断应该用弱增性来加以定义。以单一产品的自然垄断为例,假定 $C(Q)$ 表示企业提供产量 Q(单一产品)时的成本,则企业在产量 Q 范围内存在自然垄断性的充要条件是:

$$C(Q) < \sum_{i=1}^{K} C(q_i)$$

其中,q_i 为企业 i 的产量,$C(q_i)$ 为它的成本,假设所有企业的成本函数都为 $C(q)$,一共 K 家企业共同生产产量 Q,即 $Q = \sum_{i=1}^{K} q_i$。

上文的不等式表示的正是企业的成本弱增性,用简单的语言描述,即由一家企业生产提供整个产业产量的成本低于多家企业联合提供的成本。

型产业中具有自然垄断性质的环节或业务分离出来，由政府管制或经营，对其他环节和业务实行放松管制与开放进入，有助于改善行业的经营效率，推动技术进步。

3. 国有企业的合理行政性垄断形式：政府企业和特殊法人企业

国有企业存在于世界各国，其产生和存在的初始原因，除了意识形态，更多的是具体历史条件下政府战略或政策目标的产物。英、法、德、意、美、日等主要资本主义国家经历了第二次世界大战后的多次国有化运动后，到 20 世纪 70 年代末期，相当多的基础设施和重要产业都被国有企业控制：邮政服务全部由国有企业垄断；无线电与广播通信除美国外，其余国家全部为国有企业控制；电力、煤气、航空、钢铁、铁路运输等产业国有企业占 75%—100%（美国除外）。

这些国有企业凭借政府的保护，排除和限制竞争，缺乏激励，一般都效率低下，亏损严重。因此，基础设施和公用事业领域的国有化虽然有利于公众利益，但却成为各国财政的沉重负担。20 世纪 70 年代后期，随着意识形态的变化，铁路、电力、电信、煤气等网络型产业的私有化和放松管制成为各国的必然选择。改革的核心内容是这些产业的自然垄断环节（或业务）与非自然垄断环节（或业务）相分离，加强自然垄断环节的管制，放松或取消非自然垄断环节的管制。

值得注意的是英国铁路改革与欧洲其他国家铁路改革的区别及其效果差异：英国不仅将铁路业务公司私有化，而且把具有自然垄断性质的路轨业务也彻底私有化，最后导致路轨公司经营难以维系、安全事故频繁，2001 年被政府重新接管。而其他国家的路轨业务公司仍由国有企业经营，政府实施管制。可见，在具有自然垄断性质的产业或环节，私人公司的商业利益与公共利益的冲突和矛盾是必然的。由国有企业负责自然垄断业务的经营是一种可行的选择，而美国选择的是以网运合一为基础的管制下的竞争，同时把具有普遍服务性质的亏损业务——客运业务剥离出来由政府所有的企业经营，也取得了良好的效果。

国有企业由于所有权关系，与政府权力有天然的联系，因而很容易得到国家权力的支持和保护，导致经济效率和社会效益的损失。市场经济国家为了避免上述问题，也在不断实践和探索国有企业的有效实现形式，以尽量减少因国有企业的行政性垄断而导致的危害。

从实践看，国有企业行政性垄断的合理存在形式有两类：政府企业

（Government Enterprises）和特殊法人企业（Public Corporations 或 Special Public Legal Entities）。①

①政府企业，又叫国有国营企业（State – Owned and State – Run Enterprises），是指由国家所有，一般由政府机构直接经营的企业。这类企业主要提供市场无法提供的（纯）公共物品，并且这类公共物品有普遍服务性质，即公民可以免费或者以很低的价格消费。企业的特点是政企合一，不独立核算，无独立法人地位，企业管理者由政府官员兼任或委派，企业目标是非营利性的社会目标，企业不可能自负盈亏（甚至没有任何收入），因此不可能做到政企分开，政府必须以财政收入来支付其支出。比如，基本邮政服务、义务教育、公共卫生服务等正外部性很强的产品由政府企业提供。这种情况下行政性垄断的合理性在于它可以使这些产品或服务的正外部性最大限度地实现，即社会效益最大化。

②特殊法人企业，是指由立法机构通过专门立法创立的国有企业。这类国有企业区别于按公司法设立的普通法人企业，主要由特殊法人的有关法律（如电信法、银行法和铁路法等）规范和调整，具有法人地位，但属于特殊法人。这类企业政企适当分开，独立核算（不排除必要的财政补贴或特种税），以国家独资为主，主要从事自然垄断行业和公用事业，模仿标准的公司治理结构进行管理经营。企业垄断范围和强度完全来自相关特殊法律的规定。其垄断性存在的合理基础在于提供自然垄断的实现条件和提供公用事业的普遍服务。当然，上述目的也可以采用政府管制下的私人企业来实现，比如美国以及欧洲国家的某些网络型产业。

除上述产业以外，很多国家的国有企业还广泛存在于战略性产业和国民经济支柱产业或者投资风险大、私人资本难以承担的产业（主要是发展中国家），比如航天航空、军工、装备制造以及一些特殊资源开采产业等。但这些产业的国有企业不应该采取具有行政性垄断性质的政府企业或特殊法人企业的形式，而应该采取普通的股份公司企业的形式。这类企业依据公司法运作，政企分开，国有经济或政府参股或控股，具有普通法人地位，按照标准的公司治理结构进行管理经营。在市

---

① 于立、马骏：《中国国有企业改革与法人治理结构》，美国福特基金会与中国自然科学基金联合资助项目成果（1997—2000 年）。

场上与其他类型企业公平竞争，通过竞争壮大实力来实现政府的政策目标。因此，对于这类企业，国家不应该采用行政或法律手段赋予其垄断地位。

4. 特殊产业的特许招标制度

特许招标理论认为，竞争与管制是相互兼容的，在政府规制中，可以引入竞争机制，通过拍卖的形式，让多家企业竞争某个产业中的独家经营权（特许经营权），在一定的质量要求下，由提供最低报价的那家企业获得特许经营权。这种方式不仅能通过投标者的竞争提高效率，减轻政府的财政负担，而且能避免对垄断的寻租。从各国实践看，特许招标通常在涉及稀缺资源（比如无线电频谱、不可再生资源等）、自然垄断产业（电信、铁路、供水、供电等）和具有高度公益性产业（城市公交）的市场准入时采用。比如，英国铁路对客运和货运系统采取招标经营的办法，既提高了经营效率，又保留了政府对自然垄断产业控制的特点。

特许招标通常在各国的行政法中加以规定，比如日本行政法认为诸如电力、煤气等具有高度的公益性。因此，此类营业活动应获得国家的特别批准并在实施过程中接受国家的业务监督。特许是对国民设定其原本不拥有的权利或权利能力的行为。德国行政许可法中也有类似的规定，认为特许即通过竞标程序授予申请人以独占性或者市场垄断的权利，其合同条款中包含价格、质量等规制要求。我国行政许可法规定，有限自然资源的开发利用、公共资源配置以及直接关系公共利益的特定行业的市场准入等可以设定行政许可。这些事项，行政机关应当通过招标、拍卖等公平竞争的方式做出决定。

（四）小结

在经济活动中，行政性垄断的存在有其必然性，因为行政权力和经济利益之间具有天然的"亲和力"，两者的结盟是实现各自利益最大化的最有效手段。所以在12世纪以前，欧洲的国王就已经"无师自通"地学会了发放各种特许以牟利。行政性垄断的存在也有其必要性。市场经济实践与经济理论分析表明，在某些领域，离开了行政权力的干预，经济运行并不是充分有效的。从实践看，政府干预程度比较深的领域主要是电信、邮政、电力、铁路、石油、民航等。

然而，从欧美等发达市场经济国家的产业发展和改革历史看，从政府干预的必要性到行政性垄断的合理存在范围和形式的转变过程是复杂和曲折的。这不仅是因为行政性垄断的合理存在范围和表现形式随着技术进步和产业特征而变化，更重要的是行政权力与经济主体有很强的激励结成利益共同体。产业的加强或放松管制改革，除了理论和舆论的导向，最重要的推动力来自不同的利益集团。

尽管如此，我们仍可以发现这样一个趋势，那就是：行政性垄断的存在范围不断缩小；政府权力介入经济领域的行为变得法制化，干预过程受到控制并且透明，干预后果可以大致预见等。只有这样，政府干预经济的必要性才能更多地导向合理合法的行政性垄断。否则，我们的经济活动中大量存在的将是不合理合法的行政性垄断，或合理不合法的行政性垄断，甚至是不合理不合法的行政性垄断。

第三节 转轨时期我国产业行政性垄断的合理合法性分析

行政性垄断在我国存在的历史源远流长。古代封建王权垄断着重要的自然资源、生产资料和消费资料。禁榷制度作为我国古代封建政府垄断市场的主要手段，一直延续到明清两朝，专卖商品种类涉及茶、盐、酒、曲、矾、乳香、铜、铅、锡等，并以法律形式使这种控制合法化。辛亥革命推翻了封建帝制，推动了思想解放，开始建立民族工商业发展的良好社会环境。国民政府初期先后制定和颁布了民法、刑法、民事诉讼法、法院组织法、商事法、公司法等，为规范政府行政权力、限制政府对经济的控制打下了良好的法制基础。遗憾的是，抗战的到来使国民政府不得不恢复对经济的全面控制和垄断。

中华人民共和国成立后，逐步形成了高度集中的计划经济体制。在这种体制下，国家运用指令性计划直接掌握和控制各种经济资源，国有经济几乎垄断了所有的生产和贸易领域。政府主要采用行政命令，而不是法律手段管理经济活动。20世纪80年代以来，随着经济体制改革和法制建设的深入，行政性垄断的合理合法性开始出现一些新的特点，尤其是合理性和合法性之间的相互冲突和矛盾，使人们在判断某一项行政性垄断的善恶是非时常常陷入无奈。

一 改革进程中的产业行政性垄断形成特点与表现形式

转轨时期我国的行政性垄断,广泛存在于各类产业。不同产业中行政性垄断的形成过程及其特点与该产业的改革过程密切相关。这里,我们根据产业特点,分三种类型来讨论不同产业改革进程中行政性垄断形成的特点及表现形式。

第一类是垄断产业。这里所说的垄断产业,在中国的特定情况下,是指有一定自然垄断特性,同时也有很强的行政性垄断性质,通常以国有独资或控股、全国性、行政性的大公司或主管部门为主的产业,主要是电力、电信、铁路、民航等产业。

第二类是涉及国家经济安全而存在广泛的行政限制或禁止进入的产业,比如能源、金融。

第三类是政府专营的行业。从世界各国实践看,政府对某些行业实行专营的理由主要有三种情况:一是政府出于获取经济收益的考虑,如烟、盐等需求弹性小或容易上瘾的商品;二是一些私人不愿意提供,但有普遍服务需要的公共产品(服务),比如普通信件的邮递服务;三是涉及安全的一些特殊行业,如铸币。本书主要讨论有普遍服务需要的公共产品(基本邮政服务)。

(一) 转轨时期主要产业改革进展

1. 垄断产业

这里主要讨论电信、电力、民航与铁路这四个具有不同程度自然垄断性的行业。

(1) 电信业

我国电信业从20世纪90年代开始政企分开、打破垄断的改革。1994年3月,国务院批准邮电部"三定"方案。1995年4月,电信总局变更为企业法人。1999年2月,中国电信按业务纵向切分为中国联通、中国移动、中国电信、中国网通4家公司。2002年,中国电信再次进行南北拆分,形成了中国基础电信业务市场上中国电信、中国网通、中国联通、中国移动、中国铁通、中国卫星通信6家主要电信公司,它们在各自的业务领域内与其他经营同类业务的公司展开竞争。在增值电信及互联网相关业务领域,一个更加开放的竞争格局已经形成。中国电信、中国联通和中国网通已分别建立了4个经营性互联网,教育、科研部门和军队还分别建立了3个非经营性互联网。获准经营互联网信息服务的单位（ISP）已有 300 多家，互联网信息内容提供商（ICP）有 1000 多家。在电话网上提供无线寻呼和增值电信服务的企业超过 2500 多家。电信行业分业务市场竞争的局面初步形成。

（2）电力业

2002 年以来，我国电力工业沿着深化体制改革、完善监管机构和法律体系建设以及探索竞争性市场建设方面积极推进。①

2002 年 4 月 12 日《电力体制改革方案》的出台，标志着我国电力工业最终走向了横纵双向分拆的改革模式，即厂网分开、重组发电和电网企业。国家电力公司被拆分成 11 家公司，包括 2 家电网、5 家电厂和 4 家电力辅助公司。改革内容包括：一是发电资产重组，从产权上实现厂网分开。原国家电力公司拥有的发电资产，除华能集团公司直接改组为独立发电企业以外，其余发电企业重组为规模大致相当的 4 个全国性的独立发电企业，由国务院分别授权经营。二是电网资产重组，从机制上推进了电力资源的优化配置。在 2002 年组建国家电网公司和中国南方电网公司的基础上，2003 年，由国家电网公司控股，组建了 5 家区域性电网公司。电网公司的重组，从体制上打破了"省为实体"的组织形式，为建立区域电力市场、在更大范围内实现电力资源的优化配置创造了条件。三是辅业改组改制，从结构上实现了主辅分离。根据先主后辅、先上后下、先易后难的重组原则，先在中央管理层面，将原国家电力公司直属的四个比较大的规划设计、水电施工等辅业单位直接改组为四个辅业集团公司。除国家电网公司保留必要的电力科研机构以外，其余辅业单位分别划入发电集团公司，由国家电网公司或一家发电集团公司控股，组建了有限责任公司。

为了推动政府职能转变与电力法规建设，采取了以下做法。一是从组织上建立了电力监管机构。建立电力市场运行机制，就要转变政府职能，打破传统的电力运营方式，实现从计划经济到市场经济的转变。二是在 2003 年 7 月，国务院出台了以发挥市场机制作用为特征的《电价改革方案》，根据方案，国家发改委会同电监会等部门颁布了上网电价、输配电价和销售电价管理的暂行办法，进一步推进了电价改革的实

---

① 叶春、谢科范：《我国电力体制改革的现状、问题与对策》，《特区经济》2006 年第 9 期。

施工作。三是2005年5月1日,《电力监管条例》正式施行,标志着政府对电力工业的管理正步入依法监管的新阶段,电监会随后颁布了一系列配套规章。电力法的修改工作取得重要进展。

电力市场建设取得重要进展,区域电力市场建设稳步推进。东北区域电力市场经过模拟运行,已经进入试运行,并进入月度合同电量交易工作。华东电力市场进行了月度竞价交易,南方电力市场也进入模拟运行。华中、华北、西北电力市场建设工作积极推进。与此同时,大用户向企业直接购电试点工作也在积极推进。

(3) 民航业

2002年3月,中国政府决定对中国民航业进行重组,航空公司与服务保障企业联合重组为民航总局。直属航空公司及服务保障企业合并后,于2002年10月11日正式挂牌成立,组成六大集团公司,分别是中国航空集团公司、东方航空集团公司、南方航空集团公司、中国民航信息集团公司、中国航空油料集团公司、中国航空器材进出口集团公司。成立后的集团公司与民航总局脱钩,交由中央管理。

另外,按照政企分开、属地管理的原则,对90个机场进行了属地化管理改革,民航总局直接管理的机场下放所在省(区、市)管理,相关资产、负债和人员一并划转;民航总局与地方政府联合管理的民用机场和军民合用机场,属民航总局管理的资产、负债及相关人员,一并划转所在省(区、市)管理。首都机场、西藏自治区区内的民用机场继续由民航总局管理。随着《国内资金和外资投资民航业规定》的出台,外资投资航空公司和机场的股份比例可放宽至49%以上,民间资本可投资民航业。到目前为止,许可民营资本投资经营航空公司后,先后有7家民营航空公司领取运营牌照。2006年以来,民航总局开始着手放松民航价格、航线准入、航班安排和设置运营基地的管制。民航总局2007年12月28日出台《民用机场收费改革方案》和《国内航线明码标价管理办法》,修订《国内航空运输价格改革方案》。机票的价格管制进一步放松。

(4) 铁路运输业

2000—2003年,铁路改革陆续出台了多个方案,其中最引人注目的就是2001年铁道部提出的网运分离方案。网运分离参考的主要是英国的铁路运营和管理体制,将路网与运输分离,分别组建公司,成为投资主体,通过在运输公司间引入竞争提高效率。尽管网运分离方案被各界认为是有创新的可行方案,代表世界主流的改革方向,但是由于我国铁路运力不足,在要确保正常运营的前提下,最终被决策层搁置。

网运分离方案被否定之后,铁道部于 2003 年年初又向国务院提交了一份新的铁路总体改革方案,被业内称为"网运合一、区域竞争"。这一方案主要参考了美国与加拿大的铁路运营和管理体制。其主要内容是,由铁道部相关部门组建国家铁路总公司,接受管理部门的授权,代表国家行使铁路经营职能。在此之下,组建多个铁路运输集团公司及铁路建设投资公司开展区域竞争。但最终由于种种原因,此改革方案也未能实施。至此,我国铁路的改革仍然徘徊在 2000 年的处境。

从现有竞争对手看,铁路运输业现有的竞争主体是铁路局和正在试点的客运公司,只有极少数的地方铁路、合资铁路和民营铁路,并不构成竞争威胁,货运仍以独家垄断的形式存在。1999 年我国铁路全面实行资产经营责任制,经过近两年的深化和落实,铁路局初步转变为运输产品的生产者和经营者,初步确立了铁路局的市场主体地位。4 个直管站段的铁路局(昆明铁路局、呼和浩特铁路局、南昌铁路局、柳州铁路局)和广铁集团自 1999 年以来相继进行了组建客运公司的试点,并在组建客运公司试点取得成效的基础上,对有分局的铁路局组建客运公司。2000 年广铁集团客运公司正式挂牌,对有分局的铁路局组建客运公司进入实践探索阶段。由于铁路体制改革正在进行当中,铁路局还不是真正意义上的市场主体,依然保留行政主体的作用,客运公司间的竞争尚未充分展开,表明目前铁路运输业内部的竞争微弱。[①]

2. 战略性资源与经济安全产业

这里主要讨论石油天然气行业和银行业。

(1) 石油天然气行业

我国石油天然气行业的产业组织经历了从上下游、内外贸分离基础上的垄断到上下游、内外贸一体化基础上的有限竞争的变化。

1982 年成立的中国海洋石油总公司(简称中海油)根据国务院授权,专门从事我国海上油气资源的勘探、开发和销售,依据国务院发布的《中华人民共和国对外合作开采海洋石油资源条例》的规定,享有

---

① 戚聿东、柳学信:《中国垄断行业竞争状况研究》,《经济管理》2006 年第 2 期。

在对外合作海区内进行石油天然气勘探、开发、生产和销售的专营权。1983年，中央决定成立中国石油化工总公司（简称中石化），专门负责原油的炼制、加工、销售及化工产品生产。1988年，在石油部基础上组建中国石油天然气总公司（简称中石油），依据国务院授权，负责统一规划、组织、管理和经营全国陆上石油天然气资源勘探与开发，并统一经营和归口管理在国家批准的陆上特定区域内与外国公司合作勘探、开发油气田。

而石油及化工产品的进出口业务则由外经贸部直属的中国化工进出口总公司（简称中化总公司）专营，中石油和中石化都没有直接的进出口权，从而形成了石油天然气行业上下游和内外贸分离、海陆分割的四家国有企业垄断格局，即中石油垄断陆上油气上游领域，中石化垄断石油下游领域，中海油垄断海洋油气资源，中化总公司垄断石油产品的外贸领域。

不过，四家总公司还处于重组和扩张时期，并且基本上当时的"总公司"是由许多具有独立法人资格的大型国有企业组成的，还没有形成一个"意志统一、行动协调"的公司。不仅其下属公司之间存在一定的竞争，而且地方的油气公司和炼化公司甚至民营公司还有一定的生存空间。因此，其垄断地位更多是国家授权层面的。1998年，由于当时的石油天然气政府主管部门被撤销，中石油、中石化和中海油承担了部分政府职能，分别获得各自领域的资源规划、管理和规则制定权。

1996年，由当时的地质矿产部组建了新星石油有限责任公司（简称新星公司），该公司主要从事国内外石油天然气资源的勘探、开发、生产等业务，并可从事与其生产相关的产品进出口贸易和其他经济技术合作业务。新星公司规模虽然不大，但却是当时权力最大的石油天然气公司。2003年3月，该公司整体并入中国石油化工集团公司。

1998年7月，中国石油天然气行业上演了一幕战略重组大戏，在大规模的产业整合后，其原有资产被重新划分，成立了中国石油天然气集团公司和中国石油化工集团公司。此次重组的最大特点是产业链的重新衔接，原来的两大公司是按石油生产加工产业链的上下游来划分，即勘探、冶炼和销售分离，而这次重组后的两大集团公司则是以地域来划分，两者基本上以黄河为界，南北分治，在各自辖区所有的油田、炼油厂，包括地方的省、市、县石油公司都各归其主。从此，两家公司成为完全独立的全系列石化集团，经营从勘探、采油、炼油到销售的所有环节。

经过重组，石油天然气行业上中游环节垄断依旧。但此后，整个石油天然气体制发生了一些小的变化，在上下游实现了两个进步。上游方面的进步是：两家公司被允许"下海"开采油气，中海油则被允许"上岸"经营，这比起过去的体制已经有了进步。从过去的分领域垄断变成了三寡头垄断竞争。下游行业的进步是：城市输配气领域逐步形成具有一定竞争性的市场。从2002年一系列打破国有城市燃气垄断政策的出台开始，外资、民营企业纷纷进入城市燃气运营领域。

2002年，中化公司获得国务院批准，成为第四个可以在海外开发上游油气田的中国公司，并注册成立了中化石油勘探开发有限公司，实现了业务向上游的延伸。2004年，中化集团挂牌成立。我国石油天然气行业纵向一体化基础上的四家垄断竞争格局初步形成。

（2）银行业

我国银行业改革从20世纪80年代开始，至今经历了四个阶段。

第一阶段是1979—1984年，四大专业银行成立，二元银行体制格局形成。改革开放以前，中国人民银行是中国唯一的银行，并且实质上扮演的是财政系统出纳的角色。1979年，这种单一银行体制开始改变。这一年的2—8月，中国农业银行、中国银行和中国人民建设银行三家专业银行先后得以恢复重建。1983年9月，国务院决定中国人民银行专门行使中央银行的职能，并进一步明确其与各专业银行在业务上是领导与被领导的关系。1984年1月，中国工商银行成立，负责经营从人民银行分拆出来的城市工商信贷业务。从此，形成了各司其职的中国二元银行体制。

四大专业银行的成立虽然打破了中国人民银行"一统天下"的格局，但由于各专业银行的业务分工被严格限定，实际上仍然保持了行政权力统辖下的垄断格局，只不过从过去的全业务垄断变成了分业务垄断。

第二阶段是1985—1993年，银行业初步开放，一批股份制商业银行成立。在这一时期，政府开始尝试在银行业引入竞争，出现了一批新兴的股份制商业银行，当前一些具有很强竞争力的股份制商业银行都是在这一时期创立的。1987—1988年先后成立了交通银行、招商银行、中信实业银行、深圳发展银行、福建兴业银行、广东发展银行等一批新兴的股份制商业银行。四大专业银行开始通过私人业务进行相互渗透，银行间的初步竞争局面开始有所显现。1992年开始，又有一批股份制商业银行陆续成立，主要包括中国光大银行、华夏银行、浦东发展银行和中国民生银行等。但股份制商业银行囿于地域限制，规模都很小，对四大国有银行的冲击非常有限。

第三阶段是1994—2003年，是国有银行向国有独资商业银行转变的阶段。1994年，四大专业银行的政策性业务被正式剥离，成立了国家开发银行（从建行分出）、中国农业发展银行（从农业银行分出）和中国进出口银行（从中国银行分出）三大政策性银行，为更具市场化的银行业竞争奠定了基础。

1995年，《中华人民共和国商业银行法》正式颁布实施，从法律上确立了国家专业银行的国有独资商业银行地位，明确国有独资商业银行要以效益性、安全性、流动性为经营原则，实行自主经营、自担风险、自负盈亏、自我约束。同时，股份制商业银行得以进一步发展壮大，分支机构基本上覆盖了全国的主要大中城市，其在某些地区和某些业务上开始对四大国有商业银行造成压力。

在亚洲金融危机的背景下，1998年国务院陆续出台了一系列国有独资商业银行改革的措施。一是进行财务重组。1998年，定向发行2700亿元特别国债，专门用于补充资本金，使四家银行资本充足率按1996年标准达到4%；1999年，将1.4万亿元资产（其中，9800亿元为四家银行不良资产）剥离给新成立的四家资产管理公司。二是改善内部管理。四家银行进一步强化统一法人体制，实行严格的授权授信制度；国家正式取消贷款规模，实行资产负债比例管理；将经营效益和资产质量纳入对四家银行管理者的考核，实现了由行政评价向经济评价的转变。同时，较大规模地精简了机构和人员。三是强化外部监管。适应防范金融风险的需要，成立了中国证监会和中国保监会，分离出中国人民银行对证券业和保险业的监管职能，专司对银行业的监管，集中精力监管银行风险。

第四阶段是2004年至今，是国有商业银行股份制改造和对外开放的阶段。2001年12月11日，中国正式加入世界贸易组织，这意味着从当时算起再经过5年的过渡期，外资银行将大步进入中国市场，中资银行将与外资银行在同一环境下开展竞争。在这种情况下，我国加快了国有商业银行的股份制改造，以提高国有商业银行的竞争力。一是提高国有商业银行股份制改造所需要的资本金。2004年1月，新成立的中央汇金投资有限责任公司（以下简称中央汇金公司），利用国家外汇储备向中国银行和中国建设银行注资450亿美元；6月，中央汇金公司负债融资30亿元人民币，向交通银行注资，持有上市后交通银行6.68%的股份。2005年4月，中央汇金公司向中国工商银行注资150亿美元，与财政部各占50%的股份。二是积极引入海外战略投资者，推动国有商业银行上市，以改善银行管理与运行机制。

3. 政府专营行业：邮政业

1995年，邮电部成立了两个企业局，即中国邮电邮政总局和中国邮电电信总局。这两个企业局的设立，在形式上已经成为具有法人资格的企业，并在国家工商局注册登记。随后，各省（市、区）也纷纷成立企业法人。在1998年国务院的序列改革中，信息产业部下设国家电信管理局与国家邮政管理局，同年4月28日，国家邮政局挂牌。12月，邮政、电信"分灶吃饭"，邮政独立运行体制形成。

但是，政府对邮政体制没有进行根本改革，邮政仍维持着政企不分、国有国营的垄断体制。但在体制外，存在一些经营同城业务及点对点物品速递的小企业和经营包裹、速递业务的跨国公司。而且，信函业务正越来越多地被电话、电子邮件所替代；文件类的函件随着电子商务的引入而减少；互联网为人们提供了包罗万象的信息，使书籍资料类的函件也相应减少，来自替代品的异质竞争，使邮政面临越来越大的威胁。另外，在速递市场中，以国内速递业务为主的民航、铁路、公安、公路速递公司，以国际业务和大城市间业务为主的跨国速递公司、货运公司，主营同城速递的小型私营速递公司，发展势头较猛，这类企业已经取得了国际速递业务约60%的市场份额，同时，还占有近30%的国内市场份额。

2005年7月20日，酝酿多时的《邮政体制改革方案》（以下简称《方案》）在国务院常务会议上讨论并原则通过。按照《方案》，邮政体制改革的基本思路是：实行政企分开，加强政府监管，完善市场机制，保障普遍服务和特殊服务，确保通信安全；改革邮政主业和邮政储蓄管理体制，促进向现代邮政业方向发展。改革方案的具体内容，首先是重新组建国家邮政局，新国家邮政局将以国家邮政监管机构的面目出现，不再是政企不分，而是独立于利益集团之外。与之相应的是，组建中国邮政集团公司，经营各类邮政业务。对于营业额占邮政部门39%的邮政储蓄业务，以后将不再只存不贷吃利差，而是将存放在央行的8000多亿元资金逐步撤出，尽快成立邮政储蓄银行，独立承担经营风险，实现金融业务规范化经营。①

2005年的邮政业改革从体制上实现了政企分开，实现了邮政体制的重大突破，但是改革并不彻底。首先是邮政业务没有实现具有普遍服务性质的基本信函服务与可竞争的快递业务的分离，这就为分离后的中国邮政集团公司企图以普遍服务为名，尽可能地扩大信函业务的垄断经营范围提供了体制上的便利。其次是刚刚分离的国家邮政局非常容易与邮政集团形成同盟，不可能对邮政集团的有关行为实施有效监管，反而会利用行政权力为其谋取最大利益。这一点在由国家邮政局主导的邮政法的修改过程中表现得尤其明显。

我国1986年邮政法规定："信件和其他具有信件性质的物品的寄递业务由邮政企业专营，国务院另有规定的除外。"这一规定使民营快递公司从诞生之日起，就处于半地下状态。自2002年4月启动修改程序以来，邮政法的修改就备受关注。截至2009年4月24日正式通过之前，共经历了10次修改。然而，直到修改第7稿仍然规定：信件的寄递业务由邮政专营，只有国际信件的速递业务和单件重量在350克以上的国内信件业务除外。推出的第8稿对普遍服务范围的界定仍然偏大，规定"信件、单件重量小于5千克的印刷品、单件重量小于10千克的包裹属于邮政普遍服务业务"，而对邮政专营权的规定则为"150克以内的信件由邮政企业专营"，同时规定非邮政企业不得收寄国家机关公文。

（二）我国产业行政性垄断形成特点

改革后，上述行业的行政性垄断问题得到一定程度的解决。电信、电力、民航、银行、石油天然气、邮政等行业初步实现了政企分开、政资分开，新组建的公司与相应的行业管理机构脱钩，政府管理职能基本

---

① 戚聿东、柳学信：《中国垄断行业竞争状况研究》，《经济管理》2006年第2期。

移交至其他相关的政府部门。①

上述行业能够基本实现政企分开、政资分开，与我国 1998 年以来的政府机构改革密切相关。1998 年，国务院机构改革精简了很多与计划经济相关的部门，将其转变为国家经贸委下属机构，削弱了政府的大多行业管理职能。2003 年机构改革除了保留信息产业部和铁道部，其余与产业有关的主管部门全部转化为行业协会。同时，成立国资委，代表国务院履行出资人职责。然而，从现实情况看，行政性垄断并没有表现出弱化的趋势，在某些特定行业和领域，行政性垄断甚至得到进一步强化。

一方面，行业的行政管理职能虽然下降了，但进入限制并没有真正放松。竞争成为少数国有企业和部分外企之间的"游戏"。这一状况在 2005 年 2 月国务院发布《关于鼓励支持和引导个体私营等非公有制经济发展的若干意见》（以下简称《意见》）后也没有实质性改变。该《意见》规定，今后允许非公有资本进入法律法规未禁入的行业和领域，允许外资进入的行业和领域，也允许国内非公有资本进入，并放宽股权比例限制等方面的条件。允许非公有资本进入垄断行业和领域，在电力、电信、铁路、民航、石油等行业和领域，进一步引入市场竞争机制。对其中的自然垄断业务，积极推进投资主体多元化，非公有资本可以参股等方式进入，对其他业务，非公有资本可以以独资、合资、合作、项目融资等方式进入；允许非公有资本进入公用事业、基础设施领域和社会事业领域、金融服务业和国防科技工业建设领域。但两年过去了，不仅民营资本自由进入垄断行业的情景没有出现，本来已经进入上述行业的民营企业也受到国有垄断企业的"挤压"。

另一方面，政府通过重组在石油、石化、电力等战略产业部门诞生了一批在国家政策和行政权力支持下的垄断企业，有的公司甚至实际获得了行业管理权。同时，虽然 2004 年出台了《行政许可法》，但行政审批的改革难以突破，行政部门对国有垄断企业的支持仍然可以以原有的部门法律法规来实现。行政性垄断在形式上依然披着合法垄断的外衣。

20 世纪 80 年代以来我国石油石化行业的改革过程，是我国产业行

---

① 铁路部门仍延续政企不分的体制。

政性垄断形成特点的典型体现：中石油和中石化凭着行政部门的一次次"友情赞助"而成为规模庞大的垄断寡头。

1988年，石油工业部被撤销后，中石油、中石化和中海油三大企业实际上获得了各自领域的部分行业管理权。1998年，中石油和中海油因成品油走私严重，呼吁国家整顿国内成品油市场。其结果是1999年5月，国务院办公厅转发了国家经贸委等八部门的〔1999〕38号文件《关于清理整顿小炼油厂和规范原油成品油流通秩序的意见》。该文件规定，国内各炼油厂生产的成品油要全部交由中石油、中石化的批发企业经营，其他企业不得批发经营，各炼油厂一律不得自销。民营油企只有通过向中石油和中石化交纳挂靠费才能继续存在。

2001年9月，国务院办公厅又转发了国家经贸委等五部门《关于进一步整顿和规范成品油市场秩序的意见》，重申了两大集团的批发专营权，即成品油由中石油、中石化集中批发，并进一步赋予两大集团以零售专营权，各地区新建的加油站统一由中石油、中石化全资或控股建设。2003年，铁道部《铁运函150号令》规定，没有中石油和中石化两大集团同意盖章，各铁路局不准受理成品油运输业务。2004年，国家发改委发布的《车用乙醇汽油扩大试点工作实施细则的通知》规定，乙醇汽油只能由中石油和中石化两大公司负责生产供应，民营企业再次被拒之门外。

在2005年国务院发布鼓励非公有制经济发展的《意见》后，当年6月，商务部出台《成品油批发企业管理技术规范（征求意见稿）》，旨在整肃成品油市场，该意见稿要求成品油批发企业必须"从事2年以上成品油零售经营业务，并拥有30座以上自有或控股加油站"。这一标准，除中石油和中石化以外，北京市场上其他81家批发企业没有一家能满足。据全国工商联石油商会的初步调查，80%以上的民营油企达不到上述标准。

除石油行业以外，在其他的行政性垄断行业中，类似以政府规章、法规性文件和产业政策等保护和维持在位垄断企业地位的案例比比皆是。

（三）转轨时期我国行政性垄断表现形式

从实施垄断行为角度看，转轨时期我国行政部门利用行政权力限制竞争的表现形式主要有如下几类。

1. 歧视性待遇

行政部门利用行政权力对市场竞争主体实行差别待遇是我国常见的行政性垄断形式，主要有两种典型表现。

一是对不同企业的进入设置歧视性的壁垒，特别是针对国内民间资本设置歧视性的进入壁垒。虽然我国大多行业并没有法律明确规定民间资本不能进入，在国务院颁布的鼓励"非公经济36条"中，非公资本也被允许进入电力、电信、铁路、民航、石油等垄断行业和领域，但实际上民间资本在行业进入、投资、融资等多方面依然受到歧视性待遇。据有关机构调查，在广东东莞这一市场经济较发达、较开放的地区，80多种行业中国有资本进入的有72种，外资进入的有62种，而允许国内民间资本进入的只有41种。在准入条件上对国内民间资本存在明显的所有制歧视。在银行、保险、证券、石油、石化、汽车（主要是整车）等行业民间资本一直难以进入。有些领域虽然没有明文规定不准民营企业投资经营，但与国有企业和外资企业相比，民营企业面临更多的前置审批，在项目审批和土地征用等一系列环节上民营企业面临的困难也要大得多，形成了对国内民间资本无形的进入壁垒。

二是地方政府利用行政权力实施地区封锁。主要表现为地方政府为了自身利益，促使本地企业更好地发展，限制外地企业进入本地市场参与竞争，阻碍资源和产品流动。地区封锁的本质是以产品的区域标准实施歧视性待遇。根据国务院发展中心发展战略和区域经济研究部的调查，在我国除港澳台和西藏以外的30个省区市中，每个地区都被不同的调查对象视为地方保护最严重的地区。地方政府利用行政权力实施地区封锁的具体形式多样，主要包括：

①对外地商品设定歧视性收费项目，实行歧视性收费标准或者规定歧视性价格。例如1997年11月湖北省人民政府办公厅下发的《关于促进经济型轿车销售有关问题的通知》规定，凡以财政拨款购买车辆的各级党政机关和事业单位，按用车标准应用经济型轿车的，必须购买神龙富康经济型轿车；对购买该轿车的单位和个人，减免各种地方性税费；而凡购买上海桑塔纳轿车的用户，除了上交中央规定的各种费用，每辆车还要交纳7万元的特困企业解困资金。

②对外地商品规定与本地同类商品不同的技术要求、检验标准，或者对外地商品采取重复检验、重复认证等歧视性技术措施，限制外地商

品进入本地市场。例如某些省市规定对外埠食品、外埠畜禽及畜禽产品,可进行抽验、查证或防疫消毒,检验不合格的严禁销售。① 这样的重复检验、认证提高了经营主体的经营成本。

③采取专门针对外地商品的行政许可,限制外地商品进入本地市场。例如,上海、重庆、武汉、呼和浩特等大中型城市都曾经推行过外埠药品在本市的"准销证"制度,外地医药企业为了进入这些城市的市场又要重新申请注册,这也不利于统一市场的形成。②

④设置关卡或者采取其他制裁手段,阻碍外地商品进入或者本地商品运出。例如,在湖北省武穴市受到地方保护的金龙啤酒,在湖北省枣阳市和宜城市,却遭遇到驱逐出场乃至被没收的命运。③ 而福建省曾经对烟草制品规定:"销售非当地烟草批发企业提供的烟草制品的,由烟草专卖行政主管部门责令停止销售,依法没收违法所得,处以销售货物价值20%以上50%以下的罚款,并可以依法收购违法经营的烟草制品。"

⑤通过设定歧视性资质要求、评审标准或者不依法发布信息等方式,排斥或者限制外地经营者参加本地的招标投标活动。一些行业主管部门或地方政府,采取对本地区、本系统以外的承包商或供应商不给予资格认定、不发有关许可证、收取高额管理费等方式,排斥和限制本地区、本系统以外的法人或其他组织参加本行业、本地区的招标竞争;有的行业主管部门或地方政府甚至直接要求本系统、本行业的采购单位只能将采购项目交给属于本地区或本系统的单位,本系统、本地区以外的单位不得参与本系统、本地区采购项目的投标。例如,在药品集中采购招标过程中,上海、广州等城市都曾有不同程度的地方保护现象。

⑥采取与本地经营者不平等待遇等方式,排斥或者限制外地经营者在本地投资或者设立分支机构。

2. 限制或强制交易

这一类行政性垄断行为主要有两种具体形式。

---

① 参见《黑龙江省食品卫生条例》第32条、《天津市畜禽养殖管理办法》第23条。
② 张静宇、张保华:《绿卡合法吗?》,《中国药事》1996年第3期。
③ 孔祥俊等编著:《反不当竞争法原理、规则、案例》,清华大学出版社2006年版,第145页。

第一，行政机关或法律法规授权的具有管理公共事务职能的组织所实施的，限定或者变相限定单位或者个人经营、购买、使用其指定的经营者提供的商品。这样的强制交易，是基于行政权力而非经济上的强势发生的交易行为。例如，行政机关指定经营者提供的体检、检测、消毒、照相、中介等服务；限定管理相对人到指定的经营者处购买铭牌、标志、标牌、器材等；限定用户到指定的经营者处购买消防器材、设施；限定在校学生购买其指定经营者提供的保险、文具、药品、保健品及其他用品的行为；等等。

第二，公用企业限定单位或个人购买其指定经营者的商品或限定其接受其指定经营者提供的服务，排挤竞争对手。这包括：限定用户、消费者只能购买和使用其附带提供的相关商品，而不得购买和使用其他经营者提供的符合技术标准要求的同类商品；限定用户、消费者只能购买和使用其指定的经营者生产或者经销的商品，而不得购买和使用其他经营者提供的符合技术标准要求的同类商品；强制用户、消费者购买其提供的不必要的商品及配件；强制用户、消费者购买其指定的经营者提供的不必要的商品；以检验商品质量、性能等为借口，阻碍用户、消费者购买、使用其他经营者提供的符合技术标准要求的其他商品；对不接受其不合理条件的用户、消费者拒绝、中断或者削减供应相关商品，或者滥收费用；其他限制竞争的行为。

3. 强制联合、限制竞争

强制联合、限制竞争是中央政府部门、地方政府或其所属部门利用行政权力强制本部门或地区企业联合，以排斥、限制或妨碍市场竞争的行为。表现形式有以下几种。

第一，强制本部门或本地区企业联合，组建企业集团、行政性公司。尽管企业联合几乎是每一个大公司完成规模集聚、实现快速发展的必要手段，但联合或合并可能给该产业的市场结构带来更为深远的影响。[①] 1986 年国务院颁布的《关于进一步推进横向经济联合问题的规定》强调，企业联合是横向经济联合的基本形式和发展重点。国家体改委和国家经委在 1987 年 12 月联合发布的《关于组建和发展企业集团

---

① 卫新江：《欧盟、美国企业合并反垄断规制比较研究》，北京大学出版社 2005 年版，第 6 页。

的几点意见》中指出了组建企业集团的意义。1996年3月17日八届人大四次会议通过的《中华人民共和国国民经济和社会发展"九五"计划和2010年远景目标纲要》指出:"国有企业建立现代企业制度,形成一批大型企业和企业集团,以资本为纽带,联结和带动一批企业的改组和发展,形成规模经济,充分发挥它们在国民经济中的骨干作用。"2003年,国务院国有资产管理委员会成立,其使命之一就是加速整合中央企业,打造有国际竞争力的大企业大集团。

但是,由行政的方式来强制联合、组建企业集团可能会导致企业的垄断以及竞争力的下降。中国企业集团的建立,往往是政府以"拉郎配"的方式,将多个企业捆绑在一起,它有可能带来企业集团的X-非效率。例如2000年进行的中国铝业重组,出发点是整合全国铝业资源、扩大企业规模以应对外国铝业公司的挑战,而结果却是中国铝业垄断全国氧化铝市场,导致国内氧化铝市场价格远远高于国际市场。

第二,强制联合定价。虽然《中华人民共和国价格法》第14条规定,经营者不得"相互串通,操纵市场价格,损害其他经营者或者消费者的合法权益",但在实践中,我国某些垄断产业的主管部门却经常去推进强制联合定价,设定价格上限或下限。例如民航主管部门坚持对行业的行政性垄断,对各航空公司的市场化价格行为采取了严厉打击的办法,先后实行了机票"禁折"和具有垄断性质的"航线收入联营"价格行为,这受到了来自公众的广泛批评。此外,行业协会、商会等承担若干公共职能的组织,也有可能通过强制联合定价来形成价格同盟,侵害消费者权益。

第三,强制联合拒销、拒购。这包括以行政手段采取联合措施来抵制竞争对手。

二 我国行政性垄断的合理性分析

(一)产业行政性垄断的合理存在理由与范围

西方国家行政性垄断的演变历史表明,行政性垄断的合理存在形式主要有知识产权保护制度、政府基于自然垄断而实施的产业监管、以政府企业和特殊法人企业形式存在的国有企业以及特殊行业进入的特许招标制度四类。这里我们重点研究产业的行政性垄断,因而合理性分析将不讨论知识产权制度问题,而主要围绕后三类的存在形式来进行。

从欧美产业管制和放松管制的历史看,产业行政性垄断的存在形式主要是政府管制（包括进入的特许招标制度），部分国家也采取了国有企业的形式。采取国有企业形式进行行政性垄断，有的出于经济安全，比如加拿大政府成立国有控股的石油公司；有的是自然垄断性的要求，比如欧洲国家普遍对铁路路网公司采取国有企业形式，而日本则采取的是路网合一的特殊法人企业形式。

因此，产业行政性垄断合理存在的原因不仅仅是产业的自然垄断性，还与普遍服务需求、资源稀缺性和经济安全等有关。

自然垄断性产品或服务需要政府介入的理由前面已有充分说明，这里不再赘述。普遍服务之所以需要政府的介入，是因为这种公共服务是私人所不愿意提供的（无利可图），但又是人们生存和发展所必需的。比如基本信函邮政服务，多数国家采用了国家专营的方式。对于无线电频谱一类的稀缺资源，需要政府通过公开的特许招标制度来限制进入者的数量，以实现资源的有效利用。因此，行政性垄断的合理存在是必然的（见表4-2）。

表4-2　主要行业行政性垄断合理存在的理由、范围与形式

主要行业	存在理由与范围	合理形式
电信	自然垄断性："最后一公里"、电信管道 普遍服务：基本电信服务 资源稀缺：频谱	进入管制、价格管制、特许招标制度
电力	自然垄断性：输电、配电网	进入管制、价格管制、国有企业
铁路	自然垄断性：路网、站场 普遍服务：客运服务	政府管制、政府补贴、国有企业
民航	自然垄断性：机场，特别是枢纽机场 安全：航线管制	机场和航线的管制
石油天然气	自然垄断性：石油天然气管网 资源不可再生：勘探和开采 经济安全	政府管制、勘探和开采权特许招标、国有控股
邮政	普遍服务：基本信函服务	政府专营、政府管制

（二）中国行政性垄断不合理性表现

计划经济的一个基本特征是垄断，几乎所有的行业，从行业进入，

到产量、价格的制定,都是由政府垄断的。改革开放后,政府相继放松了管制,大部分行业出现了竞争局面。但是,一方面,政府对一些仍然处于垄断地位(自然垄断或法定垄断)的企业没有按照市场经济的规则加以管制;另一方面,各级政府部门常常以行业管理和维护市场秩序为名,通过法令、政策、行政手段实施各种各样的反竞争活动。概括起来,这些不合理的行政性垄断的典型表现形式有如下几类。

1. 对自然垄断行业过度管制

前面分析过,自然垄断行业的管制具有经济合理性。因为自然垄断实现的条件需要通过行政管制来提供,否则市场竞争将提高资源的损失和社会成本。但理论分析和自然垄断行业改革经验也表明,随着技术进步和市场条件的变化,电信、电力、铁路以及城市公用事业等行业的自然垄断性质也在发生变化:这些行业的自然垄断性从存在于整个行业发展到只存在于一个行业的某个环节或某种业务。大多数网络型产业的自然垄断性质一般只存在于网络本身,而基于网络的业务基本上是可以竞争的。如电信行业,随着技术进步的加快和光纤成本的迅速下降,甚至网络本身的竞争性也在增强,其自然垄断性主要存在于光纤网络铺设所需要的地下通信管道上。

我国几乎所有具有自然垄断性质的行业都存在过度管制的情况。这种过度管制主要表现在以下两个方面。

一是以自然垄断的名义对整个行业实施全面管制。比如,铁路行业只有路网和站场具有自然垄断性,而且在我国铁路运输需求快速扩张的背景下,其自然垄断程度远比需求已经萎缩的欧美国家要弱得多,但铁路产业是我国目前管制范围最广、程度最深的产业之一。

二是政府以严格的投资项目审批制度对产业进行控制。电力行业经过改革,基本实现了具有自然垄断性的输配电网与发电环节的分离,并成立了独立的电力监管机构。虽然这种改革还很不彻底,比如监管权力分散导致无法有效监管,输配电网公司的独家垄断背后仍有法律和行政权力的强大支持等,但这仍是按产业性质进行分类监管的有益尝试。

2. 对非自然垄断行业实行进入限制

我国非自然垄断行业中存在大量行政性和政策性的进入限制,这种限制使行业的在位者获得事实上的垄断地位,妨碍产业技术进步,损害消费者利益。非自然垄断行业进入限制主要表现形式有以下两类。

一是以实现规模经济、避免重复建设的名义，利用产业政策或行政审批手段限制企业进入。最为典型的行业是汽车行业。汽车制造是典型的具有规模经济性的竞争性行业，但从20世纪80年代被确定为国民经济的支柱产业开始，行业进入就受到严格限制。1988年，国务院在《关于严格控制轿车生产点的通知》中明确提出轿车生产布局的"三大三小"战略，即国家只支持一汽、二汽和上汽三个轿车生产基地（三大）和北京、天津、广州三个轿车生产点（三小），不再批准任何其他的生产点。1994年发布的《汽车产业政策》对新进入者的规模要求是："发动机排量在1600ml以下的轿车15万辆；轻型货车10万辆；轻型客车5万辆；重型货车1万辆；小于2500ml的车用汽油发动机15万台；小于3500ml的车用柴油发动机10万台。"这一产业政策被理论界普遍认为是失败的，结果是合资汽车公司的外方获得大量垄断利润，中方彻底丧失技术开发能力。通常情况下，竞争性行业实施进入限制没有经济合理性。即使是对规模经济很强的汽车、钢铁等行业，其规模只有经过竞争来形成才会是"经济"的，否则就会落入只有规模、没有经济的陷阱。但国家发改委在2004年新的汽车产业政策中却提出了更高的规模要求。

二是以国家安全和整顿市场的名义对行业或行业中的某个环节实行进入限制。比如我国石油石化行业，政府除把石油开采和炼制都纳入中石油、中石化、中海油等大集团势力范围（部分地方企业逐渐被整合到三大集团），不允许任何新企业进入以外，在石油销售环节明确规定只有中石油、中石化两大公司负责批发，所有石油销售企业必须从两大公司购买。

3. 政府机构或公共服务组织利用公共资源和借口提供公共服务牟利

由于诸多历史原因，中国行政收费种类仍旧繁多。大规模的行政收费成长于改革开放以后，收费形成的初衷是国家放权让利，允许一些部门通过一些行政收费弥补行政事业经费不足，在特定时期对于促进各项事业的发展起到了一定的作用，但之后行政收费在部门利益的驱使下迅猛扩张到了政府各个部门和提供公共服务的组织。这种收费因为是政府机构或相关组织在提供公共服务时收取的，具有一定的强制性，我们也认为这属于行政性垄断的一种形式。从政府机构看，这类行政性垄断比较典型的表现是把本应免费供公众使用的公共信息资源转化为下属事业单位的收费产品。

三 中国行政性垄断的合法性分析

(一) 合理合法的行政性垄断

首先应该看到行政性垄断在中国存在具有一定必然性。对行政性垄断加以规制,不意味着去反对一切垄断。《中华人民共和国行政许可法》第12条第2项规定,对于"有限自然资源开发利用、公共资源配置以及直接关系公共利益的特定行业的市场准入等,需要赋予特定权利的事项",可以设定许可。《中华人民共和国反垄断法》第7条第1款也规定:"国有经济占控制地位的关系国民经济命脉和国家安全的行业以及依法实行专营专卖的行业,国家对其经营者的合法经营活动予以保护,并对经营者的经营行为及其商品和服务的价格依法实施监管和调控,维护消费者利益,促进技术进步。"但对于不同行业和领域行政性垄断的合法性和合理性,应该进行区别对待和分析。

中国自古就有实行专营专卖的行业。《逸周书·大聚篇》载"春三月,山林不登斧,以成草木之长。夏三月,川泽不入网罟,以成鱼鳖之长。"西周时有"不中不粥"之说,"宗庙之器,不粥于市","木不中伐,不粥于市"。秦汉以后有禁榷制度,汉武帝时"又汉三年,初榷酒酤","县官自酤榷卖酒,小民不复得酤"。明清时期有茶法、盐法、钱铸法以及匠籍制度,如康熙年间,江南织造业"机户不得逾百张,张纳税五十金。织造批准、注册、给文凭,然后敢织"。民国三年(1914年)北京政府矿业条例规定"探矿时所得矿物,须经矿务监督署长准许,方得出售或消费"。[①]

中国古时的盐铁专卖制度,就是皇帝以特许状制度保证特定产品由国家垄断经营的方式。汉武帝时,对私盐贩子"钛左趾没入其器物"。"钛左趾"就是在左脚趾挂上6斤重的铁钳,"没入其器物"就是没收生产工具。乾元元年(公元758年),唐肃宗任命第五琦为盐铁铸钱使。第五琦作榷盐法,规定凡是产盐的地方,都要设置管理机构。盐户制盐要立户籍,称为亭户,国家免去亭户的徭役,让他们专门制盐。所

---

① 以上史料均来源于张正钊、韩大元主编《中外许可证制度的理论与实务》,中国人民大学出版社1994年版,第5—7页。

生产的盐，全部由官府收购，不准私卖。

我国 1951 年制定的《无线电器材管理条例》《公共娱乐场所管理条例》《城市旅栈业暂行管理规则》规定，经营这些行业的，都要持有公安机关颁发的特种营业许可证。再如，中华人民共和国成立初期，政务院发布《关于严禁鸦片烟毒的通知》，坚决打击制造、贩卖、偷运鸦片等毒品的违法犯罪活动，但国家可指定国营农场按照严格计划种植少量药用罂粟。

根据《中华人民共和国行政许可法》第 12 条第 1 项的规定，对于"直接涉及国家安全、公共安全、经济宏观调控、生态环境保护以及直接关系人身健康、生命财产安全等特定活动，需要按照法定条件予以批准的事项"，可以设定行政许可。在我国，对化学危险物品的生产经营，对麻醉药品、精神药品、毒性药品、放射性药品的生产经营，对典当业、旅馆业、公章刻制业等特种行业的运营，都由法律或行政法规设定了行政性垄断。

为维护公共秩序所设定的具有合理性的行政性垄断，有：《中华人民共和国税收征收管理法》第 22 条规定由指定企业印刷增值税专用发票以及其他发票①；《中华人民共和国种子法》② 第 33 条规定由国务院或者省、自治区、直辖市人民政府的林业行政主管部门指定的单位有计划地统一组织收购和调剂使用林木种子生产基地生产的种子。

为维护公共安全所设定的具有合理性的行政性垄断，有：《中华人民共和国核出口管制条例》③ 规定核出口的专营。《中华人民共和国动物防疫法》④ 第 32 条规定"对生猪等动物实行定点屠宰、集中检疫"。《麻醉药品和精神药品管理条例》⑤ 第 9 条规定"麻醉药品药用原植物

---

① 1992 年 9 月 4 日第七届全国人民代表大会常务委员会第二十七次会议通过，1995 年 2 月 28 日第八届全国人民代表大会常务委员会第十二次会议《关于修改〈中华人民共和国税收征收管理法〉的决定》修正，2001 年 4 月 28 日第九届全国人民代表大会常务委员会第二十一次会议修正。

② 中华人民共和国主席令第 34 号，2000 年 7 月 8 日第九届全国人民代表大会常务委员会第十六次会议通过，2000 年 12 月 1 日起施行。

③ 中华人民共和国国务院令第 480 号，2006 年 11 月 9 日修正公布。

④ 中华人民共和国主席令第 87 号，1997 年 7 月 3 日颁布，1998 年 1 月 1 日起施行。

⑤ 中华人民共和国国务院令第 442 号，2005 年 7 月 26 日国务院第 100 次常务会议通过，2005 年 8 月 3 日公布，自 2005 年 11 月 1 日起施行。

种植企业由国务院药品监督管理部门和国务院农业主管部门共同确定，其他单位和个人不得种植麻醉药品药用原植物"，该条例第 2 章、第 3 章还规定了麻醉药品和精神药品的定点生产和定点经营制度，并规定了定点生产企业、定点经营企业的条件以及许可制度。《危险化学品安全管理条例》① 规定了危险化学品生产和储存的审批制度以及危险化学品包装物和容器的定点生产制度。农业部指定企业生产国家强制免疫用生物制品。②

上述领域的行政性垄断，往往是以维护公共秩序和公共安全为目的的，为法律和行政法规所支持，不仅是合法的，而且具有合理性。

（二）不合理合法的行政性垄断

1. 有法律法规规定但不合理的专营专卖

（1）烟草

1915 年国民党财政部成立烟酒公卖局，1927 年国民党政府制定《烟酒公卖暂行条例》。1981 年国务院决定改革烟草管理体制，成立中国烟草总公司，对烟草实行专营，1983 年国务院批准成立国家烟草专卖局，9 月 23 日国务院发布《中华人民共和国烟草专卖条例》，1991 年 6 月 29 日通过《中华人民共和国烟草专卖法》，其规定，国家对烟草专卖品的生产、销售、进出口依法实行专卖管理，并实行烟草专卖许可证制度。烟草专卖是指国家对烟草专卖品的生产、销售和进出口业务实行垄断经营、统一管理的制度。

目前我国建立了全国统一的垄断经营组织，设有中国烟草总公司以及直属的中国烟叶生产购销公司、中国卷烟销售公司、中国烟草机械公司、中国烟草物资公司、中国烟草进出口总公司等，分别负责有关烟草专卖品经营业务方面的管理与指导，各地设立了 31 个省级烟草公司、400 多个地市级烟草分公司、1800 多个县烟草公司。烟草公司这种上下成线、左右成网的组织体系，构成了我国对烟草专卖品生产、销售以及进出口实行垄断经营的组织系统。

以上只能说明烟草专卖制度是现实存在的，而且因法律、行政法规

---

① 中华人民共和国国务院令第 344 号。
② 《兽用生物制品经营管理办法》，农业部令第 3 号，2007 年 3 月 29 日颁布，2007 年 5 月 1 日实施。

的规定而具有合法性，但是它并非合理，它和市场经济下的法律理念和原则相悖。中国是少数保留烟草专卖制度的国家之一，《中华人民共和国烟草专卖法》也是一部带有浓重计划经济烙印的行政管理法律，其第 1 条规定"为实行烟草专卖管理，有计划地组织烟草专卖品的生产和经营，提高烟草制品质量，维护消费者利益，保证国家财政收入，制定本法"。这里的立法目的更多地着眼于烟草行业的发展，这里的"维护消费者利益"并非指承担烟草引起疾病和死亡的责任，而是维护吸烟者能方便地获得所需的满意烟草制品。

从比较法的角度看，在日本，根据 1984 年 8 月 10 日颁布的《日本烟草产业株式会社法》和《烟草事业法》，于 1985 年废除了实行 80 多年的烟草专卖制度，并将烟草专卖会社改组为日本烟草株式会社，基本上按照西方现代股份制公司的管理体制进行运作。在我国目前烟草行业依然呈现政企合一的格局，为此我们应该借鉴国际经验，废除烟草专营专卖制度，在烟草行业引入公平竞争机制，使行业能在竞争中得到发展。

（2）盐业

1996 年 5 月 27 日以行政法规形式发布的《食盐专营办法》规定，国家对食盐实行专营管理、对食盐实行定点生产制度，非食盐定点生产企业不得生产食盐，并规定对食盐生产、分配调拨实行指令性计划管理。1994 年 8 月 23 日发布的《食盐加碘消除碘缺乏危害管理条例》规定，由省、自治区、直辖市人民政府盐业主管机构指定盐业企业从事碘盐加工。

目前，盐业是一个高度的行政性垄断行业，盐业公司系统在垄断性地从事食盐的生产、供应、销售、运输、储存。目前全国有 24 个省（市、区）实行省级盐业公司、盐务管理局"一个机构、两块牌子、一套班子、合署办公"的体制，它们既是专卖专营者，也是实际意义上的盐业行政执法者，拥有管理、净化、稽查盐业市场的权力。也正是在这样的背景下，各级盐业公司以加强食盐市场管理为名，把食盐专营扩大、延伸到纯碱、烧碱工业盐以及用于漂染、制革、制冰冷藏等的工业用盐，实行垄断经营和地区封锁。食盐定价过高，流通环节、生产企业利益分配不合理。

因此，盐业垄断是典型意义上具有合法性而不具有合理性的行政性垄断，将食盐当作特殊商品继续进行行政性垄断的论证是经不起推敲的，在未来应该推进盐业管理体制改革，推动政企分开，逐步取消盐业专营制度，可以采取与监管食品、药品类似的方式对食盐进行事前许可和事后监管，从而促进盐业市场的有序竞争。

（3）小结

在我国，经常会强调某种产品关系国计民生，关系公共福祉，放开并由市场调节会出现市场失灵，因此试图排斥其他市场主体的生产经营资格，建立起一个行政化的闭环式的生产经营体系。但是，可以通过事先的准入管制以及事后对产品质量和服务的管制来保证公共福祉的实现。

2. 网络型公用事业的行政性垄断地位

（1）概说

在日本，《禁止垄断法》第21条规定"对于属于与经营铁道事业、燃气事业及其他在性质上当然构成垄断的事业者所进行的生产、销售或供给有关的且其事业所固有的行为"，《禁止垄断法》不适用。这是因为这些事业是具有经济学上的自然垄断性质，需要对固定且特殊的设备进行巨额投资，并在总成本中固定成本较高的成本递减企业。因为存在显著的规模经济效应，因此认为它们不适用竞争原理，而以单行的法律对其加以规制，这包括对其市场准入、收费价格以及服务的规制。[①]

国资委2006年12月5日颁布的《关于推进国有资本调整和国有企业重组的指导意见》中指出："推动国有资本向重要行业和关键领域集中，增强国有经济控制力，发挥主导作用。重要行业和关键领域主要包括：涉及国家安全的行业，重大基础设施和重要矿产资源，提供重要公共产品和服务的行业，以及支柱产业和高新技术产业中的重要骨干企业。"在我国，特别是网络型公用事业的行政性垄断地位，往往得到法律和行政法规的支持。

从我国实定法出发，这些行业的行政性垄断地位往往是在中华人民共和国成立后的发展和改革实践中确立的，并得到了法律、行政法规或国务院颁布的法规性文件的支持。例如，《中华人民共和国电力法》

[①] 参见［日］根岸哲、舟田正之《日本禁止垄断法概论》，王为农、陈杰译，中国法制出版社2006年版，第366—367页。

《中华人民共和国铁路法》就分别支持了电力、铁路等行业的行政性垄断，电力法规定对电网运行实行统一调度、分级管理，铁路法规定了对国家铁路实行高度集中、统一指挥的运输管理体制。但是，因这些行业存在规模经济效应并为国家法律法规所支持就认为其具有合理性，是可堪质疑的，以下将结合具体行政性垄断领域加以论述。

(2) 结合具体行政性垄断领域的论述

①铁路运输

从技术特性看，铁路运输是使用机车牵引车辆，用以载运顾客和货物，从而实现人和物空间位移的一种使用方式。铁路运输是通过一定的铁路路网系统提供服务，尽管铁路运输业务不具有明显的自然垄断性，但是铁路路网体系的建设具有明显的自然垄断性。根据《中华人民共和国铁路法》的规定，国务院铁路主管部门主管全国铁路工作，对国家铁路实行高度集中、统一指挥的运输管理体制。国家铁路运输企业即铁路局和铁路分局行使法律、行政法规授予的行政管理职能。因此，铁路的垄断产业地位以及政企不分的格局，获得了法律的支持。

作为中国铁路主体的国家铁路是由国家垄断的，铁路企业具有二级法人制，即铁路局和铁路分局。铁道部本身是一个巨型企业，它既是全国铁路的行业主管部门，同时又直接经营管理国家铁路运输企业，并对国家铁路工业、建筑施工和物资供销等铁路非运输企业实行统一计划管理；既代表国家负责铁路国有资产的监督和管理，又对全路运输生产经营活动负有全责，同时负责全路运输的统一调度指挥，并对全路货车实施统一管理和运用。

铁路局和铁路分局同时享有行业管理的权力，并通过产业政策、财政补贴以及税收减免等方式加强了铁路业的行政性垄断。例如，1990年12月17日国家税务局发出《关于免征铁路大修业务营业税问题的通知》，决定对各铁路局直属工务大修队（或工程处）从事铁路大修业务取得的收入，从1991年1月1日起免征营业税1年。1993年国家税务局发出通知对从1992年7月1日起提高的每吨千米1分钱的铁路建设基金免征营业税。而在这样的背景下，铁路企业缺乏竞争意识和服务心态，乘坐铁路的乘客所感受到的只是购票乘车之难，也没能在列车上获得良好的服务。

综观世界各国的经验，打破行政性垄断成为铁路改革的主导性潮流。在日本，尽管 1906 年制定了《铁道国有法》，设立了公法上的特殊法人——日本国有铁道，但是由于运输需求的结构性变化，国有企业不能充分发挥企业性，加上因工作人员结构带来的巨额退休金和养老金压力，国铁出现经营危机，因此在 1987 年 4 月 1 日对国铁实行"民营分割"，按照地区将国铁拆分为东海旅客铁路股份有限公司、东日本旅客铁路股份有限公司、西日本旅客铁路股份有限公司、北海道旅客铁路股份有限公司、四国旅客铁路股份有限公司、九州旅客铁路股份有限公司，强调精简组织结构，注重效率，从而改进了服务，也由亏损变为盈利。①

②民航

从民用航空业的经济特性来看，它是一个资本密集型、劳动密集型、技术密集型、信息密集型的服务产业，不同航空公司所提供的服务没有本质差别，航空运力有可能过剩，航班运营的变动成本较低。最早各国都将航空业视为国家能力的象征和体现，并将其作为一种自然垄断行业加以管制。

《中华人民共和国民用航空法》② 第八章"公共航空运输企业"中，将公共航空运输企业界定为以营利为目的，使用民用航空器运送旅客、行李、邮件或者货物的企业法人，并规定了设立公共航空运输企业的许可制度以及所需具备的条件。在实际的航空业监管中，国家民航总局对航线的开设加以规制，并引导国有航空公司形成价格联盟，并对新兴的民营航空企业予以限制。例如，2007 年在国家民航总局的引导下，由国航、东航、上航、南航、海航 5 家航空公司共同实施了"京沪空中快线"，由于五家航空公司之间对此机票实行无条件签转，京沪间航班的票价提高，使乘客无法预期何时能登上飞机。国家民航总局声称这不会形成新的垄断，而且会通过竞争与合作推动中国民航整体服务品质的提高。国家民航总局对民营的春秋航空公司曾处以 15 万元的罚款，理由是其违法了价格管理规定，出售 1 元的"掠夺性"票价，这使这家刚

---

① 林淑馨：《民营化与组织变革：日本国铁的个案分析》，《政治科学论丛》2006 年第 27 期；孔凡静：《日本国铁的民营化》，载陈建安编《日本公有企业的民营化及其问题》，上海财经大学出版社 1996 年版，第 227—239 页。

② 1995 年 10 月 30 日通过，1996 年 3 月 1 日起施行。

刚进入该行业的民营航空公司的竞争行为受到限制。

而直属于国家民航总局的中国航空油料集团由政府职能部门授权，在国内一直保持行政性垄断地位，近几年来，我国航空公司所使用的航油一直比国外航空公司贵 1/3 左右，在 2001 年、2002 年，国产航油的出厂价平均每吨高于国外 800 元之多，在 2004 年平均每吨航油的采购差价高出国外 205 元。我国航空公司与国外航空公司相比，航油成本在运输成本中所占的比例高出了至少 10 个百分点。此外，直接隶属于国家民航总局的中航材集团也保持着在国内航材市场上的垄断地位，中航材所售航材价格高于国际水平，导致国内航空公司航材成本居高不下，飞机大修、折旧、保险的费用高达总成本的 23%。这些都加大了民航业的运营成本。

美国是最早进行民航业管制的国家，也是最早进行民航业管制改革的国家。在美国，民用航空委员会（CAB）负责对市场准入、价格，以及航线开设和航班时刻的管制。① 但管制所带来的是航线审批的迟延、产业结构的不合理、过高的票价水平以及运力的浪费。1977 年，时任总统卡特任命管制经济学家阿弗雷德·卡恩出任民用航空委员会主席，在他的推动下，1978 年美国国会通过了《1978 年航空业放松管制法》（*Airline Deregulation Act of* 1978），1980 年 2 月 15 日又通过了《1979 年国际航空运输竞争法》（*International Air Transportation Competition Act of* 1979），1984 年 8 月 20 日则最终通过了《民用航空委员会撤销法》（*CAB Sun Set Act*），使民用航空委员会这一管制航空运输经济政策的机构于 1985 年 1 月 1 日终止了活动。美国通过民航业的放松管制，增强了民航业的竞争力。

在中国，长期以来民航主管部门将民航企业作为自身所属机构进行直接的行政管理，中国民航业的市场集中度甚至已经超过了美国航空市场的集中度，已经呈现出十分明显的行政支配下的寡头垄断格局。民航主管部门对航空公司运营的干预，直接造成了整个行业的低效率运行。为此，应该打破行政性垄断，改革航油航材体制和空中交通管理体制，打破对航空运输业上游产品的行政性垄断；减少政府在航空公司中的所

---

① 参见［美］史蒂芬·布雷耶《规制及其改革》（李洪雷、宋华琳、苏苗罕、钟瑞华译，北京大学出版社 2008 年版）第十一章中的论述。

有权份额，让直属航空公司尽快与国家民航总局脱钩，成为真正的市场主体；根据分层竞争的原则，制定航线准入规则，重新分配航权和航线；引入多元产权结构，允许一部分航空公司民营化。

③邮政

1986年通过的《中华人民共和国邮政法》① 规定，国务院邮政主管部门管理全国邮政工作。国务院邮政主管部门根据需要设立地区邮政管理机构，管理该地区的邮政工作。国务院邮政主管部门所属的邮政企业是全民所有制的经营邮政业务的公用企业。邮政企业按照国务院邮政主管部门的规定设立经营邮政业务的分支机构。1990年通过的《中华人民共和国邮政法实施细则》② 规定，未经邮政企业委托，任何单位或者个人不得经营信函、明信片或者其他具有信件性质的物品的寄递业务，但国务院另有规定的除外。

法律和行政法规赋予了作为公用企业的邮政企业的行政性垄断地位，并限制和排斥了其他主体从事邮政市场竞争的可能。邮电部于1995年11月21日公布的《关于认真贯彻〈中华人民共和国邮政法〉有关邮政企业专营业务规定进一步整顿邮政通信市场秩序的通知》指出："信件和其他具有信件性质的物品的寄递业务由邮政企业专营，这是《中华人民共和国邮政法》和《中华人民共和国邮政法实施细则》明确规定的。这一规定，是从国家安全考虑，从维护国家利益和用户利益出发的。但是，目前在全国范围内存在着一些非邮政企业的单位和个人违法经营信件和其他具有信件性质的物品的寄递业务的问题，特别是一些外商的涉足，……各局应采取积极措施，排除来自各方面的阻力和干扰，坚决制止和纠正违法经营信件和其他具有信件性质物品寄递业务的行为。"1997年11月12日邮电部在关于解释《中华人民共和国邮政法实施细则》第11条第7项内容的批复中指出未受邮政企业委托，"擅自经营邮政专营业务的"属于"其他妨害邮政企业及分支机构或者邮政工作人员正常工作的行为"。

2006年邮政法修正草案第7稿第10条规定，"信件的寄递由邮政

---

① 中华人民共和国主席令第57号，1986年12月2日第六届全国人民代表大会常务委员会第十八次会议通过，1987年1月1日施行。
② 中华人民共和国国务院令第65号，1990年11月12日发布。

企业专营；国际信件的速递业务和单件重量在 350 克以上的国内信件速递业务除外"，这意味着 350 克以下的国内信件全部被邮政垄断，而留给民营快递的空间只有 350 克以上的国内信件。同时在拟议的修订后的邮政法草案中，还设立普遍服务基金制度，即从事信件快递业务的非邮政企业，应当按照国家的有关规定缴纳邮政普遍服务基金，用于支援农村、边远和西部地区的邮政设施建设，这相当于是给予民用快递行业双重的负担，进而还强化了中国邮政的垄断地位。

在日本，邮政改革也是热门话题。小泉纯一郎在 2001 年 4 月出任日本首相之后，除在经济结构方面进行改革以外，还决定对邮政事业实施彻底的改革。2005 年 8 月 8 日，日本参议院投票否决了小泉纯一郎提出的邮政民营化改革法案，小泉纯一郎解散众议院重新举行大选，2005 年 10 月 11 日下午举行的日本众议院大会以 338 票赞成、138 票反对的结果，通过了政府再次提出的邮政民营化法案。该法案于 12 日提交参院审议通过。根据有关方案，日本邮政公社从 2007 年 10 月开始为期 10 年的过渡，并分拆成 4 家公司，即邮政储蓄银行、简易生命保险公司、负责柜台接待服务的邮局公司和负责邮件投递工作的邮政事业公司，在民营化的过渡期和最终实施民营化后，邮局由邮局公司直接运营，邮政事业公司、邮政储蓄银行及简易生命保险公司的业务委托邮局提供，邮政储蓄、简易保险管理机构的工作委托给邮政储蓄银行及简易生命保险公司。

在我国，在 2005 年 7 月 20 日温家宝总理主持召开的国务院常务工作会议上，讨论并原则通过了《邮政体制改革方案》，邮政体制改革的基本思路在于实行政企分开，加强政府监管，通过改革，建立政府依法监管、企业自主经营的邮政体制。为此，重新组建国家邮政局，作为国家邮政监管机构；组建中国邮政集团公司，经营各类邮政业务。在这样的背景下，应该逐步破除邮政业的行政性垄断地位，给予民营快递以及外资速递更大的生存空间，应该对快递业的行为予以规范和监管，而不应对其经营范围和经营方式加以限制。

④石油

在中华人民共和国成立初期，由燃料工业部主管石油工业，并在燃料工业部内设石油管理总局。1955 年撤销了燃料工业部，成立了石油工业部、煤炭工业部和电力工业部，1970 年又成立了燃料化学工业部，

1975年燃料化学工业部被撤销，成立煤炭工业部和石油化学工业部，1978年撤销石油化学工业部，恢复石油工业部和化学工业部。1980年成立国家能源委员会负责管理石油、电力、煤炭三个部，1982年为了减少管理层次，撤销能源委员会，三个部直接归国务院领导。1988年国务院撤销三个部，成立能源部，1992年又撤销能源部。从中华人民共和国成立到1992年，石油工业始终有一个主管部门。

1982年成立中国海洋石油总公司（简称中海油），1983年石油部所属炼油部分，与化工部、纺织部、地方的部分石化企业合并，组建了直属国务院领导的中国石油化工总公司（简称中石化），1988年国务院又撤销石油、电力、煤炭三个部，在成立能源部的同时，在石油部基础上组建中国石油天然气总公司（简称中石油）。而在1998年石油产业的重组中，根据各有侧重、相互交叉、保持优势、有序竞争的原则，将东北、西北地区以及内蒙古、四川、西藏等11个省区市内的石油和石化生产企业，原油、成品油运输管道和地方石油公司及其加油站，划归中国石油天然气集团公司；华东、中南地区及云南、贵州、广西等15个省区市内的油气田和石化生产企业，原油、成品油运输管道和地方石油公司及其加油站，划归中国石油化工集团公司。政府力图让中石油、中石化真正成为自主经营、自负盈亏、自我发展、自我约束的法人实体。在中海油保持原有功能和地位不变的情况下，中国油气行业形成了上下游一体化、南北分治、海路分割、三足鼎立的局面。

《中华人民共和国对外合作开采陆上石油资源条例》[①] 第7条规定："中国石油天然气集团公司、中国石油化工集团公司（以下简称中方石油公司）负责对外合作开采陆上石油资源的经营业务；负责与外国企业谈判、签订、执行合作开采陆上石油资源的合同；在国务院批准的对外合作开采陆上石油资源的区域内享有与外国企业合作进行石油勘探、开发、生产的专营权。"《中华人民共和国对外合作开采海洋石油资源条例》[②] 第6条规定："中华人民共和国对外合作开采海洋石油资源的业务，由中国海洋石油总公司全面负责。中国海洋石油总公司是具有法

---

① 中华人民共和国国务院令第506号，2007年9月18日修订公布。
② 1982年1月30日国务院发布，根据2001年9月23日《国务院关于修改〈中华人民共和国对外合作开采海洋石油资源条例〉的决定》修订。

人资格的国家公司,享有在对外合作海区内进行石油勘探、开发、生产和销售的专营权。"这赋予了它们在相应领域的行政性垄断地位。

在现实中,中石油、中石化仍是实施行政性垄断的主体,它们既是其他市场参与者的竞争对手,又是市场规则制定的参与者,政府每每对其予以特殊的保护乃至财政补贴。例如,财政部先后于2005年、2006年给予中石化炼油项目以100亿元、50亿元补贴,而这种做法也遭到了国家审计署的批评,国家审计署2006年9月发布的审计公告认为,这违反了"收支两条线"原则。

1999年国务院办公厅颁发了《关于清理整顿小炼油厂和规范原油成品油流通秩序的意见》(国办发〔1999〕38号),之后国务院6次清理整顿国内成品油市场,要求国内各炼油厂(包括社会炼油厂)生产的成品油全部交由两大集团的批发企业经营,不允许其他独立的成品油批发企业存在。2001年9月,国务院办公厅再次转发国家经贸委等部门关于进一步整顿和规范成品油市场秩序的意见,各地区新建加油站,统一由两大集团全资或控股建设。尽管2004年2月25日国务院下发了《关于鼓励支持和引导个体私营等非公有制经济发展的若干意见》(以下简称非公36条),明确允许非公有资本进入石油行业,但配套措施的欠缺,使在加油站领域出现了"玻璃门"现象,看似开放,实际上很难进入。[①] 在行政性垄断之下,造成了民营石油企业和加油站的生存危机。

中石油、中石化的行政性垄断得到了国务院颁布的行政法规以及法规性文件的支持,但是这不意味着就一定具有合理性。应逐步打破中石油、中石化的行政性垄断地位,建立真正的现代公司制度,斩断政企之间的利益关联,让国家主要通过对石油资源的所有权、企业资产的所有权和产业政策来保证其对石油行业的影响力,国家不再直接介入石油企业的微观生产经营活动。

⑤电力

在我国,1949—1985年,各级电力工业部门既是电力行业有关政策和规划的制定者,也是行业管理机构,还是电力工业唯一的生产经营者、国有资产的经营管理者,负责投资建立电力项目并取得收益。这样

---

① 参见《石油批发门槛设定上议程》,《民营经济报》2006年5月8日。

的政企合一机制模糊了政府和企业的责任与边界,遏制了其他经济主体办电的积极性,也造成了全国性严重缺电的局面。在电监会成立之前,政府依然是通过行政化的手段来直接管理电力企业,从而扭曲了市场信号,企业也融发电、输电、配电、售电等业务为一体,实行垂直一体化的垄断经营。

根据《中华人民共和国电力法》① 第 25 条的规定,供电企业在批准的供电营业区内向用户供电。供电营业区的划分,应当考虑电网的结构和供电合理性等因素。一个供电营业区内只设立一个供电营业机构。同时,电力法第 25 条第 3 款还规定了《供电营业许可证》制度。《电力供应与使用条例》② 第 10 条规定,并网运行的电力生产企业按照并网协议运行后,送入电网的电力、电量由供电营业机构统一经销。

根据国务院国发〔2002〕5 号《电力体制改革方案》文件,在 2002 年为了解决国家电力公司的纵向一体化垄断问题,中国电力改革以"纵向分切"的方式,将国家电力公司管理的电力资产按照发电和电网两类业务进行重组,即"厂网分开",将其拆分为国家电网公司、南方电网公司和五大发电集团。2003 年 3 月,国家电力监管委员会成立,开始履行电力市场监管者的职责,实现"政监分开"。2005 年 2 月 15 日,以国务院第 432 号令的形式,颁布了作为行政法规的《电力监管条例》。电力监管改革的设计思想在于,对作为自然垄断产业的电力行业实现纵向分离和横向拆分,通过价格监管和进入管制来对竞争和垄断性的市场结构加以监管;同时,把原来居于垄断地位的电力企业划分成区域性公司,来实现区域性竞争,创造平等竞争的环境。③

但是,这样的制度设计在现实中并不一定能落到实处。厂网分开、竞价上网的改革本身就和尚未修改的电力法中的条款相冲突。电网公司仍集输电、配电和售电于一体,终端用户只能从覆盖他们的电网公司购买电力,他们无法选择供电商,更不可能自主直接选择发电厂,因此零售端不可能形成多家卖方市场,发电方竞争带来的收益也无法转移给终端用户。

---

① 中华人民共和国主席令第 60 号,1995 年 12 月 28 日公布,1996 年 4 月 1 日起施行。
② 中华人民共和国国务院令第 196 号,1996 年 4 月 17 日公布,9 月 1 日起施行。
③ 宋华琳:《受管制市场中的政企同盟》,《检察风云》2007 年第 3 期。

在电力改革之后,区域性企业的管理层又重新被上级政府接管,国家电网公司作为行政性的公司,对区域性企业进行更为集中、垂直和一体化的垄断管理,同时还试图通过特高压网络的建设,来进一步加强其垄断地位,而企业也可以通过其垄断的市场势力来获得更多的市场份额。在未来,应努力建立公平竞争、公正竞争、公开竞争的统一市场格局,开放发电市场、供电市场和销电市场,明确电力监管机构职能,来防止行政性垄断和不公平竞争。

(3)小结

以上是对铁路、民航、邮政、石油、电力5个行政性垄断行业的简要勾勒和分析,通过以上的论述,可以看出这些行业的行政性垄断地位是获得了法律以及国务院颁布的行政法规或法规性文件支持的,因此其垄断地位具有合法性。这些行业往往通过国家财政的补贴、资金的拨付等手段,在市场竞争中获得优势地位;同时在这些领域里,监管机构和公用企业或者是政企合一的关系,或者虽然相对剥离,但是相互之间依然有着千丝万缕的关系,公用企业依然能有力地参与并影响监管机构的规则形成。公用企业甚至可以通过影响监管规则的实体内容,来限制其他市场主体的进入资格或经营范围,从而在市场上获得支配地位,获得不正当的竞争优势。

为此,这些行政性垄断构成了我们所讨论的合法但不合理的行政性垄断,这些行政性垄断的形成,也和我国这些产业的当下结构有着密切的关联,它们也在我国的行政性垄断中占据着最为重要的比重。在未来,应建立集中行使监管职能的监管机构,并放松对市场资质的监管,转而依靠固定规则对不同市场主体加以平等的监管,从而保护市场的充分公平竞争。

(三)不合理不合法的行政性垄断

尽管根据《中华人民共和国行政许可法》第16条第3款和第4款的规定,部门规章可以在上位法设定的行政许可事项范围内,对实施该行政许可做出具体规定,但不得增设行政许可;部门规章对行政许可条件做出的具体规定,不得增设违反上位法的其他条件。但在实践中,规章对不同企业进入设置歧视性的进入壁垒,特别是针对民间资本设置歧视性进入壁垒的情况,依然所在多有。例如商务部在《原油市场管理办法》①中对申请原油销售、仓储资格企业条件的规定，在《鲜茧收购资格认定办法》②中对鲜茧收购资格认定制度的规定等，增设了行政许可制度，与《中华人民共和国行政许可法》相抵触，因此是不合理不合法的行政性垄断。

此外，《中华人民共和国行政许可法》第 15 条第 2 款规定："地方性法规和省、自治区、直辖市人民政府规章，不得设定应当由国家统一确定的公民、法人或者其他组织的资格、资质的行政许可；不得设定企业或者其他组织的设立登记及其前置性行政许可。其设定的行政许可，不得限制其他地区的个人或者企业到本地区从事生产经营和提供服务，不得限制其他地区的商品进入本地区市场。"但是，地方政府仍有可能通过地方性法规、地方政府规章以及其他规范性文件的形式，对外地企业和商品以差别待遇，设定歧视性收费项目，对外地商品规定与本地同类商品不同的技术要求、检验标准，或者对外地商品采取重复检验、重复认证等歧视性技术措施，或设定歧视性资质要求、评审标准，排斥或者限制外地经营者参加本地的招标投标活动。这样的行为都可归为不合理不合法的行政性垄断。

此外，无地方性法规和政府规章根据的，由其他规范性文件形式设定的行政性垄断，不仅违反了行政许可法的规定，而且违反了宪法上的平等原则，同时设定的实体内容方面也每每欠缺理性的分析，这种可多归为不合理不合法的行政性垄断之列（见表 4-3）。

表 4-3　　　　　　　行政性垄断的类别及其典型示例

行政性垄断的类别	典型产业	表现	法律法规
合理合法的行政性垄断	发票	指定企业印刷增值税发票以及其他发票	《中华人民共和国税收征收管理法》
	核出口	国务院指定单位专营	《中华人民共和国核出口管制条例》
	种子	对林木种子生产基地生产的种子统一组织收购和调剂使用	《中华人民共和国种子法》

---

① 商务部令 2006 年第 24 号，2006 年 12 月 20 日通过，2007 年 1 月 1 日起施行。
② 商务部、国家工商行政管理总局令 2007 年第 4 号，2007 年 6 月 27 日公布，8 月 1 日起施行。

续表

行政性垄断的类别	典型产业	表现	法律法规
合理合法的行政性垄断	麻醉药品和精神药品	定点生产、定点经营制度	《麻醉药品和精神药品管理条例》
	危险化学品	危险化学品生产和储存的审批制度；危险化学品包装物和容器的定点生产	《危险化学品安全管理条例》
不合理合法的行政性垄断	铁路	国家铁路运输企业同时行使法律、行政法规授予的行政管理职能	《中华人民共和国铁路法》
	烟草	对烟草专卖品的生产、销售、进出口实行专卖管理	《中华人民共和国烟草专卖法》《中华人民共和国烟草专卖法实施条例》
	食盐	定点生产，对食盐生产和分配调拨实行指令性计划管理	《食盐专营办法》
	电力	一个供电营业区内只设立一个供电营业机构，电网企业对发电企业为独一买家，对电力用户为独一卖家	《中华人民共和国电力法》《电力供应与使用条例》
	邮政	政企不分，邮政业务的专营	《中华人民共和国邮政法》《中华人民共和国邮政法实施细则》
	石油	与外国企业合作进行石油勘探、开发、生产的专营权	《中华人民共和国对外合作开采陆上石油资源条例》《中华人民共和国对外合作开采海洋石油资源条例》
不合理不合法的行政性垄断	中央各部门通过规章设定的行政性垄断		
	地方性法规和地方政府规章所设定的行政性垄断		
	根据地方性法规和规章之外的规范性文件所设定的行政性垄断		

综上所述，可以看出，我国行政性垄断更多的是不合理合法或貌似合法但不合理的形式（不合法也不合理的行政性垄断也可以被称为貌似合法但不合理的行政性垄断，因为政府部门规章、地方性法规或地方

政府规章赋予了其合法外衣）。换句话说，大多数的行政性垄断获得了国家法律、行政法规、政府部门规章、地方性法规、地方政府规章以及政府其他规范性文件的保护，根植于现行体制中；它们不只是以普通民众普遍反感的个别政府、个别领导人以权谋私、权钱交易的形式存在，而是根植于现行行政体制和行政文化，因而具有非常强的隐蔽性和顽强的抗治理性。

四 我国行政性垄断的制度原因与未解决的问题

从上述我国行政性垄断的表现形式可以看出，我国行政性垄断主要是借助各级政府抽象行政行为而实现的，也就是说，各级政府是行政性垄断的主要推手。这就提出几个问题：第一，政府从事行政性垄断的动力是什么？第二，为什么反不正当竞争法、行政许可法及现行反行政性垄断的有关政策等没有有效约束政府行为，从根本上遏制行政性垄断？

（一）从动因上来分析，现行行政体制为各级政府谋求行政性垄断提供了有效的激励

行政性垄断本质上是行政权力与经济利益的结合，其产生的根本原因是政府和行政体制改革大大落后于经济体制改革。一方面，经济体制改革已迈出了很大步伐，传统的行政直接支配经济的模式在经济领域得到了较大改善，市场主体要求摆脱行政权力的直接束缚的呼声日益高涨；另一方面，政府和行政体制改革的延缓事实上又强化了权力直接管理经济的状况，导致权力与经济密切结合，从而使行政性垄断还广泛存在。

1. 体制改革不彻底难以阻隔行政权力与企业"结盟"

我国长期实行苏联模式的计划经济体制和高度的国有化，在公共服务领域和主要基础设施部门早已形成根深蒂固的行政性垄断，它们依靠行政资源，以国家名义占有和瓜分属于全社会的资源，导致垄断部门的少量从业人员占有惊人的经济资源。

体制改革既包括经济体制的改革，也包括行政管理体制的改革。经济体制改革和行政管理体制改革的共同目标是解决市场与政府的关系问题，实现政企分离，核心内容是转换企业经营机制和转变政府职能，两者之间相互影响和相互制约。

由于改革开放前长期政企不分，无论在体制上还是在一般的观念上已经形成了政府直接指挥企业的积习，经济体制和行政管理体制的改革虽然使这一状况发生了相当程度的改变，但毕竟还不彻底。

首先，政企分离、转变政府职能的发展是不平衡的。在某些领域，政企分离比较容易，也比较彻底，企业经营机制的转换也比较顺利；但在另一些领域，政企分离比较困难，企业经营机制转换、政府职能转变的进展比较缓慢。

其次，政府在转变职能的过程中，政府职权的重新界定、政府部门间的权限分工一时还难以准确把握，造成一定程度上的相互脱节或相互冲突，给行政权力的滥用造成了可乘之机。尤其在原有部门的取消、合并以及新部门的设立的过程中，这一情况表现得更为突出。

最后，改革开放中地方、部门利益的独立化倾向，使一些地方或部门对政企分离抱有抵触情绪，甚至明分暗不分、此分彼不分，通过改变方式等手段，维持政府对企业的控制。这在很大程度上影响了政企分离的改革进程，也为行政性垄断的产生提供了现实基础。

2. 分权改革强化了地方政府干预经济的激励

我国的分权改革主要包括三个方面的内容，即下放财政权和税权、下放基建项目审批权和投融资权、下放国有企业管理权。其中，财政分权改革经历了从"财政包干"、中央地方"分灶吃饭"直至"分税制"的演变。

财政分权改革使地方政府成为经济利益主体。一般来说，地方政府有两种可能的获取利益的行为方式：一种是培育市场和市场化行为，另一种是利用行政权力和手段保护本地市场的反市场化行为，也就是行政性垄断行为。从实践看，地方政府主要采用第二种。[①]

地方政府上述行为方式源于我国财政分权改革存在的问题，具体如下。

第一，财政分权改革的不配套形成了"三重矛盾"：纵向财政权分散与行政权集中之间的矛盾、横向财政权集中与行政权集中之间的矛盾、基层政府财权与事权不对等的矛盾。

首先看纵向矛盾。计划体制下，财政分工与行政垂直集权之间没有矛盾，但却造成"统死"的局面。财政实行分权体制后，行政权力的纵向（垂直）集中特点没有改变，即下级行政长官仍由上级政府任命和罢免。评价和考核下级政府政绩主要取决于完成上级政府下达的各项

---

① 石淑华：《行政性垄断的经济学分析》，社会科学文献出版社2005年版。

指标，其中经济指标最重要。在地方政府通过分权改革获得相当的可支配资源和微观决策权后，地方政府在与中央政府、其他地方政府、企业的博弈中，强化资源配置的本地化和保护本地市场是其理性的选择，因为这样可以实现短期内地方经济发展和收益最大化。这就是纵向财政权分散与行政权集中之间的矛盾所导致的行政性垄断。

其次看横向矛盾。所谓横向行政集权化，是指在政府的行政机构、立法机构和司法机构之间，行政部门集中了绝大部分权力。具体表现为行政系统权力独大，立法和司法机构权力弱化，行政长官甚至直接干预司法过程。行政权力对公共权力的垄断，使立法、执法机构无法与行政系统形成有效的监督和制约，导致维护市场经济有序运行的法律，难以适时制定、颁布和有效执行。

最后看财权与事权不对等的矛盾。实行分税制后，出现了"双集中现象"，即财力向中央政府集中和财力向省市一级集中。这直接导致地方特别是县乡财政出现困境，但同时县乡两级政府因承担大量政治、经济和社会责任，财政支出不断上升。为了弥补收支缺口，各种干预经济的手段和方法就应运而生，行政性垄断也随之出现。

第二，下放项目审批权和投融资权后，各地政府在增加本地财政收入的诱惑下，20世纪90年代以前争相投资生产价高利大的工业品，其中不乏不顾本地实际盲目上马的项目，其产品缺乏竞争优势，而不得不靠地方政府的保护和补贴维持生存。

第三，国有企业管辖权的下放，使地方政府与企业形成三种关系，即产权系统中的"归属"关系、行政系统中的隶属关系、管理系统中的从属关系。这三种关系强化了企业与地方政府的利益相关性，在一定程度上导致了行政性垄断。

（二）现行法律体系及监管执法体制不能有效遏制政府行政性垄断行为

1. 现有法律体系无法对行政性垄断实施有效制约

竞争法律制度滞后导致对行政性垄断缺乏有效的法律规制。我国对行政性垄断的法律规范分散在有关法律、法规之中，主要有反不正当竞争法第7条和2001年国务院发布施行的《关于禁止在市场经济活动中实行地区封锁的规定》。在反行政性垄断方面，现行的法律法规存在很大的欠缺：一方面，现行反垄断法规数量少，体系不完整，而且位阶低，缺乏权威性，难以适应反行政性垄断的需要。新出台的反垄断法的重点是反经济垄断，而非行政性垄断。另一方面，责任性规范缺乏或规定责任过轻，导致制裁不力，缺乏应有的威慑力。此外，反行政性垄断机构设置不合理，缺乏一个强有力的反垄断主管机构和一套有效的执行程序，可操作性差。目前我国反行政性垄断主要由工商行政管理部门承担，而工商管理部门又是政府的一个职能部门，隶属于政府机关，处于政府的控制之下，在这样一种反行政性垄断运行机制之下其监督效果可想而知。

回顾中国若干产业的管制改革，一个明显的特征就是法律或法律干预的缺失。无论是管制者还是受管制企业的行为依据，基本上掌握在管制者手中，规则的失范使许多行业的管制往往处于失控或过度管制的两种极端状态。管制法律的不足，一方面，使管制者的权力没有得到有效的界定，管制的依据要么来自原有体制的惯性，要么以所有者的身份行使管制者的职能，造成管制者、管理者和股东的角色错位。中立地位的丧失，必然使管制行为难以保持足够的公正性。另一方面，由于没有法律的授权，管制者的权威和威信难以树立，如果管制行为影响了某些主要垄断企业的利益，讨价还价的结果经常以管制机构的退让、折中来结束。这种结局的不断重复必然使管制机构的独立性受到影响，如果管制者自身的利益又与企业的经营活动直接相关，"管企"同盟或管制者被俘获就是一个较为普遍的现象。这种滞后的法律制度为行政性垄断的存在提供了外部条件。

2. 现行法律体系未能有效促进政府职能的转变、政府与市场边界的厘清

经过改革，我国在部分垄断行业初步实现了政企分开；在部分垄断行业形成了有利于引入竞争的市场结构，其中有些行业竞争的格局已经形成；管制垄断企业行为的法律体系框架正在逐步完善。传统垄断行业的行政性垄断问题得到一定程度的解决。但是，造成我国行政性垄断的体制性根源仍没有消除，旧体制遗留下来的政企不分、行政限制准入、行政审批过多等问题还没有从根本上解决。

（1）改革没有解决政府与市场边界不清问题，政府对经济干预过多

我国处在由计划经济向市场经济的转型中，新体制因素主要是通过

传统体制外的"增量"方式发展起来的，计划体制内的变动相对滞后。一方面，"体制外增量"的长足发展奠定了市场化资源配置的基础，并日益向"体制内"渗透和拓展；另一方面，"体制内"国有企业、国有银行和政府之间的关系盘根错节，政府还难以"超然"于市场之外。政府不仅制定市场"游戏规则"、担任"裁判"角色，而且还直接参与"游戏"，因此政府与市场的关系不可避免地面临"角色冲突"。在这种情况下，政府如何协调新旧体制之间的矛盾与冲突，避免体制冲突扭曲市场信号，促进而不是阻碍市场力量发挥作用，仍然是处理好政府与市场关系的重要和现实的问题。

自 1982 年以来，我国已经进行了五次政府机构改革，改革的目的就是削弱或废除这些主管部门与市场经济不相适应的对企业生杀予夺的特权，管政府应该管的事。但这些改革都是在政府治理层面的探索，主要是在转变政府职能、政企分开、提高效率、降低成本等方面。这些改革对于提高政府效能、搞活企业、推动经济增长起到了积极的推动作用，但是，政府作为国有企业的所有者，仅仅通过政府治理层次的改革无法使其在国有企业与非国有企业竞争中成为一个真正中立的"裁判者"，从而无法实现市场与政府作用边界的清晰界定。

（2）改革进一步强化了垄断行业国有企业的地位

政府作为企业所有者，把垄断企业做大做强的激励很强，特别是在垄断行业的损益与政府收入密切相关的情况下。政府运用行政权力为其所属企业生产经营创造最为有利的条件，使其获得事实上的垄断地位。在垄断行业放松管制改革的大趋势下，作为中央国有企业所有者的国务院国有资产管理委员会的这种激励并没有改变。

2005 年，全部国有及国有控股工业所创造的利润为 6447 亿元，然而 166 户中央企业的利润达到了 6377 亿元，占全部国有及国有控股工业企业利润总额的 99%，其中接近八成是石油石化、电信、铁路、电力、烟草等行业中的国有企业创造的。这很清楚地说明，大量的国有企业如地方国有企业、非垄断性领域的国有企业创造利润的能力并不强，甚至可以说是很差，多数是亏损的。国资委提出"要实现国有资产'保值增值'和国有企业'做大做强'"，其基本思路是：一方面，剥离核销国有资产中数额巨大的亏损项目，另一方面，通过重组等多种手段增强国有企业的规模和实力，"进入不了行业前三名的企业都要被重组"。

根据国务院办公厅 2006 年 12 月 18 日转发国资委《关于推进国有资本调整和国有企业重组的指导意见》的规定，国有经济应对关系国家安全和国民经济命脉的重要行业和关键领域保持绝对控制力，包括军工、电网电力、石油石化、电信、煤炭、民航、航运七大行业。在这些领域，国有企业的垄断地位显然将得到进一步加强。在国资委强势推动垄断性国有企业做大做强的背景下，希望通过放松管制和开放进入来抑制或削弱上述行业行政性垄断的民营企业，恐怕不得不再次陷入失望的境地。

3. 反垄断上位法和国家政策不断被次级的政府部门规章、地方性法规和地方政府规章以及政府红头文件侵蚀、抵消和瓦解

经过多次政府机构改革和行政审批制度改革，我国政府职能转变取得一定进展。然而，与建设法治政府的目标和要求相比，现行行政管理体制仍然存在许多不适应的地方，主要表现在：政府职能转变尚未完全到位，政府管理的越位、缺位和错位并存。政府通过批租土地、审批项目、价格管制、行政性垄断、地区保护等，仍掌握着过多的资源配置权。

1989 年以来，我国先后出台了行政诉讼法、行政复议法和行政处罚法以规范政府行政行为，依法行政。然而，我国政府治理的现状是，行政权力不仅难以受制于法律，相比之下立法和司法机构反而处于弱势。

首先，我国的行政制度框架并不全由立法机关制定的法律来建构，在我国的法律渊源中，行政机关制定的行政法规、规章、规范性文件等占据了不小的比例。在我国，国务院及其各部委分别有制定行政法规和规章的权力，省级人民政府以及政府所在地的市和经国务院批准的一些较大的市的人民政府也可以制定地方政府规章。立法和司法对行政的制约非常有限。

其次，行政性垄断行为通常是政府及其所属部门以政府规章、命令、决定等形式发布，内容一般是指向不特定的市场主体和市场行为，属于抽象行政行为。而我国现行的行政诉讼法第 11 条、第 12 条规定，合格主体不能对抽象行政行为提起诉讼，即不能提请拥有管辖权的司法机关对行政机关制定的规范性文件进行司法审查，而只能提请各级人大、人大常委会进行审核。但这样，一来缺乏效率，二来没有规范的程

序进行保障,因此在实际操作时效果不尽如人意。

最后,我国行政立法过程对公益的考虑不够。行政法制实践往往强调行政权优先、行政权威等原则,管理对象在与行政机关发生关系时呈现明显的义务取向。我国自改革开放以来的行政立法状况是,有关经济管理的占79%,对政府行为规范的占4.3%,对公民权做出规定的仅占0.78%,这说明我国行政立法重在规范相对方行为,而对政府行为的规范仅置于次要地位。这也使行政立法对行政性垄断的制约是非常有限的。①

4. 法律责任的设计有待健全

法律责任是法律规范得以生效和实施的保障。没有法律责任的规定,再好的法律也是纸上空文;有了法律责任而不尽合理,那么也不能充分发挥法律的功能。目前的相关法律责任规定主要集中于反垄断法和反不正当竞争法的相应条款之中。

其中,反垄断法第51条规定:"行政机关和法律、法规授权的具有管理公共事务职能的组织滥用行政权力,实施排除、限制竞争行为的,由上级机关责令改正;对直接负责的主管人员和其他直接责任人员依法给予处分。反垄断执法机构可以向有关上级机关提出依法处理的建议。"反不正当竞争法第30条规定:"政府及其所属部门违反本法第七条规定,限定他人购买其指定的经营者的商品、限制其他经营者正当的经营活动,或者限制商品在地区之间正常流通的,由上级机关责令其改正;情节严重的,由同级或者上级机关对直接责任人员给予行政处分。被指定的经营者借此销售质次价高商品或者滥收费用的,监督检查部门应当没收违法所得,可以根据情节处以违法所得一倍以上三倍以下的罚款。"

需要指出的是,这些规定虽然授权上级机关去改正下级机关的行政性垄断行为,但是"上级机关"并不是确定的某一个行政机关,也不是特定的司法机关。该机关的负责人是否有能力去识别特定的行为是否构成行政性垄断,本身就值得质疑;更何况在中国,上级机关作为下级机关的"上级",上下级之间往往有着千丝万缕的联系,甚至形成了一

---

① 王为农、陈杰:《离依法行政还有多远——行政体制改革破除行政垄断》,《河北法学》2004年第6期。

个复杂的利益共同体,在这样的情况下,依靠上级机关去责令下级机关改正相应的行为,是明显缺乏力度的。因此在未来,应完善对行政性垄断行为主体的法律责任规定,加重对直接责任人员的处分力度。

5. 在监管执法体系上也存在明显的缺陷

一是缺乏一个权威的能够对政府抽象行为(包括国务院各部委、地方各级政府抽象行政行为)进行反垄断事前审查、事后纠正的审查裁判机制;二是缺乏一个强有力的能够对行政性垄断行为进行查处,确保反垄断法实施的统一执法体系。详细见第四节阐述。

第四节 行政性垄断的危害:基于法治原理和经济计量的分析

一 行政性垄断与法治原理的背离

综观欧美日等发达国家和地区,皆在市场经济已经成熟的情况下制定反垄断法。而在改革开放前的中国,计划经济下基本没有市场的存在,经济的运行乃基于政府的计划安排,供应和分配都听从于政府指令。今天的中国虽然已经基本建立起社会主义市场经济体制,但非公企业的规模和市场控制能力都较为有限,对市场经济最具威胁的还是政府对企业行为的过度干预,包括以行政性垄断的方式来排斥和限制竞争。行政性垄断有悖于法治原理,侵害了市场主体的经济自由,违背了平等保护和法律保留原则,侵害了作为市场经济要义的公平竞争秩序。

(一)对经济自由的侵害

市场经济的本质就在于自由、平等与等价交换。个体要在市场经济条件下实现自己的经济权利,首先必须有经济上的自由,如果没有经济自由,个体将无法自主做出经济决策,无法自主地从事交易。因此经济自由是市场经济中对个体经济权利的最基本要求,处于个体经济权利的最核心位置。[①] 经济自由是包括投资、就业、消费等在内的经济活动不受他人强制的状态。而行政性垄断可能对一切经济自由构成限制,特别是体现在对经营自由和消费者自由的侵害上。

---

① 吴越:《经济宪法学导论》,法律出版社2007年版,第127页。

经营自由体现了个人和团体在经济领域的发展空间，是推动现代社会经济发展的不可或缺的因素。民国时期的宪法学者张知本曾云："如营业不能自由，则个人不能发展自己之财力，以行其交易上之自由竞争，势必使工商业无显著之进步。"① 经营自由是市场主体最基本的权利，生产什么、生产多少、何时进入、何时退出、销售给谁、销往何处、售价几何，等等，都应是企业自己的事情。但是在行政性垄断条件下，通过许可或审批的设定，通过对市场的封锁和分割，侵害了市场主体的经营自由，特别是侵害了它们进入市场的权利、退出市场的权利以及销售商品的权利。

"消费者的自由……是任何人不得侵犯的基本权利。"侵犯了这种自由，"应当算是一种反社会的暴行"。② 消费者自主选择权存在的基础是消费者的消费自由权，消费者在购买、使用商品或接受服务的过程中，可以根据自己的意愿来选择和决定是否购买或接受经营者提供的商品或服务。具体而言，包括自主选择商品和服务的权利、自主选择交易对象的权利、对商品或服务进行比较并加以鉴别和挑选的权利、选择做出决定的权利。③ 因此，行政性垄断通过强制消费者购买某些产品或服务，侵害了消费者自由和自主选择权。

（二）对法律原则的违反

1. 对平等保护原则的漠视

我国现行宪法第33条第2款规定"中华人民共和国公民在法律面前一律平等"。在近代宪法规范上，这被表述为人在"法律面前平等"或"人在法律上平等"。平等保护原则的终极意义在于追求宪法对各个人所保障的，各自在其人格形成和实现过程中机会的平等，即所谓的"机会上的平等"。④

虽然说市场和平等有着天然的联系，但行政性垄断给予了某些产业、企业和个人以特权，使政府以及和政府有千丝万缕联系的行业和个人在市场竞争中，有了相对于其他竞争者的特权。例如，目前在大约

---

① 张知本：《宪法论》，中国方正出版社2004年版，第116页。
② ［德］路德维西·艾哈德：《来自竞争的繁荣》，祝世康、穆家骥译，商务印书馆1983年版，第16页。
③ 金福海：《消费者权利论》，北京大学出版社2005年版，第55页。
④ 林来梵：《从宪法规范到规范宪法》，法律出版社2001年版，第105—106页。

30 个行业和领域不同程度地存在着民间资本投资"禁区",在基础设施、大型制造业、金融保险、通信、科教文卫、旅游等行业领域以及国有产权交易等领域则尤其如此。过多地由行政性的机制来垄断本应由市场配置的资源,对特定的经营者实行优惠待遇,违反了平等保护原则,构成了对竞争对手的歧视,造成了限制竞争的后果。

2. 法律保留原则的违反

对经济行为的限制,应该符合法律保留原则的要求。我国宪法第5条第1款也规定了"依法治国,建设社会主义法治国家"。法治国家的原理要求应以法律来规范国家与人民间的法律关系,并且应使人民能够预见并估计行政活动的效果。① 从学理上考察,除法律之外的其他行政规定和措施,不得对公民基本权利予以限制。

在中国,行政性垄断往往依据的是政府规章、规范性文件、政策指南、会议纪要等抽象性的行政行为。例如 2000 年,黑龙江省龙江县政府以整顿啤酒市场秩序为由,依据齐齐哈尔市人大颁布的《酒类管理条例》及齐齐哈尔市政府办公厅签发的〔2000〕33 号文件《齐齐哈尔市人民政府办公厅关于整顿酒类市场的通知》,成立了由酒类专卖局牵头的龙江县啤酒市场稽查队,对"龙江啤酒"予以百般呵护,对外地啤酒企业予以打压。又如,2000 年 9 月河北省政府发布《河北省邮政管理规定》,规定邮发报刊的征订发行由邮政企业专营。这直接针对 1999 年成立的民营阳光报业服务有限公司,迫使该公司停止征订邮发报刊。地方政府或所属部门往往通过规范性文件滥设行政许可,从事部门分割和地方封锁。根据这些形式上不具有法律规范效力、实质内容上缺少合理性关切的文件所实施的行政性垄断,是同法律保留原则相抵触的。

(三) 对公平竞争秩序的损害

维护公平竞争秩序,是实现资源有效配置、有效率地发展经济、推进技术进步、促进经济增长、稳定物价等经济政策目的的有效手段;同时,也是借此尽可能发挥市场的调节作用,在阻止政治权力恣意扩张的同时,分散私人的经济权力,通过确保消费者的选择自由和企业的平等

---

① 陈敏:《行政法总论》,台湾三民书局 1998 年版,第 134 页。

竞争机会，来实现民主的经济秩序。① 因此，反垄断法和竞争法的核心目的就在于捍卫市场的公平竞争秩序。例如，日本《禁止垄断法》第1条明确规定："本法的目的，是……促进公平的、自由的竞争。"

实践中的诸多行政性垄断是以直接排斥、限制竞争的形式表现出来的。从微观层面考察，行政性垄断往往通过直接禁止某一产品或某地产品进入某一特定的产品市场或地域市场，改变了特定市场上竞争者的地位，造成了不公平竞争与垄断局面的出现。从宏观方面考察，行政性垄断损害了公平竞争秩序，将本应统一、开放的全国性市场分割为彼此封闭、互不联系的条块结构，妨碍了全国开放、统一市场的形成，阻碍了社会主义市场竞争机制建立与完善的进程。

二 行政性垄断的福利损失和收入分配扭曲的实证研究

垄断者所具有的市场势力一般而言将导致高价，从而造成整个社会的福利损失。不仅如此，在我国，行政性垄断行业较高的工资福利所导致的初次收入分配扭曲的效应也是极大的，即它可能拉大社会各行业职工的收入差距。本部分通过对1997—2005年我国行政性垄断行业的福利损失的测算以及这一研究区间行政性垄断行业与其他行业职工收入差异的分析，实证检验了行政性垄断对我国经济社会的危害，进一步强调了打破行政性垄断的必要性和紧迫性。

（一）引言

我国实施经济领域的改革开放政策已超40年。1992年党的十四大正式确立了我国经济体制改革的目标是建立社会主义市场经济体制，迄今也已20多年过去了。应该承认，多年来，为了通过竞争提高效率我国政府相继对大部分行业放松了管制，国有垄断的格局基本打破，民营经济的大力发展取得了空前的经济效果。但是，在某些行业如电力、电信、石油、铁路等仍然在借口自然垄断、规模经济等继续采取和维持行政性进入壁垒（行业垄断）；同时，各级地方政府借口发展地方经济，用行政手段实行地区间的封锁，对非本地区的商品禁止进入本地市场（地区垄断）。尽管近些年来，我国反垄断尤其是反行政性垄断的呼声很高，政府也采取了一定的改革措施，但是，这些行业的行政性垄断特

---

① ［日］根岸哲、舟田正之：《日本禁止垄断法概论》，王为农、陈杰译，中国法制出版社2007年版，第4—5页。

性并没有发生根本改变甚至还有日益强化的趋势。

垄断会导致整个社会的福利损失,这一观点已广为人们所接受,而且这也是西方反垄断的主要理论依据。与西方发达国家不同,我国市场运行中的垄断,特别是行政性垄断问题,主要是由旧体制中国家行政权力的高度集中和国家所有制改革不彻底所遗留下来的,即垄断性国有企业的垄断地位是通过国家的法律、政府所有权以及各种行政法规甚至产业政策等事先规定的,而存在于西方国家市场中的垄断则主要是私人企业通过市场竞争形成的。尽管我国行政性垄断和西方发达国家市场中的垄断的形成机制不同,但是两者在一点上是相同的,即无论是由于竞争形成的垄断还是由于不合理的法律法规等形成的行政性垄断,垄断者都会凭借市场垄断地位,滥用市场势力,从而损害消费者的福利,给整个社会带来较大的福利损失。同时,我国行政性垄断的最大危害可能还在于,从计划经济向市场经济转型的过程中,已经在我国经济中形成一个庞大的利益集团[1]。这些利益集团从自身的利益出发,采取各种合理、不合理的做法,排斥其他利益集团参与竞争,妨碍市场要素自由流动,从而强化其垄断地位。行政性垄断的直接后果是消费利益群体受损,垄断给某些行业带来丰厚的利益。就通常情形而言,既得利益越多,反竞争的惯性就越大。不仅如此,在我国,行政性垄断行业较高的工资福利所导致的收入分配效应也是极大的,即它可能拉大社会各行业收入差距,而这种收入差距的拉大并不合理。Comanor 和 Smiley 于 1975 年的研究表明,垄断影响了美国家庭财产的占有情况。

已有的相关研究表明,垄断所具有的市场势力会产生两种效应,即福利净损失和福利由消费者向生产者转移,在本章中,我们将其统称为垄断的市场势力效应。那么,该种效应究竟有多大,对此经济学家的估算结果差异极大。对市场势力的福利成本进行的实证研究,最早可以追溯到美国经济学家哈伯格 1954 年所做的研究。此后,许多学者对垄断的社会成本也进行了测算,如柯林和缪勒(Cowling and Mueller)[2]、施

---

[1] 胡鞍钢:《中国:挑战腐败》,浙江人民出版社 2001 年版。
[2] Cowling, Keith and Dennis C. Mueller, "The Social Costs of Monopoly Power", *The Economic Journal*, 1978, 88 (352).

瓦茨曼（Schwartzman）[①]、武斯特（Worcester）[②]、吉赛尔（Gisser）[③]等。尽管这些学者的研究结论并不一致，但是这些研究为人们更好地了解垄断所导致的危害提供了一个直观的感觉。

近年来，我国反垄断的呼声越来越高，尤其是行政性垄断更成为众矢之的。学者从各个方面对行政性垄断的危害进行分析，有的学者要求政府解除对某些具有貌似自然垄断性质的行业的垄断权力，以鼓励竞争，促进经济增长和效率；也有学者从收入分配角度进行分析，要求解除垄断，以促进初次收入分配公平，从而缓解我国日趋恶劣的收入分配问题。可能是因为缺乏相关的数据资料，或是技术上的原因，这些研究定性分析居多，而实证分析则比较少。

从我们所能收集到的文献情况来看，在我国，这一领域仅有胡鞍钢[④]、刘志彪和姜付秀[⑤]曾经对我国行政性垄断所导致的福利成本进行过定量研究[⑥]。他们的研究为本章奠定了一定的基础。但是，本章的研究区间比他们的更长，并逐年而不是估计了一个期间的行政性垄断的制度成本，从而使读者可以更好地感受到行政性垄断所产生危害的长期性和严重性，与胡鞍钢的研究相比，本章研究的行业更多；与刘志彪和姜付秀的研究相比，本章选择的行业的行政性垄断特征更显著。同时，本章也对行政性垄断行业与其他行业的职工收入水平从静态和动态两个角度分别进行了对比分析，从另外一个方面对我国行政性垄断的危害进行了实证分析。我们期望，通过本章的研究，人们对我国行政性垄断的危害能有一个更全面、直观和清晰的认识。

需要做出说明的是，从严格意义上讲，行政性垄断包括行业行政性垄断和地区行政性垄断，即我们通常所说的"条条"和"块块"。但

---

① Schwartzman, D., "The Burden of Monopoly", *Journal of Political Economy*, 1960, 68 (6).

② Worcester, D. A., "New Estimates of the Welfare Loss to Monopoly, United States: 1956-1969", *Southern Economic Journal*, 1973, 40 (2).

③ Gisser, M., "Price Leadership and Welfare Losses in U. S. Manufacturing", *The American Economic Review*, 1986, 76 (4).

④ 胡鞍钢：《中国：挑战腐败》，浙江人民出版社2001年版。

⑤ 刘志彪、姜付秀：《我国产业行政性垄断的制度成本估计》，《江海学刊》2003年第1期。

⑥ 王小鲁在《我国的灰色收入与居民收入差距》中也对若干行政性垄断行业的收入分配效应进行了样本调查和分析。参见王小鲁《我国的灰色收入与居民收入差距》，载吴敬琏主编《比较》2007年第31辑，中信出版社。

是，基于研究资料的可得到性以及本研究的主要目的，我们对地区行政性垄断没做探讨，而将其作为未来进一步研究的方向。因此，本部分所指的行政性垄断主要是行业行政性垄断。

（二）垄断的危害：理论分析

垄断原意是排他性销售的权利。现在，它也被用来描述一个厂商或少量厂商在一给定的市场上对某一产品具有排他性的控制。从产业组织经济学的观点看，垄断厂商的关键特征是在某种程度上具有市场势力（Market Power）。垄断者面对的是向下倾斜的需求曲线，这使它具有制定产品价格的权利，它是价格的制定者。它能够出售商品的数量是其索要价格的函数。这与竞争厂商的情形对立：如果竞争厂商的产品定价高于通行的市场价格，它的销售量将降为零。因此，竞争厂商是产品价格的接受者，而垄断厂商是产品价格的制定者。

垄断区别于竞争性市场的两个特征是：存在唯一的供应者，进入受到阻碍。第一个特征使垄断者没有竞争的顾虑，而第二个特征使垄断者较少考虑或者根本不考虑潜在竞争的威胁。因此，与完全竞争情形相比，垄断使垄断厂商的产出比完全竞争情形下低，而产品价格却要远远高于完全竞争条件下的价格。由此，垄断产生了两种效应：低产量使社会总福利减少；而垄断高价使消费者剩余向生产者转移。垄断所产生的效应如图4－2所示。

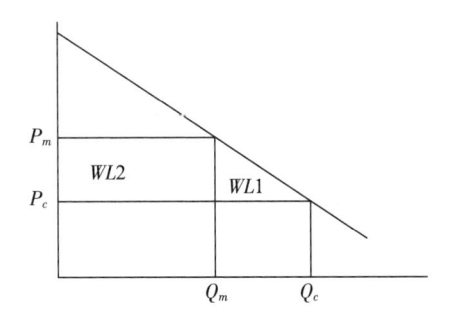

图4－2 垄断所产生的效应

在图4－2中，$WL1$衡量垄断所产生的不可挽回的损失，即社会福利净损失。净损失表示消费者愿意以竞争价格P_c购买产品，但由于垄

断使价格上升到 P_m，消费者转而购买其他替代品所造成的后果。垄断者由于高价损失的销售数量为 $Q_c - Q_m$，由此所造成的消费者福利损失为 WL1。一般来说，WL1 是对竞争性市场的偏离而造成的消费者剩余和生产者剩余之和，反映因垄断者限制产量而引起的生产者和消费者的总福利损失，反映未能有效运转的市场给社会带来的成本。在这种分析中，垄断的成本是垄断者因限产而导致的社会价值损失。[1] 传统上，这种损失被称为垄断的社会福利净损失（Deadweight Loss，DWL）。

正方形 WL2 不应被看作社会福利净损失，而应看作由于价格从 P_c 上升到 P_m 所造成的收入的转移。因为消费者在高价时继续购买垄断者的产品，因此 WL2 表示收入从消费者向垄断者转移的大小。从社会的角度看，整个社会并没有因此而变得更富或更穷，所有这一切只是个人收入的再分配，是消费者剩余转变为生产者剩余。

尽管从消费者向垄断者的收入转移并没有使整个社会更富或更穷，但是寻租理论将这种收入转移解释为社会成本。实际上，是否使用福利净损失标准来衡量垄断的社会福利成本，取决于政治判断，即收入从消费者向生产者的转移能否为社会所接受。如果认为收入从消费者向生产者的转移不能为社会所接受，那么，垄断的社会福利成本就是 WL1 加上这部分收入转移（WL2），而不仅仅是福利净损失这一小部分。[2] 显然，这是一种价值判断，经济学家一直避免这样做，因为他们认为这似乎超出了自己的专业范围，社会可能通过其政策制定者对此做出更好的判断。这种收入转移无论从社会意义上能否被接受，经济学家都不可能在科学的基础上给出正确的判断。[3] 美国的反托拉斯法对是否要把福利净损失和收入的转移作为行使市场实力的成本来看待，一直是一个悬而未决的有争议的话题。欧共体的政策把收入从消费者向生产者的转移看成非愿意的。这是可以对此进行争论的。作为一种工具，日本的产业政策更多地强调经济发展，认为经济的发展要比消费者的福利具有更大的社会价值。

---

[1] Posner, R. A., *Antitrust Law: An Economic Perspective*, Chicago: University of Chicago Press, 1976.
[2] 刘志彪：《现代产业经济学》，高等教育出版社 2003 年版。
[3] Harberger, Arnold C., "Monopoly and Resource Allocation", *The American Economic Review*, 1954, 44 (2).

在实际研究过程中，我们借鉴了国内外学者的方法，详细地计算了我国产业行政性垄断所导致的制度成本，我们计算了我国行政性垄断的福利净损失，毫无疑问，这部分属于行政性垄断导致的制度成本，同时，我们还把收入从消费者向垄断者的转移也看成一种制度成本。之所以将这一部分也作为垄断的制度成本来对待，是因为这种收入转移形成了垄断租金，而垄断租金承担了垄断行业低效率经营的巨大成本，成为垄断行业政府主管部门非正式支出的主要来源。同时，垄断行业职工参与分享垄断租金，使他们的收入水平远远高于其他行业，对我国目前的收入分配状况日趋恶化起了很大的作用。另外，垄断行业的寻租、护租行为不可避免地会产生腐败。塔洛克（Tullock）[①] 认为垄断租金最终将会被全部耗尽，从而成为净社会福利损失。因此，我们将这一部分也作为垄断的制度成本。

当然，在计算的过程中，我们分别计算了福利净损失和垄断成本（图 4-2 中的 $WL2$），政策制定者可以根据自己的政治判断，来分析我国行政性垄断的危害性。

至于垄断所导致的收入分配效应，尽管垄断利润向社会成本的转移可能是不完全的，但是，经过多年的积累，这种收入的转移可能会从根本上改变社会的财富分配状况。[②] 国外相关学者的研究已证明了这一判断。

三　垄断的危害：国外学者的研究结果

垄断的危害已早为人们所知，但是，对垄断的危害的定量研究，具有开创性的为哈伯格（Harberger）[③] 对美国 73 个产业样本的估算。哈伯格估计了 73 个产业样本中因市场势力所导致的净损失。假设在所有制造业中，净损失占产出的比例不变。他的研究结果表明，由于制造业部门的市场势力而导致的净损失占美国国民收入的比例在 0.1% 以下。显然，这一数值对整个国民经济来说是微不足道的，也就是说垄断是不成什么气候的。

[①] Tullock, Gordon, "The Welfare Costs of Tariffs, Monopolies, and Theft", *Economic Inquiry*, 1967, 5 (3).

[②] 刘志彪：《现代产业经济学》，高等教育出版社 2003 年版。

[③] Harberger, Arnold C., "Monopoly and Resource Allocation", *The American Economic Review*, 1954, 44 (2).

哈伯格的研究引致了许多讨论和批评，也产生了很多研究文献，并使这一领域的研究不断深入。例如，施瓦茨曼（Schwartzman，1960）根据施蒂格勒对哈伯格的批评对1954年美国的产业垄断的社会成本进行测算。他的计算结果是垄断的福利损失不超过GNP的0.1%。武斯特（Worcester，1973）利用《财富》杂志所列的500家大企业的数据，计算出的福利成本也不大于GNP的0.3%。吉赛尔（Gisser，1986）在一系列假定基础上，计算出1977年的福利净损失为1.823%，并认为这是一个最上限的估计，在纳什—库诺特假定下，社会福利净损失估计降至0.114%。

Posner[1]认为以上研究所得出的福利损失占GNP比重较小的原因在于，这些学者仅仅局限于福利三角形表示的这一相对较小的福利损失。他的观点是，所有垄断利润都是有成本的，如厂商所做的广告支出，或者厂商对政府官员进行贿赂，使其认可垄断。柯林和缪勒接受了Posner的这一观点，他们利用美国734个公司1963—1966年以及英国103个公司1968—1969年的数据，重新估计了市场势力造成的福利损失。他们把其估计结果与哈伯格及其他人的结果进行了比较，其中代表性样本中的结果反映在表4-4中。

从表4-4可以看出，柯林和缪勒的计算方法估计出的结果都远远高于用哈伯格的方法估计出的结果。对于DWL的差异，除哈伯格的$\varepsilon = 1$的假定比较武断以外，哈伯格在计算时，以公司的资本报酬率为基础，而柯林和缪勒则以平均的股票市场报酬率为基础。在柯林和缪勒研究期间，平均的股票市场报酬率为12%，而同期这些公司的资本报酬率为14%。"DWL+垄断"的差异则很大程度上是DWL的差异造成的。

在垄断所导致的收入分配效应方面，康马诺和斯麦勒（Comanor and Smiley）[2]估计了市场势力在1890—1962年对美国财富分配状况的影响，他们假定在整个研究样本期间垄断利润占GNP的3%。他们的研究表明，最富有的家庭是那些至少拥有净财产（在1962年）50万美元

---

[1] Posner, R. A., "The Social Costs of Monopoly and Regulation", *The Journal of Political Economy*, 1975, 83 (4).

[2] Comanor, William S. and Robert H. Smiley, "Monopoly and the Distribution of Wealth", *The Quarterly Journal of Economics*, 1975, 89 (2).

的家庭。所有家庭中只有0.27%的家庭属于这一行列，但是，他们控制了所有家庭财产的18.5%。他们估计，如果没有垄断利润，这些家庭至多只能控制所有家庭财产的10%，可能小到只有3%。另外，在康马诺和斯麦勒的样本中，最贫穷的28.25%的家庭的财产是负数，他们的债务超过了资产。如果没有市场势力造成的收入转移，这些最贫穷的家庭财产净值至少占所有家庭财产的2%。

表4－4 对市场势力的福利成本的估计 单位：百万美元，%

	DWL		DWL＋垄断	
	Hara	C&Mb	Hara	C&Mb
通用汽车公司	123.4	1060.5	770.2	1780.3
电话电报公司	0	0	781.1	1025.0
……	……	……	……	……
所有公司	448.2	4527.1	8440.1	14997.6
占公司产出的百分比	0.40	3.96	7.39	13.14

注：时期是1963—1966年，净损失DWL仅依据利润估计；"DWL＋垄断"包括利润和广告支出。
按照哈伯格的估计方法，假设$\varepsilon=1$。
按照柯林和缪勒的估计方法，假设在利润极大化条件下使用销售报酬率。
资料来源：Cowling, Keith and Dennis C. Mueller, "The Social Costs of Monopoly Power", *The Economic Journal*, 1978, 88 (352), Table 2.

市场势力的初始分配效应表明它会加剧收入分配中的所谓的"马太效应"现象，即让富有的家庭进一步增加其财富而让贫穷的家庭进一步减少其财富。这充分表明，市场势力会增加社会财富分配的不公平。

（四）行政性垄断危害的估计方法

1. 福利净损失

福利净损失是对竞争性市场的偏离而造成的消费者剩余和生产者剩余的损失之和，反映垄断者限制产量引起的生产者和消费者的总福利损失，这部分福利既没有被生产者得到，也没有被消费者得到，因此，它反映了未能有效运转的市场给社会所带来的成本，从而被称为福利净损失。

当前有多种计算福利净损失的估计方法，但主要有两种。

(1) 最低限的估计：哈伯格的估计方法

美国经济学家哈伯格①利用美国 73 个制造业在 1924—1928 年的平均数据，估计了市场势力造成的福利净损失的程度。哈伯格把会计对利润的度量作为经济利润的基础，通过把会计利润调整为对资本的正常报酬，就是说从销售收入和经济利润的数据中，得到对福利净损失的估计。一般认为，哈伯格对垄断市场势力造成的福利净损失的估计为最低限的估计。

$$DWL = (1/2) r^2 \varepsilon P_m Q_m \tag{4-1}$$

式中，r 为经济利润率。哈伯格用资本的平均报酬率作为正常报酬率的估计值，用会计利润减去正常报酬，得到了用 r 表示的垄断厂商的经济利润率。$P_m Q_m$ 是销售收入，可以直接得到。ε 是需求的价格弹性。哈伯格认为在他所研究的样本产业中，该弹性较低，就假定其等于 1，即 $\varepsilon = 1$。

(2) 最高限的估计：柯林和缪勒的估计方法

哈伯格的研究后来招致了很多批评，由此引发了大量文献的讨论。这些文献认为，他对市场势力的估计可能偏低，但作为最低限估计可能是合适的。美国经济学家柯林和缪勒②的一项研究总结了这些讨论，重新估计了美国市场势力的福利成本。

---

① Harberger, Arnold C., "Monopoly and Resource Allocation", *The American Economic Review*, 1954, 44 (2).
哈伯格对垄断市场势力造成的净损失的计算公式的推导为：
由 $\Delta p = P_m - P_c = P_m - c$ 得：

$$\begin{aligned} DWL &= (1/2) \Delta P \Delta Q = (1/2)(\Delta P)^2 (\Delta Q/\Delta P) \\ &= (1/2)[(P_m - c)/P_m Q_m]^2 (P_m/Q_m)(\Delta Q/\Delta P) P_m Q_m (Q_m)^2 \\ &= (1/2)[(P_m Q_m - c Q_m)/P_m Q_m]^2 \varepsilon P_m Q_m \\ &= (1/2) r^2 \varepsilon P_m Q_m \end{aligned}$$

② Cowling, Keith and Dennis C. Mueller, "The Social Costs of Monopoly Power", *The Economic Journal*, 1978, 88 (352): 727-748.
柯林和缪勒的计算方法为：
追求利润最大化的垄断厂商会选择使销售利润率等于需求价格弹性的倒数的产出水平，即 $(P_m - c)/P_m = 1/\varepsilon$。将其代入式(4-1)，可以得到一种不包括需求价格弹性的净损失估计公式：

$$\begin{aligned} DWL &= (1/2)[(P_m - c)/P_m]^2 P_m Q_m \varepsilon \\ &= (1/2)[(P_m - c)/P_m] P_m Q_m \\ &= (1/2)(P_m Q_m - c Q_m)。 \end{aligned}$$

柯林和缪勒的方法与哈伯格方法的不同表现在对需求价格弹性的估计方法、对正常投资报酬的估计方法、利用公司层面的数据、垄断成本的估计等方面。他们对垄断福利净损失的估计公式为：

$$DWL = (1/2)(P_m O_m - cQ_m) \qquad (4-2)$$

式（4-2）表明我们可以利用垄断利润的一半去估计净损失。

垄断的卡特尔理论认为，垄断寡头实际上很难就联合利润最大化目标进行协调。实际的产出水平下降和净损失要比式（4-2）所预期的数值要小得多。正因为如此，依据式（4-2）所进行的估计，通常作为净损失的最高限来看待。

（3）本章的估计方法

无论是借助于行政命令还是借助于市场竞争而形成的垄断，其结果是相似的，它们都对整个社会的福利造成了损害。因此，在估计我国行政性垄断的福利损失时，我们借鉴了西方学者的计算方法，采用了他们的公式来计算我国行政性垄断所导致的福利净损失。但是需要说明的是，我们在计算时，将他们公式中的一些变量进行了一定的合理化处理。具体说，式（4-1）中 r 为销售利润率与正常报酬率的差额，其中，销售利润率不是销售毛利率的概念，其计算公式为：销售利润率＝利润总额/销售收入。关于正常报酬率，哈伯格用资本的平均报酬率作为正常报酬率的估计值，还有的学者如柯林和缪勒（1978）以股票市场报酬率作为正常报酬率，用会计利润减去正常报酬，得到了垄断厂商的经济利润率。我们认为，式（4-1）是以销售利润率的形式出现的，所以，我们将全部上市公司的加权销售利润率作为正常报酬率，以公司的销售利润率与全部上市公司的加权销售利润率的差额作为经济利润率。关于 ε，它是需求的价格弹性。哈伯格以及其他西方学者在估计市场竞争所形成的垄断造成的福利净损失时，假定 $\varepsilon=1$ 可能存在一定的问题，但是，在估计我国行政性垄断行业时，可能是比较合理的，因为在这些行业里，替代品没有或者很少，因此价格需求弹性是很小的。

另外，需要说明的是，在将会计利润转化为经济利润时，我们采用全部上市公司的加权净资产收益率作为正常报酬率，然后计算上市公司的正常报酬，再以公司的会计利润减去正常报酬作为经济利润。

2. 行政性垄断的社会成本

垄断不仅仅由于限产而导致社会福利净损失，还会由于提价而导致消费者福利向生产者福利转化，这一部分往往也被看作垄断所导致的社会成本，其具体的理由前文已做解释。

(1) 国外学者的计算方法

哈伯格对净损失的估计，并没有考虑垄断的成本。尽管如此，他承认将广告支出作为社会成本来考虑可能是合适的。根据这一看法，柯林和缪勒在测量垄断利润时把 $\pi + A$ 作为垄断的成本，其中，π 为所估计的经济利润，A 为广告支出。当然，利润需要交纳所得税，因此，在计算垄断成本时，需要扣除公司交纳的所得税。这样，垄断成本就等于垄断利润减去所得税。

(2) 本章的方法

在研究过程中，我们借鉴了柯林和缪勒的计算方法。但是，我国缺乏完备的数据库，尽管一些财务指标可以得到，但是像广告支出等数据公司是不单独披露的；同时，那些行政性垄断行业由于特殊的市场地位，它们的广告支出不像竞争性行业的公司那样，其广告费用可能是有限的，例如，我们很少看到像铁路、电力等行业的公司进行广告宣传。基于以上原因，我们在估计垄断成本时，就没有考虑广告费用，而只是将垄断利润与所得税的差作为垄断成本。

3. 行政性垄断的制度总成本

基于以上分析，在同时考虑到行政性垄断的福利净损失和垄断成本的情况下，行政性垄断所造成的制度总成本为两者之和。具体如下。

(1) 最低限的估计

根据以上的分析，行政性垄断的福利净损失的估计公式为 $DWL = (1/2) r^2 \varepsilon P_m Q_m$，而垄断成本的估计公式为经济利润 π 减去所得税 T，因此，我国行政性垄断的制度总成本最低限的估计可以通过以下公式来进行：

$$Overall\ Cost = (1/2) r^2 \varepsilon P_m Q_m + \pi - T \qquad (4-3)$$

(2) 最高限的估计

从式 (4-2) 可知，垄断所造成的福利净损失就是 $\pi/2$。因此，我们可以通过以下公式来估计行政性垄断的制度总成本的最高限：

$$Overall\ Cost = (3/2) \pi - T \qquad (4-4)$$

当然，经济利润不可能全部转化为垄断利润。这就是为什么把依据式 (4-4) 所估计的福利成本看作最高限的原因。

(五) 我国行政性垄断的制度成本估计

根据以上部分所介绍的方法，我们对我国行政性垄断所造成的福利净损失及制度总成本占国民收入的比重进行了估计。

西方学者的经验表明，以公司层面的数据来计算垄断的福利损失比行业层面的方法可能更准确，但是，鉴于数据的可得到性，我们只能采取两步走的策略。具体来说，首先采用那些能得到公开数据的具有行政性垄断特征的上市公司作为代表性公司，根据它们的资料来估计垄断所造成的净损失和制度总成本，然后计算它们占公司销售收入的比重，在此基础上，根据垄断行业的销售收入和该比重，估计出各垄断行业的福利净损失和制度总成本。

1. 研究区间

本章的研究区间为1997—2005年，共9年的时间。之所以选择这一研究区间，主要是基于以下两个原因：

第一，反行政性垄断的口号提出了很长时间，我国市场经济地位的确立也有10多年的时间。因此，在这样的背景下，研究在此期间的行政性垄断的制度成本更有典型意义。

第二，基于数据的准确性和可得到性的考虑。近些年来，我国关于宏观经济和微观经济的数据库开始逐步走向正规，数据的真实性也在逐步提高，因此，进行实证研究成为可能。

2. 行业选择的标准及代表性公司

（1）行业选择的标准

我们选择了那些当前争议激烈、反响很大的一些行政性垄断行业进行研究。基于数据的可得到性，我们只选择了烟草、交通运输、电力、邮电通信、石油开采与加工、金融这六个行业。但是，我们同时给出了这六个行业的销售收入情况，因此，如果人们能得到更多行业的销售收入，从而得到更全面的行政性垄断行业的销售收入情况，那么，完全可以根据我们的研究结果得到更全面的估计。例如，如果有人计算出我国全部行政性垄断行业的销售收入是本研究的两倍，那么我国行政性垄断所导致的福利净损失以及制度总成本占国民收入的比例就是我们的两倍。从这一意义上说，尽管由于数据收集的难度，我们的研究可能并不全面，但是，我们为其他进一步研究该问题的学者提供了一个便利的方法。

(2) 代表性公司

我们选择了沪深股市中具有行政性垄断特征的上市公司作为代表性公司，来估计行政性垄断造成的福利净损失和制度总成本。为了增强代表性，在研究中，我们选择了尽可能多的行业和上市公司作为代表。而且，为了剔除上市初期"包装"等因素的影响，我们尽可能选择那些上市较早的公司作为代表。鉴于研究区间，我们选择了那些在1996年年底以前上市的公司作为代表性公司。同时，为了增强样本的代表性，我们还采取了其他手段，从中国石油、中国联通、中国移动的网站收集到它们的财务数据，也将其作为代表性公司。我们总共选择了35个公司[①]作为代表性公司，行业包括电力、航空运输、自来水的生产与供应、石油、煤炭采掘、水上运输、银行、邮电通信。无疑，这些行业具有强烈的行政性垄断特征。

需要做出说明的是，垄断并不能保证每一个处于垄断地位的公司每年都能获得超额垄断利润。由于经营管理或其他原因，不可避免某些公司也会亏损。这种公司亏损对社会而言是福利损失，但它们不是因为市场势力而发生亏损。对发生亏损的公司而言，它们因市场势力而导致的净损失可以看作零。[②]

(3) 代表性公司垄断的制度总成本占销售收入的比重情况

运用本章以上部分介绍的测算方法，我们计算代表性公司1997—2006年造成的福利净损失以及制度总成本。对于代表性公司垄断造成的福利净损失和制度总成本分别相当于销售收入的比重情况如表4-5所示。

3. 行政性垄断的制度总成本估计

根据代表性公司福利净损失与制度总成本分别占销售收入的比重，我们结合烟草、铁路运输、电力、邮电通信、石油开采与加工、金融六

[①] 35个公司分别是：中国联通、中国移动、中石油、民生银行、浦发银行、深发展A、申通地铁、原水股份、南海发展、武汉控股、中信国安、铁龙物流、中海海直、外运发展、神火股份、金牛能源、煤气化、西山煤电、兰花科创、兖州煤业、盘江股份、南京水运、亚通股份、宁波海运、中海海盛、国电电力、通宝能源、桂东电力、岷江水电、广州控股、漳泽电力、宝新能源、粤电力A、穗恒运A、深能源A。

[②] Cowling, Keith and Dennis C. Mueller, "The Social Costs of Monopoly Power", *The Economic Journal*, 1978, 88 (352): 727–748.

表 4-5　代表性公司垄断的福利净损失和制度总成本分别占销售收入的比重　　单位:%

年份	DWL		DWL + 垄断成本	
	最低限	最高限	最低限	最高限
1997	1.4121	11.3571	23.0744	35.0194
1998	0.8536	8.0226	12.3675	20.3365
1999	1.0273	9.8698	15.0663	25.4361
2000	2.5126	14.1446	22.1567	34.3888
2001	1.9891	11.8036	18.4996	30.0142
2002	1.7084	11.6646	17.4099	28.5661
2003	3.9010	11.7984	20.3109	29.4083
2004	2.6743	12.9089	20.8128	31.4474
2005	2.7088	12.6099	19.5679	30.8690
2006	1.7839	11.4098	18.0781	27.9041
平均	2.0571	11.7789	18.8144	28.8390

资料来源:笔者整理。

个行业的销售收入数据,计算这六个行业所造成的福利净损失和制度总成本及其分别相当于国民收入的比重,具体结果如表 4-6、表 4-7 所示。

表 4-6　六个行业的行政性垄断的福利净损失和制度总成本估计　　单位:亿元

年份	福利净损失(DWL)		福利净损失 + 垄断成本	
	最低限	最高限	最低限	最高限
1997	230.05	1850.26	3759.21	5705.25
1998	148.82	1398.79	2156.36	3545.82
1999	207.50	1993.56	3043.18	5137.74
2000	651.23	3666.12	5742.77	8913.18
2001	530.11	3145.79	4930.35	7999.12
2002	536.21	3661.24	5464.55	8966.22
2003	1474.27	4458.85	7675.89	11113.98
2004	1318.76	6365.79	10263.45	15507.71
2005	1544.96	7192.11	11160.65	1760.63
平均	737.99	3748.06	6021.83	9388.37

资料来源:笔者整理。

从表 4-6 可以看出,1997—2005 年,烟草、铁路运输、电力、邮电通信、石油开采与加工、金融这六个行政性垄断行业造成了很大的福利净损失和制度总成本。就福利净损失而言,最低限的估计这九年的平均数为 737.99 亿元,最高限的估计为 3748.06 亿元,这部分福利既没有被消费者得到,也没有被生产者得到,是纯粹的福利净损失。同时,如果考虑到垄断成本,则这些行业的行政性垄断的制度总成本九年的平均值最低限的估计为 6021.83 亿元,最高限的估计为近一万亿元。应该说,该数值是相当惊人的。而且,如果考虑到这仅仅是六个行业而不是全部行政性垄断行业的情况,那么,我们不得不为行政性垄断的危害表示深深的担忧。

表 4-7　六个行业的行政性垄断的福利净损失和制度总成本分别相当于国民收入的比重　　单位:%

年份	国民收入	销售收入	福利净损失（DWL）		福利净损失 + 垄断成本	
			最低限	最高限	最低限	最高限
1997	73142.7	16291.7	0.315	2.530	5.140	7.800
1998	76967.1	17435.7	0.193	1.817	2.802	4.607
1999	80422.8	20198.6	0.258	2.479	3.784	6.388
2000	88254.0	25918.9	0.738	4.154	6.507	10.099
2001	95727.9	26651.1	0.554	3.286	5.150	8.356
2002	103935.3	29967.2	0.516	3.523	5.258	8.627
2003	116603.2	37792.0	1.264	3.824	6.583	9.531
2004	159586.7	49313.2	0.826	3.989	6.431	9.717
2005	183956.1	57035.5	0.840	3.910	6.067	9.571
平均			0.612	3.279	5.302	8.300

资料来源:笔者整理。

从表 4-7 的数据看,1997—2005 年,烟草、铁路运输、电力、邮电通信、石油开采与加工、金融这六个行政性垄断行业造成了很大的福利净损失和制度总成本。就福利净损失这九年的平均情况来看,最低限的估计为 0.612%,最高限为 3.279%,而制度总成本的最低限估计为

5.302%，最高限估计为 8.300%。由此可以看出，我国行政性垄断所造成的福利净损失和制度总成本相当于国民收入的比重确实是相当高的。

(六) 行政性垄断的收入分配效应

垄断利润向社会成本的转移可能是不完全的。如果收入从消费者转向垄断者是可接受的话，那么它就不是社会福利损失，但是，它一定是一种市场势力或垄断效应，是一种严重扭曲的初次收入分配。而且，经过多年的累积，这种收入转移可能会从根本上改变社会财富的分配状况。①

西方学者的研究表明，市场势力的初始分配效应，表明它会加剧收入分配中的所谓"马太效应"现象，即让富有的家庭进一步增加其财富，让贫困的家庭进一步减少其财富。这说明市场势力会增加社会财富分配的不均等。而从我国的现实情况看，那些行政性垄断行业的职工收入和福利状况都远远好于其他行业，已引起了社会各界的广泛关注。

限于数据的可得到性，我们没有对行政性垄断所导致的收入分配效应（后果）进行具体的定量分析，而只是通过对行政性垄断行业与其他行业的职工收入情况进行对比分析，试图表明我国的行政性垄断可能加剧了收入分配不均的状况。也就是说，本部分的目的在于试图对行政性垄断行业的职工收入情况与其他行业进行对比分析，指出这种收入差异不仅仅会导致行政性垄断行业过高的制度总成本（福利损失），而且会导致很大的社会问题：贫富差距拉大。

我们的数据只能从《中国统计年鉴》中得到，尽管统计年鉴的数据可能并不是各行业职工收入的真实情况，而且那些行政性垄断行业的职工的更多收入可能并没有反映在里面，尤其是那些福利收入更没有包括进来，但是，我们还是可以通过对比垄断行业与其他行业来说明一些问题。

与以上部分相同，本部分的研究区间仍旧选择 1997—2005 年。

另外，由于《中国统计年鉴》从 2005 年才开始对制造业和采矿业的细分行业类目的职工收入水平进行披露，2005 年之前，烟草业的职工收入情况最终合并在制造业，石油开采业合并在采矿业，石油加工业

---

① 刘志彪：《现代产业经济学》，高等教育出版社 2003 年版。

合并在制造业，因此，我们难以获得以上讨论中的这两个行业职工收入情况，而只是考察和报告了其他几个行政性垄断行业的职工收入情况。

1. 行政性垄断行业职工收入与其他行业职工收入的绝对数比较

我们从《中国统计年鉴》收集了我国各行业职工平均收入情况，并对其做描述性统计，所得结果如表4-8、表4-9所示。

表4-8　　　　　我国各行业职工收入情况　　　　单位：元

	1997年	1998年	1999年	2000年	2001年	2002年	2003年	2004年	2005年	平均
全国总计	6470	7479	8346	9371	10870	12422	14040	16024	18364	11487
农、林、牧、渔业	4311	4528	4832	5184	5741	6398	6969	7611	8309	5987
采矿业	6833	7242	7521	8340	9586	11017	13682	16874	20626	11302
制造业	5933	7064	7794	8750	9774	11001	12496	14033	15757	10289
电力、燃气及水的生产和供应业	9649	10478	11513	12830	14590	16440	18752	21805	25073	15681
建筑业	6655	7456	7982	8735	9484	10279	11478	12770	14338	9908
交通运输、仓储和邮政业	8600	9808	10991	12319	14167	16044	15973	18381	21352	14182
铁路运输业	11152	11516	12639	13920	15136	16613	18140	20717	24327	16018
道路运输业	4354	5522	6210	6832	7704	8585	11157	12756	14415	8615
城市公共交通业	11004	12894	15051	15672	18496	27338	13977	15346	16892	16297
水上运输业	7737	9636	10880	12347	14350	15535	22506	26496	31310	16755
航空运输业	16865	17395	19726	23454	27365	30641	33377	39961	49610	28710
管道运输业	8256	9240	10465	11657	13420	14874	25761	28357	33162	17244
电信和其他信息传输服务业	12056	13017	14424	16359	19991	23582	30481	32264	36941	22124
计算机服务业	17416	15385	19150	28333	30146	38810	41722	47725	52637	32369
批发和零售业	4845	5865	6417	7190	8192	9398	10939	12923	15241	9001
住宿和餐饮业	8865	11400	13194	16087	20678	28776	11083	12535	13857	15164
金融业	9734	10633	12046	13478	16277	19135	22457	26982	32228	18108
房地产业	9190	10302	11505	12616	14096	15501	17182	18712	20581	14409
租赁、商务服务业	7755	8415	9406	9810	11401	12265	16501	18131	20992	12742

续表

	1997年	1998年	1999年	2000年	2001年	2002年	2003年	2004年	2005年	平均
教育	6694	7377	8392	9336	11269	13095	14399	16277	18470	11701
卫生、社会保障和社会福利业	7599	8493	9664	10930	12933	14795	16352	18617	21048	13381
文化、体育和娱乐	6759	7474	8510	9482	11452	13290	17268	20730	22885	13094
广播、电影、电视和音像业	7008	7999	9188	10388	12669	14577	15098	18446	21654	13003

资料来源：笔者整理。

表4-9　各行业职工收入与全国各行业职工收入平均值的差额　　　　单位：元

	1997年	1998年	1999年	2000年	2001年	2002年	2003年	2004年	2005年	平均
全国总计	50460	47122	55542	68516	78907	102283	94830	109897	129333	81872
农、林、牧、渔业	-2159	-2951	-3514	-4187	-5129	-6024	-7071	-8413	-10055	-5500
采矿业	363	-237	-825	-1031	-1284	-1405	-358	850	2262	-185
制造业	-537	-415	-552	-621	-1096	-1421	-1544	-1991	-2607	-1198
电力、燃气及水的生产和供应业	3179	2999	3167	3459	3720	4018	4712	5781	6709	4193
建筑业	185	-23	-364	-636	-1386	-2143	-2562	-3254	-4026	-1578
交通运输、仓储和邮政业	2130	2329	2645	2948	3297	3622	1933	2357	2988	2694
铁路运输业	4682	4037	4293	4549	4266	4191	4100	4693	5963	4530
道路运输业	-2116	-1957	-2136	-2539	-3166	-3837	-2883	-3268	-3949	-2872
城市公共交通	4534	5415	6705	6301	7626	14916	-63	-678	-1472	4809
水上运输业	1267	2157	2534	2976	3480	3113	8466	10472	12946	5267
航空运输业	10395	9916	11380	14083	16495	18219	19337	23937	31246	17223
管道运输业	1786	1761	2119	2286	2550	2452	11721	12333	14798	5756
电信和其他信息传输服务业	5586	5538	6078	6988	9121	11160	16441	16240	18577	10636
计算机服务业	10946	7906	10804	18962	19276	26388	27682	31701	34273	20882

续表

	1997年	1998年	1999年	2000年	2001年	2002年	2003年	2004年	2005年	平均
批发和零售业	-1625	-1614	-1929	-2181	-2678	-3024	-3101	-3101	-3123	-2486
住宿和餐饮业	2395	3921	4848	6716	9808	16354	-2957	-3489	-4507	3676
金融业	3264	3154	3700	4107	5407	6713	8417	10958	13864	6620
房地产业	2720	2823	3159	3245	3226	3079	3142	2688	2217	2922
租赁和商务服务	1285	936	1060	439	531	-157	2461	2107	2628	1254
教育	224	-102	46	-35	399	673	359	253	106	213
卫生、社会保障和社会福利业	1129	1014	1318	1559	2063	2373	2312	2593	2684	1893
文化、体育和娱乐业	289	-5	164	111	582	868	3228	4706	4521	1607
广播、电影、电视和音像业	538	520	842	1017	1799	2155	1058	2422	3290	1516

资料来源：笔者整理。

从表4-8和表4-9来看，除计算机服务业属于高科技行业，收入水平比较高以外，其他收入水平比较高的行业基本上都是具有行政性垄断色彩的行业，如电信、金融、航空运输、铁路运输、电力等，而那些竞争性很强的行业，职工的平均收入水平是远远低于那些行政性垄断行业的。我们可以看出，电信、金融、航空运输等垄断行业的职工平均收入远远高于全国职工收入的平均水平，最少的也在制造业职工平均收入的1.5倍以上，而且，这些收入并没有考虑到职工福利水平。长期累积，这种收入差距将不断加大，必然将扩大我国广大居民的贫富差距。

2. 行政性垄断行业职工收入与其他行业职工收入的增长率比较

我们对研究区间行政性垄断行业的职工平均收入与其他行业的职工平均收入的环比增长率水平进行了计算，所得结果如表4-10所示。

从表4-10的结果看，我国行政性垄断行业尽管在少数年份的增长率可能低于其他行业，但是从整个研究区间看，在大部分的年度里，行政性垄断行业的职工收入的环比增长率高于全国平均水平和其他行业，换言之，我国行政性垄断行业与其他行业的收入水平差距在我们的研究

表 4-10 各行业职工收入环比增长情况 单位：%

	1998年	1999年	2000年	2001年	2002年	2003年	2004年	2005年
全国总计	15.60	11.59	12.28	16.00	14.28	13.03	14.13	14.60
农、林、牧、渔业	5.03	6.71	7.28	10.74	11.44	8.92	9.21	9.17
采矿业	5.99	3.85	10.89	14.94	14.93	24.19	23.33	22.24
制造业	19.06	10.33	12.27	11.70	12.55	13.59	12.30	12.29
电力、燃气及水的生产和供应业	8.59	9.88	11.44	13.72	12.68	14.06	16.28	14.99
建筑业	12.04	7.05	9.43	8.57	8.38	11.66	11.26	12.28
交通运输、仓储和邮政	14.05	12.06	12.08	15.00	13.25	-0.40	15.08	16.16
铁路运输业	3.26	9.75	10.14	8.74	9.76	9.19	14.21	17.43
道路运输业	26.83	12.46	10.02	12.76	11.44	29.96	14.33	13.01
城市公共交通业	17.18	16.73	4.13	18.02	47.80	-48.9	9.79	10.07
水上运输业	24.54	12.91	13.48	16.22	8.26	44.87	17.73	18.17
航空运输业	3.14	13.40	18.90	16.68	11.97	8.93	19.73	24.15
管道运输业	11.92	13.26	11.39	15.12	10.83	73.19	10.08	16.94
电信和其他信息传输服务	7.97	10.81	134.2	22.20	17.96	29.26	5.85	14.50
计算机服务业	11.66	24.47	47.95	6.40	28.74	7.50	14.39	10.29
批发和零售业	21.05	9.41	12.05	13.94	14.72	16.40	18.14	17.94
住宿和餐饮业	28.60	15.74	21.93	28.54	39.16	-61.50	13.10	10.55
金融业	9.24	13.29	11.89	20.77	17.56	17.36	20.15	19.44
房地产业	12.10	11.68	9.66	11.73	9.97	10.84	8.90	9.99
租赁和商务服务业	8.51	11.78	4.30	16.22	7.58	34.54	9.88	15.78
教育	10.20	13.76	11.25	20.70	16.20	9.96	13.04	13.47
卫生、社会保障和社会福利	11.76	13.79	13.10	18.33	14.40	10.52	13.85	13.06
文化、体育和娱乐业	10.58	13.86	11.42	20.78	16.05	29.93	20.05	10.40
广播、电影、电视和音像业	14.14	14.86	13.06	21.96	15.06	3.57	22.18	17.39

资料来源：笔者整理。

区间里长期存在，而且这种差距并没有出现缩小的趋势，相反，从近些年的情况看，甚至有扩大的趋势，如金融业、航空运输业的职工收入在2004年和2005年均保持了近20%的增长率，远远高于其他行业。如果这样的局面长期持续下去，必然导致我国社会的贫富差距问题进一步恶化。

（七）结语

通过以上分析，我们可以发现，我国产业的行政性垄断对我国经济社会产生了很大的危害，1997—2005 年，仅仅是烟草、铁路运输、电力、邮电通信、石油开采与加工、金融这六个行政性垄断行业所造成的福利净损失和制度总成本就令人触目惊心，就福利净损失而言，最低限的估计九年的平均情况也在 737.99 亿元，最高限的估计为 3748.06 亿元，分别相当于国民总收入的 0.612% 和 3.279%，而这部分福利既没有被消费者得到，也没有被生产者得到，是纯粹的福利损失。同时，如果考虑到垄断成本，我国行政性垄断的制度总成本九年的平均值最低限的估计为 6021.83 亿元，最高限的估计为 9388.37 亿元，分别相当于国民收入的 5.302% 和 8.300%。

同时，我们的研究还表明，在研究区间，我国行政性垄断行业的职工平均收入远远高于其他行业，而且这种趋势并没有随着我国市场经济地位的确立而表现出些许改变的迹象。从这一意义上说，行政性垄断对我国经济社会不仅造成很大的福利净损失和制度总成本，而且对加剧社会分配不均尤其是由于身份地位而不是因为个人能力等素质的差距而导致的贫富差距拉大产生了不利的影响。

我们的研究充分表明，行政性垄断产生的危害极大。日前，我国反垄断法已经出台，但是，正如我国一些学者所言，不反行政性垄断算不上反垄断，在我国最大的同时也是危害最大的垄断是行政性垄断。

我们认为，我国的行政性垄断对社会福利的损失已经到了威胁国民经济平衡发展和导致初次收入分配严重不均衡的地步。行政性垄断的改革势在必行！

第五节 反行政性垄断的对策与建议

经济领域的行政性垄断本质上是公权力的滥用。简单地说，就是各级政府各职能部门和地方各级政府利用其公权力为其管辖范围内的企业谋求市场垄断或强化其市场垄断地位的行为。经过多年改革，中央政府各职能部门大都将其所属企业转交出去，基本完成了政企分离的改革。目前，国务院各部门的行政性垄断行为主要表现在以下几个方面：一是通过政策上的差别待遇和监管上的倾向性执法（这些企业可能是竞争性行业企业，也可能是非竞争性行业企业）维持和强化原属各部委的中央国有企业的垄断地位。二是各部门把本属于公共的资源（包括信息资源、公共服务）赋予本部门经营性的事业单位，这些事业单位利用对各种资源的垄断来谋取垄断暴利。这实际上也是一种政事不分、政企不分的现象。三是权力寻租，通过其掌握的行政许可、政府采购和监管执法权力对不同企业实行不同程度的歧视待遇，限制市场竞争。

目前，困扰我国市场经济发展老大难的问题还有地方政府为了地方财政利益最大化而对本地企业采取的各种保护主义行为，这些保护主义行为表现为在市场准入、公共资源分配、政府采购等方面对本地企业、外地企业、国有企业与非国有企业等采取差别歧视待遇。

至于自然垄断行业与其他国有垄断行业对市场的垄断以及这些行业国有企业滥用市场支配地位而进行的限制竞争的行为，前者实际上是市场进一步开放引入竞争的问题，后者则涉及这些特殊行业的国有企业公司治理与监管完善的问题。

已颁布的反垄断法对上述各类行政性垄断行为均有涉及，但其最大缺陷是在监管执法体系上显得异常单薄，在对特殊行业国有企业垄断也简单地采取了几近豁免的立场。所以，虽然反垄断法反行政性垄断立场鲜明，但反的力度、反的措施显得非常苍白无力，尤其是在监管执法体系制度安排上。各种行政性垄断产生的根源是我国经济体制上的缺陷。在根深蒂固的主流政治文化中，许多政府部门和官员根本就没有意识到这些行政性垄断的存在及其危害，在这样的条件下，我们不能指望一部反垄断法就能从根本上解决行政性垄断问题，对于貌似合法但不合理的行政性垄断，反垄断法有其局限性。因此，要治理行政性垄断，一方面要从完善反行政性垄断的法律制度着手，包括完善监管执法体系；另一方面也要通过体制改革、法治建设以及经济体制改革深化从根源上反行政性垄断。因此，在本部分的对策研究中，我们并非只是围绕反垄断法的法律框架来讨论行政性垄断治理的问题，而是从经济体制改革、政府间利益关系调整、国有企业公司治理等范畴来讨论治理对策。但由于经济体制改革等问题过于宏大，本章将其收敛于监管执法体系和国有企业公司治理完善范畴来进行讨论。

从关于行政性垄断产生成因的分析中，我们可以看出，在转轨时期由于体制上的缺陷，行政性垄断背后实际上也有政府合理性的利益诉求成分，在其利益诉求受到体制约束，无法通过合法方式实现的情况下，就通过行政性垄断这种扭曲的方式表达出来了。所以，从这个意义上来说，在反行政性垄断上应该采取疏导策略，疏通、引导政府间的利益关系，让其正当利益诉求能够有恰当的表达途径。总之，我们主张疏堵结合。

从法律层面来说，行政性垄断之行政行为包括抽象行政行为和具体行政行为。具体行政行为多是个别政府部门或个别政府官员的行为，这些行为通常都是与官商合谋、以权谋私的腐败联系在一起，通过反腐，严肃政纪、党纪，追究有关徇私舞弊刑事责任都可以得到有效遏制。应该说在这方面，我国现有法律制度还是比较健全的，我国现行法律提供给公民和法人的救济渠道也比较健全，包括司法救济，关键问题在于官员问责和法律执行能否严格到位。

反行政性垄断难点还在于政府抽象行政行为。目前，我国没有健全的审查制度，政府抽象行政行为也在司法审查范围之外，对政府抽象行政行为既缺乏事前控制机制，对因政府抽象行政行为而受到损害的受害人也没有适当的救济渠道安排。而且，更为关键的是，抽象行政行为往往是通过集体议决方式做出的，是集体行动，它代表一个庞大利益集团的利益。在反行政性垄断监管执法体系构建上，针对抽象行政行为，法律规范主体应当是谁、制裁对象是谁、如何才能消除抽象行政行为所带来的危害、有效遏制类似行为再次发生是必须解决的难题。难点就在于抽象行政行为是集体行动，该行为所带来的违法收益具有外部性，如果法律只对政府有关责任人追究法律责任，因违法行为获得不当利益的其他人却没有受到相应的制裁，那么可能出现一些人虽然受到中央政府严厉处罚，但在当地却以其他形式获得了超过其处罚的奖赏。这就必然削弱了法律制裁的效力。因此，在本部分中，在借鉴国外经验的基础上，我们提出的解决方法就是：一是加强事前对抽象行政行为的审查和控制；二是采取类似"流域限批"的制裁措施，或中央部委联动集体制裁措施，提高违法成本；三是充分发挥私人诉讼作用，让受害者能够从违法获益者身上获得充分补偿。

一 域外反行政性垄断的比较研究及借鉴意义

（一）政府间利益关系的调整与疏导：促进区域经济合作，消除地区间恶性竞争

这是反地方保护主义的治本之策。地方保护主义是地方政府利益诉求的扭曲表达，所以，治理地方保护主义要疏堵相结合。疏就是要理顺政府间利益关系，改善公共治理，通过建立地区间利益协调与合作长效机制，引导地方政府间合作，谋求共赢，从根本上消弭地方政府从事行政性垄断、进行恶性竞争的经济动因。堵则是加强对地方政府行为的外部约束和监督，通过立法和司法控制手段，收敛政府行为（如后述）。

行政性垄断是公权力滥用的一种行为，反行政性垄断实质是消除公权力滥用，规范公权力的使用，约束公权力。政府从事行政性垄断无非有两个动机：一是个人利益，为个人谋求政治上和经济上好处；二是保护当地企业，为政府带来更多财政收入。政府部门一些官员处于个人动机而利用职务之便而从事行政性垄断是一种腐败行为，是个人行为，是个别现象，通过反腐败就能够有效解决，对此不作过多探讨。而本章所要研究的是政府行为导致的行政性垄断，是政府出于地方利益最大化而在本地市场上采取的限制竞争行为。从长远来看，政府任何反市场的行政性垄断行为不仅会给非本地企业造成伤害，也会给本地经济发展带来负面影响，削弱本地经济竞争力。行政性垄断本质上是为了短期利益最大化而牺牲长远利益。而且，地方保护给本地企业带来的另外一个负面后果就是，本地采取保护主义政策和措施必然遭到其他地方政府的报复，最终不仅将抵销保护所带来的利益，而且恶性竞争也最终导致两败俱伤。因此，治理地方保护主义还必须从调节政府间利益关系着手，采取疏导方式。疏导首先是要正视各地政府正当经济利益诉求，并引导政府通过政府间合作而不是恶性竞争来实现各自利益诉求。

地区政府间合作行为按程度由低到高排列有：信息交换、共同学习、共同评估与讨论、共同规划、共同财政、联合行动、联合经营及机构合并等。以此为基本变量，根据区域合作实现形式的制度化、组织化程度的高低，可以将其划分为两大类型。一类是比较刚性的制度化"行政性"体制，是凌驾于地方政府之上的具有某种政治权威的组织，由中央政府授权自上而下对该类组织进行协调；另一类是比较柔性的非制度化的"系统性"协商体制，即区域内各地方政府通过倡导方式成

立的松散性协调协商组织。

中央政府与地方政府间关系在地方政府间利益关系疏导与调整上发挥着重要作用,一方面,中央政府的宏观经济政策、产业政策等直接影响各地经济利益,中央政府在资源配置上能否平等对待各地,其所采取经济政策能否促进各区域经济协调和谐发展也非常关键。这就要求中央在资源配置、宏观经济政策和产业政策制定与施行上能够充分考虑各地平衡发展,公平处理中央与地方、地方与地方之间的经济利益和政治利益关系,在这方面,德国和法国的一些做法值得我们探讨和借鉴。另一方面,中央政府要对地方政府间合作加以引导和规范,防止区域间合作安排蜕变为行政性垄断的合谋,损害其他利害关系人(其他地方政府、企业和消费者)的利益。在这方面,美国联邦法院对州际协定司法合宪性审查制度和州际争端解决机制的安排值得借鉴。

1. 美国州际协定在调整州际公共事务管理与州际利益关系上的地位与作用

(1) 州际协定的产生与发展

州际协定(Interstate Compact)、行政协定(Administrative Agreement)在美国同时具有州法和合同法的性质,是最重要的合作形式。州际协定始于州之间解决边界争端的协定,到 20 世纪 20 年代,州际协定开始广泛适用于其他领域,如自然资源保护、刑事管辖权、公用事业管制、税收和州际审计等领域。1941—1969 年,美国实施了 100 多个州际协定。各州由被动变成主动,纷纷把州际协定看作政府间合作的有效途径。州际协定解决了一系列问题,特别是河流的管理如水资源的合理分配。通过州际协定这种方式,很多州际机构应运而生。20 世纪 20 年代,产生了美国历史上第一个州际机构——纽约港口管理局,它有权筹措资金、进行基础设施建设和管理。同时,在双边州际协定基础上,也产生了多边州际协定,即科罗拉多流域协定,它主要是为解决河流上游和下游的水资源合理分配,是美国历史上第一个由三个以上成员参加的州际协定。

20 世纪 30 年代,州际机构增加了一个新的功能——咨询功能,即它为协定参与方提供了交流的通道,并为后者提供意见和建议。美国第一个具有咨询功能的州际机构是州际石油委员会(Interstate Oil Compact Commission),因是是对所有产油的州都是开放的,它成为为所有州都提供咨询服务的一个专业机构。此后，还产生一系列兼具有功能性和区域性的机构，如太平洋海洋渔业委员会（Pacific Interstate Marine Fisheries Commissions），也有区域性的机构，如州际教育委员会（Education Commissions of the States）。

30 年代的第二个重大进展在于授权的出现，通过州际协定的方式，把管制权授予以下两个州际水污染处理委员会：纽约和周边地区的州际卫生委员会和俄亥俄河流域卫生委员会。

1961 年，一个具有革命意义的进展发生了。特拉华州、新泽西州、纽约州以及宾夕法尼亚州签订了特拉华流域协定。该协定直接导致美国国会一个立法的出台，而后者使得联邦政府成为特拉华流域协定的一方成员。从此，政府间合作不再限于州与州之间，也扩展到了州政府与联邦政府之间。这个协定建立的特拉华流域委员会包括五方成员，除了四个州的州长，还包括总统的特别代表。此外，该协定授予足够多的权力给该委员会，使其能够有效率地管理该流域。基于实施协定的需要，该委员会甚至可以支配各州现有的机构。

州际协定也从最初解决边界冲突、协调资源管理发展到主要是经济上的合作与协调。Welch 和 Clark 也曾经从涉及领域的角度对美国 1793—1969 年所有的州际协定进行考察，结果发现：涉及边界问题的州际协定从占总数的 71% 下降到 9%；涉及城市规划问题的州际协定从占总数的 0 上升到 9%；涉及河流问题的州际协定从占总数的 23% 下降到 16%；涉及工业问题的州际协定从占总数的 0 上升到 9%；涉及服务问题的州际协定从 3% 暴涨至 58%。

（2）州际协定的性质与法律效力

在美国，州际协定是两个或更多的州为了解决跨越州边界的争端或者更好地合作而签订的法律协定。由于美国宪法的充分保障以及本身具有的合同性质，州际协定的效力优先于成员州之前颁布的法规，甚至也优先于之后新制定的法规。州际协定对成员州及该州所有公民都具有法律约束力。

（3）州际协定签订的程序和生效的条件

州际协定在什么样条件下才生效，它具有什么样的法律效力？在美国，州际协定获得州议会通过，就成为州法。当然，如果根据州法律授权签订州际协议，一经签署，就产生法律效力。

根据美国宪法第 1 条第 10 款第 3 项："任何一州，未经国会同意……不得与它州或外国缔结协定或联盟。"但由于美国的州际协定本质上被认为是合同，所以州际协议无须经过联邦国会同意就可生效。1962 年，美国联邦上诉法院做出裁决，除非得到国会的批准，政治性的州际协定不能生效，但是不涉及政治的州际协定不必得到国会的同意。美国最高法院认为，如果一个州际协定没有通过侵占联邦政府权力的方式来扩大成员州的权力的话，并不需要国会的同意。很多州采取了保守的方法，如果州际协定涉及联邦政府的关注焦点或敏感的领域比如交通、空气和水污染或者原子能等，它们都事先请求国会的同意。也就是说，美国联邦国会对州际协议是享有监督审查权的，但对于州政府之间签订联邦宪法规定属于州主权管辖的有关公共事务和经济事务的协议，美国国会应尊重州的权利，不加干预。

（4）州际协定争端的解决

州际协定产生争议有以下几种解决办法。

第一，非政府专业组织作为独立第三方的调解。从 20 世纪 20 年代开始，调解和仲裁在处理州际协定履行争端上开始广泛运用。州际协定都将聘请独立第三方进行调解作为解决争端的一种主要形式。如非政府专业组织。《蛇河协定》（*Snake River Compact*）的第 4 条对仲裁作了规定："当两个州的行政官员对有关协定的管理问题不能达成一致的时候，成员州可以要求美国地质调查委员会（United States Geological Survey）或其他有权组织任命一名联邦代表参与该争端的解决过程，争端的最终解决方法由三方中的多数意见决定"。《皮克斯河协定》（*Pecos River Compact*）第 13 条也作了类似的规定，但是组成的三方委员会只有最终解决方法的建议权，而没有决定权。《克拉马斯河协定》（*Klamath River Compact*）第 10 条对调解制度作了规定："当协定委员会的双方代表对有关管理问题不能达成一致时，由两州代表各自任命一名人员，接着由这两名人员选出第三个人员。于是，由这三个人组成一个调解委员会，由其来决定协定委员会的争端。各成员州必须遵守该决定。当然，法院对该决定具有最终裁决权"。

第二，司法裁决。美国宪法把各州之间诉讼的初始管辖权赋予了法院。适用于该类诉讼的司法程序与一般的各州之间的诉讼程序并没有本质区别。当州际协定产生的州际机关起诉一公民的时候，行使司法管辖权的条件由州际协定本身规定,如果没有相关规定,准用涉及其他州政府机关的诉讼程序。应当指出的是,即使州际协定没有专门规定甚至否决通过司法程序解决争端,各成员州还是有权向联邦最高法院提起诉讼。比如,《格兰德河协定》(*Rio Grande River Compact*)第 4 条对司法程序作了相关规定:"新墨西哥州和德克萨斯州一致同意,有关水流质量和数量引起的争端依据已经生效的州际协定来解决。但是,这并不能理解为诉讼程序的禁止。如果一成员州擅自违反协定的规则,对另一成员州造成损害,受害的州有权向联邦最高法院提起要求赔偿的诉讼。……"《加拿大河协定》(*Canadian River Compact*)第 4 条对州际协定的司法解决机制也作了规定。①

2. 德国:政府组织和非政府组织的作用

德国将政府组织和非政府组织在协调政府间经济关系方面的作用有机结合起来。联邦层面政府组织包括:①联邦经济发展理事会。理事会成员有联邦经济部长、财政部长、每个州政府一名代表、乡级政府的代表等。理事会的任务是:对德国境内全局性的经济发展问题进行协商,寻找解决经济发展中的方法并尽可能地采取一致行动。因德国是联邦制国家,经济事务的决策权属于各州政府。成立经济发展理事会后,联邦政府便可以对各州之间的利益关系进行协调,并贯彻联邦的经济政策。②财政计划理事会。其成员与经济发展理事会组成方式一样,其任务是协调国家、州和乡的财政计划,使公共收支与国民经济的发展水平相适应。

非政府组织则是由五个著名经济专家组成的专家理事会。它是社会力量监督国民经济运行的常设机构,成立于 1963 年,由德国境内没有党派色彩的五个著名经济学家组成,人称"五贤士会"。该理事会的主要任务是:鉴定宏观经济的发展状况,每年秋季撰写一部关于宏观经济发展优劣的鉴定报告。这份报告要向社会公布,而且对政府实施政策有直接的作用。在每年 1 月份召开的联邦议会上,联邦政府要将他们对该鉴定的意见向议会提出专门的说明。

3. 法国通过计划合同协调中央与地方政府关系

法国协调中央与地方政府在公共事务管理上的合作主要依靠政府间

---

① 以上关于美国州际协定的介绍根据何渊《州际协定——美国区域法制协调机制》一文整理,引自中国公法网。

签订的计划合同。法国地方政府分为三级,即大区、省、市镇,此外还有独立的地方机构。在培训工作人员、公路运输、铁路运输、教育以及经济、能源、领土整治等公共事务上,法国协调国家和地方之间关系的具体做法是:国家和地方通过订立计划合同的方式,来协调两者的关系。一般程序是由省长代表国家与地方机构签订计划合同,合同为五年期,其内容包括:双方在项目中的责任、投资比例、欲达到的目标等。

(二) 自然垄断行业与国有企业行政性垄断的防治:明晰合法行政性垄断与非法行政性垄断的边界

基于公共利益、经济安全考虑,在不同历史时期和特定经济条件下,发达国家都对某些特定行业采取国家专营形式,对于国家专营的国有企事业单位,它享有反垄断法适用豁免的特权。例如,美国反托拉斯法曾规定,执行一定任务的国有企业,受反托拉斯法适用豁免。但发达国家对国有专营行业的限制非常严格。一是严格限制在非竞争的公益事业范围内;二是一旦这些企事业单位所从事的活动具有营利性、竞争性,就立即终止其专营特权保护,开放竞争(见第一部分关于发达国家自然垄断行业改革的叙述);三是区别对待具有特殊目的的国有经济实体与从事商业目的的国有企业,对执行特殊目的(如自然垄断行业、公益目的)的企业的治理结构做出了特殊安排,对其权利能力和行为能力有特别法加以规范,以防止这些行业过度管制或这些行业里的企业滥用其特权从事营利活动,谋求非法垄断利益。如美国法上的政府公司、日本的特殊法人等。

1. 美国法上的政府公司

在美国,行政机构有时会采用公司组织形式,以利于政府从事有关国计民生的而私人不愿从事的企业活动,并具有更大的灵活性,一般将这类机构称为政府公司(Government Corporation)。最早的政府公司是1791年依据宪法的"必要和适当条款"建立的第一美国银行。1816年建立的第二美国银行,20%的股份归合众国所有,80%的股份则属于私人。在20世纪30年代经济危机期间,成立了田纳西流域管理局、华盛顿进出口银行等政府公司。在1948年,国会制定了《政府公司控制法》(Governmental Corporation Control Act,简称GCCA),规定只有国会的制定法才能设立政府公司,制定法中一般对政府公司的目标、权力、结构和责任加以规定。现在美国约有近40家政府公司,大多经国会特许后建立,如国家铁路客运公司、货物信誉公司、通信卫星公司等。

可将政府公司分为三类。第一类是几乎完全为联邦所有的政府公司,如货物信誉公司、美国进出口银行、农村电话银行等。联邦政府控制着这类政府公司的百分之百的产权,对董事会的任命也具有完全的决定权。不少制定法中将这类公司定义为"机关"(Agency),很大程度上要适用行政程序法的规定。第二类是混合所有的政府公司,如重组融资公司(Resolution Funding Corporation,REFCORP)和决议信托公司(Resolution Trust Corporation,RTC)。联邦政府可能拥有政府公司部分产权,也可能没有丝毫产权,市场常常会推定这类公司的股票债券背后会有国库的默示保障。第三类则是私人的政府公司,如通信卫星公司。联邦政府在这类公司中没有股份,但根据制定法的授权,它有权选择董事会的成员。①

政府公司的组织由法律规定,最高领导机构一般是董事会,董事由总统提名并经参议院同意后任命。董事②任期较长,如田纳西流域管理局的董事任期为9年,以保证其独立性。总统不能将其随便免职。政府公司的执行长官被称为经理,也由总统提名经参议院同意后任命。依照文官制度来录用政府公司的职员,但基于政府公司应如企业般(business-like)运作的认识,在职员薪金、任职期限、信息公开等诸多问题上,都不适用公务规范。

与一般行政机构不同,政府公司有着独立的法律人格,承担有限责任。它也有着较为灵活的财务制度,政府公司编制的预算要比行政机关简略得多,国会一般一揽子通过;国会对其拨款也不像对行政机关那样逐年审核,而是一次性长期拨付;政府公司可以自己的名义向银行借款,有权处分自己所有的财产;一般情况下政府公司适用商业类型的会计制度和审计制度。

2. 德国法中的公法人理论

德国法中的公法人概念是继受于民法而来,最早将国家解释为公法人。在19世纪中叶以后,公法人被区分为公法社团、公营造物和公法

---

① Froomkin, A. Michael, "Reinventing the Government Corporation", *University of Illinois Law Review*, 1995, 47 (3): 554 – 555.
② 与私人企业董事不同,不能拥有公司的股票。

财团等三大类。

（1）公法社团

德国法学说认为，公法社团是基于公法而设立，由社员组成并自治，在国家的法律监督下，具有权利能力的执行公共任务的组织体。①公法团体是由法律设立或者根据法律设立的；公法团体是一个独立的能自负其责的权利义务归属主体；公法团体的成员应能够对团体事务发挥决定性影响；公法团体可以承担法律规定的公共任务。可将公法团体分为如下几类。

①地域性公法社团：以社区所在地的居民作为成员的公法社团。主要指地方自治团体。

②属物性公法社团：是指基于人民对某一不动产或者水道的所有权而组成的社团法人（如水利与土地协会）以及基于人民对某种产业的所有权或者经营权而组成的社团法人（如工业总会、商业总会）。②

③身份社团：是具有特定职业、身份或有共同理念或共同利害关系的人，依据法律规定组成的社团。例如，经济领域的工商业协会、手工业协会、农业协会，职业领域的律师协会、医师协会、建筑师协会等。③

④联合社团：以公法人为社员组成的团体。例如，联邦律师总会、联合商业总会等由各地区社团所组成的团体。④

（2）公营造物

德国法中，为了实现特定的行政目的，法律中可以规定设立一定的公营造物，或者由行政主体依法设立一定的公营造物。设立公营造物的主要目的是以使用关系的形式，为公民和除公共行政之外的其他法律主体，提供特定的服务。因此，公营造物的主要活动领域是给付行政。⑤

---

① ［德］哈特穆特·毛雷尔：《行政法总论》，高家伟译，法律出版社 2000 年版，第 572 页；蔡震荣：《公法人概念的探讨》，载《当代公法理论——翁岳生先生六秩诞辰祝寿文集》，台湾月旦出版社股份有限公司 1996 年版，第 257 页；葛云松：《法人与行政主体理论的再探讨——以公法人概念为重点》，《中国法学》2007 年第 3 期。

② 林腾鹞：《公法上社团法人》，《东海大学法学研究》2003 年第 18 期。

③ ［德］哈特穆特·毛雷尔：《行政法总论》，高家伟译，法律出版社 2000 年版，第 569—570 页。

④ 蔡震荣：《公法人概念的探讨》，《当代公法理论——翁岳生先生六秩诞辰祝寿文集》，台湾月旦出版社股份有限公司 1996 年版，第 259 页。

⑤ ［德］哈特穆特·毛雷尔：《行政法总论》，高家伟译，法律出版社 2000 年版，第 577 页。

公营造物的特征表现在以下三个方面：

第一，公营造物是由行政工作人员和物质手段共同组成的独立的机构，是人和物结合而成的组织体。

第二，公营造物应该执行特定的行政任务，特别是给付任务。

第三，公营造物通常有使用人，即通过反复或者持续进行的使用关系而接收设施所提供服务的人。

公营造物的范围很广。例如，邮政、铁路、公路、公立学校、博物馆、公园、公立医院等，都属于公营造物。根据设立目的，可将公营造物分为文化及教育营造物、研究营造物、退休养老照顾营造物、监禁或看管营造物、金融性营造物、经济引导及促进营造物、资料处理营造物、保险营造物、行政内部的辅助性营造物等。① 公营造物的组织形式是公法性质的，但它常常以私法的形式来实现公共任务。

（3）公法财团

公法财团是指国家或者其他公法社团为履行公共目的、捐助财产而设立的组织体。与前述的公法财团不同，公法财团没有社员，不是人的集合体，而是资金的集合体。可以以公法来规定公法财团的内部管理规则。公法财团更多的是完成特定的行政任务，因此受到国家法律的监督。公法财团的资金和政府的财政相区分。

3. 日本的独立行政法人制度

在第二次世界大战之前，德国的公法人理论是日本所有行政法教科书的范例。因此，日本公法人的概念，是纯粹的德国式而非英国式的。②

但是，第二次世界大战后，日本接受美国式的宪法及理念，渐渐影响到行政法。日本的独立行政法人制度，是受到了20世纪80年代末英国行政改革的影响，接受了英国的"机关"（Agency）制度。在日本1997年2月的行政改革会议上，大致确定了建构独立行政法人制度的方针，1997年7月通过了《独立行政法人通则法》《独立行政法人通则法施行之相关法律整备法》，1997年12月颁布了59个独立行政法人的特别法以及《独立行政法人业务实施顺利化等相关法律整备法》。2000

---

① 李建良：《论公法人在行政组织建制上的地位与功能——以德国公法人概念与法制为借镜》，《月旦法学》2002年第84期。

② 陈新民：《新创"行政法人"制度——行政组织精简的万灵丹?》，研究报告，2003年3月。

年12月内阁通过行政改革大纲，2001年1月6日，大部分和行政法人相关的法令都开始实施。①

日本建立独立行政法人制度的背景在于，冠之以公团、事业团、金库、机构等名谓的作为官方企业体的特殊法人中，往往充斥着曾供职于政府部门的高官，往往缺乏自律和自主性，经营效率低下，不透明。②为此，政府着手建立一种新型的官方企业体——独立行政法人，希望在行政法人化之后，可以令其接受信息公开法的约束，确保其经营效率和财务透明。同时，也希望借此促进政府组织的精简，并使其免于财政预算、组织形态、人事管理诸方面的束缚，能以相对更具弹性的方式，更为透明地实现行政任务。

中央省厅等改革基本法第36条创设了独立行政法人制度，该条规定："从国民生活及社会经济之安定等公共性之观点，有确实实施必要之事务、事业，且国家没有以主体地位直接实施之必要，但委诸民间者又恐有未实施之虞，或有由一主体独占实施之必要者，政府得创设使其具有适于有效及效率实施之自律性、自发性及透明性之法人（以下称"独立行政法人"制度）。"

独立行政法人制度的要旨大致有四：

第一，自我课责原则。国家不给予过多干预，由该独立行政法人本身的工作者展开计划性的执行工作，向国民提供优质的行政服务，并定期由第三者机关对其业绩进行公正而客观的评价。

第二，企业会计原则。经由财务报表的制作、公开，能够正确地把握财务状况，并凭借柔性且弹性的财务营运，来促成对经费的有效运用。

第三，行政法人运作的透明化。积极地向国民公开更广泛的运营信息，积极运用网络促进透明化运作。

第四，业绩支付制度。引进反映法人业绩、职员个人业绩的薪资支付系统，提升达成目标的诱因。③

---

① 蔡秀卿：《现代国家与行政法》，学林文化事业有限公司2003年版，第65页。
② ［日］盐野宏著，吴鸣译：《日本官方企业体的作用——日本官方企业体（特殊法人、独立行政法人等）的历史状况及问题》，《国外社会科学》2002年第3期。
③ 杨乾圣：《行政法人制度之研究——以我国高雄港务局为例》，硕士学位论文，台湾东华大学公共行政研究所，2004年，第76页。

以上对独立行政法人的制度设计，旨在促进行政效率和工作绩效的改进，并通过信息公开，令独立行政法人能更有效地使用国民的税款。

本章第一部分对日本国铁的独立法人化有简要介绍。

(三) 发达国家反垄断监管执法体系

1. 美国、法国、德国、英国等监管执法体制概述

我国 2007 年 8 月通过的反垄断法勾画出的反垄断监管执法体制是反垄断委员会＋反垄断行政执法机构（目前情况下，包括反垄断执法职能部门和行业监管部门）的模式。但在反垄断监管执法体制建立和健全上，如何理顺反垄断委员会与行政监管执法机构、法院和国家最高权力机关之间关系，保障反垄断法的实施，立法并未明晰。美国、法国、德国、英国的经验对于解决我国这一问题有所帮助（见表 4-11）。

表 4-11　　　　　　发达国家反垄断监管执法体系

	监管执法机构	组成与地位	职能
美国	联邦贸易委员会 司法部反托拉斯局 行业监管机构 法院	委员会由总统经参议院批准任命的 5 名委员组成。 反托拉斯局隶属于司法部	反托拉斯局主要负责谢尔曼法的实施，联邦贸易委员会则有权执行所有反托拉斯法
法国	竞争审议委员会 经济部长 行业监管机构 法院	委员会由 16 名委员组成，由经济部长提名，由总理任命。其中，主席和 2 名副主席中必须有两名现任或卸任的中央行政法院或审计法院的成员，或现任或卸任普通法院高级司法官员	委员会具有咨询与执行职能。委员会负责集体限制竞争行为，企业行为由经济部长主管，个别限制竞争行为则由普通法院管辖
德国	卡特尔局 行业监管机构 垄断委员会	卡特尔局隶属于经济部，卡特尔局主管领导由经济部长提名，经内阁决议由总统任命。 垄断委员会由五名成员组成，他们是经济学、管理学、社会学、法学专家，委员由联邦政府提名，总统任命	卡特尔局负责反垄断监管执法工作。垄断委员会主要发布报告，每两年对德国企业集中化的现状与预期发展做出评估，对有关合并监控的法律规定的适用做出评价，并对其他竞争政策方面的现实问题发表意见

续表

监管执法机构	组成与地位	职能
英国	公平贸易局 行业机关机构 竞争委员会 竞争上诉法院 国务大臣 行业监管机构	公平贸易局由主席和至少四名成员组成的委员会集体领导,主席由国务院大臣任命,成员由国务大臣商主席任命。 竞争委员会包括原垄断与兼并委员会成员和上诉部的成员,上诉部成员是由竞争法专家组成的	公平贸易局负责竞争法实施监管。 竞争委员会的职能主要有两个:一是负责调查公平贸易局或国务大臣提出的垄断和兼并报告所涉及的案件;二是审理公平贸易局所做的决定上诉案件。竞争委员会设立上诉法庭,2002年竞争上诉法庭分离出来单设,成为一个独立的专家型的审判机构。职能包括审理那些因违反竞争法产生损害赔偿的请求。 行业监管机构与竞争法监管执法机构是业务配合和协调的关系

2. 发达国家监管体制构建运行机制及机理分析

（1）反垄断机构与立法机关、行政部门之间的关系：反垄断机构独立地位及执法人员的任职保障

第一，从发达国家政治体制来说，国会是全国平衡各利益集团利益的决策审议中心。立法机构对政府的任何授权都是在各利益集团充分博弈基础上做出的，所以从这个意义上来说，政府任何违反公平竞争原则的施政措施在国会都难以获得支持和认同。国会是由代表各选区的议员组成，因此任何一个地区采取地方保护主义政策和行为都必然会引起另外一个地区的强烈反弹，并通过其议会代表诉诸国会，通过国会加以干预。同时，任何针对地方保护主义的反垄断监管执法工作也会得到国会强有力支持，这种支持包括国会通过立法来支持，也包括国会对行政部门问责来支持。第二，反垄断监管执法机构直接对法律负责，独立于责任制政府。反垄断监管执法机构成员虽由政府首长提名，但必须经由国会任命，并负责根据国会通过的法律授权独立执法，不受政府干涉。

（2）反垄断机构与法院的关系：司法审查对行政执法的配合与监督

一是政府所有经济政策及行为（包括抽象行政行为和具体行政行

为）都要受到司法审查；二是反垄断监管执法机构的行政执法行为也要受到法院司法审查。

在大陆法系中，对政府经济政策及行为的司法审查包括三个层面：一是宪法通过对政府间纠纷包括对中央与地方之间纠纷、地方政府之间纠纷的审理，对政府行为进行司法审查。如在德国，宪法法院管辖的案件就包括：对联邦州与州之间的争端、对法规的抽象审查；对法规的实质性审查；对适用联邦法律的解释；受理国家各机构间的争端。二是行政法院对"民告官"行政诉讼进行审理，而对政府行为进行司法审查。三是普通法院在民事诉讼中附带对政府行为进行司法审查。在英美法系中，没有行政诉讼、民事诉讼和宪法诉讼的区分，所有对政府行为（无论抽象行政行为，还是具体行政行为）的诉讼都由普通法院受理和管辖。

在欧共体，对于普通民事案件，法院虽然不受理涉及各成员国主权行为的案件，不对成员国主权行为进行司法审查，但在欧共体法院判例中，如果一个国家机构的活动符合欧共体法的目的，并且是按照欧共体法的规定行使其权限，这个国家机构的行为可被视为国家主权行为。相反，如果一个国家机构向市场提供商品或者服务，这些活动应被视为企业活动，适用《欧共体条约》第81条和第82条的规定。①

在美国，根据判例法，依据国家行为论可以从反托拉斯法中得到豁免的国家行为主要有三种形态：第一是国家立法、法院判决以及国家级的行政执法行为；第二是地方政府的行为，包括地方政府发布行政规章制度；第三是依据国家法律和表现国家意志的私人行为。美国的司法审查模式是普通法院通过个案审理延伸到对政府行为的司法审查。豁免条件最严格的是私人根据政府许可从事的反竞争行为，因为法院担心这种行为不是出于国家的利益，而是出于当事人自身的利益。在这种情况下，被告当事人不仅需要说明这种行为体现了国家利益，举证这种行为是国家政策明确肯定且得到国家授权的行为，还需要举证这种行为得到国家有效的监督，从而不存在滥用国家授权的问题。在很多与地方政府相关的案件中，因考虑到地方政府官员的滥用职权行为、受贿动机以及他们服务于私人利益而不是公共利益的共谋行为，法院拒绝政府提出的

---

① 王晓晔：《反垄断法中的政府行为》，中国法学网，2006年9月27日。

豁免要求。那些代表企业利益参与市场竞争的政府行为得被视为企业的行为，不能从反托拉斯法中得到豁免。①

（3）反垄断执法机构与行业监管机构之间的关系：反垄断机构对行业监管机构反垄断的监督与指导

我国当前行政性垄断的现实特点是：大量行政性垄断行为以政府管制和产业政策的名义存在，在不应实施管制的行业通过管制维护特定主体的经济利益，妨碍公平竞争；在可以管制的行业过度管制，阻碍效率提高与技术进步；以产业政策之名行限制竞争之实，保护在位者；等等。因此，处理好反垄断执法机构与行业监管部门之间的关系涉及两个问题：一是防止行业监管机构被俘获，与企业合谋，以管制为名行行政性垄断之实；二是要防止在自然垄断行业（受监管行业）反垄断监管机构与行业监管机构之间权责不明晰，容易导致相互推诿、相互扯皮、相互掣肘的现象。从特殊行业来说，行业监管机构与反垄断机构是主监管和功能监管的关系，反垄断机构与行业监管机构的关系实质上是主监管与功能监管协调统一的问题。发达国家监管体制安排主要有三种模式，但从发展趋势来看，突出了专门反垄断机构在反垄断执法上的领导、指导与协调地位，强调了反垄断机构对行业监管执法的监督与约束，以防止自然垄断行业享受到反垄断法"治外法权"的待遇。

第一，美国模式：主监管与功能监管的关系，在监管执法上，反垄断机构有最终审查权。

早期，美国允许特殊行业在反垄断法某些条款适用上享有豁免权，对该行业集中度的控制与审查则由行业监管部门主管，而该行业企业其他反竞争行为则由反垄断机构依职权负责监管。美国《克莱顿法》第7条就规定：对于基于下列委员会（局）授权完成的交易，本节不适用：美国民航局、联邦电信委员会、联邦电力委员会、州际商业委员会以及证券交易委员会依据《1935年公共设施控股公司法》第10条在其管辖权内的授权。美国在电信、电力、金融和航空业也建立了监管机构，如联邦通信委员会（FCC）负责电信监管。传统上，联邦通信委员会有权依据电信法或自己的监管标准审查电信市场的企业并购，但电信市场的其他竞争行为得由反托拉斯执法机构来处理。20世纪80年代初期，美

---

① 王晓晔：《反垄断法中的政府行为》，中国法学网，2006年9月27日。

国司法部指控 AT&T 违反了反托拉斯法，最后导致这个公司一分为八。

20 世纪 90 年代，美国反垄断机构对特殊行业监管日趋严厉，传统上这些行业享有的反垄断法适用豁免的权利逐渐被取消，传统上属于行业监管部门主管的事项也渐渐成为行业监管部门和反垄断机构共同管辖的事项。1996 年颁布的新《电信法》就剥夺了行业监管机构——联邦通信委员会对电信市场企业并购的专属管辖权，同时也赋予司法部反托拉斯局和联邦贸易委员会对电信市场上的企业并购进行审查监管的权力。1996 年《电信法》还明确规定，"本法的任何规定及其修订都不得解释为是对适用反托拉斯法的修正、损害或者取代。"也就是说，联邦通信委员会审查电信市场的企业并购时，必须依据反托拉斯法。

职能上的重叠必然引起两个部门在监管执法上的冲突，在这些特殊行业合并审查上，两个机构之间经常发生冲突。在 1999 年关于 SBC 和 Ameritech 的合并问题上，联邦通信委员会与反托拉斯执法机构的分歧就很大，以至美国国会甚至考虑要限制联邦通信委员会对电信企业并购的审查权。

在银行业方面，美国国会 1966 年通过的《银行并购法》就反托拉斯机构和监管机构的关系做出了以下规定：①银行合并审查时必须适用《谢尔曼法》和《克莱顿法》，即任何导致垄断或者推动共谋或者企图垄断的银行业的合并都得予以制止；②对于银行监管机构批准的合并，司法部在 30 天内有进行干预的权力，即一个得到了监管机构批准的合并，仅当在批准后的 30 天内没有受到司法部的干预，才最终得到了反托拉斯法的豁免。①

第二，澳大利亚、新西兰模式：取消行业监管，行业监管与反垄断监管执法机构统一。

澳大利亚和新西兰没有负责电信、电力等行业监管的专门机构，监管权力集中到了反垄断执法机构。在澳大利亚，行业监管属于澳大利亚竞争与消费者委员会，该委员会的下面设立了涉及电力、天然气、运输和电信等行业竞争问题的"监管事务局"。新西兰商业委员会是一个独立的准司法机构，它除了执行竞争法，还执行新西兰 1998 年颁布的

---

① 王晓晔：《论反垄断执法机构与行业监管机构的关系》，《中国经济时报》2006 年 8 月 14 日。

《电力改革法》、2001年颁布的《电信法》和2001年颁布的《奶制品业重组法》，承担着对电力、电信和奶制品业的监管。

荷兰自2005年7月1日起，也将过去的独立的能源监管局并入了荷兰竞争局，由此使竞争局成为负责执行荷兰1998年电力法和2000年天然气法的监管机构。此外，运输监管的部分职能也归于竞争局，由其监管铁路以及城市地铁、公共汽车等公共交通运输部门的竞争问题。

欧共体也采取行业监管与反垄断监管机构合一的模式。在欧共体委员会，竞争总局除了负责执行条约第81条和第82条、企业合并控制以及国家援助政策，还负责对电信、能源、银行、保险、传媒等行业的监管任务。例如，监管能源市场的任务属于B-1局，监管邮政市场竞争的任务属于C-1局，监管银行和保险业的任务则属于D-1局。总体上说，电信、电力、银行、保险等行业在欧共体已经被视为竞争性的行业，它们在适用法律以及执法机构上与其他行业相比没有特殊的待遇。①

第三，德国的共管模式。

德国负责电信和邮政监管的机构（FNA）有权处理电信和邮政市场上的滥用行为，但在界定相关市场以及认定企业的市场地位方面，这个机构则得征求联邦卡特尔局的意见。此外，联邦卡特尔局在处理电信和邮政市场的企业并购问题上以及卡特尔案件中还有专属管辖权。

（4）反垄断机构与行政部门之间的关系：对行政部门限制竞争行为的控制及制裁

法律赋予反垄断机构对所有行政机关违反反垄断法的限制竞争行为享有审查、撤销、变更和宣布其无效，在反垄断上对行政部门加以指导，对实施限制竞争行为有关责任人员直接加以处罚的权力。反垄断执法机构可以综合运用许可、禁止、行政指导以及诱因管制手段来控制政府部门限制竞争行为，以实现规制行政性垄断的目的。

第一，特许。例如，乌克兰《反垄断委员会法》规定凡是能够影响市场竞争的文件，特别是涉及企业整顿和某些经济活动进行的特许，必须事先得到反垄断委员会的许可。

第二，禁止。例如，俄罗斯《关于竞争和在商品市场中限制垄断活

---

① 王晓晔：《关于我国反垄断执法机构的几个问题》，中国法学网，2007年3月4日。

动的法律》规定联邦反垄断局在需要废除或修改已通过的违法的命令、制止违法行为、撤销或更改已经签订但与反垄断法规相抵触的契约时，联邦反垄断局有权对违反垄断法的行政机关下达有约束力的命令，有权对行政机关官员违反反垄断法的行为实施行政处罚。

第三，行政指导。例如，日本公正交易委员会在进行个别审查时，主要是以行政指导的方式，给予提醒、终止和警告等处分。日本的行政指导在禁止垄断法的执行过程中起着十分重要的作用，日本以行政指导作为处理违法事件的主要手段，在违法事件进入法律程序之前，行政机关先加以指导，及时纠正垄断行为。

第四，诱因管制。例如，俄罗斯《关于竞争和在商品市场中限制垄断活动的法律》规定，联邦反垄断局有权向违反反垄断法的行政机关采取包括采用或取消专利权，修改顾客收费表，采用或取消配额，分配税收减免、优惠贷款和其他形式政策支持在内的手段。

3. 私人诉讼在反垄断执法中的作用：社会监督与行政执法及司法控制有机结合

反垄断执法不能过分依赖行政执法，这是因为行政执法受到监管疲劳、监管激励不足以及公共财政预算等条件的约束。所以，目前发展趋势是发达国家都日益重视私人诉讼在执法中作用，采取各种措施鼓励消费者团体、公民和法人对各种限制竞争行为提起民事索赔诉讼。

（1）美国私人诉讼在反垄断执法中的巨大作用及其经验

从1941年到20世纪60年代中期，私人诉讼案件与公共执法机构提起案件的比例大致是6∶1，从60年代中期到70年代晚期，该比例是20∶1，到了80年代，该比例有所降低，但仍然维持在10∶1的水平（见表4－12）。

在1975—1980年，平均每年有1500个诉讼案件共计获得超过100亿美元的赔偿。

而日本，自1947年《禁止垄断法》执行以来，总共只有14件关于反垄断法损害赔偿的案件，14件中除4件尚在继续以外，没有一件原告胜诉。14件中，处于继续状态的4件，有3件因没有公平交易委员会的确定审决而缺乏诉讼要件而被驳回，有2件因被认为不存在损害额的证明和损害存在的证明而被驳回请求，其余5件以被告支付一定金额的形式在原告和被告之间形成了和解。①

美国反垄断私人诉讼大多都是以消费者集团诉讼形式体现的，美国的经验表明，要发挥私人诉讼在执法中的作用，必须要具备以下几个法律条件：

第一，集团性侵权案件中受害者搭便车的问题。侵权集团性与损害分散性必然导致诉讼收益的外部性及集体行动中的搭便车。垄断行为侵害的对象是广大公众，他们为数众多，分散，所以虽然违法者获得暴利，给社会带来损害巨大，但平摊到每个消费者，损害分布非常分散。对于单个诉讼者而言，诉讼成本、风险与收益是不对称的，即胜诉所获得的收益，如垄断行为违反事实得到法庭认定，胜诉的成果为所有消费者分享，而败诉的成本与风险则完全由原告自己承担，所以诉讼收益具有外部性，存在搭便车的问题。在这种情况下，受害者虽然众多，但却很少有人愿意独自承担诉讼的成本和风险。而且，由于消费者分散，相互之间要对成本与风险分担进行谈判也异常困难，交易成本也非常高。

在解决这一问题上，美国集团诉讼中"明示退出制度"（Opt–out）值得借鉴。按照该制度，一旦当事人提起集团诉讼，所有符合条件的成员就自动成为集团诉讼的原告。如果其不愿意参加集团诉讼，就必须向法院明确提出退出申请，否则就视为同意参加集团诉讼，认可诉讼代表的行为，承担集团成员的义务，接受集团诉讼的判决和和解协议的约束。退出集团诉讼的当事人要主张自己的权利，就必须另行起诉，自己承担诉讼成本与风险。这不仅方便了集团诉讼的提起，而且比较好地解决了集体行动中搭便车的问题。

第二，解决加害方与受害方的信息严重不对称、原告举证难的问题。反垄断民事赔偿诉讼中，原告要举证证明其损害与垄断行为之间的因果关系是很困难的，证据通常都掌握在实施垄断行为的当事人手中，要解决这一问题就必须让被告承担更多的举证责任。美国集团诉讼中的发现程序就比较好解决了这一问题。所谓发现，就是当事人主动向对方寻找证据和信息的一种权利。按照美国联邦诉讼规则的发现程序，任何

---

① 栗田诚：《反垄断法上的民事制裁》，载漆多俊主编《经济法论丛》（第6卷），中国方正出版社2002年版，转引自李国海《反垄断法实施机制研究》，中国方正出版社2006年版。

一方当事人都可以要求对方当事人提出与诉讼标的有关联且不属于保密的在法庭庭审阶段作为证据的事实和材料，而且包括不作为证据的凡是与案件标的有关联的所有信息和证据。对方当事人负有出示的义务。

表 4-12　1941—1984 年按提起者分类的美国反托拉斯案件数量　　单位：件

财政年度	联邦政府提起的案件数	私人提起的案件数
1941—1945	181	297
1946—1950	256	529
1951—1955	197	1045
1956—1960	317	1163
1961	63	378
1962	74	2005
1963	77	380
1964	83	363
1965	49	472
1966	48	722
1967	55	543
1968	59	659
1969	57	740
1970	56	877
1971	70	1445
1972	94	1299
1973	72	1125
1974	64	1230
1975	92	1375
1976	70	1357
1977	78	1611
1978	72	1435
1979	78	1234
1980	78	1457
1981	142	1292

续表

财政年度	联邦政府提起的案件数	私人提起的案件数
1982	111	1037
1983	95	1192
1984	101	1100

资料来源：White, Lawrence J. ed., *Private Antitrust Litigation*, MIT Press, 1988, 转引自李国海《反垄断法实施机制研究》，中国方正出版社 2006 年版。

第三，为私人诉讼提供有效的激励。从美国经验来看，美国为反私人垄断诉讼提供的激励措施主要有三：三倍赔偿、集团诉讼、风险代理。

美国《克莱顿法》第 4 条之 c 款规定，任何因反托拉斯法所禁止的事项而遭受财产或营业损害的人，可在被告居住地、被发现地或有代理机构的地区向美国法院提起诉讼，不论损害大小，一律给予其损害额的三倍赔偿，赔偿还包括诉讼费和合理的律师费。

集团诉讼的规模经济效应和允许专业律师从事风险代理，将诉讼成本与风险转移到专业中介机构，解决诉讼成本高和激励不足的问题。按照美国集团诉讼的做法，在证券集团诉讼和公司派生集团诉讼中，律师从事风险代理，按照胜诉获得赔偿金额的比例提取律师报酬和奖励。风险代理的诉讼成本和风险是由律师来承担的，但集团诉讼的规模经济效应和风险代理高额提成为律师提供了有效的激励，律师实际上就成为集团诉讼专业"风险投资家"，即所谓"费用企业家"（Fee Entrepreneur）。他们对企业非法垄断等违法行为保持高度警惕，一旦发现线索，就积极说服消费者提起集团诉讼。尽管专业律师推动（Lawyer Driven）和风险代理具有营利的目的，但客观上充分发挥了民事诉讼在法律实施中的作用。

在司法实践中，为确保收费的公正与公平，法院对集团诉讼中的风险代理收费都进行控制，一个通行的做法就是，将集团诉讼所获得的赔偿拿出来一部分设立一个共同基金，律师费必须从设立的基金中支付，并接受法院的监督。法院解释说，这样做有两个好处，一是让所有受益集团成员都分担了诉讼成本，二是律师报酬有保障，为其努力维护原告权益提供了激励。更为重要的是，它为律师对集团诉讼进行风险投资提供激励。高额的风险投资报酬为律师积极从事集团诉讼提供了强有力的激励。1991 年，在美国集团诉讼中，平均每个案件都在几百万美元，多的甚至高达上亿美元。在 2000 年美国著名的 Cedent 案中，胜诉律师从和解的 28 亿美元的天价中获得了 2.63 亿美元的报酬，其中大部分是胜诉奖励。①

第四，独立、积极能动的司法和高效、专业的法官。反垄断民事索赔诉讼涉及的法律问题非常复杂和专业。如果允许集团诉讼，案件涉及法律关系复杂，人数众多，社会影响大，要确保诉讼秩序正常进行，法庭对诉讼的指挥即非常重要，这就要求法官必须高效、专业和积极能动。为确保集团诉讼更好地为公共利益服务，法院既是审判者，同时又是公共利益的维护者。集团诉讼是费用企业家（Fee Entrepreneur）主导的，因此，为防止集团诉讼偏离公益目的，损害原告、企业与社会公众的利益，法院不像一般民事诉讼那样奉行当事人主义原则，充当听讼的一个被动角色，而是积极对诉讼程序进行引导、对律师行为进行监督，防止其与被告勾结，做出不利于原告的和解安排的道德风险。

（2）欧盟国家鼓励反垄断私人诉讼的法律改革

受美国影响，近几年，欧盟成员国都先后采取一系列措施发挥私人诉讼在反垄断执法中的作用。这主要体现在以下两个方面：一是放宽提起诉讼主体资格的限制，尤其是消费者提起集团诉讼和团体诉讼；二是强调行政执法对私人诉讼的支持，即行政执法对行为认定及裁决可以直接作为司法认定和裁决的依据。

①英国。2003 年 6 月生效的《企业法案》从以下几个方面为私人诉讼提供了方便：第一，设立专门的竞争上诉法庭。竞争上诉法庭享有广泛的管辖权，欧盟委员会或英国公平贸易局已经认定违反竞争法的损害赔偿申诉案件都可以到竞争上诉法庭申诉。不仅原告可以对违反英国竞争法或者是欧盟竞争法的行为提起损害赔偿诉讼，还允许那些在本国提起损害赔偿诉讼有困难的其他非英国申诉方在英国提起损害赔偿诉讼。第二，放宽了诉讼主体的资格，允许提起团体诉讼（Group Litigation Order）。该法案第 19 条就规定，被国务大臣认可的消费者团体可以

---

① 陈志武：《证券集团诉讼在美国》，《证券法评论》2002 年第 2 期，法律出版社，第 502 页。

代表两个或更多的消费者在竞争机构认定违反了欧共体或英国竞争法后到竞争上诉法庭提起损害赔偿诉讼。为了促进这种团体诉讼的发展,消费者的概念被定义得很宽泛,间接购买者以及最终的消费者都被包括在其中。

②德国。德国在1998年第6次修订《反对限制竞争法》后,近年来又对其作了重大的修正,新修订的法律于2005年7月开始生效。这次修订的一个主要目的就是方便受害者对违反欧共体竞争法和德国竞争法的行为提起损害赔偿和获得法院禁令颁布的救济,以便加强私人诉讼在竞争法实施中的作用。第一,修订后的第33条规定,申诉方可以援引本条对违反《欧共体条约》第81条和第82条或者是德国《反对限制竞争法》的行为申请禁令救济或者损害赔偿。无论是过错还是过失都可以获得损害赔偿。第二,可以提起诉讼的主体并不一定是反竞争行为指向的直接受害者,任何受到反竞争行为侵害的个人都可以提起损害赔偿诉讼,包括间接的购买者和竞争者。第三,新法还规定,欧盟委员会、联邦卡特尔局,甚至欧盟成员国负责竞争事务的机构认定的违反《欧共体条约》第81条和第82条的决定都对德国民事法院有拘束力。第四,新法明确排除了转嫁抗辩,即不允许被告对原告提出损害转嫁的抗辩。

③其他国家。荷兰、葡萄牙、西班牙和瑞典分别在1994年、1995年、2001年和2002年通过了有利于提起团体诉讼的法律。在荷兰,任何基金会或者是社团组织,只要是为了公共利益,就可以为保护第三方的利益提出申诉。这类申诉的目的是获得宣告性的判决来阻止反竞争行为,而不是损害赔偿,但消费者可以根据这些判决提出损害赔偿。2003年1月1日生效的瑞典《集体诉讼法》规定了不同种类的集体诉讼,其中就包括了代表消费者或雇工利益的非营利社团提起的社团集体诉讼(Association Class Action)。法国在2005年1月4日正式提出了"修改立法允许消费者团体和消费者协会对不法行为提起集体诉讼的建议"。

(四)严格限制政府官员向被监管企业流动,以防止监管者与被监管者之间人事上的交叉影响到监管执法的独立性

美国国会1978年通过了《政府伦理法案》(*Ethics in Government Act*),这部法案规定包括FDA在内的美国联邦政府雇员,离职两年内

不得进入其所规制的产业供职。① 在我国未来,要从制度上去除监管官员离职后进入产业界任职的可能性,唯有如此,才有可能打破监管中的"回旋之门"。

(五) 小结

综上分析,我们认为国外反行政性垄断的一些经验值得我们借鉴:

第一,反行政性垄断应该采取疏堵相结合的策略。

疏导包括三个层面的制度安排:一是立法层面,在国家立法和重大决策上,应有代表利益集团的代表充分参与讨论,并最终达成妥协与平衡;二是在行政层面上,在公共事务管理与资源分配上,中央与地方、地方与地方之间都有高度组织化、制度化的利益协调机制,协调和平衡各方利益;三是在司法层面上,有一个独立于政府的司法机关处理政府间利益纠纷,保障政府间合约和国家法律得到遵守和执行。

第二,对于自然垄断行业或国有垄断行业企业的法律地位和治理结构由特别法加以规范,以便同商业性公司区分开来,对这些行业内企业的权利能力和行为能力加以严格规范,以防止这些经济实体利用法律赋予的特权谋取非法垄断利益,同时也防止政府过度管制限制竞争。

第三,监管执法体系安排上,一是强调反垄断机构的专业性和独立性;二是强调反垄断机构在监管执法中的主导地位,包括对行业监管机构的监督;三是强调行政执法对私人诉讼的支持,为私人诉讼提供了诸多激励安排,使私人诉讼成为行政监管执法与司法控制有机结合、社会监督与监管执法有机结合的桥梁。

第四,在维护监管独立性方面,国外也有许多值得我们借鉴的做法,如禁止监管机构离职官员到被监管企业任职等。

二 我国反行政性垄断需要解决的主要问题和当前面临的主要挑战

(一) 立法完善

立法完善主要需要解决两个方面的问题。

第一,认定行政性垄断的具体标准。反垄断法第五章"滥用行政权力排除、限制竞争",以六个条文的篇幅对行政性垄断加以列举,但对这些行政性垄断的具体表现形式、构成要件及认定标准并没有明确规

---

① 参见 [英] 约翰·亚伯拉罕《渐进式变迁——美英两国药品政府规制的百年演进》,宋华琳译,载《北大法律评论》第 4 卷第 2 辑,法律出版社 2002 年版,第 614 页。

定，可操作性差，还需要有更具体明晰、操作性强的实施细则来加以完善。

第二，反垄断法与其他相关立法的协调。一是现行立法与反垄断法的协调问题。我国目前许多有关立法可能与反垄断法规定相冲突，这些立法包括行政法规、部委规章、地方性法规甚至法律本身等。反垄断法生效后，需要对这些立法进行过滤和清理，使之与反垄断法协调统一。二是防止将来有关立法与反垄断法产生冲突的问题。在我国的法律渊源中，行政机关制定的行政法规、规章、规范性文件等占据了不小的比例。在我国，国务院及其各部委分别有制定行政法规和规章的权力，省级人民政府以及政府所在地的市和经国务院批准的一些较大的市的人民政府也可以制定地方政府规章。从我国行政立法现状来看，我国行政立法过程对公益的考虑不够。行政法制实践往往强调行政权优先、行政权威等原则，管理对象在与行政机关发生关系时呈现明显的义务取向。我国自改革开放以来的行政立法状况是：有关经济管理的占79%，对政府行为规范的占4.3%，对公民权做出规定的仅占0.78%，这说明我国行政立法重在规范相对方行为，而对政府行为的规范仅置于次要地位。这也使行政立法对行政性垄断的制约是非常有限的[①]，而且其中有的本身就是限制竞争的。

从行政法角度上来说，政府及其所属部门以政府规章、命令、决定等抽象行政行为进行行政性垄断，相对人是不能到法院提起诉讼的。我国现行行政诉讼法第11条、第12条规定，合格主体不能对抽象行政行为提起诉讼，即不能提请拥有管辖权的司法机关对行政机关制定的规范性文件进行司法审查，而只能提请各级人大、人大常委会进行审核。但这样一来缺乏效率，二来没有规范的程序进行保障，因此在实际操作时效果不尽如人意，甚至有形同虚设之嫌。

（二）体制上的问题

1. 中央立法部门虚化的问题

立法上控制薄弱的根源是中央立法部门虚化。所谓中央立法部门虚化是指我国真正代表全国整体利益和长远利益的审议性决策中心，即全

[①] 王为农、陈杰：《离依法行政还有多远——行政体制改革破除行政垄断》，《河北法学》2004年第6期。

国人大及其常委会是虚化的。

中央立法部门的虚化导致了中央政府决策部门化和地方化：第一，政策制定缺乏审议性。决策体制不完善，难以深入考虑公共利益。国务院各部委，应当说是中央政策的执行者。但实际上，部门利益主导了部委的决策，有的部门利益取代了政府的总体利益甚至是国家利益。第二，中央的权威也没有真正强大。一些政策可能代表了部门的利益，所以与地方利益的冲突，不是全局利益与部分利益的冲突。① 中央政府各部门往往架不住各地政府的各种攻势，在公共资源配置和政策方面有意识地对个别地方倾斜。

2. 中央政府独立执法系统缺失和对地方政府执法的依赖

中央政府执法依赖地方政府是由于中央缺乏一个独立于地方政府的全国性执法系统，执法依赖地方政府。

我国处在转型时期，对地方政府的激励与约束更多来自上级政府，而不是当地居民和市场主体。但中央任何激励约束措施最终都必须落实到贯彻执行上，只有中央调控措施在地方各层面都能够不折不扣得到执行，调控目标才能实现。

在我国，国务院的部、委、局、署是依法分别履行国务院基本职能的机关。它们的主要职责是政策的制定以及宏观规划与指导，在地方甚少设立其直属的执行机构。中央的政策是通过中央—省—市—县—乡镇这种金字塔式的层级逐级向下执行的，中央的立法与政策依靠地方政府来执行，这是中央政令不畅的重要原因。②

这样的行政结构导致的结果是，中央受制于地方，地方也受制于中央，所有政府相互缠绕在一起，权威叠加，一个最小的乡官也代表了政府所有权威，单个公民碰到政府的侵害，没有办法就地维权（中央距离普通民众太远，民众动辄只能赴京"告状"）。

中央政府缺少独立执行机构导致的另外一个后果就是，由于没有独立执行其权能的手段，中央政府各部门必须将地方政府征用为自己的下属执行机构，采用人事和财政上的控制手段，这不仅造成中央集权，也

---

① 刘海波：《我国中央与地方政制结构的分析和改进》，《改革内参》2006 年第 6 期。
② 刘海波：《我国中央与地方政制结构的分析和改进》，《改革内参》2006 年第 6 期。

难以建立地方自治。①

3. 弱司法、强行政

司法容易受到政府操控，法院难以有效行使对行政性垄断争端的管辖权，确保反行政性垄断法的实施。

这表现在以下几个方面：第一，我国没有合宪性审查制度，也没有专门处理政府间纠纷，对立法、法规进行司法审查的宪法法院；第二，普通法院的行政诉讼也只能对个案中涉及的政府具体行政行为进行司法审查；第三，地方法院人、财务、物等都受到地方政府控制。这决定大量政府依靠抽象行政行为而进行的行政性垄断可以游离在司法审查范围之外，因该行为而遭受损害的政府、企业和消费者无法获得司法救济。这就决定了我国法院在反行政性垄断中难有作为。

（三）缺乏制度化的调节政府间利益关系的机制

区域性的行政性垄断实际上是政府间利益关系失衡所引起的，它是政府间的一种恶性竞争。解决的根本出路是建立健全政府间利益协调机制，舒缓政府间利益冲突，促进合作，实现共赢。我国目前面临的问题就是，我国缺乏制度化的调节政府间利益关系的机制，这表现在以下两个方面：

第一，从中央与地方政府关系而言，由于法治不健全，在国家最高决策和立法层面，没有地方政府表达利益诉求的机制与制度安排，也没有平衡地方政府利益的机制与制度安排。在西方国家，国会是由各利益集团代表组成的，在国家重大决策和立法上可以按照程序进行充分沟通和对话；在实施过程中如出现了矛盾和冲突，可以诉诸宪法法院获得救济。我国全国人大目前还不具备这样的功能，地方政府更多是通过"跑部钱进"等不正当竞争手段向中央表达其利益诉求，行政性垄断实际上就是合法表达渠道缺失情况下地方政府利益诉求的扭曲表达。

第二，从地方政府间关系而言，合作及利益协调组织化、制度化程度低。我国目前一些地区也在进行区域间经济合作各种尝试，但这些尝试的制度化和组织化程度很低。这表现在以三个方面：一是所有合作安排都只是倡导意义上的，务虚的多，务实的少，合作安排对所有各方都没有法律约束力。二是所有合作安排透明度很低，缺乏社会公众参与和

---

① 刘海波：《我国中央与地方政制结构的分析和改进》，《改革内参》2006 年第 6 期。

中央政府的参与。三是在各地政府之外，缺少跨区域的政府组织和非政府组织负责协调和保障合作安排执行，也缺乏解决合约履行争端解决机制，合约履行缺乏制度保障。

（四）反垄断监管执法体系的缺陷

1. 反垄断法关于反垄断执法体系的有关规定

反垄断法中涉及反垄断执法体系的有关条文包括第九条、第十条、第五十条、第五十一条。

第九条：国务院设立反垄断委员会，负责组织、协调、指导反垄断工作，履行下列职责：

（一）研究拟订有关竞争政策；

（二）组织调查、评估市场总体竞争状况，发布评估报告；

（三）制定、发布反垄断指南；

（四）协调反垄断行政执法工作；

（五）国务院规定的其他职责。

国务院反垄断委员会的组成和工作规则由国务院规定。

第十条：国务院规定的承担反垄断执法职责的机构（以下统称国务院反垄断执法机构）依照本法规定，负责反垄断执法工作。

国务院反垄断执法机构根据工作需要，可以授权省、自治区、直辖市人民政府相应的机构，依照本法规定负责有关反垄断执法工作。

……

第五十条：经营者实施垄断行为，给他人造成损失的，依法承担民事责任。

第五十一条：行政机关和法律、法规授权的具有管理公共事务职能的组织滥用行政权力，实施排除、限制竞争行为的，由上级机关责令改正；对直接负责的主管人员和其他直接责任人员依法给予处分。反垄断执法机构可以向有关上级机关提出依法处理的建议。

法律、行政法规对行政机关和法律、法规授权的具有管理公共事务职能的组织滥用行政权力实施排除、限制竞争行为的处理另有规定的，依照其规定。

2. 存在的问题和缺陷

根据上述立法勾勒出的反垄断监管执法体系，它存在以下缺陷。

首先，反垄断委员会在反垄断监管执法中的法律地位和职能、职责规定含糊不清，且没有任职保障的规定，反垄断委员会在反垄断监管执法中的地位和作用容易虚化，难有作为。

（1）地位不明确是指反垄断委员会作为反垄断组织、协调与指导机构，在成员构成上、职能履行上的上下左右权责衔接关系不明确，如它对谁负责，组织、协调、指导谁的工作，在组织、协调和指导中享有哪些公权力。如果这些关系没有理顺，反垄断委员会的职能就无法履行，反垄断委员会成员的任职就难以得到保障。

按第九条规定，反垄断委员会就是国务院直属的一个部委，它与目前部分履行反垄断监管执法职能的职能部委以及行业监管机构，如商务部、发改委、工商行政管理总局等行政级别相同，如果法律不能明确和理顺它与这些职能部委到底是什么关系，权责分配上不能协调统一，反垄断委员会的职能就难以发挥。

（2）法律要求反垄断委员会履行的职能与赋予它的职责不匹配，法律给予其授权难以保障其职能的履行。法律要求反垄断委员会承担组织、协调、指导的职能，但从第九条所列举的五项职责来看，它缺少保障这些职能履行的手段与资源。例如，就指导来说，反垄断委员会拟定的有关竞争政策、反垄断指南法律效力如何，谁来保障其执行；就协调来说，反垄断委员会拿什么手段来协调，有关行政执法机构不服从反垄断委员会的协调，拿什么来保障。

其次，司法机关在反垄断执法中的作用难以发挥。反垄断法虽然规定民事诉讼，但在现行抽象行政行为不受司法审查以及有关法律对私人诉讼采取抑制政策，尤其是禁止集团诉讼的条件下，司法难以有效发挥作用。

再次，针对我国缺乏独立的全国统一的监管执法体系。对此，反垄断法提出的解决措施是国务院监管执法机构授权地方政府职能部门进行执法工作，这对于反行政性垄断来说，无疑是让地方政府自己对自己执法，根本就不具有可行性。

最后，对从事行政性垄断的政府及官员所要承担的法律责任，反垄断法规定有些含糊，缺乏制裁力度。反垄断法第五十二条规定公共管理部门实施行政性垄断，由其上级机关责令改正，对有关责任人员依法给予处分。这一规定有以下几个方面的缺陷：第一，其上级机关不采取行动该怎么办；第二，上级机关要求其改正，其消极不作为怎么办；第三，对有关责任人员要给予什么样的处分，如何进行处分。如果对有关责任人员的惩罚只停留在政纪的处分上，那反垄断法有关行政性垄断的规制就真正成了"没有牙齿"的立法。

此外，行政性垄断多是抽象行政行为，是政府通过集体决策程序做出并付诸实施的，在责任追究上，追究的责任人的范围如果不到位，效果就必然大打折扣。

(五) 自然垄断行业与国有垄断行业过度管制的校正

在这方面存在着以下问题。

第一，自然垄断行业过度管制造成的行政性垄断。一是虽然这些行业的自然垄断性事实上已经从存在于整个行业发展到仅存在于一个行业的某个环节或某种业务，但现实的表现却仍然借自然垄断性对整个行业实施全面管制；二是政府仍然以严格的投资项目审批制度对产业的准入进行严格控制。

第二，对不属于自然垄断的行业实行进入限制。我国竞争性行业中存在着大量行政性产业政策的进入限制，这种限制使行业的在位者获得了事实上的垄断地位，妨碍了产业技术进步，损害了消费者利益。竞争性行业进入限制的主要表现形式有两类：一是以实现规模经济、避免重复建设的名义，利用产业政策或行政审批手段限制企业进入；二是以国家安全和整顿市场的名义对行业或行业中的某个环节实行进入限制。

而新颁布的反垄断法第七条规定："国有经济占控制地位的关系国民经济命脉和国家安全的行业以及依法实行专营专卖的行业，国家对其经营者的合法经营活动予以保护，并对经营者的经营行为及其商品和服务的价格依法实施监管和调控，维护消费者利益，促进技术进步。

"前款规定行业的经营者应当依法经营，诚实守信，严格自律，接受社会公众的监督，不得利用其控制地位或者专营专卖地位损害消费者利益。"

按照这条规定，过度管制和不当管制应当属于滥用控制地位和专营专卖地位，属于非法行政性垄断行为。但目前面临的问题是，鉴于自然垄断行业中自然垄断环节与竞争性环节是随着技术进步和监管手段改进而不断变化的，国家安全也是与特定的经济环境相联系的，在判断这些行业垄断是否违反反垄断法规定、构成违法的行政性垄断问题上，应该有一个与时俱进的动态审查标准和动态监控机制，对管制政策适时进行评估和检讨。该法对此明显忽略了。

（六）政企之间藕断丝连，各种隐蔽的利益关系没有割断

转轨时期，企业与政府部门之间的利益勾连关系千丝万缕。这表现在以下几个方面：

第一，人事上相互流动。在各级监管部门中，大量中高级公务员有着在企业曾供职多年乃至出任领导职务的经历。这些监管官员之前所更多思考的是如何做大企业，而对诸如风险防范等监管目标殊少考虑。这些监管人员往往有大量的亲朋故旧依然在企业供职，因此在监管过程中很难保持应有的中立性。

与此同时，监管机构和作为被监管者的企业之间存在大量的"回旋之门"（Revolving Door）案例。从公开的报道中，可以看到不乏监管官员在退休之后，利用自己的关系资源，"下凡"到和自己过去有工作关系的企业工作，通过出任独立董事等高级职位来发挥"余热"。在这样的背景下，监管机构和官员在监管过程中，往往对产业界特别是大企业的利益予以更多关切，从而"建立一个小小基业，以为退步"。①

第二，制度惯性。监管机构组织文化及人员角色心理未能完成转换。在计划经济时代，我国许多行业监管部门都是该行业企业的上级主管，改革后，摇身一变，职能从管生产、管业务转变为监管，但实际上机构还是那个机构，人还是那些人，制度惯性在短期内难以消失，监管机构组织文化及人员角色心理要完成转变也还需要一个过程。

第三，政府决策及执法透明度低，问责制不到位，客观上纵容了官商勾结。由于长期封建专制统治，政府决策及执法不透明，问责制不到位，官商勾结、权钱交易在我国商业文化中根深蒂固。如清末民初实业家张謇之子张孝若就向世人道出了其"商道"："在中国的社会，要做事就和官脱离不了关系；他能够帮助你，也能够破坏你；如果民间做

---

① 这是清末谴责小说《二十年目睹之怪现状》中，以"九死一生"这个象征性假名进入商界的县令吴继之的自白，转引自［美］陈锦江《清末现代企业与官商关系》，王笛、张箭译，中国社会科学出版社1997年版，第24页。

事，能得官力帮助，那当然就事半功倍了。"① 在政府监管过程中，大企业凭借在人财物诸方面的优势，通过直接或间接的渠道，与监管机构特别是当地的监管机构形成了政企同盟。所以，监管机构常常不是去积极地履行自己的监管职能，而是去积极地介入微观的经济生活，去试图施展"胜负手"，来影响乃至改变市场的公平竞争秩序。因此，在产业规制领域，如果不割断监管机构与被监管者之间的利益关系，监管机构就不一定能成为公共利益的代言人，反而可能成为产业利益特别是大企业利益的代表者。②

三 反行政性垄断的对策与建议

（一）确立反垄断法在竞争法体系中的"经济宪法"地位，建立健全审查制度

针对立法不完善以及中央政府立法部门虚化所导致的最大问题，即反垄断法实施过程中可能被其他立法和政府政策所消解，就像行政许可法逐渐被各政府部门规章和各地政府"土政策"逐步消解一样。必须确立反垄断法的宪法地位，也就是说，在反垄断问题上，反垄断法是仅次于宪法的根本大法，任何现行法律和今后的立法都不能与之相抵触。现行和将来立法如不能通过反垄断法的审查，就必须进行修改和清理。

要确保其不被消解，就必须建立健全"审查制度"，确保政府所有立法和政策都必须经受反垄断审查和过滤，包括事前审查和事后审查。事前审查是指在制定和颁布前，由专门机构进行审查，事后审查是指在颁布后的实施过程中，经利害关系人请求，对其进行审查。对此我们提出如下建议：

首先，在目前体制下，充分发挥反垄断委员会的指导、协调作用。

明确反垄断委员会在全国人大及常委会有关市场竞争立法和国务院宏观经济政策及产业政策制定上的专业咨询机构的地位。赋予其对国务院行政法规、宏观经济政策、产业政策和全国人大以及人大常委会立法的专业咨询职能。这一职能包括两个内容：第一，对有关立法、政策和

---

① 张孝若编：《南通张季直先生传记》第 1 册，第 68 页，转引自 [美] 陈锦江《清末现代企业与官商关系》，王笛、张箭译，中国社会科学出版社 1997 年版，第 61 页。
② 参见孙立平《首要的问题是利益表达》，《经济观察报》2005 年 11 月 14 日；[英] 约翰·亚伯拉罕著，宋华琳译：《渐进式变迁——美英两国药品政府规制的百年演进》，《北大法律评论》第 4 卷第 2 辑，法律出版社 2002 年版，第 622 页。

产业政策在制定和立法过程中，从竞争政策角度进行审议，提出评估报告；第二，在有关立法、政策执行过程中定期对市场总体竞争状况发布评估报告。

在协调职能履行上，应明确赋予反垄断委员会对有关市场竞争的部委政策及规章，对地方政府法规制定、规章和政策依照反垄断法进行合法性审查的权力，对上述政策、规章和法规进行过滤，加强反垄断委员会对中央政府各部门、各地方政府（地方立法机关）抽象行政行为的审查把关。这包括两个方面：第一，事前审查，对直接影响市场竞争关系的部委规章、政策，地方性法规、规章、政策的出台进行审查，如在规定期限内，反垄断委员会未提出异议，上述规章、政策、地方性法规、规章才可以出台，政策才可以颁布。第二，对已经生效的部委规章、地方性法规、地方政府规章及政策，如有当事人提出其有违反反垄断法内容，利害关系人可以提请反垄断委员会做出审查认定。如果反垄断委员会认定其请求成立，做出认定和裁决后，反垄断委员会可提请国务院和全国人大常委会依法对有关规章、法规或政策予以撤销或废止。

其次，完善立法法所规定的全国人大及人大常委会和国务院对有关立法、法规、规章进行合宪或合法审查程序，使其具有可操作性。

最后，逐步建立健全我国司法审查制度，加强司法对政府抽象行政行为的控制。一方面，加强对立法事前和事后的审查；二是扩大行政诉讼管辖范围，允许利害关系人对政府抽象行政行为提起行政诉讼，加强司法对行政行为的司法审查。

总之，通过行政、立法和司法审查和过滤，使我国所有有关竞争关系的立法得到清理，将来所有有关竞争的立法和政策能够统一到反垄断法上来，确保其得到统一贯彻执行。

（二）建立健全政府间利益关系协调机制，引导政府间通过合作消除利益上的对抗

在政府间利益关系协调与区域间经济合作上，我国可以借鉴发达国家的经验，采取以下对策。

第一，引导和推动政府之间在公共管理和经济发展上进行合作，并使这种合作安排更加组织化和制度化。可以借鉴内地与香港之间的经贸合作模式，让这些合作能够以更为组织化和制度化的方式进行，合作安排对各参与方政府和属地公民与法人都具有法律约束力，能够规范政府

和企业经济行为。

第二,提高政府间合作安排的透明度,要求所有政府间合作安排都应当向社会公开,让社会公众能够充分知情,同时也方便中央政府和社会公众监督,确保政府间合作安排不会损害其他利益关系方的合法权益和公共利益。建立政府间合作协议备案登记制度,要求所有政府间合作协议都必须向中央指定机构办理备案登记,并向社会公开,允许其他利害关系人对合作安排的合法性提出质疑和表达异议,防止政府间合作安排产生负外部性。

第三,充分发挥非政府组织在政府间利益关系协调、经济合作中的促进和协调作用。在政府间合作谈判和合作协议履行过程中,为减少利益对抗,可以充分发挥独立第三方——非政府组织的沟通和协调作用,同时又可以借助非政府组织专家智慧,让合作安排更科学,更能实现双赢。

第四,尽快建立健全能够调节政府间利益关系,解决政府间争端的司法调节机制,以保障政府间合约履行。

(三)完善自然垄断行业和国有垄断行业企业治理结构,建立健全动态监控机制,以防止过度管制和不当管制

1. 关于行业过度管制和不当管制的建议

第一,管制监控的标准应当是动态的,而且审查应当是适时进行的。一是对限制开放竞争的领域应该有明晰的审查标准,限制竞争和专营领域的边界尽可能清晰明了,而且这个标准应当适时根据国家经济和安全环境变化以及市场竞争状况进行动态调整。二是应该建立健全一个动态审查与评估机制,定期对限制竞争行业和领域以及其对市场结构及绩效产生的影响进行审查和评估,以便能够适时对限制竞争行业和领域进行调整。

第二,这些行业的经营状况应该足够透明,对其是否存在控制或专营地位滥用,社会公众和反垄断部门能够进行有效监控。

第三,对监管的监管。对这些行业是否存在过度管制或不当管制的审查应当由更为独立的反垄断机构而不是由行业监管部门负责进行。

第四,彻底实现政企分开、政资分开。所谓政企分开,当前主要包括两个方面:一是要消除目前这些行业企业组织人事安排上的政企不分现象,即这些行业的企业主要领导人通过市场化机制进行聘用,而不是

通过政府组织人事部门直接任命；二是企业政策性负担与经营目标彻底分开，强化这些企业的预算约束。所谓政资分开，在公共资源配置（包括行政许可方）与自然资源配置上应引入竞争，减少计划划拨。

2. 完善自然垄断行业和国有垄断行业企业治理结构的建议

第一，公司治理的目标：享有反垄断豁免特权的非竞争性行业中的国有企业所承担的主要职能是维护国家公有制主导地位和经济安全，这些目标是政策性的，而非盈利最大化。基于这一点，这些企业公司治理结构应与竞争性国有企业有所区别。

第二，应尽快研究和建立特殊国有企业的公法人制度，制定和颁布调整规范非竞争性行业国有企业公司治理结构及经营活动的立法。在非竞争性行业国有企业公司治理结构的安排中，其企业董事会和监事会应当有监管部门的代表，监管部门的代表对公司任何可能滥用其垄断地位和专营地位的决策拥有一票否决权。这样的安排有两个好处：一是可以解决监管部门与非竞争性国有企业信息不对称的问题；二是监管重心前移，监管机构从公司决策环节上就可以有效遏制这些行业企业限制竞争的行为。

第三，提高非竞争性行业国有企业的透明度，确保监管机构和社会公众有效监督。具体而言：①要求非竞争性国有企业应当每年对经营状况、财务状况像上市公司一样进行信息披露，尤其是这些企业管理层和职工的薪酬待遇、福利状况以及承担国家和政府部门政策性职能的情况，对企业竞争政策与竞争行为要作专项报告。②反垄断委员会和国家审计署可以就这些国有企业在贯彻国家竞争法情况方面作专项审计和评估。

第四，在国有企业激励机制和薪酬体系安排中，要严禁国有企业高管人员和职工从国有企业因履行公共职能而享有特权，严禁通过薪酬、福利和在职消费等其他形式获得不当收益。也就是说，对于企业非基于市场竞争而获得超额利润，这些利润应当通过税收或资源费等方式上缴国家财政，国有企业高管人员及员工（包括董事、监事）不能参与垄断利润分配；国有企业高管人员及获得高出社会平均工资水平的收入必须来自企业技术创新和成本节约所创造的利润。

第五，在政企分开改革深化上，应从完善非竞争性行业公司治理结构上进行改革，将政府行使所有者职能的重心集中到董事、监事代表的选派和问责上，通过董事会和监事会来行使其所有者职能，而不是直接越过董事会、监事会插手公司管理团队高管人员的任免。这些高管人员任免应完全通过市场化聘用方式来解决，这样就可以避免目前国有垄断行业高管人员"官商不分"的现象。国有企业官员在国家公务员序列中甚至比监管部门官员地位要高或平起平坐的奇怪现象，客观上无疑会削弱监管机构的权威。

同时，对于监管部门的官员，禁止其在离职后三年内到被监管企业担任董事、监事、高管等职务。

第六，在政资分开上，在公共资源配置上，非竞争性国有企业享有的特权必须限于履行其公共职能所必需的合理界限内。在竞争性领域要做到：①应当明确区分国家所有权职能和其他可能影响国有企业竞争环境的公共管理职能，尤其是市场监管职能。②任何超出普遍接受的规范要求国有企业承担任何公共服务的义务和职责都应当获得法律或法规明确的授权。该义务和职责应当向公众披露，相关成本应当是公开透明的。③国有企业不应当获得法律和监管豁免的特权。利益相关者，包括竞争者，在权力受到侵犯时能够获得公平和有效率的救济与保护。④国有企业的融资应当通过竞争性金融市场获得。它们与国有银行的关系、与国有金融机构的关系和与其他国有公司的关系应当建立在纯粹商业背景下。

第七，对不承担任何公共服务或特殊政策的行业及自然垄断行业非自然垄断环节，应该尽快开放，取消现行一切管制（包括显性和隐性），引入竞争；对于已经处于国有垄断状态的行业要尽快通过民营化改革消除垄断，开放竞争。

（四）完善我国反垄断监管执法体系的建议

1. 反垄断委员会的地位、职能、组成及工作规则

加强反垄断委员会的独立性与专业性，加强反垄断委员会任职保障。应当将反垄断委员会与国务院部委在人事、财政上都区分开来，不受国务院其他职能部门牵制。反垄断委员会主席应当由总理提名，经全国人大常委会任命，委员会成员由经济、法律专家组成。反垄断委员会财政预算应当在提交全国人大的预算中单独编列，反垄断委员会就反垄断工作直接向全国人大报告，直接向全国人大述职。

应赋予反垄断委员会准司法权，明确反垄断委员会与国务院反垄断

执法机构"审""执"分工关系，即所有涉及行政性垄断的指控和投诉都由反垄断委员会负责组织调查、举行听证和做出认定和裁决，由反垄断执法机构负责执行。对于反垄断委员会下达的任何裁定、裁决和命令，反垄断执法机构（包括职能监管执法部门和行业监管执法部门）都必须执行。

赋予反垄断委员会对反垄断执法机构工作、中央政府各部门、地方政府反垄断法执行的考核评估权力。为确保反垄断委员会的裁定、裁决和命令得到反垄断执法机构不折不扣的执行以及其他政府部门和地方政府的贯彻执行，应明确将反垄断实施情况作为上述政府及负责官员政绩考核一个重要部分，并将该部分考核权力赋予反垄断委员会。

2. 建立独立于中央政府各部门和地方政府的全国统一的监管执法体系

从条条体制上来说，将分散于各职能部门和行业监管部门的监管执法权力适度集中，最好是集中到一个统一执法部门。

从条块体制上来说，从中央到地方都由国务院反垄断监管执法机构统一负责执法，不允许将该执法权力转授权于地方职能部门。

在将来的监管体制改革中，所有监管执法部门都应该采取条条管理，由中央监管执法机构统一领导，独立于地方政府。

3. 改革司法体系，建立全国统一的司法系统，使司法机构从人、财、物上摆脱对地方政府依赖

在当前体制下，对行政性垄断案件可以采取指定管辖的方式，选定一些专业素质高的高级人民法院作为指定管辖一审法院，不受普通民事诉讼地域管辖限制，使反垄断案件的司法能够摆脱司法地方保护主义的影响。

4. 消除现行法律上对私人诉讼尤其是集团诉讼的限制，充分发挥私人诉讼在执法中作用

在我国，私人诉讼对反行政性垄断执法具有特殊意义：①行政性垄断背后是政府，针对行政性垄断提起索赔诉讼，无论诉讼指向对象是政府部门，还是企业，都必然让政府涉入，这就让企业有所顾忌。尤其是在我国，没有一个政府或政府官员因为在一两件行政诉讼中败诉而被问责或要下台的惩罚，因此，即便是企业提起诉讼且胜诉了，企业以后可能面临的麻烦是更多了，而不是减少了。②私人诉讼可以节省执法成

本，充分发挥社会监督作用。私人诉讼与监管执法共同构成了法律实施机制（Enforcement Mechanism），并可以弥补监管执法的不足，私人既不存在权力寻租的问题，也不受公共财政预算约束。

要有效发挥私人诉讼作用，我国需要在以下几个方面进行改革。

第一，将反垄断私人诉讼定位为公益诉讼。这是由行政性垄断侵权的特点所决定的。①非法垄断侵权集团性与损害分散性。非法垄断行为限制了市场竞争，受到侵害的对象是潜在的竞争对手和广大社会公众，他们为数众多，所以虽然违法者获得暴利，但具体到每个受害者，损害可能并非严重。②加害与受害之间非对应性。非法垄断破坏的是市场结构，它对其他经营者和消费者所造成伤害并不一定有直接对应关系，按照普通侵权逻辑来说，难以证明侵权人受益与受害者受损之间一定存在因果关系，受害者很难证明其损失与被告之间的因果关系。③危害的外部性。非法垄断对社会所带来的危害远远超出了其他经营者和消费者实际遭受损失的范畴，它的最大危害是损害了市场机制的功能，导致资源配置不合理而带来巨额的社会成本。

上述特点就决定了按照传统私益民事诉讼逻辑来构建反垄断民事诉讼制度就必然存在先天性的缺陷，根本就不可能对违法者实施有效法律制裁，从而保障市场公平竞争秩序。

将反垄断私人诉讼定义为公益诉讼，就是要为私人诉讼提供更多便利，方便消费者和一些公益社会团体能够对非法垄断提起诉讼。①在诉讼主体资格上，不仅应允许直接受到行政性垄断行为伤害的消费者提起诉讼，而且也应允许消费者团体等公益社团提起公益团体诉讼。②不仅应允许消费者和消费者团体对具体行政行为提起民事诉讼，而且允许对抽象行政行为提起诉讼。

第二，为私人诉讼提供足够激励。这包括开放和鼓励集团诉讼和团体诉讼，在举证责任上采取类似美国的发现程序，让实施非法垄断行为的经营者对其抗辩进行举证，允许反垄断民事诉讼律师进行风险代理等。

5. 加大对行政性垄断法律制裁的力度

行政性垄断的始作俑者是政府，在行政性垄断制裁上，应分别针对政府行为的性质和情节采取不同制裁措施。①将抽象行政行为与具体行政行为区分开来；②将政府官员利用职务便利以权谋私的个人行为与政府出于本位利益的集体行为区分开来；③将政府与企业合谋的行为和政府单方面采取保护主义的行为区分开来；④在情节上，对于初犯与累犯、知错就改和拒不纠错都应在法律责任上有所区别。

具体来说，在责任追究上，可以采取以下措施。

第一，对于抽象行政行为和集体行为，首先应当追究负责人的政治责任，并一并追究其他参与集体决策但没有表达异议的所有领导班子成员的法律责任。

第二，对于官员以权谋私的个别行为以及政府官员与企业合谋实施的行政性垄断行为，应当依照国家反腐败法律追究有关责任人的法律责任。

第三，对于累犯者，有关监管执法机关或司法机关裁定要求撤销或改正，拒不改正的，应当加大制裁力度，上升到刑事制裁力度，追究有关人员的刑事责任。

第四，对于地方政府集体行为实施行政性垄断，且累犯不改的，拒不配合执法部门执法工作的，除追究政府有关责任人员责任外，中央可以考虑采取类似目前环保部门"流域限批"的制裁措施，由反垄断执法机构协调中央各职能部门在项目审批、财政转移支付、金融、税收等方面共同采取系列制裁措施。

第三篇

国有企业垄断与绩效的实证分析

第五章 国有垄断边界、控制力和绩效关系研究*

本章围绕国有经济产业调整的现状,在界定国有企业定位和职能的基础上,利用统计数据分析第二产业国有经济2003—2009年的变化,探讨国有企业控制力变化对国有经济和非国有经济的影响。

第一节 相关的研究背景和综述

一 问题的背景

国有企业改革从20世纪80年代开始。2002年之前主要解决的是国有企业的体制问题,如企业内部的治理结构、国有企业的控制权和效率等;2002年之后,出现了新的变化,更多的是从产业层面讨论国有企业的市场势力、垄断和产业效率等。

大量的文献表明,自1996年以来的国有企业战略性重组和布局调整被认为是成功的尝试(白天亮,2011;国资委,2011)。这场改革首先在有色金属和非有色金属冶炼等重化和重加工行业进行了试验,并在2006年后逐步全面实施。与此同时,一些与这次改革相关的问题开始显现。例如,山西煤矿的整合、山钢收购日钢、宝钢重组建龙、国有航空兼并民营航空、中粮收购蒙牛、国有企业大举进入房地产业并在各地屡夺"地王"、电力和石油部门的产业链延伸控制,以及来自服务业的邮政、电信、铁路、金融等"玻璃门",由此引发的国有企业垄断等问题成为各大媒体关注的焦点话题。

---

* 本章作者周耀东、余晖。发表于《中国工业经济》2012年第6期。北京交通大学研究生李倩同学在本章中做了数据处理和计量工作。

二 国有企业的产业定位和功能

上述问题实质上还涉及国有企业的产业定位和职能问题。早期学术界关于我国国有经济战略定位和职能的讨论大致分为两类观点：一类是从国有经济改革过程出发，从实证角度认为国有经济应发挥更大和更多的功能；另一类则从理论层面出发，从规范的角度认为国有经济仅应承担"弥补市场失灵"的功能。总体来看，大多数学者都同意国有经济应当从竞争性产业领域收缩或退出，而应进入外部性较强的领域，承担更多的社会功能；国有经济作为政府调控经济的一个工具，要重点对战略资源、战略产业和战略技术实施控制。

2006年国务院国资委正式颁布《关于推进国有资本调整和国有企业重组的指导意见》，明确界定了国有企业涉及的主要行业和发展层次。① 此后，学术界对于国有经济涉及的领域和控制力问题的争论比较激烈。核心的争论是国有经济涉及的领域是否过宽，是否抑制了市场资源配置的作用？这些领域是否都属于自然垄断、国家安全和公共产品领域？这些领域的国有控制力是否等同于垄断？是否需要市场竞争机制发挥竞争作用？如何实施和有效约束控制力？这些问题的核心与对国有企业定位与职能的认识模糊有关。本章认为所谓"重要产业、关键性产业、国家安全、自然垄断行业以及公共产品"等领域所涉及的内涵过于模糊，客观上造成了国有企业产业定位的模糊性，为此后难以对国有企业的产业结构调整状况进行客观公正的评价埋下了伏笔。

三 关于对国有垄断企业的认识

国有企业的出现本身具有悖论的性质，即它总是面临着企业营利性和国家公共性之间的权衡（天则报告，2011）。早期国有企业的改革更多的是从效率层面出发，解决内部激励制度设计，促使其有更大的营利动机。现代企业制度和国有资产管理体制的形成为这一问题的解决提供

---

① 该意见指出，对于军工、石油和天然气等重要资源的开发及电网、电信等基础设施领域的中央企业，以及民航、航运等领域的中央企业，国有资本应保持独资或绝对控股；对于石化下游产品经营、电信增值服务等领域的中央企业，引入非公经济和外资，推进投资主体和产权多元化；对于装备制造、汽车、电子信息、建筑、钢铁、有色金属、化工、勘察设计、科技等基础性和支柱产业领域的中央企业，国有经济应对重要骨干企业保持较强控制力；对于机械装备、汽车、电子信息、建筑、钢铁、有色金属行业的中央企业，国有资本在其中保持绝对控股或有条件的相对控股。

了途径。在"抓大放小"和"国有资产战略性重组"等思路下，国有企业逐步从普遍存在演绎为集中存在，在大量转让、出售和拍卖中小国有企业资产之后，逐步形成了当下国有垄断企业的格局。

总体来看，国有垄断企业的出现主要有三个方面的背景：（1）历史遗留。自中华人民共和国成立以来，无论是在竞争性领域还是在非竞争性领域，我国大型或者超大型企业无一例外都属于国有企业，很难在短期找出一条稳妥的途径解决这些企业的身份问题，即使在股份制改造之后，国有资产仍然占据绝对的份额。（2）国家战略。赶超战略（林毅夫等，1994）以及对国家富强的追求，促使经济政策把国有企业作为其重要的微观抓手，成为实现其经济、政治和社会目标的重要力量。2006年国资委的战略性重组意见明确表达了国有企业的定位，包括基础性、经济命脉性、战略性、前瞻性和资源性等产业部门。（3）迷恋寡占市场。在我国经济发展进程中，竞争总是让位于控制。在早期关于市场结构的讨论中，强调的是市场完全竞争的不可实现性，认为寡占市场结构是现实中有效率的市场。产业政策通常是以促进产业结构调整升级与抑制部分产业产能过剩为目标，在实施手段上，是以包括目录指导、市场准入、项目审批与核准、供地审批、贷款的行政核准、强制性清理（淘汰落后产能）等为主导的行政性直接干预（江小涓，1996），用政府选择代替市场机制和限制竞争、保护和扶持在位的大型企业、限制中小企业对在位大企业市场地位的挑战和竞争的现象此起彼伏。在石油、煤炭、电力、钢铁和汽车等产业政策中，限制竞争的特征尤为突出（江飞涛、李晓萍，2010）。

四 集中度—绩效假说的验证和估计

从现象上来看，国有企业战略性调整后，利润率有了明显的提高，但在理论界，关于这一问题却存在大量的争论。从市场结构角度分析国有垄断企业的绩效大体上可以分为效率和福利损失两个层面的研究。前者涉及集中度—绩效假说的经验性验证和估计，后者则涉及垄断福利损失的经验性估计。本章仅对前一个问题进行分析。

关于集中度—绩效假说的检验问题，多数都是以SCP范式为理论框架进行的拓展和实证研究。何禹霆（2008）将产业的技术特征作为内生变量，认为现实经济中各产业技术特征的差异决定了不存在普适的产业组织模式，产业技术特征决定了有效的产业组织结构，影响了企业的行为和绩效。其对汽车产业的研究支持了哈佛学派的集中度—绩效假说。于良春、张伟（2010）则将行政制度作为 SCP 的决定因素之一，分析了行政制度的垄断维持和传导。

在制造业部门的实证研究方面，主要涉及以下几个方面：（1）在制造业跨产业集中度与利润率关系方面，大量研究支持二者存在正相关关系（马建堂，1993；白文杨和李雨，1994；周妍，2008）；有观点认为这种关系并非简单的线性、连续、单调正相关关系，而是受许多因素的综合影响和扰动（殷醒民，2003）；也有观点认为整体上不存在显著的正相关关系，但剔除煤气生产与供应、烟草加工和煤炭采选业三个受国家严格管制的行业数据后，两者有正相关的关系（戚聿东，1998）；还有观点认为在处于市场经济转型过程中的中国市场，主要是市场绩效决定市场结构，效率模式而不是 SCP 模式更能体现中国目前市场结构和市场绩效之间的关系（陆奇斌等，2004）。（2）关于国有垄断部门集中度—绩效的研究，主要涉及对银行、钢铁、煤炭、航空、电力等行业的研究，其中银行业市场结构与绩效的关系是讨论的热点（于良春等，1999；刘志彪，2004）。（3）行政性垄断对产业绩效的影响问题研究，可以达成共识的观点是行政性垄断从长期来看对国民经济的增长有负面作用。就短期来看，部分观点认为行政性垄断导致地区性市场分割、贸易保护、收入分配不公和寻租等，损害了国家的整体经济增长和统一市场的形成。刘培林（2005）认为严重的市场分割和地方保护导致中国地区产出配置以及生产要素省际配置的结构扭曲，最终导致了制造业的产出效率损失。孙早等（2011）采用全部工业产业的面板数据估计了内地 2003—2008 年不同资本密集度产业的所有制结构变化对产业绩效的效应，认为规模以上国有企业比重的变化与产业绩效呈现负相关关系，所有制变化并没有带来改善产业绩效的效果。

第二节　国有企业产业结构布局与调整

基于上述认识，本节重点针对国有企业在 2003 年以后产业布局和调整的状况进行数据分析。由于难以获得第三产业国有经济等方面的相关数据资料，我们以第二产业为主要分析对象，所有的数据样本均来自相应年份的《中国统计年鉴》，以保证数据来源的权威性。

一 企业数目和单个企业综合实力

1998年以来，第二产业国有经济变化的特点主要表现为企业数目快速减少，单个企业资产和总产值能力迅速增加，企业赢利能力总体有所上升，资产负债率有所下降，国有企业在传统的产业集中领域保持不变（如采掘业、重工业和公用事业），在原来较为集中的领域（如机械制造业）的比重有所下降。

单纯就数量来说，企业数目大大减少，由1998年的6.5万家减少到2009年的2.05万家，但资产总额和工业总产值却迅速提高，资产总额从1998年的7.5万亿元，增加到2009年的21万亿元，工业总产值也从1998年的3.36万亿元，增长到2009年的14.66万亿元，具体如图5-1（a）所示。

(a) 国有企业数、工业总产值和资产总额　(b) 全社会固定资产投资各类型经济占比

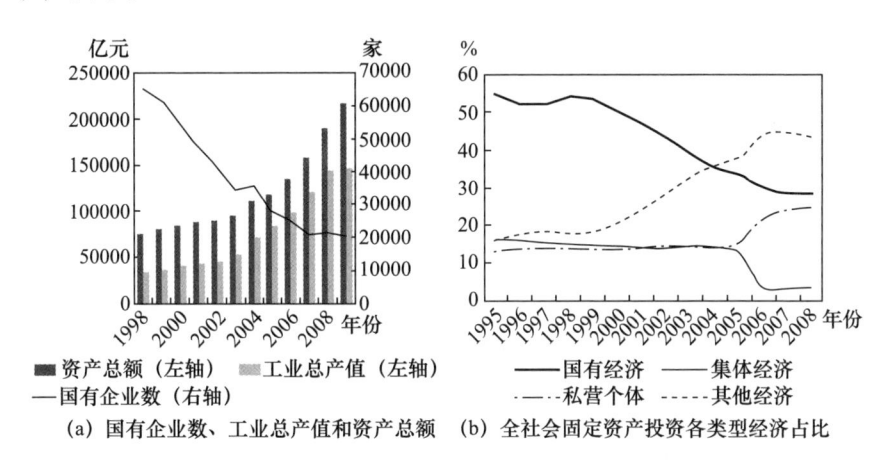

图5-1　国有企业数、工业总产值、资产总额和全社会固定资产投资各类型经济占比变化

与全部规模以上企业相比，国有企业在整个第二产业体系中的比重逐步下降。企业数目从1998年占全部企业的39.22%下降到2009年的4.72%，工业总产值占比从1998年的49.63%下降到26.74%，资产总额从1998年的68.84%下降到43.70%，利税总额从1998年的61.05%下降到36.04%，从业人员也从1998年的60.49%下降到20.42%。这一趋势表明国有企业在整个第二产业的控制力与支配力方面有较大程度的减弱。

二 投资比例

在全社会固定资产投资方面，国有经济的投资比例也在逐步下降，如图 5-1（b）所示，从 1995 年的超过 50% 下降到 2008 年的 30% 左右，集体经济的投资比例几乎可以忽略不计；与此同时，以私人经济、联营、股份制等为主体的企业投资在 2002 年以后迅速上升，目前总共占比超过了 60% 的水平，但 2008 年后非国有和集体经济在第二产业的投资的增长趋势有所减缓。

三 国有经济变动和分布：国有控制力

产业结构和布局调整是 2003 年以来国有企业体制改革的战略重点。为便于分析和判断，我们以从业人员、总产值、销售收入和资产净额[①]占全部企业的比重计算综合国有控制力指标，建立国有经济市场控制程度表，如表 5-1 所示。

表 5-1　　　　　　　　　国有经济市场控制程度

国有企业占全部企业的比重（%）	国有控制力程度
0—20（不含，下同）	弱控制
20—40	一般控制
40—60	强控制
60—100	垄断控制

采用综合控制力指标分别计算 2003—2009 年 39 个产业的分布状况，结果表明：(1) 在我国产业中，国有垄断控制主要集中于烟草、石油开采和冶炼、电力、水、煤炭和燃气，这是国有资本控制力最强的六个产业部门，交通运输设备、有色金属开采和冶炼、黑色金属冶炼等重型工业则成为强控制部门，轻工业、电子电器和医药等为一般控制或弱控制部门。具体产业的国有控制力边界见图 5-2。(2) 从 2003 年与 2009 年综合控制力比较来看，除烟草、石油、电力三大产业垄断控制力稳定不变以外，其他部门均有不同程度下降。从垄断控制部门来看，产业变

---

① 计算方法为国有企业产值、资产、从业人员占全部企业产值、资产和从业人员的比重，平均加总形成的综合占有率水平，为综合控制力指标。

化不大。有些产业部门 2003 年为垄断控制部门而在 2009 年下降为强控制部门。一般控制及以下的部门，国有资产比例变化有较大下降（见图 5-3）。

四 经济效益和利税分布

从经济效益指标来看，国有企业的经济效益明显得到了改善。和 2003 年相比，2009 年国有企业第二产业的利税状况有了明显的改善，2003 年利税总额为 8451 亿元，2009 年达到了 21994 亿元，增加了 1.6 倍；从产值利税率[①]来看，国有企业的产值利税率从 1998 年的 10.03% 增加到 2009 年的 15%（在 2007 年一度达到了 16.70%），全国企业的产值利税率由 1998 年的 8.15% 增加到 2009 年的 11.13%；从人均利税额来看，国有企业的人均利税额从 1998 年的 0.89 万元增加到 2009 年的 12.19 万元，全国企业则从 1998 年的 0.89 万元增加到 6.9 万元。

与全国企业比较，国有企业在产值利税率、人均利税额等方面普遍好于全国企业，并且优势有所拉大，如图 5-4 所示。在产值利税率方面，1998 年差距为 1.88 个百分点，2007 年扩大到 5.48 个百分点；人均利税额的差距更大，1998 年差值为 0.01 万元，2009 年达到 5.29 万元。这表明国有企业自 2003 年以来对总产值的贡献高于全国企业平均水平。人均利税额的差距表现在减员增效方面，国有企业从业人数的下降提高了每人创造产值的能力，体现出效益改善的作用。

但国有企业盈利水平改善分布得并不均衡。从各行业利税增长状况来看，传统的六大行业中，石油、烟草、煤炭、交通运输设备制造和电力行业增加迅速，重加工业也有一定增长，但国有企业利润分布状况并没有发生太大的变化，六大行业一直是利税总额中的最大部分，而大约有 23 个行业的利税贡献率接近为零。2003 年与 2009 年变化最大的是石油加工，主要受国际金融危机和国际油价影响，石油加工领域的利税状况出现了较大幅度的波动。与 2003 年相比，其他行业在贡献方面变化不大。对行业分布进行测算，2003 年以来国有企业的利税总额中占最大份额的行业具体见表 5-2，依然是电力、交通运输设备制造、烟草等六大行业，2009 年六大行业总贡献率达到了 80.63%，其他行业的

---

① 产值利税率是利税总额（业务税金和附加＋利润＋应交增值税）/总产值，资产利税率是利税总额/资产合计，人均利税额是利税总额/从业人员平均数，上述指标均来自统计年鉴。

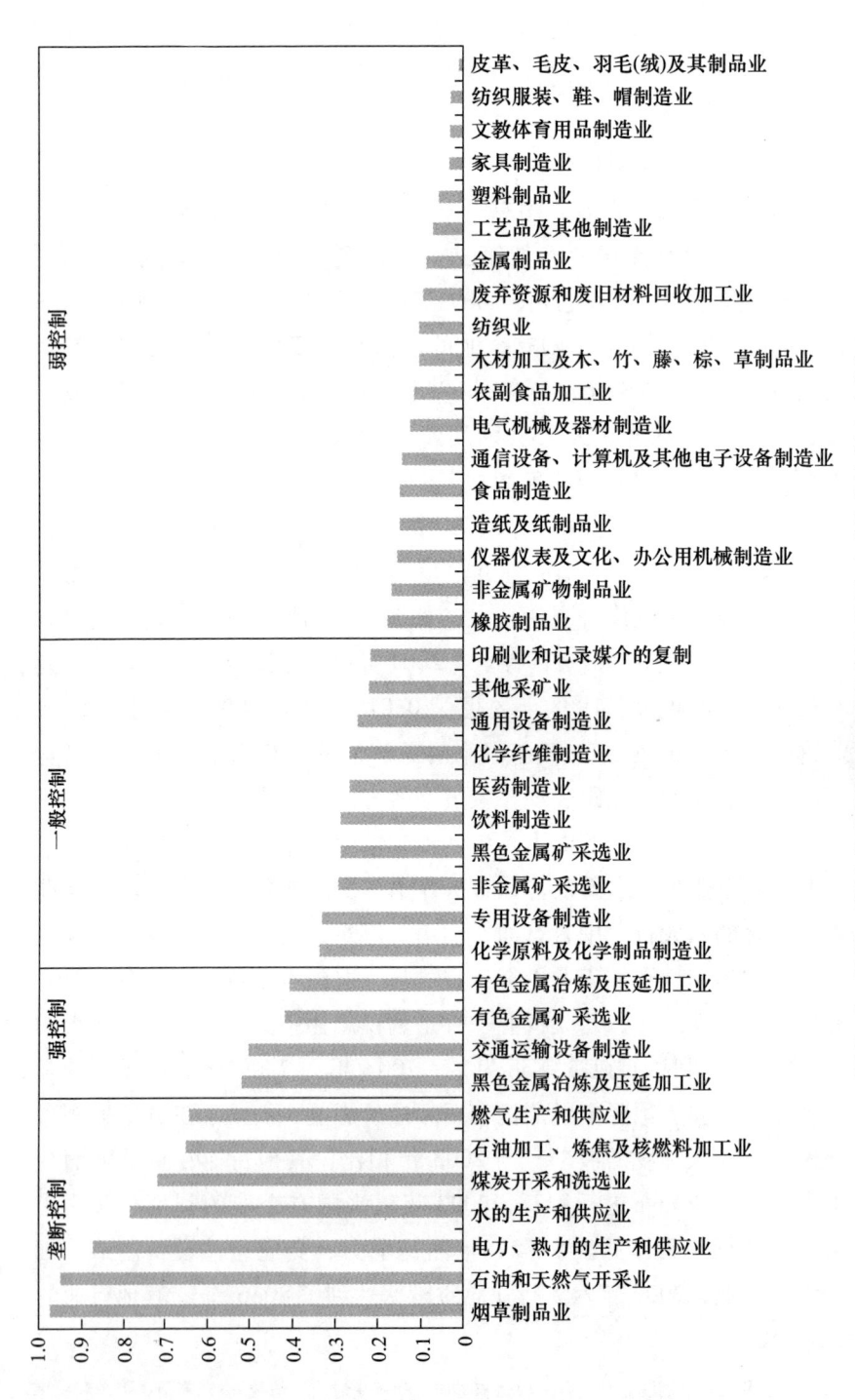

图 5-2 2003—2009 年我国产业国有控制力边界（以综合控制力为指标）

第五章 国有垄断边界、控制力和绩效关系研究 | 269

图 5-3 2003 年与 2009 年我国产业国有控制力边界比较

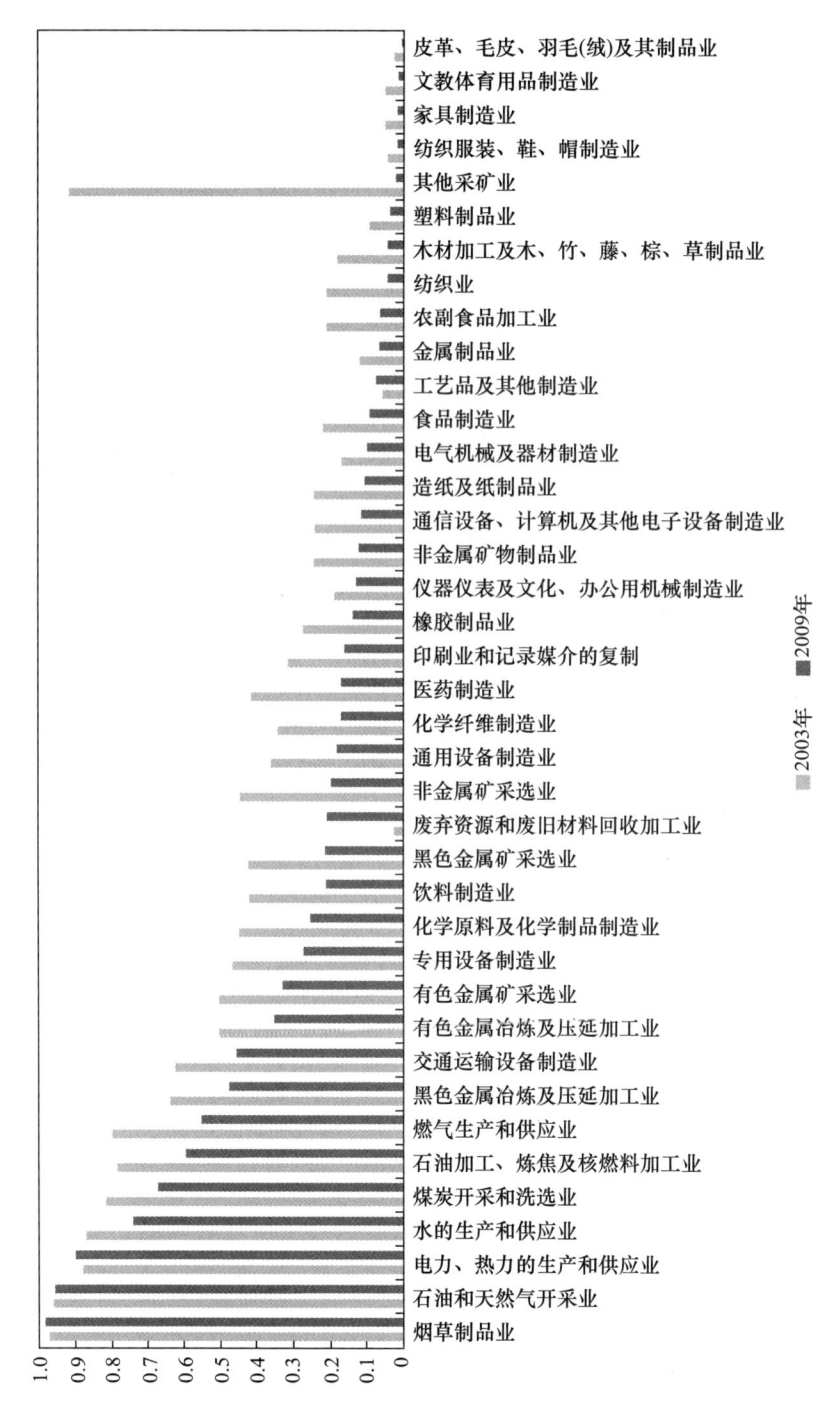

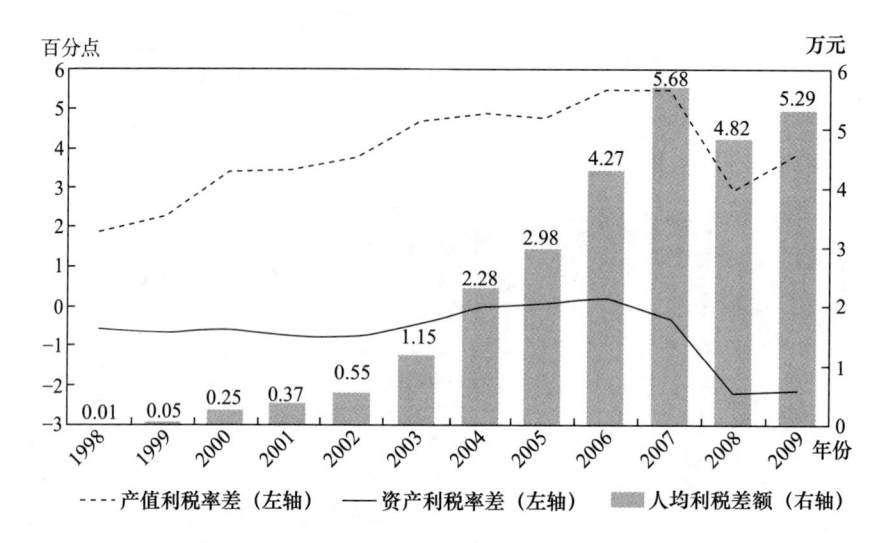

```
百分点                                                          万元
 6                                                              6
                                              5.68
 5                                         ╱────╲      5.29
                                          ╱      ╲    ╱
 4                                       ╱    4.82╲──╱
                                  4.27
 3

 2                         2.98
                    2.28
 1           1.15
      0.55
 0
      0.01  0.05  0.25  0.37
-1
-2
-3
    1998 1999 2000 2001 2002 2003 2004 2005 2006 2007 2008 2009  年份

    ----- 产值利税率差（左轴）  ——— 资产利税率差（左轴）  ▨ 人均利税差额（右轴）
```

图 5-4　1998—2009 年国有与全部企业经济效益差距

利税总额占比不到 20%。集中于六大行业也反映了 2003 年以来国有企业战略调整带来的结果。

表 5-2　2003—2009 年国有企业主要行业的利税总额及贡献情况

单位：亿元，%

年份	指标	石油和天然气开采与加工业①	烟草制品业	电力、热力的生产和供应业	交通运输设备制造业	黑色金属冶炼及压延加工业	煤炭开采和洗选业	六大行业合计	国有行业利税总额
2003	总量	1519.95	1369.67	1274.38	912.30	841.97	268.87	6187.14	8451.63
	占全部比重	17.98	16.21	15.08	10.79	9.96	3.18	73.21	
2004	总量	2801.63	1674.89	1348.07	852.29	1227.27	474.43	8378.58	10675.61
	占全部比重	26.24	15.69	12.63	7.98	11.50	4.44	78.48	

---

① 2009 年石油和天然气开采业利税额为 2605.82 亿元，石油加工、炼焦及核燃料加工业的利税额为 3405.36 亿元，考虑到 2003—2008 年石油加工业的利税额波动较大以及两类行业的相关性，因此将这两行业合并处理。

续表

年份	指标	石油和天然气开采与加工业	烟草制品业	电力、热力的生产和供应业	交通运输设备制造业	黑色金属冶炼及压延加工业	煤炭开采和洗选业	六大行业合计	国有行业利税总额
2005	总量	3701.33	1861.82	2069.24	717.04	1195.74	720.21	10265.38	12739.79
2005	占全部比重	29.05	14.61	16.24	5.63	9.39	5.65	80.58	
2006	总量	4741.32	2139.32	2844.67	1031.78	1333.19	867.42	12957.70	16028.45
2006	占全部比重	29.58	13.35	17.75	6.44	8.32	5.41	80.84	
2007	总量	5652.19	2624.85	3367.46	1584.35	1790.21	1197.49	16216.55	19988.80
2007	占全部比重	28.28	13.13	16.85	7.93	8.96	5.99	81.13	
2008	总量	5419.45	3075.32	3138.21	1705.72	1191.09	2232.06	16761.85	19714.99
2008	占全部比重	27.49	15.60	15.92	8.65	6.04	11.32	85.02	
2009	总量	6011.18	3480.03	2452.50	2556.04	956.87	2277.26	17733.88	21994.88
2009	占全部比重	27.33	15.82	11.15	11.62	4.35	10.35	80.63	

第三节 控制力与绩效关系

2003—2009年，第二产业国有经济部门面向重要资源型、特许垄断、公用事业、重加工业等领域进行战略性调整，利润率和资产能力也有明显的改善。这种国有控制力的变化必然会对行业绩效产生一定的影响。一般意义上，过高垄断控制将损害产业效率。这种现象集中涉及两个问题：其一，国有企业的利润增加与其控制力及综合要素生产率之间的关系；其二，国有控制力的变化对非国有企业的利润水平的影响。

一 检验模型

从一般意义来看，企业经济利润的产生来自三个方面：其一是企业自身的要素贡献率，即资本（K）和劳动（L）的贡献；其二是企业综合要素生产率（TFP），即来自TFP的贡献率；其三是市场条件。短期和长期的市场条件对企业经济利润的影响是不同的，从理论上看，短期市场条件与企业利润具有一定的随机性，即在完全竞争条件下，企业可能获得经济利润，在垄断条件下，企业也可能亏损，但在长期，一般可以表达为竞争性越强的市场结构，企业的经济利润越趋向零，反之则反是。因此，本章的目的是检验国有控制力变动对国有利润水平及非国有企业利润水平的影响。

我们将市场条件定义为综合国有控制力（Z）。关于企业经济利润的模型可以表达为$\Pi = f(Z, TFP, K, L)$，根据CD函数的表达，则其检验模型为：

$$\ln\Pi = \ln Z + \ln TFP + \alpha\ln K + \beta\ln L + \varepsilon \tag{5-1}$$

其各种变量的定义可以表达为表5-3中的可计量的指标。

表5-3　　　　　　　　　　变量设计

变量名称	变量含义及计算方法	
$S\ln K$	国有企业固定资产净值年平均余额的对数	
$\Delta S\ln K$	国有企业固定资产净值年平均余额对数的变化	$FTFP_n - FTFP_{n-1}$
$S\ln L$	国有企业全部从业人员年平均人数的对数	
JZD	综合国有控制力分布	（产值占比+资产占比+销售收入占比+人员占比）/4
TFP	国有企业的全要素生产效率	由主营业务收入、资产、人数拟合回归方程得出
ΔTFP	国有企业全要素生产效率的变化	
$\ln P$	国有企业利润总额的对数	
$F\ln K$	非国有企业固定资产净值年平均余额的对数	$\ln$（总余额 - 国有企业余额）
$\Delta F\ln K$	非国有企业固定资产净值年平均余额对数的变化	$F\ln K_n - F\ln K_{n-1}$

续表

变量名称	变量含义及计算方法	
$F\ln L$	非国有企业全部从业人员年平均人数的对数	ln（总人数－国有企业人数）
$\Delta F\ln L$	非国有企业全部从业人员年平均人数对数的变化	$F\ln L_n - F\ln L_{n-1}$
$FTFP$	非国有企业的全要素生产效率	由非国有企业的收入、资产、人数拟合回归得出
$\Delta FTFP$	非国有企业全要素生产效率的变化	$FTFP_n - FTFP_{n-1}$
$\ln PC$	非国有企业利润总额的对数	
$\Delta \ln PC$	非国有企业利润总额对数的变化	$\ln PC_n - \ln PC_{n-1}$
$ZTFP$	规模以上所有企业的总全要素生产效率	由所有企业的收入、资产、人数回归得出
$\Delta ZTFP$	规模以上所有企业全要素生产效率的变化	$ZTFP_n - ZTFP_{n-1}$

二 研究样本和描述性统计

本章样本是2003—2009年第二产业规模以上国有企业、非国有企业和全部企业，主要指标的数据均来自《中国统计年鉴》（2003—2009年），其中利润、资本投入、劳动投入为原始数据，经过标准化处理，综合要素生产率（TFP）为利用CD函数计算的经验结果数据，综合国有控制力为国有资本在产值、资本、劳动和销售收入方面的集中度综合值。指标的描述性统计如表5－4所示。

表5－4　　　　　　　　　描述性统计

	观测值	中位数	均值	标准差	最大值	最小值
$S\ln K$	234	5.9312	5.6619	2.3025	10.5457	－4.6052
$\Delta S\ln K$	233	－0.1414	－0.0006	2.9797	11.4044	－9.5827
$S\ln L$	234	2.9585	2.9414	1.7684	5.8275	－4.6052
JZD	234	0.2155	0.3057	0.2756	0.9854	0.0064
TFP	234	1.8394	1.8673	0.5990	3.4448	0.0787
ΔTFP	233	0.0024	－0.005	0.7022	1.6718	－1.7061

续表

	观测值	中位数	均值	标准差	最大值	最小值
$\ln P$	234	3.3404	3.2643	2.3450	8.4100	-3.9120
$F\ln K$	234	6.7860	6.4877	1.6919	8.9344	-0.9163
$\Delta F\ln K$	233	-0.1359	0.0043	2.2590	7.8368	-5.4189
$F\ln L$	234	4.6028	4.1526	1.7934	6.4326	-2.6593
$\Delta F\ln L$	233	-0.0999	-0.0092	2.3272	8.0381	-6.0855
$FTFP$	234	2.3895	2.3552	0.4065	3.5032	1.1009
$\Delta FTFP$	233	-0.0096	-0.0004	0.5206	1.3201	-1.8339
$\ln PC$	234	5.3835	5.0640	1.7553	7.5941	-2.9957
$\Delta \ln PC$	233	-0.2983	-0.0013	2.2367	8.0410	-5.9748
$ZTFP$	234	2.6572	2.6321	0.5166	3.8821	0.7214
$\Delta ZTFP$	233	-0.0282	0.0006	0.5673	1.4391	-1.5418

注：由于2004年统计年鉴中各产业缺乏产值指标，因此对2004年的产值数据采用了剔除处理。

三 数据检验

数据的检验过程主要是针对所检验的多元数据的无偏性、平稳性、共线性和因果关系进行检验。原始数据中 K 和 TFP 值不具有无偏性和平稳性特点，因此，对原始数据采用一阶差分处理，即 $\Delta S\ln K = D(\ln K)$，$\Delta TFP = D(TFP)$。处理后分别对这些数据进行异方差检验、ADF 单位根检验、因果关系检验和多重共线性检验，关于 Granger 因果关系检验和异方差检验限于篇幅，不做表述，检验结果表明存在因果关系。

（1）ADF 单位根检验。利用 SPSS 软件，对所检验数据进行 ADF 单位根检验，检验结果如表 5-5 所示，表明通过一阶差分后，检验方差具有一定的平稳性。

（2）多重共线性检验。变量之间多重共线性检验结果表明不存在明显相关性，无多重共线性，检验结果见表 5-6。

表 5-5　　　　　　　　　　ADF 单位根检验

	ADF 测试值	1% 临界值	5% 临界值	10% 临界值	平稳性结果
$S\ln K$	-1.5113	-2.5733	-1.9408	-1.6163	不平稳
$\Delta S\ln K$	-13.8248	-3.4565	-2.8725	-2.5725	序列平稳
$S\ln L$	-2.4974	-2.5733	-1.9408	-1.6163	5%、10%下平稳
JZD	-3.2752	-2.5733	-1.9408	-1.6163	序列平稳
TFP	-0.7159	-2.5733	-1.9408	-1.6163	不平稳
ΔTFP	-10.9252	-2.5733	-1.9408	-1.6163	序列平稳
$\ln P$	-2.3042	-2.5733	-1.9408	-1.6163	5%、10%下平稳
$F\ln K$	-0.2345	-2.5746	-1.9410	-1.6164	不平稳
$\Delta F\ln K$	-10.8974	-2.5746	-1.9410	-1.6164	序列平稳
$F\ln L$	-1.0205	-2.5746	-1.9410	-1.6164	不平稳
$\Delta F\ln L$	-8.2349	-2.5746	-1.9410	-1.6164	序列平稳
$FTFP$	-0.3651	-2.5746	-1.9410	-1.6164	不平稳
$\Delta FTFP$	-10.4582	-2.5746	-1.9410	-1.6164	序列平稳
$\ln PC$	-0.6931	-2.5746	-1.9410	-1.6164	不平稳
$\Delta \ln PC$	-11.0945	-2.5746	-1.9410	-1.6164	序列平稳
$ZTFP$	-0.3626	-2.5746	-1.9410	-1.6164	不平稳
$\Delta ZTFP$	-9.2463	-2.5746	-1.9410	-1.6164	序列平稳

表 5-6　　　　　　　　　　多重共线性检验

	$\ln P$	$S\ln L$	$\Delta S\ln K$	JZD	ΔTFP
$\ln P$	1.000000	0.694704	0.377582	0.521568	0.157905
$S\ln L$	0.694704	1.000000	0.584565	0.423435	-0.117593
$\Delta S\ln K$	0.377582	0.584565	1.000000	0.288183	0.024248
JZD	0.531568	0.423435	0.288183	1.000000	0.175922
ΔTFP	0.157905	-0.117593	0.024348	0.175922	1.000000

四　检验结果

根据上述数据检验结果，对资本和综合要素生产率采用一阶差分处理后，分别对国有资本控制力对国有企业和非国有企业利润的影响进行实证检验。考虑到方程的时间因素，加入一阶自回归方程即 AR（1）以消除一阶自相关性。表 5-7 和表 5-8 分别是国有控制力与国有企业利润、国有控制力与非国有企业利润的检验结果。

表5-7　　　　　国有控制力对国有企业利润的影响

	系数		数值
$SlnL$	0.8771 *** (0.0000)	R^2	0.6269
$\Delta SlnK$	-0.0763 *** (0.0077)	调整后 R^2	0.6212
JZD	2.3389 *** (0.0000)	D-W 统计值	1.8760
ΔTFP	0.5568 *** (0.0000)	F 统计值	111.3791
AR（1）	0.3274 *** (0.0000)	观测样本	271（经调整）

注：被解释变量为当期的利润对数。括号内为 P 值。资产和效率经过平稳性调整，所以有效观测值比样本减少两个。

表5-8　　　　　国有控制力对非国有企业利润的影响

	系数		数值
$\Delta FlnK$	0.6722 *** (0.0000)	R^2	0.9677
$\Delta FlnL$	0.3495 *** (0.0000)	调整后 R^2	0.9671
$\Delta FTFP$	0.5430 *** (0.0000)	D-W 统计值	1.9695
JZD	0.1078 ** (0.0293)	F 统计值	1702.760
AR（1）	-0.4247 *** (0.0000)	观测样本	232（经调整）

注：被解释变量为下一期与当期的利润对数差值。括号内为 P 值。2004 年的必要统计数据缺失，所以观测样本数为 234，此外由于资产和效率经过平稳性调整，差分后少一个值，所以有效观测值比样本减少两个，集中度变量 JZD 在 1% 的水平下不显著，但在 5% 的水平下显著。

回归方程表达式为：

$$\ln P = 0.8771 \times S\ln L - 0.0763 \times \Delta S\ln K + 2.3389 \times JZD + 0.5568 \times \Delta TFP + [AR(1) = 0.3274] \qquad (5-2)$$

$$\Delta \ln PC = 0.6722 \times \Delta F\ln K + 0.3495 \times \Delta F\ln L + 0.5430 \times \Delta FTFP + 0.1078 \times JZD + [AR(1) = 0.4247] \qquad (5-3)$$

从检验方程来看，在对部分变量进行差分，并采用 AR（1）自回归方程后，方程拟合度较好。从方程结果来看，主要呈现以下几个特点。

第一，国有控制力与国有企业利润存在显著的正相关关系。在式（5-2）中，国有控制力的影响力系数在各因素中是最高的，达到了2.3389，表明2003年以来国有企业利润率的改善主要来自国有企业的战略性重组和调整所引起的国有控制力的变化，控制力程度越高的行业，国有企业的利润越高；综合要素生产率对国有企业利润的影响较小，其系数只有0.5568；在国有企业利润贡献中，各要素的贡献程度不一，劳动要素的变化对国有企业利润也存在着一定的影响，但与资本要素贡献存在微弱的负相关，表明从2003年以来，国有企业的战略性重组所产生的总资产的增加额对利润的贡献几乎可以忽略不计，但这并不表明单个企业资产能力的增强对其利润的贡献。

第二，在非国有企业利润的来源中，资本的贡献最高，其次是综合要素生产率。式（5-3）的结果表明在这一个时期，支撑非国有企业利润增长的主要是资本（0.6722）和综合要素生产率（0.5430）以及前一期的发展积累[AR（1）=0.4247]。国有控制力与非国有企业的利润存在微弱的正相关，表明在国有控制力强的产业部门，非国有企业的利润水平也比较高。这隐含了这些产业部门具有某种较高的、难以竞争性进入的壁垒条件。

第三，国有控制力与综合要素生产率之间表现出微弱的正相关关系。国有控制力与国有企业的综合要素生产率之间的关系散点图（见图5-5）表明，国有控制力与当期国有企业的综合要素生产率存在微弱的正相关关系，与一阶差分下的综合要素生产率也存在着微弱的正相关关系。这表明与当期综合要素生产率相比，国有控制力增强对国有企业的下一期综合要素生产率的改善有微弱的作用。国有控制力与行业的综合要素生产率关系如图5-5所示，国有控制力与当期行业综合要素生产率存在着负相关关系，但与下一期行业综合要素生产率存在着微弱的正相关关系，与当期的负向影响相比，这种对下一期的正向影响更弱，综合这两个影响，我们认为国有控制力对国有和行业的综合要素生产率的影响非常微弱，几乎可以不计。

国有控制力与国有企业 TFP 之间的关系　　国有控制力与国有企业差分 ΔTFP 之间的关系

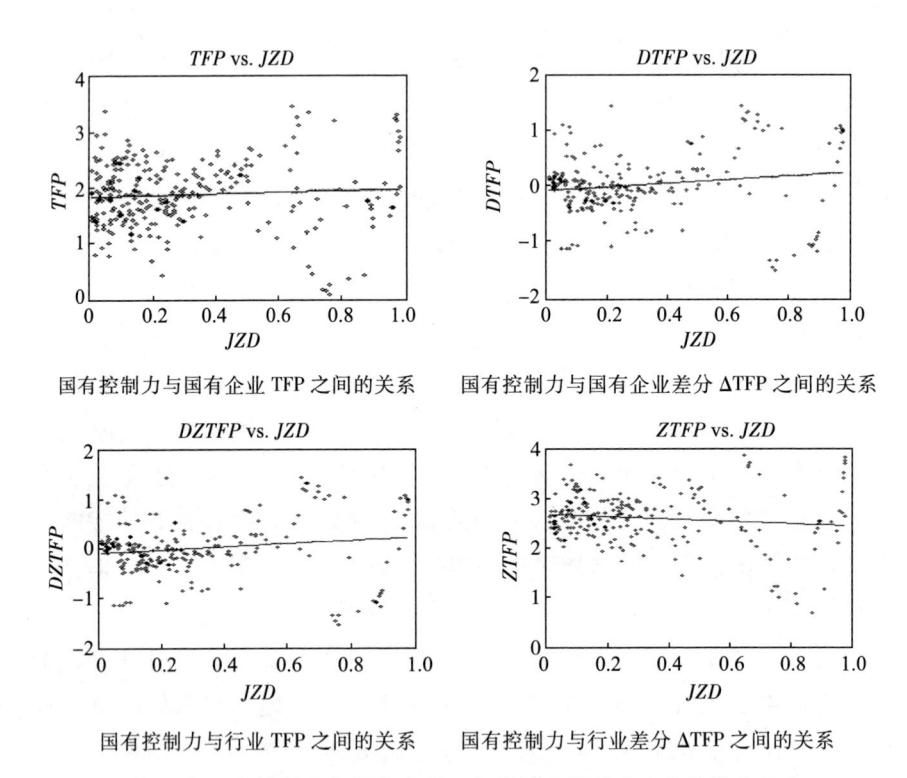

国有控制力与行业 TFP 之间的关系　　国有控制力与行业差分 ΔTFP 之间的关系

图 5-5　国有控制力与国有企业、行业综合要素生产率的散点示意

第四节　结论及引申的政策含义

自 2002 年国有企业战略性调整以来，国有企业的利税分布并没有发生很大变化，虽然 2008 年受国际金融危机和产业周期的影响，石油加工与黑色金属冶炼的利税额受到一定影响，但 2003 年国有企业最赚钱的六大行业（石油开采、烟草、电力、交通运输设备制造、煤炭、黑色金属加工）在 2009 年仍然位居前列。战略性调整的结果是：（1）第二产业国有经济部门的主要利润来源仍然是控制力强的六大行业，高利润主要来自垄断性的国有控制力，而不是综合要素生产率；（2）非垄断性控制的其他部门，尽管其综合要素生产率对利润形成有积极的作用，但利润额对整个产业的贡献较低，表明战略性调整并没有给第二产业的整体盈利水平的提高与改善带来积极的影响。

一 主要结论

总体上来看，2002年开始的国有企业战略性调整对第二产业的影响是结构性的，而不是全局性的。实证数据表明：（1）2002年以来，国有企业战略性调整的结果是原有利润率较低的产业，国有控制力减弱；国有控制力主要增强于石油开采和加工、烟草、电力、交通运输设备制造、煤炭、黑色金属加工六大产业部门。（2）从国有企业产值和利税分布来看，过度集中于上述六大行业，这些行业的利税额从2002年以来占第二产业全部国有利税总额的比例一直超过80%，基本保持2002年的原有格局，表明战略性重组对全部行业的产值与利税分布并没有产生积极的影响。（3）从国有控制力与利润的关系来看，检验结果表明国有控制力程度越高，对国有企业的利润影响越大。（4）从国有企业利润与综合要素生产率来看，国有企业的综合要素生产率对其利润水平存在着微弱正相关关系，但影响程度很小。非国有企业的利润主要受资本和综合要素生产率的影响，国有控制力对非国有企业的利润影响微弱。这实质反映了国有控制力高的行业，绝大多数是具有垄断利润的行业。

研究这些垄断性部门的进入条件，可以看出这一问题的根源在于行政性垄断，而不是竞争优势。2006年国资委确定的领域实际上进一步为国有垄断部门增添了国家垄断的合法外衣，为这些国有垄断企业的边界扩张、"跑马圈地"提供了条件。2007年8月30日全国人大常委会通过的《中华人民共和国反垄断法》第7条规定"国有经济占控制地位的关系国民经济命脉和国家安全的行业以及依法实行专营专卖的行业，国家对其经营者的合法经营活动予以保护"，实际上强化了对国有垄断企业的法律保护。在这种合法外衣条件下，由于大多数垄断性控制部门处于第二产业的上游，在与中下游竞争性产业不对称的市场竞争中处于优势地位，可以通过诸如行业兼并与重组、歧视定价、霸王条款、纵向控制等行为对中下游产业进行利润榨取，将国家控制变为企业的市场势力,最终损害整个产业的发展,影响产业的长期绩效(姜付秀、余晖,2007)。

二 相关的政策建议:垄断性控制如何走出困境

垄断性集中与市场竞争形成的以大企业为中心的资源配置方式是不同的,尽管以大企业为中心的微观配置方式是现代市场经济的必然,但实证分析表明这种过度集中所形成的高利润率主要来自垄断性控制。因此,清醒地认识行业垄断性控制对市场经济带来的负面作用及其形成机制,对解决这一矛盾具有积极的背景性意义。我们认为解决上述问题有以下几种方式。

一是行政性放松管制。行政性放松管制是强调通过引入民间资本、放松进入条件等消除壁垒的方式解决过度集中问题。其好处在于准入条件公开化和透明化,通过竞争实现利润的均等化,其缺点在于难以实施和短期内难以控制。这是由于这些部门都具有一定的特殊性,单纯地放松进入条件引入竞争有可能会带来环境恶化和过度竞争等更为复杂的问题。本章认为放松管制仅仅是解决过度集中的条件,而不是内容。应根据不同产业的类型和特点,结合其他治理手段,有针对性地开放市场准入条件。在公用事业领域可以采取有限度地引入竞争的方式,在其他领域,如资源型产业、战略性产业、基础性产业等,在现有的不完善的市场和法律条件下,引入竞争手段应当更为严格。

二是经济性监管。诸如增加上交红利、增加特定税、采取固定资本回报率管制等经济性的控制也能在短期解决利润不均衡和过度集中问题。上交红利是针对存在过度利润的部门,企业通过上交红利、转移社会福利的方式回报社会。增加特定税如资源税、特定消费税等,通过对企业或者消费者征税将垄断性利润转移给社会福利。固定资本回报率是针对企业的收益采取稳定的回报率方式,以促使企业以合适的价格和方式为其他企业和市场提供物品和服务,其优点在于可以直接削弱企业的垄断利润水平,简单和容易操作,缺点是这些方式均要以企业的历史成本为基础,垄断性企业可以采取各种途径转嫁补贴和转移收入,长期内过度集中和极不均衡的状况依然存在。本章认为这种方式是一种短期的治标不治本的治理方式。

三是行业自组织。在市场经济发展较为完善的环境中,行业自组织如协会和商会等组织机构作为市场竞争中形成的自发力量,能够在产业有序竞争中扮演重要协调人的角色，也能够将过度集中的利润逐步通过各种方式回馈社会，但在目前我国的行业协会中还缺乏这种协调角色，至少在短期内行业组织难以通过劝告和道义等方式对企业行为构成有效的约束。但从长期来看，伴随着我国市场经济的逐步成熟，这一类组织机构的存在和发展将能够在一定程度上承担其作用，对于化解过度集中的矛盾具有积极的影响。

四是反垄断法。通过反垄断法解决过度集中问题几乎是所有国家在制定反垄断法时的初衷。根据反垄断法的精神和要求，通过独立监管机构，对市场中的竞争性和垄断性产业进行结构和行为控制，以实现公共福利为目标，是解决过度集中的最有力武器。但目前我国反垄断法的内容和实施条件还不具有这些功能。首先，它只能解决竞争性产业的反垄断问题，国有经济性垄断控制作为例外；其次，它只能解决结构性垄断，无法解决行为性垄断；最后，它缺乏独立性机构承担这项职能。

五是国有企业法。国有企业法实际上是将国有企业的性质和行为等方面的内容纳入可控和可规范的层次，是一种关于国有企业市场行为的规则确认。只有在这一层次下，国有企业的经济行为才有可能被规范，过度集中问题才有可能被解决。目前，我国的相关法律还无法为国有企业的存在及其行为规范提供合法的基础，企业在法律的空白中可以任意采用各种行为影响市场竞争，在行政性干预失败的条件下，垄断性部门可以通过各种方式榨取超额垄断利润，左右市场发展趋势。我们认为应当推动国有企业法，并推动独立机构承担这一法律所赋予的职责，这是一种长期解决国有企业过度垄断的根本途径。

综合上述各种途径的分析，就目前而言，并没有一种现成的治理方式来解决过度集中问题。在当下的市场和法律环境下，行政性干预成为最为有效、合适和不得已的选择途径，这是由于行政力量具有迅速、便捷与历史继承性的优势，但行政性干预只能缓解短期问题，同时行政性干预也会面临垄断性经济部门力量强大而导致的谈判失败。从根本解决途径来看，主要来自市场自组织和法律的力量，这将取决于我国市场经济能否充分发展。

参考文献

白天亮：《挺起中国经济的脊梁》，《人民日报》2011年3月2日。

白文扬、李雨：《我国工业产业集中度实证研究》，《中国工业经济研究》1994年第11期。

陈敏等：《中国经济增长如何持续发挥规模效应？——经济开放与国内商品市场分割的实证研究》，《经济学（季刊）》2007年第7期。

《国有企业性质、表现和改革》，天则报告，2011年。

国有资产监督管理委员会：《"十一五"央企改革发展情况和"十二五"思路》，http://www.ce.cn/cysc/ztpd/2011/gzw/cj/201103/02/t20110302_20887155.shtml，2011年3月2日。

何禹霆、王岭：《基于CSCP范式的中国汽车产业组织模式研究》，《商业研究》2008年第10期。

江飞涛、李晓萍：《直接干预市场与限制竞争：中国产业政策的取向与根本缺陷》，《中国工业经济》2010年第9期。

江小涓：《转型时期的产业政策：对中国经济的实证分析及前景展望》，上海三联书店1996年版。

姜付秀、余晖：《我国行政性垄断的危害——市场势力效应和收入分配效应的实证研究》，《中国工业经济》2007年第10期。

林毅夫等：《中国的奇迹：发展战略与经济改革》，上海三联书店、上海人民出版社1994年版。

刘培林：《地方保护和市场分割的损失》，《中国工业经济》2005年第4期。

刘志标：《中国商业银行的竞争、垄断与管制》，《财贸研究》2004年第4期。

陆奇斌、赵平、王高、黄劲松：《中国市场结构和市场绩效关系实证研究》，《中国工业经济》2004年第10期。

马建堂：《结构与行为：中国产业组织研究》，中国人民大学出版社1993年版。

戚聿东：《中国产业集中度与经济绩效关系的实证分析》，《管理世界》1998年第4期。

孙早、王文：《产业所有制结构变化对产业绩效的影响——来自中国工业的经验证据》，《管理世界》2011年第8期。

殷醒民：《中国工业结构调整的实证分析》，山西经济出版社2003年版。

于良春、鞠源：《垄断与竞争：中国银行业的改革与发展》，《经济研究》1999年第8期。

于良春、张伟：《中国行业性行政垄断的强度与效率损失研究》，《经济研究》2010

年第 3 期。

张卫国、任燕燕、花小安:《地方政府投资行为、地区性行政垄断与经济增长——基于转型期中国省级面板数据的分析》,《经济研究》2011 年第 8 期。

周妍:《我国制造业与利润率——基于面板协整的分析》,《商业经济》2008 年第 17 期。

第六章 国有代表性部门的福利损失：特定规则的代价*

第一节 问题提出

自 2002 年中国国有企业战略性调整和重组以来，国有大企业的市场行为受到了广泛关注。从屡夺"地王"、海外投资风险，到近期持续发酵的"中石油""中移动"等腐败案件，市场竞争和效率不断受到质疑。国有企业存在的诸多问题，使理论界反思并提出了许多改革意见，甚至包括激进的"手术刀式"的拆分改革。最终，党的十八届三中全会明确提出了积极发展混合所有制、完善国有大企业治理机制的战略措施。因此，研究中国国有大企业的社会福利损失对于理解当下的国有企业改革思路和方式具有重要的价值。

关于垄断势力导致福利损失的研究，大体上可以归类为社会福利损失、生产效率损失、X-非效率损失和非生产性寻租等若干方面。Harberger（1954）根据 Lerner（1934）的研究测算了垄断定价带来的福利损失（哈伯格福利损失的下限，简称下限模型）。他估计 1924—1928 年美国制造业 73 个行业的福利损失相当于国民收入的 0.08%。Leibenstein（1966）认为哈伯格模型低估了福利损失效应，垄断不仅提高了产品价格，还影响了企业的生产成本，导致了 X-非效率问题。Tullock（1967）研究了垄断的社会成本，认为福利损失近似于垄断利润（塔洛

---

* 本章为国家自然科学基金项目"高速铁路对区域经济影响的辐射作用与传导机理研究"（批准号 71273023）子课题"国有企业运营模式的问题和选择"的阶段性成果。作者周耀东、李倩。

克四边形）。Cowling 和 Mueller（1978）在价格、生产成本和社会成本的基础上，提出了福利损失上限（简称上限模型），他们估计美国1963—1966 年 734 家公司的福利损失约相当于公司产出的 3.96%—13.14%。与国外研究相比，中国垄断部门福利损失的研究在方法上并没有明显的差异。在不完全竞争的市场结构中，陈甬军团队以 Klette（1999）市场势力和规模经济模型为基础，研究了钢铁和白酒等行业的市场势力和福利损失[1]，认为即使在较为充分竞争的行业，市场势力和福利损失仍然存在。行政性垄断势力问题研究早期涉及概念、形成和危害等描述，近期更多地体现在定量方面。在行政性垄断势力的指标判定和选择上，有学者以国有资本比重为基础进行推断[2]，也有学者将国有产权比重与行业集中度等指标综合加权以形成二维空间或利用主成分方法进行综合判断[3]。胡鞍钢和过勇（2002）、刘志彪和姜付秀（2003）、丁启军和伊淑彪（2008）、马树才和白云飞（2008）等分别运用上述四种模型方法进行了实证研究，但由于指标设计和数据样本不同，结论和趋势也有一定差异。于良春、张伟（2010）构建了转轨经济条件下行政性垄断问题的制度—结构—行为—绩效的 ISCP 模型，分析了行政性垄断制度的设计、安排、维持和传导，认为行政性垄断不仅存在于垄断部门，也可能存在于各个行业。

本章研究了不同类型的福利损失构成和形成依据，选择九大国有综合占比较高的代表性部门作为研究对象，以 2006—2012 年的产业数据和上市公司的企业数据为样本，测算了不同类型的福利损失规模和分布，在此基础上，实证分析了福利损失与效率损失、市场势力及国有综合占比之间的关系，并提出了相关的政策含义。

---

[1] 陈甬军、周末：《市场势力与规模效应的直接测度》，《中国工业经济》2009 年第 11 期；周末、王璐：《产品异质条件下市场势力估计与垄断损失测度》，《中国工业经济》2012 年第 6 期。

[2] 参见胡鞍钢、过勇《从垄断市场到竞争市场：深刻的社会变革》，《改革》2002 年第 1 期；刘志彪、姜付秀《我国产业行政垄断的制度成本估计》，《江海学刊》2003 年第 1 期；姜付秀、余晖《我国行政性垄断的危害——市场势力效应和收入分配效应的实证研究》，《中国工业经济》2007 年第 10 期。

[3] 丁启军、伊淑彪：《中国行政垄断行业效率损失研究》，《山西财经大学学报》2008 年第 12 期。丁启军：《行政垄断行业的判定及改革》，《财贸研究》2010 年第 5 期。

第二节　特定规则下的国有代表性部门福利损失

完全割裂地表述国有大企业的福利损失问题对于国有企业来说是不公平的。实际上，在不完全竞争市场中，有势力的大企业的福利损失是其中的一方面，企业因产品差异化等形成的福利损失可能具有更广泛的存在意义①，但不同类型的福利损失可能会对企业、市场和社会带来不同的影响。

一　福利损失类型与含义

社会福利损失最小范围的界定是下限模型。Harberger（1954）认为它是由垄断者面临的需求曲线、边际成本曲线与均衡条件共同围成的福利三角形。对于这部分剩余，消费者和企业都没有得到，却被市场所耗散，由此形成了对整个社会的无效率配置和损害。X-非效率强调的是企业内部生产效率损失，是企业在缺乏竞争条件下形成的边际成本和平均成本上升，甚至包括了企业内部管理成本的变动。Tullock（1967）强调的是非生产性寻租，它是企业用以游说院外利益集团的超额剩余，目的是设立进入门槛，防止竞争者进入。Cowling 和 Mueller（1978）认为生产性损失和非生产性租金加总就等于垄断价格高于竞争价格的四边形部分，它大于 Harberger 的福利三角形，构成了宽泛意义上的福利损失的上限。不同类型的福利损失对企业、市场和社会也会产生不同的影响。下限模型的三角形大小取决于企业面临的市场需求价格弹性（线弹性）和均衡价格弹性（点弹性）的位置。在其他条件不变的条件下，价格越富有弹性（线弹性），边际收益越接近价格水平，三角形面积越小；均衡价格越缺乏弹性（点弹性），三角形面积也会越小。决定需求的线弹性和均衡价格的点弹性的因素可能来自许多方面，如市场条件（必需品还是奢侈品）、产品的多样性（差异性还是同质性）、企业的生产条件（有效率还是缺乏效率）、技术条件（规模经济还是规模不经

---

①　周末、王璐：《产品异质条件下市场势力估计与垄断损失测度》，《中国工业经济》2012 年第 6 期。

济）以及市场制度（进入壁垒高低）等诸多因素①，因此，对企业、市场和社会的影响更多地体现在综合影响方面。生产性损失则更多地来自企业的内部效率。企业缺乏最大限度地降低采购成本的激励，导致边际成本和平均成本曲线上移"虚高"，引起均衡价格上升，所产生的影响主要体现在企业内部。非生产性寻租额大小取决于企业获得的超额利润，这部分利润主要来自进入壁垒的高低，进入壁垒越高，企业面临的竞争压力越小，租金越多，反之则反是，其影响更多地体现在进入者。在不完全竞争条件下，规模经济和产品多样化等因素在一定程度上抵消了市场势力导致的社会福利损失代价，它们给企业和消费者都带来了一定的好处，但这并不改变福利损失的性质和影响途径。因此，本章认为无论市场条件如何变化，下限模型实质上高于边际定价所产生的社会福利损失，是对社会溢出的负外部性；效率损失和非生产性寻租更多地体现在产业部门，前者是企业内部的负效应，后者是进入者的"进入"代价。

二 国有代表性部门的市场势力和福利损失

如果考虑到市场的不完全竞争性质，国有代表性部门与其他类型企业所形成的福利损失就具有一致性的特征，在社会福利损失、生产效率损失和非生产性寻租等方面，两者所体现出的结果并无差异，但本章认为国有代表性部门的福利损失的形成条件与来源同不完全竞争市场下其他类型企业的福利损失存在着本质区别。

国有代表性部门的形成有历史因素，也有国家战略的考虑②，主要集中在基础能源（石油、煤炭）、运输（航空、铁路）、金融（银行）、特殊部门（烟草）和公用事业（电力、水务和邮政）等领域。主要特征是这些企业与政治关联度较高，国有资本占有率较高，为80%—100%，其行为对市场的影响具有"标杆性"和"示范性"，即国有大企业的行为将被跟随企业模仿。鉴于这些部门重要的产业地位以及政企之间的历史关系，政府将这些企业作为执行国家战略的重要工具。在这

---

① 胡德宝、陈甬军：《垄断势力及其福利损失测度：一个综述》，《山东大学学报》（哲学社会科学版）2014年第1期。

② 周耀东、余晖：《国有垄断边界、控制力和绩效关系研究》，《中国工业经济》2012年第6期。

一条件下，国有代表性部门形成了一套有别于市场规则的特定规则。一方面，企业为实现国家战略或公共服务目标，可以不计成本地承担大量本应由政府承担的社会代价；另一方面，这些部门利用其市场规模优势和国有优势，寻求有利于企业生存的政策优惠，获得交叉补贴。限制性政策主要体现在排他性经营（授权、直接委托和特许）、排他性进入、融资优惠、税收优惠和补贴等。这种代价和利益之间的交换形成了国有代表性部门运营的特定规则。

特定规则成为国有代表性部门形成社会福利损失的重要来源，是不同于一般市场规则的根本体现。（1）国有代表性部门的特定规则为企业生存提供了保障。企业利用这种规则获得更好的待遇，即使当企业出现较低的效率产出时，也不会为市场竞争所淘汰。（2）特定规则叠加市场势力，构成了权力加市场的垄断力，形成了限制进入的门槛，对进入者构成了损害。企业在市场竞争中利用这一规则寻求双重保护。在缺乏竞争威胁的条件下，垄断程度会逐渐被强化。（3）一旦失去特定规则的保护，企业有可能被边缘化或者被收购。（4）效率优先规则演绎成权力为先的工具，对正常市场规则造成了损害。在"标杆性"的行为引导下，跟随企业也通过模仿不断寻求各级政府的政策保护，承担政府的社会代价，寻求这种交叉补贴带来的好处。由此，特定规则有可能变成市场中的一般规则，机会公平和效率为先的市场规则就演绎为政策优惠和经济利益之间的交换原则。在缺乏有效监督的条件下，企业的经济利益就有可能成为利益集团交换利益和输送利益的工具。

衡量这一特定规则对企业、市场和社会的影响程度以确定特定规则所带来的社会代价，社会福利损失是比较适合的指标。表6-1体现了国内学者关于福利损失定量的研究成果。尽管对象有所差异，从表中仍可以发现，研究均选择了上述国有资本较为集中的行业作为样本，下限福利损失占国民收入（GDP或GNP）的0.61%—6.05%，规模为350亿—6000亿元不等；上限福利损失占国民收入（GDP或GNP）的2.7%—14.55%，规模为2200亿—30000亿元不等。这些研究样本时间均在2008年之前，没有进一步讨论福利损失的类型和形成因素。

表 6-1　　　　　　　国内学者对福利损失的定量研究结果

学者（年份）	样本期间	样本选择	福利效率损失
胡鞍钢、过勇（2002）	20 世纪 90 年代	电力、交通运输、民航、邮电	1.7%—2.7%（GDP）
刘志彪、姜付秀（2003）	2001 年	30 家行政性垄断行业的代表性公司	1.15%—2.75%（GNP）
姜付秀、余晖（2007）	1997—2005 年	六个垄断行业下的 35 个上市公司	0.61%—3.28%（GNP）
马树才、白云飞（2008）	2003—2005 年	七大行政性垄断行业	6.05%—7.97%（GDP）
丁启军、伊淑彪（2008）	2006—2007 年	11 个行政性垄断行业	14.55%（GDP）
于良春、张伟（2010）	2001—2006 年	电力、电信、石油及铁路	分别为 3%、1.4%、4.3%、0.5%（GDP）

资料来源：根据相关文献整理。

第三节　福利损失的模型和指标选择

一　福利损失下限和上限模型的估计方法

下限模型的净福利损失是消费者和生产者均未得到且社会由于高于边际成本定价所产生的净损失，估计公式为：

$$DWL_{down} = \frac{1}{2} r^2 \varepsilon P_m Q_m \quad (6-1)$$

其中，r 为经济利润率，是会计利润率与正常报酬率的差值，实际上它是行业的超额利润率；$P_m Q_m$ 为销售收入；ε 是需求的价格弹性，假定等于 1，即 $\varepsilon = 1$。Harberger 认为如果考虑到各行业的需求弹性分布，综合假定为 1 是可能的。因此，下限模型中的变量只涉及经济利润率和销售收入。在实际估计过程中，用全行业平均利润率代替正常报酬率，下限模型公式转化为：

$$DWL_{down} = \frac{1}{2} r^2 \varepsilon P_m Q_m$$
$$= \frac{1}{2} \left(\frac{YYSR_F - YYCBF_F}{YYSR_F} - \frac{YYSR_M - YYCB_M}{YYSR_M} \right)^2 YYSR_F \quad (6-2)$$

Cowling 和 Mueller 提出的社会福利损失上限模型是对 Leibenstein 和

Tullock 模型的扩展，认为垄断企业的产量始终保持在使销售利润率等于需求价格弹性的倒数附近，其估计公式为：

$$DWL_{upper} = \frac{1}{2}(P_m - P_c)Q_m \tag{6-3}$$

与下限模型相比，上限模型增加了企业实际经营过程中的效率损失，它是企业难以有效购买和使用投入要素所导致的高于最低成本的实际成本。成本变化导致的效率损失额可以根据 Malmquist – DEA 方法计算出的效率损失来判定。这一方法的特点在于不需要表达出具体的生产函数，就可以衡量多组同类投入和产出的决策单元的投入和产出的效率状况，对于数据较为缺乏的样本来说具有较好的适应性。目前，国内采用 DEA 方法研究产业效率的文献比较普遍。[①] 由 DEA 算法获得的企业生产的相对效率值，为最小成本/实际成本，差额为企业内部效率损失，因此实际测算方程表达为实际成本×(1 – X)，其中 X 为 DEA 估计的全要素生产率，实际成本采用营业成本指标替代。这一方法为于良春、张伟（2010）所使用，本章沿用这一处理方法。

二 数据与指标选择

本章选取了电力、煤炭、航空、银行、水、邮政、烟草、石油加工和开采九大国有综合占比较高的部门作为研究对象。其中，制造业部门数据主要采用《中国统计年鉴》（2006—2012 年）的行业数据。服务业的相关数据收集较难，邮政和烟草等数据来自中国企业 500 强网站[②]中的服务业企业 500 强板块的企业数据，银行和航空的相关数据来自上市公司年报。

DEA 评价指标分为投入和产出指标。本章沿用大多数学者的做法[③]，在产出指标方面，制造业选用总产值、服务业选择营业收入作为产出变量；在投入变量方面，本章采用了资本和劳动两种要素，劳动投入采用从业人数、资本投入采用固定资产净额作为替代指标。指标解

[①] 张军、施少华、陈诗一：《中国的工业改革与效率变化——方法、数据、文献和现有的结果》，《经济学（季刊）》2003 年第 1 期。

[②] 服务业企业 500 强板块的企业数据，见 http://www.cec-ceda.org.cn/c500/chinese/ep500.php?id=2/2014-3-14。

[③] 张军、施少华、陈诗一：《中国的工业改革与效率变化——方法、数据、文献和现有的结果》，《经济学（季刊）》2003 年第 1 期；林秀梅、臧霄鹏：《三阶段 DEA 模型的中国服务业效率》，《北京理工大学学报》（社会科学版）2012 年第 3 期。

释、数据来源和方法具体见表6-2。

表6-2　　　　　　　指标解释、数据来源和方法

指标	变量	指标解释	数据来源和方法
产出指标	$YYSR_F$	营业收入（或销售收入）	统计年鉴和上市公司财务报表
	$YYSR_M$	全行业总收入	统计年鉴
投入指标	$YYCB_F$	营业成本（或销售成本）	统计年鉴和上市公司财务报表
	$YYCB_M$	全行业总成本	统计年鉴
市场指标	HHI	赫芬达尔-赫希曼指数	上市公司数据测算
	GN	国有综合占比	由国有资本、劳动、产值和销售收入占全行业的比重平均加权获得，数据来自统计年鉴
	$LRAC$	长期平均成本	按0、0.5和1三个变量层次表达规模经济程度
效率指标	TFP	全要素生产率	DEA模型测算
	SE/DSE	规模效率	DEA模型测算/DSE为SE的一阶差分
	$TEL/DTEL$	效率损失	DEA模型测算/$DTEL$为TEL的一阶差分
福利损失	DWL_{down}	社会福利净损失下限	Harberger（1954）
	DWL_{upper}	社会福利净损失上限	Cowling和Mueller（1978）、于良春和张伟（2010）
	$DWLGDP$	下限损失相当于GDP比重	用以衡量下限福利损失程度

第四节　福利损失的下限与上限

一　下限福利损失总体上扩大趋势明显，且分布不均匀

表6-3体现了国有代表性部门福利损失的下限规模和分布。2006年国有代表性部门的下限福利损失总额约为1622亿元，2012年约为3803亿元，上升了1.34倍。其中，银行和烟草两部门损失最为突出，占全部下限损失额超过90%，并且存在不断扩大趋势。其他部门均有先升后降的趋势，并且损失值较小。传统意义上的公用事业部门，如电力和水的福利损失较小。

表 6-3 2006—2012 年国有代表性部门下限福利损失描述性统计

单位：亿元

	2006 年	2012 年	最小值	最大值	平均	中位数	标准差
电力	8.5571	0.0045	0.0045	27.5983	8.9854	7.3503	9.8582
航空	42.4481	22.1676	11.3207	116.5591	43.6958	39.0359	34.4933
煤炭	52.8572	53.8072	52.8572	141.1170	87.7338	97.2001	33.6169
石油加工	0.5280	3.4191	0.0600	11.7183	2.5612	0.5280	4.2088
石油开采	129.4580	10.7272	1.9381	129.4580	35.8457	10.7272	48.7202
银行	827.6291	2292.5953	817.2947	2901.7567	1679.5892	1407.3038	862.2246
水	0.1431	3.5596	0.1431	3.5596	1.4439	0.8380	1.2779
邮政	10.9699	14.9792*	5.1694	15.1901	11.5351	13.6097	4.3697
烟草	549.9114	1402.2046*	549.9114	1402.2046	987.7747	967.3906	330.4078

注：*为 2011 年的数据，下同。计算方法见式（6-2），指标和数据见表 6-2 解释。

资料来源：制造业部门数据来自《中国统计年鉴》（2006—2012 年），邮政和烟草等数据来自服务业企业 500 强板块的企业数据，银行和航空的相关数据来自上市公司年报，下同。

二 代表性部门的效率损失较小，但有扩大趋势

表 6-4 是根据 DEA 的全要素效率损失估算的国有代表性部门的效率损失规模和分布。2006 年效率损失总额约为 398 亿元，2012 年约为 1172 亿元，与下限损失相比，效率损失规模要小一些。均值比较表明，电力、航空、煤炭、邮政等部门的效率损失高于银行与烟草部门。从趋势来看，九大产业部门中除银行以外的其他部门的效率损失额均有所扩大。

表 6-4 2006—2012 年国有代表性部门效率损失额的描述性统计

单位：亿元

	2006 年	2012 年	最小值	最大值	平均	中位数	标准差
电力	84.2627	276.9751	84.2627	276.9751	182.7430	162.9389	75.2741
航空	66.3172	169.3446	66.3172	169.3446	107.5625	87.7611	40.0199
煤炭	54.6694	174.9267	54.6694	174.9267	107.6038	95.4762	44.7627
石油加工	0.0000	44.3807	0.0000	44.3807	17.6782	11.3140	16.6642

续表

	2006年	2012年	最小值	最大值	平均	中位数	标准差
石油开采	44.7871	141.7822	44.7871	141.7822	85.2289	72.3343	37.0896
银行	74.2921	2.3997	2.3997	98.4393	60.1648	67.7516	33.1830
水	1.6071	7.4272	1.6071	7.4272	4.7924	5.1912	2.0607
邮政	36.3995	228.0582*	36.3995	228.0582	124.3809	62.8334	93.7652
烟草	35.4678	126.2556*	35.4678	126.2556	76.2146	44.7273	44.4698

注：效率损失额计算方法参见于良春和张伟（2010），由于篇幅所限，不能将 M - DEA 的计算过程一一显示，如有需要可来信索取。

三 各部门的效率损失与下限福利损失之间存在不同的关系

将国有代表性部门的下限福利损失和效率损失制成二维散点图，两个指标的关系表现为三种类型，如图 6 - 1 所示：(1) "双高"。效率损失和福利损失高于中位数，如煤炭和航空以及居中的石油开采。(2) "一高一低"。效率损失低，福利损失高，如银行和烟草；效率损失高，福利损失低，如电力、邮政。(3) "双低"。效率损失与福利损失均低于中位数，如水、石油加工。从这一现象可以看出，福利损失和效率损失与进入限制和行业内竞争压力有关。资源型产业（煤炭、石油开采）门槛高，有较强的进入限制，行业内竞争压力不大；银行和烟草有较强的进入限制，也有一定的行业内竞争压力，所以效率损失较低，福利损

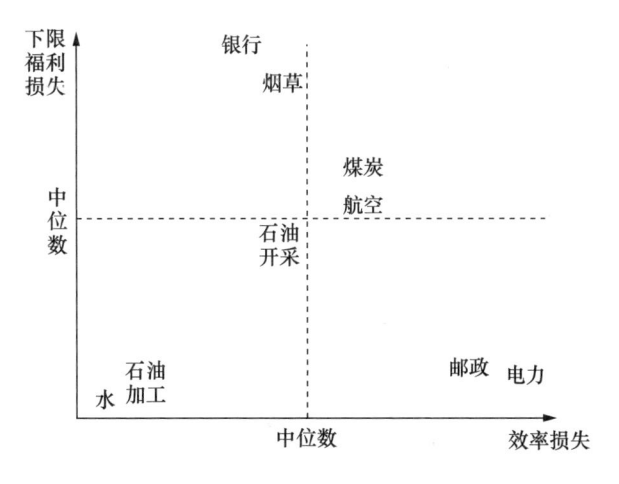

图 6 - 1 国有代表性部门的效率损失与下限福利损失的分布

失较高；电力和邮政有一定的进入限制，价格监管严格，但竞争压力不大，因此它们的福利损失较低，但有一定的效率损失；水和石油加工的进入限制近年来有所减少，且有一定的竞争压力，行业的福利损失和效率损失均处于较低的水平。

四 上限福利损失总体上有增加趋势，分布也不均匀

上限福利损失包括下限福利损失和效率损失总和，它的规模和分布如表 6－5 所示。2006 年上限福利损失约为 2020 亿元，相当于当年 GDP 的 0.93%，2012 年约为 4975 亿元，相当于当年 GDP 的 0.96%。从分布来看，绝大多数部门都有规模扩大的趋势（石油开采除外）。其中，银行和烟草是福利损失最多的两个部门，原先福利损失较小的部门，如水、石油加工和邮政，尽管总体损失规模不大，但增长十分迅速。

表 6－5　　国有代表性部门上限福利损失的描述性统计　　单位：亿元

行业	2006 年	2012 年	最小值	最大值	平均	中位数	标准差
电力	92.8198	276.9796	92.8198	283.0770	191.7284	190.5372	74.9264
航空	108.7653	191.5122	108.7653	204.3202	151.2583	132.1331	38.6811
煤炭	107.5266	228.7339	107.5266	257.8299	195.3376	226.8433	57.2356
石油加工	0.5280	47.7998	0.5280	47.7998	20.2394	20.0657	17.1928
石油开采	174.2452	152.5094	78.7369	174.2452	121.0746	129.8786	35.9937
银行	901.9211	2294.9949	901.9211	2955.7686	1739.7540	1442.0273	844.9092
水	1.7502	10.9868	1.7502	10.9868	6.2363	5.8846	3.2414
邮政	47.3694	243.0373*	47.3694	243.0373	135.9160	68.0028	96.9178
烟草	585.3792	1528.4602*	585.3792	1528.4602	1063.9893	1012.1179	370.8651

注：计算方法为下限与效率损失额之和，该方法已经在式（6－3）中解释。

均值角度计算的 2006—2012 年福利损失的下限与上限分别相当于 GDP 的 0.7902% 和 0.9963%（接近 1%），如表 6－6 所示。从分布来看，效率损失低于下限福利损失，比例为 20.24:79.76（接近 1:4），但扣除银行和烟草两部门之后，效率损失要高于下限福利损失，比例为

73.05∶26.95（接近3∶1）。在九大代表性部门中，银行和烟草福利损失最高，两部门的下限、上限福利损失分别相当于 GDP 的 0.73% 和 0.77%，水和石油加工这两部门的福利损失较低。

表 6-6　　　　2006—2012 年国有代表性部门福利损失上下限均值相当于 GDP 的比重　　　单位:%

行业	下限均值	上限均值	行业	下限均值	上限均值
电力	0.0028	0.0517	银行	0.4582	0.4783
航空	0.0141	0.0435	水	0.0003	0.0016
煤炭	0.0256	0.0545	邮政	0.0033	0.0341
石油加工	0.0007	0.0048	烟草	0.2708	0.2906
石油开采	0.0144	0.0372	总体	0.7902	0.9963

注：计算方法是每年各行业的下限和上限值与当年的 GDP 之比，取年平均数。

第五节　相关性研究：实证、检验和讨论

福利损失类型不同，形成原因也有所差异。描述性分析表明国有代表性部门下限福利损失额占比高，成因较为复杂，因此下限福利损失的相关性研究有助于进一步理解福利损失的形成因素。

一　实证模型

前文表明下限福利损失与市场集中度、效率以及进入壁垒等诸多因素相关，则实证检验模型为：

$$DWL_{down} = f(x_0, x_1, x_2, \cdots) \quad (6-4)$$

其中，x_0 为市场集中度，x_1 为效率，x_2 为进入壁垒。一般意义上，市场集中度越高，福利损失越大，反之则越小；效率损失越大，福利损失越大，反之则越小；进入壁垒与福利损失存在正相关关系，即进入壁垒越高，福利损失越大。为使讨论的结果更有意义，本节用 DWL 和 $DWLGDP$ 两组指标来表示下限福利损失程度，用 HHI 指数表示市场集中度，用规模效率（SE）和效率损失（TEL）表示效率水平，用国有

综合比重（GN）表示进入壁垒的程度，用国有综合比重和市场集中度的交叉项（GN·HHI = HHIGN）表示两种力量交叉的影响程度。实证检验模型为：

$$DWLGDP = \beta_1 \cdot HHI + \beta_2 \cdot DSE + \beta_3 \cdot DTEL + \beta_4 \cdot GN + \beta_5 \cdot HHIGN + \varepsilon \quad (6-5)$$

其中，ε 为残差，各指标解释如表 6-2 所示。

二　检验

对各指标进行 ADF 单位根、序列相关性和多重共线性检验。检验结果显示规模效率（SE）和效率损失（TEL）指标在一阶差分条件下满足 1% 的平稳性，如表 6-7 所示。多重共线性检验表明 HHI 和 HHIGN 存在一定共线性，逐次回归发现 HHIGN 的显著性弱于 HHI，应剔除变量 HHIGN，但考虑到交叉项的作用，本书只将其作为辅助解释变量，如表 6-8 所示。

表 6-7　　　　　　　　ADF 单位根检验

指标	ADF 测试值	1% 临界值	5% 临界值	10% 临界值	平稳性结果
DWLGDP	-7.3560	-3.5625	-2.9190	-2.5970	序列平稳
DWL	-7.4634	-3.5598	-2.9178	-2.5964	序列平稳
GN	-8.7113	-3.5625	-2.9190	-2.5970	序列平稳
TEL	-3.4508	-3.5598	-2.9178	-2.5964	5%、10% 下平稳
DTEL	-6.9432	-3.5625	-2.9190	-2.5970	序列平稳
SE	-3.0976	-3.5598	-2.9178	-2.5964	5%、10% 下平稳
DSE	-4.0311	-3.5625	-2.9190	-2.5970	序列平稳
HHI	-7.8203	-3.5625	-2.9190	-2.5970	序列平稳
HHIGN	-7.8203	-3.5625	-2.9190	-2.5970	序列平稳

注：DTEL 和 DSE 分别为 TEL 和 SE 的一阶差分，在 ADF 单位根检验下 1% 序列平稳。

在逐步回归基础上，加入一阶自回归方程 AR（1），用怀特加权法消除异方差。首先只考虑效率损失和进入壁垒的影响，然后引入市场集中度的指标，实证分析结果如表 6-9 所示。

表6-8　　　　　　　　　　　多重共线性检验

指标	DWLGDP	DSE	DTEL	GN	HHI	HHIGN
DWLGDP	1.0000	-0.1023	0.1514	0.3976	0.0453	0.1525
DSE	-0.1023	1.0000	0.4089	-0.1379	-0.2531	-0.3338
DTEL	0.1514	0.4089	1.0000	0.3148	0.2889	0.2666
GN	0.3976	-0.1379	0.3148	1.0000	0.1889	0.4161
HHI	0.0453	-0.2531	0.2889	0.1889	1.0000	0.9587
HHIGN	0.1525	-0.3338	0.2666	0.4161	0.9587	1.0000

注：HHIGN为HHI和GN的交叉项，与HHI具有较强的共线性，其他的相关性检验均小于0.5，相关性较小。

表6-9　　　效率损失、进入壁垒和市场集中度对福利损失的影响

指标	DWLGDP (估计1)	DWLGDP (估计2)	DWLGDP (估计3)	DWL (估计4)	DWLGDP (估计5)	UPGDP (估计6)
GN	0.1232*** (21.5749)	0.2099*** (6.3196)	0.1032*** (4.59798)	3.0407*** (8.1961)	0.3467*** (11.1471)	
DSE	-3.3592*** (-18.8267)	-4.8705*** (-4.0688)	-2.1307** (-2.4844)	-1364.0802*** (-13.0866)	-6.5920*** (-9.7329)	
DTEL	0.00073*** (16.8412)	0.00078*** (2.8828)	0.00058** (2.5367)	2053.4943*** (13.0332)	0.00098*** (3.9325)	0.00014*** (4.3997)
HHI		-1.99E-05*** (-3.2963)	-4.52E-05** (-2.3405)	0.08769** (2.05224)	0.0004*** (3.9572)	
HHIGN			5.37E-05* (1.9193)	-0.1246*** (-3.0264)	-0.0003*** (-4.4877)	
LRAC					-0.1129*** (-7.2582)	
DWLGDP						1.06098*** (68.1081)
R²	0.9675	0.9078	0.6786	0.9257	0.9905	0.9816
F统计量	729.0707	157.5178	24.8071	112.0575	962.2003	4221.1507

三　讨论

相关性实证分析的结果已经验证了国有代表性部门的下限福利损失

与国有化比重、效率损失与规模效率存在统计意义上的线性关系。

第一，下限福利损失与国有综合比重之间的关系。实证结果验证了国有综合比重（GN）与福利损失之间存在显著的正相关性，表明过高的国有综合比重是下限福利损失存在的重要因素之一。估计2的结果表明，国有综合比重每增加1%，下限福利损失相当于GDP的比重将增加0.2099%。如果考虑到市场集中度等其他因素，国有综合比重对下限福利损失比重的影响有所下降，但正相关关系依然显著，为0.1032%。用下限福利损失指标（DWL）进行估计得出的结论（估计4）与估计3的趋势是一致的，反映了在现有的条件下国有代表性部门的国有综合比重过大对社会福利损失有负相关作用。

第二，下限福利损失与规模效率（DSE）之间的关系。实证研究表明下限福利损失与规模效率存在显著的负相关关系。规模效率越低，福利损失越大，反之则反是。从统计结果来看，规模效率对下限福利损失的影响程度较高，表明国有代表性部门中的内部效率损失与下限福利损失之间存在统计意义上的因果关系。相对于国有代表性部门占有的社会资本、劳动和资源等投入条件而言，企业的生产效率、技术效率和管理效率还不能满足达到生产可能性边界的效率条件。

第三，上限福利损失与下限福利损失、效率损失（DTEL）的关系。上限福利损失是下限福利损失和效率损失之和，检验结果表明效率损失与下限福利损失存在微弱的正相关，5种估计模型均验证了这一论断，即总体上存在正相关的趋势，上限福利损失随着效率损失和下限福利损失同方向变化。用上限福利损失相当于GDP的比重作为自变量（UPGDP），与下限福利损失、效率损失之间进行回归也能证实这一点，如表6-9中的估计6所示，其中下限福利损失对总福利损失的影响要远远超过效率损失，但由于影响系数较小，结合前文描述性分析可以看出，不同部门的差异性是存在的，效率损失与下限福利损失存在着多种关系。

第四，下限福利损失与市场势力的关系。实证结果表明市场势力与下限福利损失存在统计意义上的负相关关系，这可能意味着市场势力作为独立因素直接影响福利损失的程度较小，它可能与国有综合比重一起对福利损失产生混同影响，从市场集中度与国有综合比重的交叉项（HHIGN）与福利损失存在显著正相关就可以得出这一结论；也可能意味着由于国有代表性部门所涉及的产业具有一定的规模经济特征，长期平均成本下降，一定的市场集中度可能有助于福利损失减少。本节以规模经济特征作为变量重新区分了产业分布（电力和水有产业规模经济，为1；煤炭、烟草和石油加工不存在产业规模经济，为0；其他产业有一定程度的产业规模经济，为0.5），并进行了实证检验。结果印证了这一观点，如表6-9中的估计5所示。这表明规模经济与下限福利损失之间存在显著的负相关关系，规模经济特征越强，下限福利损失越小，反之则反是。

第六节 重建政企关系是降低国有代表性部门福利损失的关键

实际上国有部门改革已经取得了相当的进展，本章的研究结果也表明了大多数国有部门的福利损失存在着下降趋势，即使在烟草和银行两个非常突出的部门中，内部效率损失也有一定程度的下降，但这并不表明国有部门的改革已经有了令人满意的结果。近年来，国有代表性部门的垄断力不断增强，其行为对市场规则的冲击不断加大，总体福利损失不断提高，如何让国有企业遵守市场规则而不是特殊规则可能是下一步改革的重要命题。

一 治理政企不分形成的特殊规则

纵观已有的改革思路，"拆分论""产权论""竞争论""治理结构论""管理论"等均从各个层面研究了国有部门走向有压力竞争的政策选择。本章认为国有代表性部门的存在可能是特定时期国家战略的工具，所形成的福利损失是采用有别于市场规则的制度代价，也是特定规则形成的结果。

政企是否应该分离，目前仍然存在争论。历史上，政府直接以企业名义或者委托特定企业从事国家战略和公共服务的情况并不少见，但这种制度安排最终随着政府逐步退出直接操作转向委托等间接管理而终结，即使在间接管理中大多数项目也逐步从委托特定企业转向公共采购制度。其直接原因是成本太高，难以监管，难以评估风险。一旦政府直接以某种形式插手经济领域，必然会被某种利益所劫持，破坏市场规则，以政治信誉换取短期利益或者某些集团的好处，这对于政府而言并不划算。对于企业而言，特定规则的制度安排会因政治周期的变化而变得不可确定，企业存在着巨大的"套牢"（Hold – up）损失，但由于国有部门资产所有权存在着"道德风险"，企业代理人有激励和动力以国有资产为条件实现利益交换。综合其制度特征，本章认为这种制度适用于"人治"的关系型组织治理，具有非公开和特权等特征，与以契约精神为基础，以广泛性和公开性为特征的市场规则是相违背的。在当前的条件下，一旦这种特殊规则变成市场通行规则，就会在行使方式、市场秩序、效率和运行规则等方面对市场资源配置的效能造成严重的损害。随着其他类型企业的日益成熟，打破特定规则，切断特定规则下的政企之间的特殊利益纽带，实现统一市场规则治理，不仅仅是中国微观市场成熟的标志，也是解决国有代表性部门从计划经济角色向市场经济角色转变的关键。

二 重建政企关系的要素和条件

市场规则下的政企关系应满足以下几个基础性条件：（1）市场中的企业仅仅是企业，即使作为国有企业，它与其他类型的企业并无基于身份的各种差异。打破身份制是中国微观经济全面走向市场经济的标志。计划经济时期，以身份来配置资源，扭曲了各种类型企业的关系。在转型经济中，与政府关系密切的企业更容易从政府手中获得好处，这会对市场和社会构成损害。市场中的企业只是追求利润的工具，让其承担更多的政治、行政和公共责任势必会扭曲企业原本存在的要义。国有企业应与其他企业具有同等的地位和功能，在获取资源、市场交易等方面，应与其他企业机会均等，它们的市场行为也不能因为这样或者那样的原因而免除惩罚。（2）以公共利益为导向的各种采购和服务合同必须遵循契约精神，以市场规则为基础。公共物品和服务的采购规则是政府提供方式的改革，从发包商加提供商转向发包方。政府直接提供意味着政府出资成立的企业以满足政府特定公共服务的需要而存在。背后的逻辑在于政府对其他企业缺乏信任或者市场的交易成本很高，自己做企业可以更好地实现公共福利目标。这一逻辑的问题在于，不相信市场能够提供更有效率的产品，这是对近年来中国市场经济发展的错误评价；用财政资金直接为企业提供资本金，也是对财政资金公共性本质的一种扭曲。本章认为，改变公共产品采购规则是切断政府直接插手企业事务的重要实现形式。新型采购规则应面向全部类型企业，政府仅作为发包方，但与企业之间的合同关系必须责权到位。（3）政府必须清晰地界定在企业中的产权代理人、有限信托责任和公共利益代理者之间的关系和作用。政府的职能转变和微观角色定位可能是上述所有改革实现的中枢和关键。政府对微观市场或者企业的干预有三个层面：国有资产的所有者、公共采购和服务的提供者、公共管理者。这三个层面的职能相互交叉，在多重角色之间的互换和互用可能是政企难以分开的关键因素。三层职能关系的互换和互用主要表现为政府以企业出资人（代表）身份直接通过企业来提供服务，以企业出资人（代表）的身份直接进行市场治理，政府出资的企业通过政府干预市场获得效益等。带来的直接后果就是模糊和混淆了政府与国有企业之间的信用关系，形成了所谓的命令和敲竹杠的"父子式"关系。

从市场的逻辑来看，这三个层面的权利关系应该是比较明确的。政府作为出资人，它只能通过企业内部治理机制行使董事会的企业权利，但不是公共权力，履行的是有限信托责任而不是公共责任。作为企业出资人（代表），权利义务与其他身份企业的出资人并无差别。作为公共产品的采购和服务的提供者，它与企业之间是在市场交易基础上的购买合同关系，不是"父子式"的附属关系。作为公共管理者，政府履行外部管制者的职能，在市场竞争秩序与垄断等方面对所有企业实施同等管制。政府的公共权力应受到公共治理机制制约，政府的有限信托权力应受到市场规则的约束。

三 重建政企关系的路径选择

几乎所有国家都有为实现国家战略和公共服务而存在的特殊企业，政府与这些特殊企业的关系也会存在一定的特殊治理规则。但这些企业在这些国家中都是少数，不会对一般市场规则带来较大的负面影响。从上述研究来看，在中国属于这种特殊规则治理的企业数量和规模还较大，对一般市场规则的影响也较为严重。因此，减少这类企业的数量和规模，实现市场的统一规则，是重建政企关系的必然选择。转型的关键并不仅在于降低国有资产综合比率或者减少国有资产规模，而是改变政府与国有企业之间"父子式"的关系，切断政企之间的利益纽带。从转型的路径来看，路径的最终选择在于政府调整职能的程度和政府职能受约束的可能，它们决定了关系重建的未来进程。政府如果认为国家战略和公共服务等相关责任仍然需要大量特定企业来维持和实现，并且社会能够容忍其不断增长的福利损失，则双轨制度将继续延续下去，特殊规则的制度安排会随着其他企业不断模仿而有可能被不断强化，这种趋势是有可能发生的。政府如果逐步地将一些与核心战略不太相关的事务纳入公开采购和合同式交易框架，并且通过公共治理机制约束公共权力，用市场规则约束有限信托责任，则以信用为基础的市场规则也会逐步成熟起来。

第七节 结论及政策含义

本章研究了国有代表性部门福利损失的规模、分布和形成因素，认为国有代表性部门的福利损失总体上相当于 GDP 的 0.7902% — 0.9963%，总规模在 4000 亿—5000 亿元，它是采用特定规则的代价或者机会成本。与国内其他学者相比，考虑到正常收益率以及样本量和数据的差异性，估计的福利损失规模略低。九大国有代表性部门均存在不同程度的福利损失，且分布极不均衡。代表性部门总体福利损失中，对市场和社会的负面影响已经超过了自身效率的损失，比例约为 4:1。银行和烟草的福利损失最为严重，两部门占总福利损失（上限）的 77%，扣除这两部门的损失，其他七部门的总福利损失规模较小，且自身效率损失高于对市场和社会的负面影响，比例接近 3:1。从原因来看，福利损失的类型和规模与国有特殊治理规则有关，这是形成高进入门槛和缺乏竞争压力的根本原因之一。

特殊规则仅仅适用于特殊时期和极为特殊条件下极个别企业，不能将其推广到一般规则，否则可能会落入"权力经济"的怪圈。在目前的两种规则共同配置微观市场资源的条件下，特殊规则的存在损害了市场的一般规则。未来必须建立市场一般规则，让市场发挥资源配置的决定性作用，这是改善微观经济效率的必然选择。在这一方向下，重建政企关系是化解这一问题的关键，在政策选择上，还可以考虑以下几个方面。

一 在政企关系调整的"窗口期"应加快路线图的设计和实施

早在党的十四届三中全会中就已经正式提出重建政企关系，但争议使得这一调整的深度和广度受到了影响。由于"强政府，弱市场"的存在，权威主义成为影响中国微观经济的主导力量，并推动了 2000 年后中国快速的经济增长。国际金融危机后经济增速放缓、政府财政支出风险增加、特定规则的代价不断提高等因素实际上为重建政企关系提供了必要的环境准备。当下应是调整政企关系特别是与国有大企业之间关系的最佳"窗口"。从调整的内容和程序来看，政府如何从特殊规则转向符合市场规则的治理是关键性因素。（1）政府应有一个明确的、可信的和可维持的设计，而不是朝令夕改。（2）政府应对自身职能和职权范围进行清晰的界定，已有的文献关于这一问题已有许多研究，这里不再赘述。（3）从政策层面来看，负面清单的管理和实施可能对市场更为重要，但需要一个制度的"试错"过程，关键在于政府在实施过程中是否能够完全按照负面清单来管理，而不是有很多例外。（4）政府应逐步将原有的交叉补贴的特殊治理规则改为分项式的管理模式，每项物品和服务可按成本收益方式分别核算，消除交叉补贴对市场造成的损害。（5）应逐步撤销政府与国有代表性企业之间的政治关联。改变将这些企业的高管职位作为政治利益延伸的制度安排，将政府的有限信托责任限定在"金股"的股东权益和责任方面，在具体经营方面，政府应将所有企业等同对待，并规范特定领域的国有大企业的市场行为。（6）应减少政府的审批制，强化监管责任。弱化进入门槛限制，减少行政审批制，强化市场监管者的管理，加强对企业市场行为、产品质量和环境安全等方面的管理。

二　国有企业也要遵循一般市场规则，改变身份制对市场和社会的损害

尽管国有代表性部门主要分布在公用事业、基础性能源和关键性部门，是为满足国家战略或者公共服务需要而存在的，但不能以公共性、外部性和产业安全性等名义来实施所谓的特殊规则治理。市场中的企业，不论身份，都应当受公司法和反垄断法等的制约，具有平等的进入机会以及合规的市场行为，出资人仅具有股东的权利和义务，因此，建议将国有企业纳入公司法和反垄断法等法律的治理对象范围，将国有企业视为企业的存在，而不是事业部门和特殊企业。解决身份制问题的关键在于剥离以身份制为基础的各种优惠和福利条件。例如，金融资本倾向性导致的贷款歧视，企业性质不同带来的投资机会、政府补贴、进入

标准以及政府承诺的差异性，政府与国有代表性企业之间特殊治理规则形成的政策优惠依附于这种身份化的差异。因此，（1）应建立一个面向所有企业的公平、公正和公开的政府采购机制，一些具有公共性质和战略意义的物品和服务应纳入符合市场规范的采购程序实施，打破行政性进入壁垒所形成的竞争歧视。已有的《中华人民共和国政府采购法》尽管还没有提及公共物品和服务的采购，但已经为其奠定了法理基础。本章认为应尽快制定政府公共物品和服务的采购法案，将政府和企业之间的投资人或外包人、运营商或提供商、竞标、程序正义和结果公开等以法律的正式制度形式规范，形成降低政企之间交易成本的一种长期性、基础性的制度安排。（2）应将所有涉及因身份歧视形成的差异化、不公平的行为纳入反不正当竞争法。只有剥离这些优惠政策与身份之间的关系，企业行为才能摆脱身份制的束缚，才能推动企业从寻求关系的非生产性寻租转向规范的市场竞争。

三 国有企业内部效率改进是重点，引入社会资本、改善股权结构可能是一条路径选择

市场集中度高的部门并不意味着垄断或者有效率，是存在市场势力还是有效率需要进一步考察其行为的结果或者对其他变量的影响程度。不能单纯地从降低市场集中度入手选择治理工具，应该更多地从社会福利损失的层面考虑对国有代表性部门的治理。本章的研究结果表明，政策的重点在于国有代表性部门内部效率的控制和改进，而不宜实施拆分式的改革方案。

在改进内部效率方面，传统的观点认为增强国有部门内部治理水平是国有部门内部的事情，与其他资本没有关系，比如增强国有资产保值增值能力、加强国有部门经理人的监管制度以及委派监管人等。但研究表明，在高占比的国有程度条件下，这种治理效果不明显。这些制度的根本弊端是用行政性封闭性的监管替代了市场开放性的手段。市场的手段不仅体现出它与竞争对手之间的平行竞争，还在于进入威胁、兼并重组和股权接管等多种竞争工具的存在。股权结构改善的好处在于它基本维持了现有市场集中度的状况，以第三方力量对在位的经理人团队构成了威胁，通过社会资本的进入，比如基金持股、其他资本进入，降低国有代表性部门过高的国有化比率，有利于完善内部治理结构，推动企业内部效率的提高。

在规模经济条件下,为维持行业的规模经济优势,混合所有制的安排可能要比单纯拆分更有利于降低福利损失,比如在行业规模经济较为明显的电力和水务等公用事业部门,采用公私合作模式(PPP模式)引入社会资本已有较长的历史,尽管当时可能仅仅是为了招商引资的需要。在新的阶段中,政府引导企业间股权融合,建立符合法律规范、寻求利益共赢、改善运营机制的新型公私合作关系可能是现有在位企业推动效率改进的一种更为现实的选择。

无论企业性质如何,大企业对市场和社会的影响都是巨大而深远的。一方面,它具有稳定市场的作用,利用品牌、市场份额和规模等优势,为消费者提供稳定、可预期的高质量产品,为供应商和零售商提供长期稳定的合同;另一方面,它又有一定的"破坏性"冲动,一旦利用自身优势对其他企业(进入者、在位企业和关系企业)进行威胁,对消费者实施歧视性安排,其行为就会对市场和社会构成破坏性的损害。因此,在治理大企业过程中,在可行的政策空间上,完善内部治理、逐步实现股权多元化、引入新投资人、推动公私合作制度等都是将大企业拉回正常的市场规则治理的政策选择工具。当然,拆分式的改革措施也只应作为最后的选择,一旦动用,就会对整个市场和行业带来巨大的变化,宜谨慎对待。

参考文献

Cowling, K. and D. C. Mueller, "The Social Costs of Monopoly Power", *The Economic Journal*, 1978, 88 (352): 727 – 748.

Harberger, A. C., "Monopoly and Resource Allocation", *The American Economic Review*, 1954, 44 (2): 77 – 87.

Klette, T. J., "Market Power, Scale Economies and Productivity: Estimates from a Panel of Establishment Data", *The Journal of Industrial Economies*, 1999, 47 (4): 451 – 476.

Leibenstein, H., "Allocative Efficiency vs. 'X – Efficiency'", *The American Economic Review*, 1966, 56 (3): 391 – 415.

Lerner, A. P., "The Concept of Monopoly and the Measurement of Monopoly Power", *The Review of Economic Studies*, 1934, 1 (3): 157 – 175.

Tullock, G., "The Welfare Costs of Tariffs, Monopolies, and Theft", *Economic Inquiry*, 1967, 5 (3): 224 – 232.

陈甬军、周末：《市场势力与规模效应的直接测度》，《中国工业经济》2009年第11期。

丁启军：《行政垄断行业的判定及改革》，《财贸研究》2010年第5期。

丁启军、伊淑彪：《中国行政垄断行业效率损失研究》，《山西财经大学学报》2008年第12期。

胡鞍钢、过勇：《从垄断市场到竞争市场：深刻的社会变革》，《改革》2002年第1期。

胡德宝、陈甬军：《垄断势力及其福利损失测度：一个综述》，《山东大学学报》（哲学社会科学版）2014年第1期。

姜付秀、余晖：《我国行政性垄断的危害——市场势力效应和收入分配效应的实证研究》，《中国工业经济》2007年第10期。

金碚：《竞争秩序与竞争政策》，社会科学文献出版社2005年版。

林秀梅、臧霄鹏：《三阶段DEA模型的中国服务业效率》，《北京理工大学学报》（社会科学版）2012年第3期。

刘志彪、姜付秀：《我国产业行政垄断的制度成本估计》，《江海学刊》2003年第1期。

马树才、白云飞：《我国行政垄断行业的社会成本估计——基于塔洛克模型》，《辽宁大学学报》（自然科学版）2008年第1期。

吴敬琏、江平主编：《洪范评论（第13辑）：垄断与国有经济进退》，生活·读书·新知三联书店2011年版。

于良春、张伟：《中国行业性行政垄断的强度与效率损失研究》，《经济研究》2010年第3期。

张军、施少华、陈诗一：《中国的工业改革与效率变化——方法、数据、文献和现有的结果》，《经济学（季刊）》2003年第1期。

周末、王璐：《产品异质条件下市场势力估计与垄断损失测度》，《中国工业经济》2012年第6期。

周耀东、余晖：《国有垄断边界、控制力和绩效关系研究》，《中国工业经济》2012年第6期。

第四篇

国有垄断的两个行业案例：烟草和铁路

第七章 中国政企合一的烟草专卖体制对烟草控制的影响*

第一节 研究背景及研究目的

中国是烟草生产和消费的超级大国，烟草种植、烟草制品生产、烟草消费和吸烟人数均居世界第一。据卫生部2007年中国控烟报告①，中国主动吸烟者已经达到了3.5亿，占世界吸烟总人数的1/3，我国的主要吸烟人群为男性，男性人群的吸烟率为57%，这些人的吸烟行为造成我国被动吸烟者人数高达5.4亿，其中大部分为妇女和儿童（包括1.8亿的15岁以下儿童）。尽管过去十几年间中国的总体吸烟率和人均吸烟量出现了下降趋势，但由于人口基数大，总吸烟人数和被动吸烟人数并没有下降，我国仍然面临着严峻的控烟局面。其他一些相关研究发现，2005年，中国死于吸烟相关疾病的人数为140万人，造成的直接经济损失为1665.6亿元，非直接经济损失861.11亿—1205.01亿元，各种损失加起来远超过烟草行业所创造的政府税收收入。②对于烟草制品，世界各国已经达成共识，烟草消费会给国家和人民带来沉重的经济和社会负担，控烟符合全社会的公共利益。

为了控制吸烟所带来的种种问题，在各方的努力下，中国于2003

---

* 本章是中国疾病预防控制中心所委托课题的研究报告，由中国经济体制改革研究会公共政策研究中心于2011年3月修订完成，课题主持人余晖，主要成员有宋华琳、高松。

① 卫生部履行《烟草控制框架公约》领导小组办公室：《2007年中国控制吸烟报告》，http://www.moh.gov.cn/open/web_edit_file/20070529161216.pdf，2007年5月。

② 李玲、陈秋霖、贾瑞雪、崔玄：《中国的吸烟模式和烟草使用的疾病负担研究》，《中国卫生经济》2008年第27期。

年加入了世界卫生组织《烟草控制框架公约》（FCTC），该公约于 2006 年在我国正式生效。此后，我国采取了一系列烟草控制措施，包括印制健康警告、禁止烟草广告、改进健康教育、公共场所控烟等非价格手段。这些控烟政策的实施虽然取得了一定成效，但所发挥的作用仍然十分有限，并且在实施过程中遇到了很多困难，包括烟草广告难以杜绝、社会上仍存在着许多受烟草公司赞助的活动、公共场所禁烟不力、烟草制品包装健康警示缺乏、媒体控烟宣传非常有限等，我国的控烟形势依然非常严峻。

2009 年 5 月，我国财政部和国家税务总局联合发布公告，上调烟草消费税率[①]，此次增税的效果被国内外许多相关专家和控烟组织所关注，因为国际上许多研究已经证明，增税能够直接提高烟草制品的零售价格，从而达到有效控烟的目的。但事实证明，这次增税是中国政府为了应对金融危机的挑战、确保国家财政收入的稳定，针对中国烟草企业的"利改税"措施，即把烟草企业的一部分利润变为税收征收到国库，而并未涉及对烟草制品批发和零售价格的调整，也就是说没有在根本上影响中国居民个人的烟草消费能力和消费量，也就没有在根本上起到控烟的作用。

这一世所罕见的现象引起了广泛的国际关注，学者的讨论大部分集中在"为什么增税不能提高卷烟的零售价格"上。经过研究，产生这一结果的根本原因就在于中国独特的烟草专卖体制对卷烟价格的绝对控制上。目前，世界上只有少数国家还在实行烟草专卖制，中国是其中最具代表性的国家。中国烟草专卖制的建立有其历史原因，但随着我国社会经济和外部环境发生深刻变化，烟草专卖制给我国的控烟工作带来了巨大的挑战和制度障碍，其中存在的问题越来越突出，因此烟草专卖制在我国的继续存在是否合理合法等问题引发了广泛的争议和讨论。

在我国的烟草专卖制下，烟草行业实际上是在"政企不分、官商合一"的模式下运行的，即整个烟草行业实行专卖管理，烟草专卖局和烟草公司虽然形式上一个是政府部门，一个是国有独资的企业组织，但二者的管理为一，利益统一，采用"一套机构两块牌子"的运作方式，

---

① 参见《关于调整烟产品消费税政策的通知》（财税〔2009〕84 号），2009 年 5 月 26 日。

执行生产、流通、销售等环节的指令性计划管理。另外,由于我国分税制的影响,烟草税的一部分归地方政府所有,因此地方政府产生了对烟草行业的"财税依赖",大力支持地方烟草行业发展,形成地方烟草垄断专卖,缺乏行业市场竞争,并且在控烟问题上采取消极措施,甚至阻碍控烟措施的实施。

尽管学界已经对我国烟草专卖问题进行了很多讨论和研究,但能借鉴烟草管理的国际经验,又能关注中国制度变迁的过程,且能对烟草体制改革提出切实建言献策的研究,仍不多见。本章通过综合运用行政法学、政府监管和经济学理论,来研究我国烟草行业政企合一管理体制的局限和困境,寻求我国烟草行业管理体制的变革,以有利于增进烟草控制的实效,并促进中国烟草行业的改革和发展。文章的结构如下:第二节简述国外烟草专卖体制的演变改革;第三节介绍中国烟草专卖体制的历史变迁与现实状况;第四、五节开展对中国烟草专卖制的经济合理性和合法性拷问;第六节深入研究烟草专卖制在中国的实际影响;第七节探讨如何推动中国烟草专卖制的改革;第八节进行总结。

第二节 国外烟草行业体制改革的经验及借鉴

今天,吸烟这一现象已经遍布世界每一个角落,烟草同我们的生活发生着种种的联系,几乎对世界上每一个人都有直接或间接影响。在世界各国,烟草行业管理体制多处于不断发展和变化的过程之中,随着经济的发展、科学的进步、产业的升级和公众健康意识的提高,许多国家逐渐废除了烟草专卖法和烟草专卖制度,进行了烟草行业的市场化改革。同时,政府不再是烟草行业的主办者,而将重心放在如何规范烟草行业的活动、如何基于控制和削减健康风险的需要,对烟草行业进行依法监管。

一 国外烟草行业管理体制概述

基于烟草行业对经济、财政收入和居民生活的重要性和特殊性,长期以来各国政府对烟草行业实行比较严格的管理和控制措施,往往对烟草制品实行专卖管理和垄断经营。在全球经济一体化和市场经济转轨的背景下,很多国家相继开放了烟草市场,放松了对烟草行业的控制。

各国政府烟草行业管理改革的大方向是逐步放开专卖，减少行政干预，走向市场化。20 世纪 80 年代初期，大约有 70 个国家对烟草实行国家专卖；在 20 世纪 80 年代中期，日本、韩国、泰国、中国台湾地区相继开放烟草市场；进入 20 世纪 90 年代以后，原苏联地区、东欧、中亚及西欧地区相继有 27 个国家开放了烟草市场，对国有烟草行业进行民营化改革；截至 2001 年，全球只有十几个国家和地区仍实施烟草专卖制度。① 大致可将世界各国烟草行业管理模式分为国家专卖、不完全国家专卖、严格市场限制和无限制四种，详见表 7-1。

表 7-1　　　　　　　　世界烟草行业管理模式比较

模式	政策内容	典型国家	优势	劣势
国家专卖	政府完全垄断烟草的生产经营	中国、古巴	确保财政收入	限制竞争
不完全国家专卖	政府只针对烟草生产经营的部分环节实行专卖	日本、韩国、英国	政府掌握较大的主动权	一定程度上限制竞争
严格市场限制	不实行专卖，通过相关法律法规对烟草行业进行限制	美国	政府对烟草行业的控制更为灵活	对政府规制能力和法治程度要求较高
无限制	无任何限制	刚果		失去对烟草行业的控制

资料来源：吕筱萍、杨静：《从世界烟草专卖制度演变模式看我国烟草专卖制度的改革》，《重庆工商大学学报》（社会科学版）2006 年第 5 期。

二　国外烟草行业专卖体制的改革：以日本为例

在世界各国的烟草行业体制改革中，日本烟草行业的市场化改革过程颇为引人注目。日本烟草专卖制度的取消和烟草专卖公司的民营化改革，对我国烟草行业体制改革的设计，也颇多借鉴意义。

（一）日本烟草行业改革的历史演进

大致可将日本烟草行业的改革与发展分为三个阶段。

1. 1898—1948 年

为确保国家财政收入，日本政府于 1898 年颁布《烟叶专卖法》，

---

① 吕筱萍、杨静：《从世界烟草专卖制度演变模式看我国烟草专卖制度的改革》，《重庆工商大学学报》（社会科学版）2006 年第 5 期。

成立专卖局对烟叶实行专卖。1904年，日本以确保财政收入为目的，将烟草置于国家财政制度之下。在这一时期，日本烟草行业由大藏省专卖局作为直接经营事业进行运营。

2. 1949—1984年

日本于1949年颁布了《专卖公社法》，将大藏省下属的烟盐专卖局改组为日本专卖公社。《专卖公社法》第1条规定日本专卖公社的目的在于"健全国家的专卖事业、提高专卖事业的效率"。专卖公社是一个由国家出资、依据特殊公法设立的法人企业，它具有双重身份：一方面作为经济法人，在市场经济活动中，同一般企业一样受民商法约束；另一方面，特别公法对其经营范围、承担的义务和责任做出了明确规定，企业必须依据特别公法开展经营活动。第二次世界大战后直至20世纪50年代后半期，在政府财政的一般会计收入总额中，专卖公社缴纳的款项占近20%。[①]

1957年，作为总理大臣咨询机构的公共企业体审议会提出了专卖公司民营化的建议。1982年，第二届临时行政调查会就烟草行业废除专卖制度及实现专卖公社的民营化问题提出了10项建议。在此期间，日本还受到美国要求开放烟草市场的强大外压。1984年8月，日本废除了烟草专卖制度，颁布了《烟草事业法》和《日本烟草业株式会社法》。

3. 1985年至今

废止烟草专卖制度后，日本专卖公社改组为日本烟草产业株式会社。建立日本烟草产业株式会社的目的，正如《烟草事业法》第1条所规定的，"对国产烟叶的生产与收购、烟草制品的生产与销售进行必要的调整，谋求我国烟草业的健康发展，确保稳定的财政收入，努力实现国民经济的健康发展"[②]。《烟草事业法》还规定，日本烟草产业株式会社（以下简称日烟公司）是获准在日本生产卷烟的唯一实体，它应当收购国内生产的所有烟草。

[①] ［日］山谷修作：《烟草业民营化的实践与成果》，载陈建安编《日本公有企业的民营化及其问题》，上海财经大学出版社1996年版，第285页。

[②] ［日］山谷修作：《烟草业民营化的实践与成果》，载陈建安编《日本公有企业的民营化及其问题》，上海财经大学出版社1996年版，第289页。

（二）日本烟草行业制度的现有框架

1. 日烟公司的运行模式

根据《日本烟草产业株式会社法》的规定，虽然日烟公司应走向民营化，但日烟公司作为国家控股的特殊企业法人，是全国卷烟企业的唯一法人，是日本唯一能购买国内烟叶和经营卷烟厂的公司，日本政府在该株式会社中的股权不应降低到50%以下。日烟公司2005年的持股状况为，日本政府占50.0%，金融机构占15.0%，证券公司占0.7%，国内其他机构占1.1%，国外机构占23.7%，个人及其他占9.5%。政府仍是日烟公司的最大股东。

《日本烟草产业株式会社法》规定，日烟公司在下列方面的计划和行为需要得到大藏大臣的授权或认可：（1）发行新股、债券或债转股；（2）公司章程的修改、公司的合并与拆分、利润分配；（3）重要生产设备及固定资产的处置；（4）公司董事、审计专员的任命与更换。同时，还要求公司在每个财政年度结束后的3个月内，向大藏大臣报告年度经营和预决算情况。①

2. 生产垄断与流通自由化

根据《烟草事业法》第8条—第10条关于烟草制品生产的规定，日烟公司仍为烟草制品的唯一生产企业；该公司对不同种类烟草制品所规定的最高价格必须得到大藏大臣的认可；该公司需研究不同地区对烟草制品的需求，努力做到平衡供给。②

日本政府开放了烟草商业经营领域，允许外商和本国其他企业自由进入卷烟流通、批发和销售领域。烟草进口商和卷烟批发商必须满足规定的条件，经大藏大臣批准后登记注册；所有烟草制品（包括进口烟草）的零售价都需报经大藏大臣审核认可；所有烟草零售商必须经大藏大臣批准后登记注册方可经营，必须按事先报批的零售价格销售卷烟。③

日本烟草公司是唯一的生产商，其产品是由公司内部的销售网络，而

---

① 汪世贵：《日本烟草产业改革与发展模式及其经验研究（一）》，中国烟草在线（http://www.tobaccochina.com/news/data/20024/429095633.htm），2002年4月29日。

② ［日］山谷修作：《烟草业民营化的实践与成果》，载陈建安编《日本公有企业的民营化及其问题》，上海财经大学出版社1996年版，第296页。

③ 汪世贵：《日本烟草产业改革与发展模式及其经验研究（一）》，中国烟草在线（http://www.tobaccochina.com/news/data/20024/429095633.htm），2002年4月29日。

非通过中间批发商直接配送到全国各地零售商的,所以日本烟草公司仍然保持了在卷烟生产领域的垄断和对日产卷烟在销售领域的绝对控制权。

3. 烟草行业政策的推行

在日本大藏省、由产业控制的政府审议会和日烟公司的协作下,日烟公司已成为位居世界第三的国际烟草公司。在大藏省主导的产业政策下,允许其他企业自由进入烟草商业经营领域,但禁止国内外任何新的企业进入卷烟加工领域,使得日烟公司仍掌握了对日本全国卷烟生产、烟叶进出口、烟机进出口、日产卷烟批发销售的控制权。

(三) 小结

通过对日本烟草行业制度的历史演变和制度现况的考察,可以看出,烟草行业政企不分、行政性垄断的方式,已逐渐为世界各国所摒弃。政府对烟草行业的管理理应比对一般行业的管理严格,但可以采取渐进式的、有过渡期的方式进行烟草改革,探索政企分开、政事分开、政资分开的机制,建立健全烟草行业的产权制度,推动烟草公司治理结构改革,这对我国市场经济的发育,对行政性垄断的打破,乃至对消费者权益的保护,都具有积极的意义。

三 国外烟草行业监管制度的法律框架

在逐步去除烟草专卖制度的同时,各国政府也普遍对烟草市场加以较为严格的监管,因为烟草市场上存在着"市场失灵"。很多吸烟者对吸烟导致的健康风险认识不足,对吸烟成瘾的风险认识不足;吸烟者在吸烟时所产生的烟雾构成了"二手烟",造成了全球疾病负担和经济负担。因此,各国为了削减烟草行业带来的健康风险,普遍采取了相应的监管措施。以下以美国、加拿大等国的经验为例证,对烟草行业监管制度的部分要点加以简要介绍。

(一) 依法确定相关监管部门的职能分工

在美国,由多部法律赋予了不同监管部门的烟草行业监管职能。1984年《综合吸烟教育法》要求卫生和人类服务部部长向国会提交年度报告,提供关于吸烟和健康的最新信息;该法还授权卫生和人类服务部审查卷烟的成分清单,并向国会报告各成分的健康风险。[①] 根据其他

[①] 《综合吸烟教育法》,15 U.S.C. §§1332 (9), 1337 (a), 1335a (a), 1335 (b) (1)。

法律，国家税务局有权对香烟的出售征税①；农业部有权设定烟叶的生产配额和价格水平②；酒精、烟草与火器局有权规制烟草的生产。③

2009年《家庭吸烟预防及烟草控制法》赋予美国食品药品管理局监管烟草行业的权力，主要内容包括④：在食品药品管理局内部设立烟草控制中心，授权食品药品管理局对烟草成分、上市和销售加以监管；要求烟草公司和进口商披露所有产品成分，并由食品药品管理局许可新的烟草制品；准许食品药品管理局改变烟草制品中成分的含量。

（二）对烟草广告和促销的监管

烟草广告和促销可能会影响消费者的选择，给消费者带来误导。各国均依法对烟草广告加以监管，对烟草广告的载体和对象加以规定。例如，美国1969年《公众健康吸烟法》规定，禁止在电视和广播上播出烟草广告⑤；美国2009年《家庭吸烟预防及烟草控制法》要求限制可能吸引年轻吸烟者的广告。⑥ 加拿大《烟草制品控制法》对于在加拿大销售的烟草制品在广播电视上播放广告予以一揽子禁止。⑦

关于促销，加拿大《烟草制品控制法》规定，禁止以免费发放烟草制品、礼品、现金回馈等方式促销烟草制品。加拿大烟草公司广为使用的促销方法是赞助文化和体育赛事。这种赞助仍然是可能的，但只能使用制造商的全名来代表赞助商，不得使用烟草制品的商标名。⑧

（三）对烟草健康警示的监管

各国法律均对烟草包装和标签的健康警示语加以规定，这些规定不仅涉及警示语的内容和字体等，还包括警示语在包装上的面积。例如，日本《烟草事业法》第39条规定，日烟公司或特定销售业者在销售其

---

① 《综合吸烟教育法》，6 U.S.C. § 5701 (b) (1994)。
② 《综合吸烟教育法》，7 U.S.C. § 1282 (1994)。
③ 《综合吸烟教育法》，27 C.F.R. § 270.1 (1996)。
④ http://en.wikipedia.org/wiki/Family_Smoking_Prevention_and_Tobacco_Control_Act.
⑤ Jacobson, Peter D., Jeffrey Wasserman and John R. Anderson, "Historical Overview of Tobacco Legislation and Regulation", *Journal of Social Issues*, 1997, 53 (1): 75, 80.
⑥ http://en.wikipedia.org/wiki/Family_Smoking_Prevention_and_Tobacco_Control_Act.
⑦ Lawson, D. Stephen, "Canada's Tobacco Products Control Act", *Food Drug Cosm. L. J.*, 1989, 44: 291.
⑧ Lawson, D. Stephen, "Canada's Tobacco Products Control Act", *Food Drug Cosm. L. J.*, 1989, 44: 291, 292.

生产或进口的烟草制品时，必须就吸烟与健康的关系，用大藏省规定的文字提醒消费者注意。

又以美国为例，1964年《烟草标签和广告法》要求在所有卷烟包装上应有下列健康警示语"小心：吸烟可能危害你的健康"；1969年《公众健康吸烟法》将卷烟上的健康警示语修改为"警告：总医官已经确认吸烟有害健康"；1984年《综合吸烟教育法》要求在所有烟草包装和广告上轮换出现四种健康警示语。[1] 现行的2009年《家庭吸烟预防及烟草控制法》则规定，卷烟警示标签应占包装正面和反面面积的50%，警示语应大写[2]。

（四）烟草制品成分及披露的监管

近年来，许多国家陆续通过了对烟草制品的特定成分含量加以限定并要求披露烟草制品成分的法律法规。例如，欧盟的指令规定每支卷烟的焦油含量最高为10毫克，尼古丁的最高含量为1毫克，一氧化碳的最高含量为10毫克。美国的法律也要求烟草公司披露卷烟中的成分以及产品成分变化后对健康的影响。

四 小结

通过以上对国外烟草行业体制改革和烟草行业监管的概略介绍，可以看出，为了防止因行政性垄断损害消费者权益，各国烟草行业的管理体制普遍向市场化演变。同时，各国还通过立法的形式来巩固烟草体制改革的成果，以法律来规范烟草公司的法律地位和法律形态，来规范烟草行业的相关活动。此外，各国多由专门的监管机构来对烟草广告和促销、烟草警示、烟草制品成分及披露等加以严格的监管，从而尽可能维护消费者的健康权益。

我国也应分阶段取消烟草专卖制度，应着力于建立烟草行业国有资产新体系，在建立现代企业制度和资产纽带之后，将烟草管理部门和生产企业、批发企业机构分设，在烟草行业引入适度竞争，逐步打破烟草行业政企合一的格局。应进一步弱化或取消烟草专卖管理部门，由专门的行政监管机构依照国际公约和法律法规要求，对烟草行业进行严格监

---

[1] Jacobson, Peter D., Jeffrey Wasserman and John R. Anderson, "Historical Overview of Tobacco Legislation and Regulation", *Journal of Social Issues*, 1997, 53 (1): 75, 80.

[2] http://en.wikipedia.org/wiki/Family_Smoking_Prevention_and_Tobacco_Control_Act.

管。可借鉴日本等国家的经验，通过修订或制订相应的烟草行业法律法规，来推动和保障烟草行业体制改革。

第三节 中国烟草专卖体制的历史变迁与现实状况

一 中国烟草专卖体制的历史变迁

（一）清末时期的烟草管理思想

马建忠在1881年给李鸿章的《上李相伯覆议何学士奏设水师书》中，即援引当时英国、法国的情况为例证，论述了烟税对国家财政收入的重要性。① 1909年，清政府曾酝酿实行烟草专卖制度，曾在上海开办过三星、公顺烟厂的邮传部右侍郎盛宣怀受托草拟了烟草专卖实施方案，提出应"先设专卖局，全归官办"，并草拟了专卖条例的主要内容。尽管盛宣怀的设想在清末并未能实现，但为民国时期的烟草专卖制度奠定了知识基础。

（二）民国时期的烟草专卖制度

北洋政府分别于1914年1月和7月颁布《贩卖烟酒特许牌照税条例》和《贩卖烟酒特许牌照条例施行细则》，规定对烟草行业实行特许经营，规定凡批发、零售烟草者，均应提出申请书到主管官署领取贩卖特许牌照。

北洋政府于1915年6月颁布《全国烟酒公卖暂行简章》，明确实施公卖的宗旨即整顿全国烟酒，实行官督商销，并对公卖组织机构的设置、职责权限、运销管理、缉私检查等方面作了具体规定，之后北洋政府还颁发了《全国烟酒公卖局暂行简章》《各省烟酒公卖稽查章程》等一系列相关规章。1926年国民政府成立后，继续沿袭了北洋政府的烟酒公卖政策直至1938年。

1941年5月国民政府财政部设立"国家专卖事业设计委员会"，1942年2月国民政府财政部设立烟类专卖筹备处，5月1日成立财政部烟类专卖局，5月13日，国民政府颁布《战时烟类专卖暂行条例》，该

---

① 刘冬青：《浅谈我国历史上的两次烟草专卖》，《农村经济与科技》2009年第3期。

条例分为通则、产制、收购、运销、罚则、附则六章，对烟草专卖进行了较为全面的规定。1945年1月24日，在抗日战争行将结束之际，财政部提出"专卖事业机构林立，名不副实。徒增人民负担，无补国库收入"，于当年5月废止了《战时烟类专卖暂行条例》，中国历史上的第二次烟草专卖遂告结束。

(三) 中华人民共和国成立后至改革开放之前的烟草管理体制

中华人民共和国成立后，全国部分大区和省、市设立烟酒专卖公司。在东北和内蒙古烟酒专卖试点取得的经验基础上，中央人民政府财政部于1951年颁布了《专卖事业暂行条例实行草案》《各级专卖事业公司组织规程》，规定卷烟和卷烟用纸为专卖品。截至1954年年底，全国建立了国家计划内卷烟制品全部由烟草专卖公司统一收购和销售的管理体制。

在20世纪60年代，中央决定借鉴西方工业发达国家管理企业的组织形式，在一些行业和部门试办托拉斯。针对烟草行业管理部门过多、地方烟草企业严重分散经营的状况，轻工业部党组于1963年2月经国务院副总理薄一波转报中央《轻工业部党组关于烟草工业集中管理方案的报告》，中共中央于1963年3月16日批转了这个报告。轻工业部于1963年6月20日发布了《关于成立中国烟草工业公司及各地区分公司的通知》，中国烟草工业公司一直存续至1969年解散，它实行供产合一的管理体制，负责烟叶收购、复烤、调拨以及卷烟生产的统一管理。[1]

(四) 改革开放后的烟草管理体制

中国烟草总公司于1982年1月1日正式成立，国务院于1982年2月8日发布《关于实行烟草专营后有关财政问题的处理办法的通知》，商业部、全国供销合作总社、轻工业部于1982年2月21日联合发布通知，决定将全国烟叶收购、卷烟生产和批发销售业务从1982年3月1日起划归中国烟草总公司管理。

1983年9月23日国务院发布《烟草专卖条例》，该条例规定设立国家烟草专卖局，对烟草专卖进行全面的行政管理；设立中国烟草总公司，统一领导、全面经营管理烟草行业的产供销、人财物、内外贸业

---

[1] 曲振明：《我国试办烟草托拉斯的历史回顾》，《中国烟草学报》2005年第2期。

务；省级、县级人民政府设立烟草专卖的行政管理、业务经营机构，规定对烟草种植、收购、生产、销售、进出口等进行统一管理。从而从法律层面确立了中国政企合一的烟草专卖体制。

1983 年 11 月国务院决定成立轻工业部烟草专卖局。1984 年 1 月，国务院决定将轻工业部烟草专卖局改为国家烟草专卖局，与中国烟草总公司实行一个机构、两块牌子。1985 年 12 月 30 日，国务院同意将国家烟草专卖局改为国务院直属局。1988 年 4 月 28 日，国家烟草专卖局发出《烟草专卖许可证暂行管理办法》的通知，实行烟草专卖许可证管理制度。在这期间，烟草行业自上而下地建立了"统一领导、垂直管理、专卖专营"的国家烟草专卖制度。

1991 年 6 月 29 日第七届全国人民代表大会常务委员会第 20 次会议通过了共 8 章 46 条的《中华人民共和国烟草专卖法》，该法规定国家对烟草专卖品的生产、销售、进出口依法实行专卖管理，并实行烟草专卖许可证制度。在 1993 年机构改革中，国家烟草专卖局成为国家经济贸易委员会管理的国家局，在当时的法规性文件中，曾提出"根据国家经济体制改革的进程，积极创造条件组建烟草企业集团，逐步实现政企分开"，指出国家烟草专卖局的烟草管理职能仅仅是"作为过渡"。[①]

在 1998 年 6 月 24 日印发的《国务院办公厅关于印发国家烟草专卖局职能配置、内设机构和人员编制规定的通知》中，指出："国家烟草专卖局应按照社会主义市场经济的要求，加快烟草体制改革，转变政府职能，逐步实现政企分开。""省级烟草公司和所属企业，按经济区划组建若干个跨地区烟草企业集团，逐步实现政企分开。"[②]

在 2003 年国务院机构改革中，国家烟草专卖局改为由国家发展和改革委员会管理的国家局；在 2008 年国务院机构改革中，国家烟草专卖局改为由工业和信息化部管理的国家局，并要求国家烟草专卖局"按照政企分开的原则，稳步推进烟草行业改革"，并"履行《烟草控

---

① 《国务院办公厅关于印发国家经济贸易委员会和国家技术监督局、国家建筑材料工业局、国家烟草专卖局职能配置、内设机构和人员编制方案的通知》（国办发〔1994〕26 号），1994 年 2 月 21 日。

② 《国务院办公厅关于印发国家烟草专卖局职能配置内设机构和人员编制规定的通知》（国办发〔1998〕94 号），1998 年 6 月 24 日。

制框架公约》有关的责任和义务"。①

目前，国家烟草专卖局在推动烟草行业工商分离、董事会建设、卷烟工业跨省联合重组。在目前的专卖体制下，国家烟草专卖局和中国烟草总公司是两块牌子、一套人马，对全国烟草行业"人、财、物、产、供、销、内、外、贸"进行集中统一管理。烟草专卖部门集专卖管理的行政职能与烟草经营的企业职能于一身，更多关注烟草行业的微观运行态势，而非烟草行业的监督管理和消费者的权益保护。烟草专卖部门的角色也使其只能进行内部式的微观管理，并凭借既有的行政性垄断地位，通过制定规则、实施规则来攫取高额利润。

因此，应加快烟草行业改革，逐步打破烟草专卖体制，更好地履行已在我国生效的《烟草控制框架公约》。

二 对中国现行烟草专卖管理体制的评析

目前，全国烟草行业现有包括深圳、大连在内的33家省级烟草专卖局和烟草公司，16家工业公司，57家卷烟工业企业，1000多家商业企业，以及烟叶、卷烟销售、烟机、物资、进出口等全国性专业公司和其他一些企事业单位，全行业职工约51万人。② 同级烟草专卖行政主管部门和烟草公司往往呈现出合二为一或"你中有我，我中有你"的状态，而行政性垄断、计划式管理带来的国有企业通病，在烟草行业表现得更加突出。

（一）国家烟草专卖管理体制的现况

《中华人民共和国烟草专卖法》第1条规定了该法的立法目的是"有计划地组织烟草专卖品的生产和经营，提高烟草制品质量，维护消费者利益，保证国家财政收入"。根据该法的规定，国家烟草专卖局主管全国烟草专卖工作，下达省、自治区、直辖市之间烟叶、复烤烟叶的调拨计划，对烟草制品生产企业及生产卷烟纸、滤嘴棒、烟用丝束、烟草专用机械的企业颁发烟草专卖生产企业许可证，审批烟草制品生产企业为扩大生产能力进行的基本建设或者技术改造，管理烟草行业的进出

---

① 《国务院办公厅关于印发国家烟草专卖局主要职责内设机构和人员编制规定的通知》（国办发〔2008〕99号），2008年7月10日。

② 《中国烟草行业概况》，http://www.tobacco.gov.cn/html/10/1004.html，2009年11月9日。

口贸易和对外经济技术合作,对违反烟草专卖法的行为予以处罚。

根据国务院批准的《国家烟草专卖局主要职责内设机构和人员编制规定》(国办发〔2008〕99号)的规定,国家烟草专卖局的主要职责包括拟定烟草行业发展战略、规划和政策,依法实施烟草专卖管理,负责组织实施烟草行业体制改革。此外,国家烟草专卖局还管理中国烟草总公司,依法对所属企业的国有资产行使出资人权利,组织烟草行业生产、经营和对外经济技术合作工作,制定烟草行业科技发展政策,组织实施技术创新和重大科研项目攻关及科技成果应用推广工作,负责烟草行业技术监督、质量管理工作,组织实施行业标准化工作。从中可以看出,国家烟草专卖局的确是烟草专卖法授权的烟草专卖行政主管部门,但它又是烟草行业的主管部门,它深深地嵌入烟草企业微观管理过程,国家烟草专卖局和中国烟草总公司形成了几近合二为一的建制。

根据国务院批准的《国家烟草专卖局主要职责内设机构和人员编制规定》(国办发〔2008〕99号)的规定,国家烟草专卖局管理中国烟草总公司,财政部对中国烟草总公司的国有资产进行监管,有关资产管理的重大事项报财政部审批;中国烟草总公司按照《中国烟草总公司章程》组织开展生产经营活动。根据《中国烟草总公司章程》的规定,中国烟草总公司是全国性的农工商贸一体化的、具有法人资格的经济实体,它受国家烟草专卖局领导,对所属企业的生产、供应、销售、进出口业务和对外经济技术合作实行集中统一经营管理;统一组织和安排全国烟草行业的生产经营和建设工作,统筹安排烟草行业农、工、商、贸的协调发展,推动行业技术和管理进步,发展横向经济联合,解决行业生产经营中的重大问题;对烟草基层工商企业进行领导、协调、管理和服务。

(二)地方烟草专卖管理体制的现况

根据《中华人民共和国烟草专卖法》第4条第1款的规定,省、自治区、直辖市烟草专卖行政主管部门主管本辖区的烟草专卖工作,受国务院烟草专卖行政主管部门和省、自治区、直辖市人民政府的双重领导,以国务院烟草专卖行政主管部门的领导为主。省级烟草专卖行政主管部门的具体职责包括:根据国家计划结合市场销售情况向烟草制品生产企业下达卷烟、雪茄烟年度生产总量计划;根据中国烟草总公司下达的分等级、分种类的卷烟产量指标,结合市场销售情况,向烟草制品生产企业下达分等级、分种类的卷烟产量指标；负责组织本辖区烟叶的生产种植、收购、调拨，负责组织卷烟、雪茄烟的生产和销售，烟草专用机械和卷烟纸等物资的生产和供应；依受权制定卷烟非代表品、雪茄烟和烟丝的价格；批准烟草批发企业经营许可证，批准特种烟草专卖经营企业许可证，开具烟草专卖品准运证；依法监管本辖区内烟草市场，打击假冒伪劣卷烟制品。

地市级和县级烟草专卖局的主要职能包括：宣传、贯彻实施烟草专卖法律、法规和规章；对本行政区域内的烟草专卖工作实施统一监督、管理；按照国家和地方的规定，负责烟草专卖许可证、准运证、携带证审查和管理；依法查处烟草专卖违法案件；履行法律、法规、规章规定的其他职责等。

地方各级烟草专卖行政主管部门，实则也是该地区的烟草生产经营企业。例如，湖南省烟草专卖局又是"中国烟草总公司湖南省公司"，浙江省烟草专卖局又是"中国烟草总公司浙江省公司"，北京市烟草专卖局又是"中国烟草总公司北京市公司"。各级烟草专卖局都同时履行着专卖管理和组织生产经营的职能。

地方政府也对本地烟草行业和烟草专卖部门施加了相当影响。这很大程度上因为烟草增值税和消费税收入构成了中央对地方税收返还基数的重要部分。地方政府一直将"发展经济、培植财源"作为一项重要工作来抓，当前卷烟生产企业在产地纳税，卷烟的消费税也是在产地征收，因此地方政府鼓励创办卷烟企业，不允许当地卷烟企业被其他地方兼并，从而造成中国卷烟产业生产集中度明显偏低，卷烟厂的规模不经济。① 在地方政府的眼中，烟草行业的经济利益往往优先于公共卫生政策。

烟草专卖法第14条规定的"卷烟产量指标"成为强化各省地产烟发展的重要手段，烟草专卖制度成为"行政性的创租"行为。各级烟草公司出于地方财政收入最大化的目的，将烟草专卖作为保护地产烟、阻碍省外烟进入的挡箭牌。很多省市以查处"假、私、非、超"卷烟为名，来查封外埠烟的流通，从而在市场经济活动中进行地区封锁。有

---

① 刘伟：《经济转轨过程中的产业重组：以烟草业为例》，中国社会科学出版社2005年版，第109页。

些地方政府甚至下发文件，要求烟草公司一定要保证本地烟的销售比例不能低于某个固定的数值。

例如，2009年3月4日，湖北省公安县由县长担任组长的公安县卷烟市场整顿工作领导小组以公烟〔2009〕3号文件下发了《2009年县直部门和单位及乡镇公务用烟考核管理办法》，要求全县所有行政机关和部门单位在公务接待活动中确需用烟的，实行政府集中采购，并下达了全年公务用烟指导性计划。该文件甚至规定"连续两个月未完成公务用烟指导性计划任务的县直部门和单位，由县财政部门按公务用烟可供品牌均价，直接相应扣减公用经费"。经媒体曝光后，公安县政府发文撤销了"公烟整〔2009〕3号"文件。在此事例中，公安县人民政府临时机构从经济利益出发，以整顿当地卷烟市场之名，借助行政规范权、行政许可权、市场规制权以及行政检查权的综合运作，实现地方市场封锁，达到扶持本地烟草企业、增加本地烟草税收的目的，其本质是在制造地方贸易壁垒。①

（三）中国现行烟草行业的具体产业架构

根据我国烟草专卖法第2条的规定："烟草专卖品是指卷烟、雪茄烟、烟丝、复烤烟叶、烟叶、卷烟纸、滤嘴棒、烟用丝束、烟草专用机械。卷烟、雪茄烟、烟丝、复烤烟叶统称烟草制品。"归纳起来，我国烟草工业大体包括烟草制品的生产和销售管理两大部分，而烟草制品的生产为其中的核心。我国的烟草专卖体制不但要从烟叶的种植阶段开始管理，还包括后续的收购调拨、生产、专卖销售、运输、相关产品生产销售和进出口贸易等。具体内容包括：烟叶种植、收购、调拨；卷烟、雪茄烟生产的计划管理；烟草制品的销售运输；卷烟纸、滤嘴棒、烟用丝束、烟草专用机械生产销售的计划管理；进出口贸易管理；各种烟草专卖许可证管理；烟草专卖品准运证管理；等等。②

如前所述，对烟草专卖品的生产经营，我国建立了全国统一的垄断经营组织，设有中国烟草总公司（CNTC）及其直属的中国烟叶生产购销公司、中国卷烟销售公司、中国烟草机械公司、中国烟草物资公司、

---

① 魏琼：《论混合型行政性垄断及其规制》，《法学家》2010年第1期。
② 《中华人民共和国烟草专卖法》，1991年。

中国烟草进出口公司六家专业性公司①，分别负责有关烟草专卖品经营业务方面的管理、指导，并从事具体经营活动。在各地方层面，省级烟草专卖局和烟草公司、工业公司、卷烟工业企业、半商业企业和其他相关企业事业单位，分别负责所在地区烟草专卖品的生产经营业务。由此，整个烟草体系构成了我国对烟草专卖品的生产、销售及进出口业务实行垄断经营的组织系统。

根据《中华人民共和国烟草专卖法》，我国于1997年发布了《中华人民共和国烟草专卖法实施条例》，就烟草专卖法未明确之事项及具体实施问题做出详细的操作性更强的规定。② 根据烟草专卖法与专卖条例，我国对烟草行业的具体管理架构包括：

第一，烟叶的种植要依据国家计划，根据良种化、区域化、规范化的原则制定烟叶种植规划；烟叶由烟草公司或其委托单位依法统一收购，并与烟叶种植者签订烟叶收购合同，并且必须由省级烟草专卖行政主管部门批准，未经批准，任何单位和个人不得收购烟叶，烟叶收购合同应当约定烟叶种植面积，并且遵从统一的收购标准和价格；国家储备、出口烟叶的计划和烟叶调拨计划，由国务院计划部门下达。

第二，我国的烟草专卖制度加强计划管理，依据国家下达的指令性计划和指导性计划，对烟草专卖品和管理品实行宏观控制，使生产、销售活动完全在其管理下进行。卷烟企业的设立必须经国务院烟草专卖行政主管部门批准，并需取得烟草专卖生产企业许可证，并经工商行政管理部门核准登记方可进行生产，而且"烟草制品生产企业必须严格执行国家下达的生产计划"③。"其分立、合并、撤销，必须经国务院烟草专行政主管部门批准，并向工商行政管理部门办理变更、注销登记手续。"④

更具体而言，烟草专卖法第14条规定："全国烟草总公司根据国务院计划部门下达的年度总产量计划向省级烟草公司下达分等级、分种类的卷烟产量指标。省级烟草公司根据全国烟草总公司下达的分等级、分

---

① 《中国烟草大事记》，http://www.tobacco.org.cn/news/dspNews.jsp?id=47646。
② 《中华人民共和国烟草专卖法实施条例》（中华人民共和国国务院令第223号），1997年7月3日。具体内容请见 http://www.tobacco.gov.cn/html/21/2105/210501/21050101/77732_n.html。
③ 《中华人民共和国烟草专卖法实施条例》第22条。
④ 《中华人民共和国烟草专卖法》第12条。

种类的卷烟产量指标，结合市场销售情况，向烟草制品生产企业下达分等级、分种类的卷烟产量指标。烟草制品生产企业可以根据市场销售情况，在该企业的年度总产量计划的范围内，对分等级、分种类的卷烟产量指标适当调整。"但是，由于卷烟能够带来高额税收，各地方省市都会力争更多的计划产量指标；由于各省之间的博弈，国家烟草专卖局在制定计划产量指标时综合考虑省际平衡。但同时，国家烟草专卖局还会兼顾卷烟的经济效益，对生产计划的安排更多地倾向于高档烟、名牌烟和高利税品牌，这一点在我国进行几次烟草消费税调整后更为明显。我国在 2009 年 5 月进行的最新一轮消费税调整后，尽管同时上调除部分二类卷烟外的所有卷烟消费税，但实际上高档烟的利润水平下降幅度没有低档烟利润水平下降幅度大，因此市场上五类烟（调拨价在每包 1.65 元以下）的市场份额明显下降，这是各生产企业进行调整的直接结果。

第三，烟草专卖局对所有香烟按照质量和税收方面的考虑分为甲乙类烟和一至五类烟，并对所有不同分类香烟的价格范围进行严格规定，财政部和税务总局也按照卷烟类别分别制定相应的税率，以保证国家税收来源的稳定。在国家烟草定价的同时，国家烟草专卖局还明确规定哪些厂家或省份只准生产什么牌号的卷烟，否则不准上市。与此同时，实施烟牌号的审批制度，严格控制新牌号，实行卷烟牌号"准产证"制度。国家烟草专卖局会同国家物价局对高、中档烟的价位予以监管，严格控制高价位卷烟的生产，平抑各地卷烟差价，禁止生产和销售贵族烟和极品烟。但实际情况是，尽管国家对此有严格规定，市场上每条高于 1000 元人民币的天价烟还是层出不穷。我国 2009 年 5 月税改后，更加严厉地控制各类卷烟的定价，对每类卷烟的调批差率和批零差率进行严控，并坚决要求杜绝 1000 元以上的高价烟。我国各地烟草企业和销售企业对此政策严格执行了一段时间，但长期效果还有待时间的检验。

第四，我国对烟草相关经营单位颁发烟草专卖证后方允许经营，包括烟草专卖生产、批发、零售、特种零售许可证，准运证，准购证等。凡经营烟草专卖品和烟草专卖管理品生产和销售业务的企业、单位和个人，都必须向烟草专卖局申请领取烟草专卖许可证，无证者一律不得经营上述业务。

第五，为了严格执行烟草专卖制度，我国还严格限制私自收购烤烟、计划外烟厂生产和销售卷烟；严惩未经批准擅自经营卷烟批发业务；查处未经批准擅自生产的卷烟相关制品和无证运输等。

（四）小结

今天，烟草领域行政权力和经济权力的紧密结合使得国家烟草专卖局难以有效履行行政管理职责，中国烟草总公司与下属企业主要仍是行政管理关系，并未真正形成以产权为纽带的资产管理关系，未能按照《关于进一步理顺烟草行业资产管理体制深化烟草企业改革的意见》①的要求，真正对所属工商企业的国有资产行使出资人权利。地方烟草专卖行政主管部门更是名为行政部门，实则主要以企业身份从事经营性的活动。

这种集行政与公司于一身，集行政管理与生产经营管理于一体的烟草管理体制，作为行政性垄断的典型表现形式，将本应统一、开放的全国性市场分割为彼此封闭、相互封锁的结构。这种专卖体制也催生了强大的烟草行业主管部门。在未来，应将烟草行政管理职能与烟草生产经营管理职能相剥离，实现政企分离，建立体现现代产权制度和现代企业制度特征，符合现代商事活动运行规律和公司法律制度要求的烟草企业法人治理结构。这也将有助于中国烟草控制政策的有力推行。

第四节 烟草专卖体制的经济合理性

任何制度或体制的存在都有其历史根源和经济合理性，我国烟草专卖制的产生和存在也是如此。本部分将从烟草专卖制的经济学角度讨论该制度存在的合理性，包括烟草理性成瘾理论、产业组织理论和制度经济学理论三个方面。通过这些讨论，结合我国目前经济体制发生的深刻变化，希望能给烟草专卖的目前存在和未来走向给出一定的启示。

一 烟草理性成瘾理论

烟草是一种特殊商品，因为该种商品具有很强的成瘾性。对于物品成瘾性的研究，早在1920年Marshall②就进行过讨论，而在半个多世纪

---

① 《国务院办公厅转发发展改革委等部门关于进一步理顺烟草行业资产管理体制深化烟草企业改革意见的通知》（国办发〔2005〕57号），2005年11月。

② Marshall, A., *Principles of Economics*, London: Macmillan and Co., Ltd., 1920.

之后，美国卫生与人类服务部①官方确认烟草成瘾可以被看作毒品成瘾的一种形式，因为它可以令人产生愉悦感，形成耐受性和依赖性，并且对使用者造成不良后果。

对于烟草制品的成瘾性，学者们的研究经过了几个阶段。最初人们认为，由于烟草具有成瘾性，所以消费者对于烟草的消费是非理性的，即他们的消费决定是短视的，只注重当前，他们对烟草的消费量建立在以前消费的基础上，而忽视了未来可能的消费。② 1998 年，Becker 和 Murphy③ 在前人研究的基础上，正式发展并提出了理性成瘾理论，他们将吸烟成瘾视为吸烟者个人的理性行为。所谓理性，是指个体对某种商品的易上瘾性是完全了解的，但个人在做出消费决策时，仍然选择消费，因为他们虽然认识到吸烟的成本（现金成本）和成瘾的成本（未来成本），但吸烟给他们带来的收益（比如愉悦感）超过吸烟的成本或损失。从理论上讲，吸烟成瘾的人，对卷烟的需求非常缺乏弹性，即卷烟价格的变动很少能像其他商品价格变动那样影响这些人的消费习惯，一旦卷烟价格上升，他们会选择少吸一些或者增加开支继续消费，甚至转换至其他品牌香烟，但很少有人能马上戒烟，这充分体现了成瘾性商品的需求特性。理性成瘾理论合理地解释了吸烟这一现象，该理论认为，当前的卷烟消费并不完全基于以前的卷烟消费，一定程度上也基于对未来卷烟消费的预期。也就是说，吸烟者在进行购买卷烟时，就知道自己未来还会吸烟，会对未来卷烟价格的变化（特别是提价）有一个心理预期，并随之调整自己的卷烟消费模式。成熟的理性成瘾理论假设个体在前期、当期及后期的吸烟行为是相互依赖的，并且对烟草的消费量也如此。

研究者随后对这一理论运用个人烟草消费数据和国家宏观烟草消费数据进行了实证上的检验，尽管不同国家的研究结果有所区别，但大部分研究都验证了烟草消费者的理性成瘾特征，这一理论发现，烟

---

① U. S. Department of Health and Human Services, *The Health Consequences of Smoking*: *Nicotine Addiction*: *A Report of the Surgeon General*, http：//www. surgeongeneral. gov/library/reports/index. html, 1988.

② Chaloupka, F. and K. Warner, "The Economics of Smoking", in Newhouse, J. and A. Culyereds, eds., *The Handbook of Health Economics*, Chapter 29, Amsterdam：North – Holland, 2000, pp. 1539 – 1627.

③ Becker, G. S. and K. M. Murphy, "A Theory of Rational Addiction", *The Journal of Political Economy*, 1988, 96（4）：675 – 700.

草的当期需求与当期价格呈负相关，当期消费与前期消费及预期未来消费均呈正相关[①]。成瘾物品具有互补性，即在不同时期的该商品消费是互补的，且其互补程度依赖于成瘾程度的轻重，消费的互补性越高，该商品就越容易上瘾，因此对于烟草制品来说，如果消费者预计未来卷烟的价格会上升，那么他们就会降低当前的消费。理性成瘾理论的一个更重要的发现在于，烟草的长期需求价格弹性要大于短期需求价格弹性，即烟草制品相对于其他非成瘾性物品具有较高的长期需求价格弹性，然而在短期，价格变动对需求并无显著影响，其根本原因在于这种关系是通过每期价格的传导而实现。例如，当期烟草消费量不仅与当期价格呈负向关系，也与所有前期和后期的价格负相关，这就表明永久性价格变动的长期效应大于短期效应。

这一发现与人们对烟草的传统认知有所差异，这一系列结果表明吸烟行为具有成瘾性特征，并且个体行为受理性控制，会根据烟草价格变化调整其消费行为。虽然烟草制品被视为有害产业，但其在各国的存在均具有合法性，而对于这类产业的政府管制又明显不同于其他产业，理性成瘾理论因此被广泛地应用到烟草管制中来，提高烟草价格将导致烟草消费显著降低，从而具有重要的政策导向性：通过提高税收来增加价格，借以在长期内减少卷烟消费者和消费量，更重要的是，这一理论的关键意义在于提出了政府在与吸烟有关的管制方面所发挥的作用仅仅是负担由吸烟引起的社会成本的职责，因为吸烟与其他所有消费决策一样，是受理性选择控制的，吸烟者因其自身的成瘾性而增加了巨大成本，属于吸烟者个人的事情，只有他们强加于其他人的成本，也即吸烟带来的社会成本，才是政府制定管制措施的依据。

目前，我国的烟草行业虽然给国家带来还算可观的财政税收收入，但

---

① Chaloupka, F., "Rational Addictive Behavior and Cigarette Smoking", *The Journal of Political Economy*, 1991, 99（4）：722 - 742; Becker, G. S., M. Grossman and K. M. Murphy, "An Empirical Analysis of Cigarette Addiction", *The American Economic Review*, 1994, 84（3）：396 - 418; Baltagi, B. H. and J. M. Griffin, "The Econometrics of Rational Addiction: The Case of Cigarettes", *Journal of Business & Economic Statistics*, 2001, 19（4）：449 - 454; Gruber, J. and B. Koszegi, "Is Addition 'Rational'? Theory and Evidence", *The Quarterly Journal of Economics*, 2001, 116（4）：1261 - 1303; Tiezzi, S., "An Empirical Analysis of Tobacco Addiction in Italy", *European Journal of Health Economics*, 2005, 6（3）：232 - 243; Kan, K., "Cigarette Smoking and Self - Control", *Journal of Health Economics*, 2007, 26（1）：61 - 81.

也带来了更大的社会成本和负外部性,严重影响了公众的健康和生活,因此,如何重新思考我国烟草专卖制的本质以及完善制定我国未来改善烟草行业经营的政策措施,在我国经济迅速发展的当代时期,可谓正当其时。

二 产业组织理论(SCP分析)

由于烟草制品的特殊性,烟草行业是少数几个被管制的行业之一,其根本特性在于烟草制品不是居民的"生活必需品",而源于其致瘾性,吸烟者会对卷烟产生依赖,即吸烟成瘾,所以对这部分消费者来说,又必须有一定的卷烟消费需求,完全禁止是很困难的,因此卷烟又成为这些人的"消费必需品"①。除去烟草制品的成瘾性之外,吸烟还会给人体健康带来极大的危害,尽管还有不同的声音说吸烟还会带来一定的好处,但其对人体健康100%的负效应已经被证实,不但会给吸烟者自己的健康带来损害,还会极大地影响周围的非吸烟者健康(二手烟吸烟者健康),因此卷烟被认为是既对个人有害,也对社会有害的商品,这一负外部性已经被广泛论证。负外部性既包括可以测量的伤害,也包括无法预测的人为伤害,比如来自他人吸烟而带来的不愉快的经历,身处在一个烟雾缭绕的公共场所(如餐馆、办公室)被迫吸入的二手烟和不得不接受的不愉悦,也包括身处非无烟环境的不安全工作场所给工人造成的生产力损失,等等,因此卷烟消费会产生严重的个人后果和社会后果。许多国内外文献已经考察了吸烟所带来的外部性[2],尽

---

① 陶明:《专卖体制下的中国烟草业——理论、问题与制度变革》,学林出版社2005年版。
② Bartlett, J. C. , L. S. Miller, "Medical - Care Expenditures Attributable to Cigarette Smoking—United States, 1993", *Mmwr Morbidity & Mortality Weekly Report*, 1994, 43 (26): 469 - 472; Collins, David J. , Hellen M. Lapsley, "The Social Cost of Drug Abuse in Australia in 1988 and 1992", National Drug Strategy Prepared for the Commonwealth Department of Human Services and Health, 1996; Harris, Jeffery E. , *Estimates of Smoking - Attributable Medicaid Expenditures in Florida*, Expert Report, State of Florida v. American Tobacco Co. et. al. , 15 Apr. , 1997; Barendregt, J. J. , Bonneu, L. , Van Der Mass, P. J. , "The Health Care Costs of Smoking", *New England Journal of Medical*, 1997, 337 (15); Warner, Kenneth E. , Thomas A. Hodgson, Caitlin E. Carroll, "Medical Costs of Smoking in the United States: Estimates, Their Validity, and Their Implications", *Tobacco Control*, 1999, 8 (3); Welte, Robert et al. , "The Costs of Health Damage Productivity Losses Attributable to Cigarette Smoking in Germany", *The European Journal of Public Health*, 2000, 10 (1): 31 - 38; Parrot, Steve, Christine Godfrey, Martin Raw, "Costs of Employee Smoking in the Workplace in Scotland", *Tobacco Control*, 2000, 9 (2): 187 - 192; Quah, E. et al. , "The Social Cost of Smoking in Singapore", *Singapore Medical Journal*, 2002, 43 (7): 340 - 344; Kang, H. Y. et al. ,"Economic Burden of Smoking in Korea", *Tobacco Control*, 2003, 12 (1): 37 - 44.

管有些早期文献经过估算认为，每包卷烟的外部性要小于每包卷烟给政府上缴的财政税款，但这些早期研究都忽略了一些隐藏的因素，比如说二手烟所带来的各种成本（长期暴露在二手烟下的非吸烟者增加了患心脑血管疾病和癌症的机会、二手烟对孕妇和婴儿的影响及其后续医护和成长成本）、吸烟所导致的就业人员生病成本和工作效率下降即产能下降等。

因此，世界大部分国家不遗余力地进行控烟和展开相关的教育活动。尽管卷烟消费和其他商品消费一样，是受消费者理性支配的，这与消费者自身为此支付了多少成本有关，但更重要的是考虑其他非吸烟者为吸烟者吸烟而支付的成本，这才是政府对烟草行业进行管制的根本原因，世界各国都对烟草生产和经营在政策上进行限制，防止该产业盲目无序地发展。

此外，烟草制品的成瘾性决定了部分消费者对该"消费必需品"产生消费依赖，因此决定了卷烟具有很高的附加值。同时，考虑到卷烟造成的社会成本，对该商品的定价可以远远高于其自身真实价格，而市场仍然会存在一定数量的消费者，这种特性也决定了卷烟这种商品必然会成为各个国家高额税收的重要来源之一。因此，提高卷烟的税收乃至价格，可以借由之前讨论的吸烟理性成瘾理论及其经济规律，来减少吸烟的人数和消费的数量。

正因为烟草制品具备这样的特性，所以世界各国都专门立法，在法律上对烟草行业实行特殊的管制。我国对烟草行业采取的管理体制为制定烟草专卖法及实行烟草专卖制，将整个烟草行业纳入严格的管制下，其中包括烟草行业的进入和退出管制、生产流通管制、价格管制和税收管制等。

在中国的烟草专卖制下，卷烟的生产相对集中于少数的大型卷烟企业，而该制度的存在使烟草行业存在进入管制及烟草加工业进入壁垒。如前所述，中国对烟草行业实行完全的专卖管理制度，并通过立法规定由国家对烟草生产、收购、运输、储藏、销售、批发等各环节实行直接控制。烟草专卖法规定，任何部门、单位和个人未经国家烟草专卖局批准，均不得自行生产和经营烟草产品。国家设立烟草专卖局对烟草专卖进行全面的行政管理，授权中国烟草总公司及其所属各级烟草公司独家经营烟草及其制品的生产和销售业务（详见烟草专卖法）。除此之外，在我国烟草专卖制下，烟草经营企业必须办理许可证，国家从宏观层面对企业的数量和布局进行严格管理和调配，这样就使得新烟草企业的进入尤为困难。同时，现存烟草企业的规模经营和资本积累，加上已存的烟草生产、批发、零售环节，也使得新企业的进入存在相当的难度。

除了进入管制，我国的烟草专卖制还进行了烟草制品价格的政府管制。与一般行业不同，我国烟草企业并不具备定价权，也不具备在市场上进行自由竞争的条件，而是根据国家政策法规的规定，对卷烟生产实行计划管理、计划销售和其他管制。我国对卷烟价格的管理和制定，要受到国家利益、行业利益和整个烟草市场的影响，国家对卷烟实行指导价格管理模式，在卷烟调拨（生产环节）、批发、零售环节进行价格指导和限定，包括最低和最高价格（高档烟）的限定等，严格控制和管理市场上卷烟的价格。这一管理措施是在我国经历了多次卷烟定价改革后逐渐形成的，卷烟的计税出厂价（也就是现在的调拨价）由烟草厂家根据烟草专卖局制定和批准的烟草制品等级分类上报，由税务部门核定，以确保价格的统一管理和税收征管的便利。

前文提到，由于烟草制品的特殊性，其自身具备很高的附加值，国家往往通过征收高额税款来对烟草行业进行管制。在世界各国，烟草制品是各种消费品大类中税负最重的，我国历经了几次烟草消费税的重大改革，在2009年5月的一次调税中[①]，大幅上调了绝大部分卷烟类别的消费税，越高档次的烟所征收的消费税率越高。但此次征税所影响的只是调拨阶段和批发阶段的卷烟计税价格，而并没有影响到卷烟的零售价格，这其中的重要原因就是我国的卷烟定价和卷烟征税的联合管制，所以一方面增加了国家税收，一方面减少了烟草公司的内部利润，而总的利税却并未发生大的变化，这也是我国特殊的烟草专卖制下才能出现的特殊经济现象。

烟草专卖制同样对我国的卷烟进出口贸易进行管制，任何经营烟草专卖品进出口业务和外国烟草制品业务的企业必须经国务院烟草专卖行政主管部门或者省级烟草专卖行政主管部门批准，取得特种烟草专卖经营企业许可证，并按国家规定向主管部门报送进货、销售、库存的计划和报表。在我国家加入WTO后，学者一度认为，我国卷烟"走出去"

---

① 《关于调整烟产品消费税政策的通知》（财税〔2009〕84号），2009年5月26日。

参加国际烟草市场竞争的时机已经到来,实际上,我国烟草专卖部门也于2006年制定了"走出去"战略,并决定中国烟草进出口集团成员调整为所在省公司的子公司,省级烟草工业公司设立进出口部,便于各烟草企业开展卷烟出口战略。但目前的国际大环境发生变化,控烟运动逐渐成为世界大多数国家的主流政策,同时,国际其他的烟草大品牌占据了除中国市场外的国际市场的60%—70%的市场份额,并配置了如"万宝路"等全球知名的香烟品牌。因此,中国卷烟出口虽呈现逐年上升趋势,但还没有树立起自己的卷烟品牌形象,无法与其他国际品牌竞争。这是由两方面原因造成的,一方面,由于我国专卖体制的限制,卷烟生产呈现地区封锁和品牌分割的局面,很难形成大的全国品牌甚至国际品牌,另一方面,也是由于体制的限制,国有的烟草工业的对外投资和卷烟出口都要接受国家的监管,缺乏"走出去"的动力。这一管制造成的直接后果是,国外品牌香烟向中国的走私和国内品牌香烟向国外的走私,而走私香烟的流通直接带来国家税收的巨大损失,因此我国政府连续出台关于严厉打击卷烟走私的通告,以整顿卷烟市场,减少国家损失。

在我国烟草专卖制的严格管制下,尽管烟草制品的生产、销售、定价都遵循既定的规律,但同时我国烟草行业也存在着巨大的问题并亟待解决。一方面,中国的烟草工业完全处在政府的严格管制下,国家烟草专卖局对烟叶的采购、卷烟的生产和销售、卷烟的税收和进出口等各个环节进行严密监管;另一方面,在国家烟草专卖局和烟草总公司下还设置各地方烟草专卖局和烟草公司,由于我国实行中央地方分税制,这造成了在目前的烟草专卖体制下,各地方烟草大省由于地方利益而形成了卷烟的地方保护主义和零散分割的烟草制品市场,在地方烟草专卖局的支持下垄断地方烟草制品,使得外省产品的流入受到限制。总的来说,我国的烟草行业缺乏自由竞争的条件,在区域利益保护下,整个烟草市场难以形成垄断竞争格局,而目前存在的是区域利益保护下的垄断竞争或有限市场竞争,所以烟草市场的绩效很差。

三 制度经济学理论

我们认为,制度经济学理论普遍关注公共政策与制度之间的关系,好的制度可以建立起良好的市场秩序。从烟草市场来看,我国的烟草专卖制体现为法律或产业政策的制度,其作为一种公共产品,必须兼顾厂商和消费者的利益，同时又要使社会公共利益最大化。自从我国实行烟草专卖制以来，对烟草行业的准入准出和烟草制品的生产、销售进行严格管理，改变了之前烟草行业的乱象丛生和恶性竞争的局面，对国家的烟草厂家进行统一计划建立或关停以及统一协调资源调配和产品生产，使整个市场秩序明显好转。

对于我国烟草专卖制曾经发挥出的作用，谁都无法否认和忽视，但面对迅速变化的经济社会环境，现有的烟草专卖体制远远跟不上市场发展的脚步，带来越来越多的负面效果。如前所述，我国烟草专卖制已经导致了市场结构的扭曲、区域利益保护下的有限市场竞争和无序竞争、市场绩效低下。我国的烟草专卖制，使得烟草专卖局与烟草总公司的利益一致，在片面夸大烟草行业所带来的巨大税收收益的情况下，忽视烟草制品的负外部性和所导致的更大的社会外部成本，对控烟采取消极甚至抵制的态度和措施，这在实际上无法实现社会公共利益的最大化，是一种多输（而非多赢）的坏的制度安排。

目前，中国的烟草专卖制既脱离了市场经济发展的要求，又总体上降低了社会福利，需要通过改革实现更有效的制度安排。但一项制度的变迁，必须充分重视路径依赖效应，寻求最有力的利益集团推动者。我国烟草专卖制的改革或者完善，还有赖于作为外在制度主体的政府权力机构制定出权威的、可付诸实施的更有效的制度安排，并且这种制度安排或变更，要根据我国烟草行业的实际情况，循序渐进，不可一蹴而就。现阶段，我国烟草专卖制的改革应是政府主导的，立足于对该制度不足之处的变革，并逐渐为今后取消烟草专卖制做好准备，在我国处在经济大发展的背景下，应保证烟草行业给国家带来的巨大财政收入不会产生突然的变化，并缓慢协调各方的既得利益。

四 小结

中国的烟草专卖制从建立到发展，已经存在了近40年，该制度的最初建立有其历史合理性和必然性，并且在随后相当长的一段时间里为我国烟草行业的健康有序发展做出了相应的贡献，使得烟草行业成为我国国民经济的支柱性产业。作为单行业上缴利税最多的行业，烟草行业为我国的劳动力就业和财政收入增加做出了巨大贡献。但随着我国市场经济的迅速发展和制度的变迁以及国际大环境的转变，越来越多的国家摒弃了烟草专卖制，转而对烟草行业进行特殊管制并逐渐在世界范围内掀起了控烟运动，我国原有烟草专卖制在这种环境下逐渐衍生出诸多难以解决的问题。其一，造成了我国烟草行业在区域利益保护下的有限市场竞争局面，整个行业绩效差；其二，造成了我国烟草产品与国际烟草产品流通不畅、我国烟草品牌缺乏世界竞争力和树立品牌优势的现状，也引发了国际品牌向我国的走私和我国品牌向国外的走私；其三，面对吸烟引起的公共卫生问题和社会医疗成本，烟草专卖制的存在对我国展开有效的控烟活动是一大阻力，令我国的控烟进程缓慢而效率低下，使得由吸烟而引起的居民健康问题广泛存在，杜而不绝。

在本节，我们用吸烟的理性成瘾理论、产业组织理论和制度经济学理论分别阐述了我国烟草专卖制曾经存在的经济学合理性，也同时讨论了现代我国烟草专卖制存在的问题。我们认为，吸烟所带来的负外部性是政府进行管制的理由，并且我国由于烟草而带来的很多负面影响很大程度是政府管制不力造成的。在当前市场环境、产业环境和制度环境发生变化时，政府应该适时确认这种变化对烟草行业造成的影响，认识到实施正确管制的重要性，进而对该行业制度进行调整，这不仅与国家和地方政府的经济财税收入、劳动力就业、行业健康竞争和发展有关，更重要的是，从长期来看，这与全民健康有直接的关系。因此，政府必须从现在起就重视对烟草行业管制中存在的问题，对我国的烟草专卖制度进行改革已经迫在眉睫。

第五节　中国烟草专卖体制的合法性

中国自改革开放以来逐步形成了烟草专卖体制，应依据法律原则、法律条文的规定，依照国际公约的要求，改革中国烟草专卖体制，使得烟草行业管理不仅实现依法而治，且实现依良法而治，从而有效推进中国烟草控制政策的实施。

一　烟草专卖法的缺失

烟草行业每每以烟草专卖法作为支持其烟草专卖体制合法性的根据。但法律本身亦有良法、恶法之别，判断一部法律是否为良法，要看其是否符合公平正义的要求，是否合乎公共利益，是否合乎社会发展的方向，是否以大多数人的利益为依归。

(一) 烟草专卖法是一部具有浓厚行业管理色彩的法律

烟草专卖法第 1 条说明该法立法目的是"实行烟草专卖管理，有计划地组织烟草专卖品的生产和经营，提高烟草制品质量，维护消费者利益，保证国家财政收入"。但在烟草专卖法在总计 46 条的条文中，只有第 5 条第 2 款、第 18 条、第 19 条与消费者利益保护有关，其余条文的内容主要涉及烟叶种植、收购和调拨，烟草制品及相关烟草专卖品的生产、销售和运输，进出口贸易和对外经济技术合作，以及违反烟草专卖规定的法律责任。

《中华人民共和国宪法》第 21 条规定："国家发展医疗卫生事业，……保护人民健康。"《中共中央、国务院关于深化医药卫生体制改革的意见》①指出："不断提高人民群众健康素质，是贯彻落实科学发展观、促进经济社会全面协调可持续发展的必然要求，是维护社会公平正义、提高人民生活质量的重要举措。"烟草专卖法颁布于 1991 年，其是特定历史时期的产物。

(二) 透过行政许可法条文检视烟草专卖法的缺失

2003 年颁布的行政许可法第 83 条第 2 款规定："本法施行前有关行政许可的规定，制定机关应当依照本法规定予以清理；不符合本法规定的，自本法施行之日起停止执行。"这某种意义上表明，行政许可法是关于行政许可方面的一般法，应按照行政许可法的要求去对原有法律、法规和规定加以清理，对烟草专卖法律法规加以修订。

或可将烟草专卖法中为烟草制品生产、经营企业设定的行政许可，理解为行政许可法第 12 条第 5 项中规定的"企业或其他组织的设立，需要确定主体资格的事项"，或行政许可法第 12 条第 6 项中规定的"法律规定的可以设定行政许可的其他事项"。但分析行政许可法第 12 条的措辞，对相应事项只是"可以"设定行政许可，而非必须设定行政许可。

根据行政许可法第 13 条的规定，当公民、法人或者其他组织能够自主决定的，市场竞争机制能够有效调节的，行业组织或者中介机构能够自律管理的，行政机关采用事后监督等其他行政管理方式能够解决的，可以不设行政许可。在烟草领域，也要考虑只有在行政许可之外的手段和措施都解决不了时，才通过行政许可来解决。目前烟草专卖法中

---

① 2009 年 3 月 17 日发布。

设定的包括准运证、携带证之类的诸多行政许可，在未来或可通过市场竞争机制有效调节、行政机关事后监督等管理方式解决。

尽管烟草专卖法规定了烟草专卖制度，但这部法律已经滞后于市场经济的发展，不能适应现实控烟政策的需要，阻碍公共卫生政策目标的实现，应对烟草专卖法进行修订。

二　反垄断法的适用

第十届全国人民代表大会常务委员会第二十九次会议于2007年8月30日通过了共8章57条的反垄断法，该法适用于中华人民共和国境内经济活动中的垄断行为，该法的立法目的是预防和制止垄断行为，保护市场公平竞争，提高经济运行效率，维护消费者利益和社会公共利益，促进社会主义市场经济的健康发展。

反垄断法第7条第1款规定："国有经济占控制地位的关系国民经济命脉和国家安全的行业以及依法实行专营专卖的行业，国家对其经营者的合法经营予以保护。并对经营者的经营行为及其商品和服务的价格依法实施监管和调控，维护消费者利益，促进技术进步。"通过体系解释的方法，通过对反垄断法相关章节、相关条文的整体审视，可知反垄断法第7条第1款只是一定程度上认可了依法实行专营专卖所获的合法经营利益，而并未完全将包括烟草在内的专营专卖行业豁免于反垄断法之外。不能因该款规定而排除反垄断法对烟草行业的适用。

反垄断法第5章题为"滥用行政权力排除、限制竞争"，该章主要指向的是滥用行政性垄断地位的行为。烟草专卖局设国家、省、地市、县四级机构，实行统一领导、垂直管理，统一组织和安排烟草制品和相关产品（原材料、专用机械等）的生产、经营和建设工作，不仅是典型的全行业垄断，更是典型的行政性垄断。因此，应对烟草行业适用反垄断法第5章第32条—第37条的规定。

根据反垄断法第32条—第37条的规定，限定或者变相限定单位或者个人经营、购买、使用其指定的经营者提供的商品，实施某些妨碍商品在地区之间的自由流通的行为，采取与本地经营者不平等待遇等方式排斥或者限制外地经营者在本地投资或者设立分支机构，强制经营者从事本法规定的垄断行为，制定含有排除、限制竞争内容的规定，都构成滥用行政权力限制、排除竞争的行为。

例如，《福建省烟草专卖管理办法》第14条规定，取得烟草专卖零售许可证的企业或者个人，不得销售非当地烟草专卖批发企业提供的烟草制品。① 这属于反垄断法第 32 条提及的"限定或者变相限定单位和个人经营、购买、使用其指定的经营者提供的商品"的情形，也属于反垄断法第 37 条所描述的"制定含有排除、限制竞争内容的规定"。

烟草专卖法所确立的专卖制度，为烟草专卖部门滥用行政权力排除、限制竞争提供了土壤，其带来的消极影响包括地域型垄断、私利型垄断，在很多地区还出现了附条件交易、搭售、强制性交易等现象。通过反垄断法的适用，将有力规范烟草行业中的滥用行政权力行为。应依据反垄断法的原则和要求，对烟草专卖体制予以改革。

三　其他法律规范的适用

在我国，不同层级、不同位阶的法律规范组成了整个法律共同体，即国家的整个法律秩序。其他全国人民代表大会及其常委会制定的法律规范，如广告法、价格法、反不正当竞争法等，与烟草专卖法有着同等的法律效力。它们在所调整领域范围内，往往作为更具体化的规则而发挥作用。

（一）广告法的适用

烟草专卖法第 19 条规定，禁止在广播电台、电视台、报刊播放、刊登烟草制品广告。广告法②第 18 条则明确规定，禁止利用广播、电影、电视、报纸、期刊发布烟草广告；禁止在各类等候室、影剧院、会议厅堂、体育比赛场馆等公共场所设置烟草广告；烟草广告中必须标明"吸烟有害健康"。国家工商行政管理部门还颁布了《烟草广告管理暂行办法》③，规定了禁止发布烟草广告的载体，规定了烟草广告中的必需性内容和禁止性内容。

（二）价格法的适用

根据 1997 年颁布的价格法④的规定，市场调节价，是指由经营者自主制定，通过市场竞争形成的价格；政府指导价，是指由政府价格主管

---

① 2002 年 7 月 29 日福建省人民政府第 43 次常务会议通过，自 2002 年 10 月 1 日起施行。
② 中华人民共和国第八届全国人民代表大会常务委员会第十次会议于 1994 年 10 月 27 日通过，自 1995 年 2 月 1 日起施行。
③ 中华人民共和国国家工商行政管理局第 69 号令，1996 年 12 月 30 日公布。
④ 中华人民共和国第八届全国人民代表大会常务委员会第二十九次会议于 1997 年 12 月 29 日通过，自 1998 年 5 月 1 日起施行。

第七章　中国政企合一的烟草专卖体制对烟草控制的影响

部门或者其他有关部门，按照定价权限和范围规定基准价及其浮动幅度，指导经营者制定的价格；政府定价，是指由政府价格主管部门或者其他有关部门，按照定价权限和范围制定的价格。

根据价格法第 18 条的规定，只有与国民经济发展和人民生活关系重大的极少数商品价格、资源稀缺的少数商品价格、自然垄断经营的商品价格、重要的公用事业价格、重要的公益性服务价格，政府在必要时才可以实行政府指导价或政府定价。很难说中国的烟草行业"资源稀缺"；其垄断是法定的行政性垄断，而非因经济属性导致的"自然垄断"。因此，烟草专卖法第 17 条中规定，由国家价格主管部门会同国家烟草专卖行政主管部门制定卷烟代表品的价格，由国家烟草专卖行政主管部门或授权的省级烟草专卖行政主管部门制定卷烟的非代表品、雪茄烟和烟丝的价格，此规定是与价格法第 18 条相悖的。

在 1998 年价格法生效前夕，国家烟草专卖局颁布了《卷烟价格宏观调控和管理暂行办法》①，宣称"国家对卷烟价格实行市场调节价的管理形式"。根据该暂行办法，国家烟草专卖局（总公司）、省级烟草专卖局（公司）及市县烟草专卖局（公司）、卷烟生产企业、卷烟经销单位为定价主体。国家烟草专卖局确定一批在全国市场有重要影响的卷烟牌号，并参与其价格制定与管理；省级烟草专卖局可对省内市场有重要影响的卷烟牌号的价格实施必要的管理。国家烟草专卖局和省级烟草专卖局可根据实际情况对新产品价格水平和盈利水平做出具体规定。②

《卷烟价格宏观调控和管理暂行办法》中的"市场调节价"，与价格法中为"市场调节价"给出定义的初衷相去甚远，由烟草专卖行政部门和烟草公司制定出的价格，不是市场竞争形成的结果。

（三）反不正当竞争法的适用

1993 年颁布的反不正当竞争法，旨在保障市场经济健康发展，鼓励和保护公平竞争，制止不正当竞争行为，保护经营者和消费者的合法权益。根据反不正当竞争法第 2 条第 3 款规定，该法所称的经营者，是指从事商品经营或者营利性服务的法人、其他经济组织和个人。

反不正当竞争法第 6 条规定，公用企业或者其他依法具有独占地位

---

① 国烟法〔1998〕108 号，1998 年 3 月 5 日。
② 《卷烟价格宏观调控和管理暂行办法》第 2 条、第 13 条、第 14 条。

的经营者，不得限定他人购买其指定的经营者的商品，以排挤其他经营者的公平竞争。例如，国家工商行政管理局在工商公字〔2001〕第367号答复①中即认定，山东部分烟草公司强制经营户购买其指定牌号卷烟的行为，构成了违反了反不正当竞争法第6条规定的不正当竞争行为，应根据反不正当竞争法对其予以处罚。

国家工商行政管理局在工商公字〔2003〕第80号答复②中进一步指出，烟草公司属于反不正当竞争法第6条规定的依法具有独占地位的经营者。烟草公司滥用其从事卷烟批发的垄断地位，以拒绝供货等方式，强制卷烟零售商执行卷烟零售协会规定的统一零售价格的行为，违反了反不正当竞争法第6条的规定，应当根据反不正当竞争法予以处罚。

目前，一些烟草专卖机构受地方利益和局部利益驱使，在经营行为中强行搭售滞销品牌香烟，利用烟草专卖局"一套人马、两块牌子"的特殊身份，滥用行政权力进行强制交易，限制、排除竞争的行为仍时有发生。目前，应适用反垄断法和反不正当竞争法对烟草专卖机构加以规制，而在对烟草专卖体制进行整体性改革之前，很难根治和杜绝违反反不正当竞争法和反垄断法的行为发生。

四 《烟草控制框架公约》的适用

国际公约是指两个或两个以上国家之间，或由国家组成的国际组织之间，或国家与国际组织之间，共同议定的在政治、经济、科技、文化、军事等方面，按照国际法规定它们相互间的权利和义务关系的国际法律文件。③ 最高人民法院、最高人民检察院、外交部、公安部、国家安全部、司法部联合发布的《关于处理涉外案件若干问题的规定》④ 曾指出："当国内法或者我内部规定同我国所承担的国际条约义务发生冲突时，应适用国际条约的有关规定。各主管部门不能以国内法或者内部规定为由拒绝履行我国所承担的国际条约规定的义务。"我国批准的国际公约是中国行政法上的成文法源，从理论上看具有低于宪法而高于一

---

① 《国家工商行政管理总局对烟草部门强制他人购买其指定牌号卷烟定性处理问题的答复》（工商公字〔2001〕第367号），2001年12月17日。
② 《国家工商行政管理总局关于对烟草公司依据卷烟零售协会文件实施限制竞争行为定性处理问题的答复》（工商公字〔2003〕第80号），2003年6月18日。
③ 参见周佑勇主编《行政法专论》，中国人民大学出版社2010年版，第22页。
④ 1987年8月27日发布。

般国内法的效力。

在2003年世界卫生组织第56届大会上，192个成员一致通过了《烟草控制框架公约》。中国于2003年11月成为该公约的第77个缔约成员，全国人大常委会于2005年8月表决批准了该公约。作为公约的缔约成员，《烟草控制框架公约》对中国具有拘束力。应将《烟草控制框架公约》中确立的原则作为我国烟草控制和烟草管理的一般原则，并对照公约要求，对我国现行烟草专卖法律法规加以修订，对我国烟草专卖体制加以改革。

《烟草控制框架公约》序言部分规定，"认识到需警惕烟草业阻碍或破坏烟草控制的任何努力，并需掌握烟草业采取的对烟草控制工作产生负面影响的活动"，《烟草控制框架公约》第5条第3款规定，在制定和实施烟草控制方面的公共卫生政策时，各缔约方应防止这些政策受烟草行业的商业和其他既得利益的影响。这一规定旨在设计出更为公正、合理的烟草控制政策。

2008年国务院办公厅印发的《国家烟草专卖局主要职责、内设机构和人员编制规定》中规定，国家烟草专卖局有"履行《烟草控制框架公约》有关的责任和义务"。

五 小结

在现有烟草专卖体制下，地方烟草专卖机构每每出于行业利益、地方利益和局部利益，违反反垄断法、广告法、价格法、反不正当竞争法的明确要求，违法违规开展烟草生产经营活动，违法播放广告，违规制定价格，利用行政权力排除、限制竞争，造成"法令滋彰而盗贼多有"的局面。

因此，我国烟草专卖管理体制需要依据法律原则、实体法律规范的要求和国际公约所施加的约束，修订烟草专卖法及相关法律法规，构筑起依法公平竞争的烟草市场环境。

第六节 中国烟草专卖体制所带来的实际影响

一 我国烟草制品的社会成本与社会收益综合评估

在本节第四部分，我们讨论了烟草本身的特性。首先，烟草制品带有成瘾性，会令吸者上瘾；其次，吸烟会对吸烟者和非吸烟者的健康产生副作用，会导致各种疾病的发生，从而产生各种与疾病相关的医疗成本和其他成本。因此，烟草制品被认为是有害品。基于烟草所带来的负外部性和其他人为吸烟者而支付的成本，各国政府才对烟草行业进行管制。[①]

作为一种特殊的商品，我们认识了它带来的巨大社会经济成本，但同时它的存在也有其经济上的合理性和必然性，比如说它所产生的巨大经济效益。对烟草所产生的经济利益和烟草带来的巨大社会成本，很多学者都曾经开展过认真的估算和研究，但大部分学者都是将二者分开讨论，因为支持烟草行业和反对烟草行业的两派人士往往壁垒分明，所做的研究都用来作为支持自己论点的论据。本节将站在全局的角度，综合考虑烟草行业带来的收益和成本，以便对整个行业做出更合理的评价。本节没有用现有的数据对这两方面进行重新估算，所做的分析和所用数据均引用前人的研究成果，所以所做分析难免片面和有所遗漏。

(一) 我国烟草行业的社会成本

我国烟草行业的社会成本是指吸烟所带来的社会成本，其中包括吸烟者由于吸烟所导致疫病而产生的直接医疗成本，被动吸烟者由于被动吸烟生病而产生的医疗成本，又有吸烟所产生的社会生产力损失（比如因吸烟生病和早亡而导致的生产力损失），吸烟所带来的其他成本（例如火灾、事故等）。目前对吸烟成本的研究大部分集中于相关的医疗成本上，很少有人综合考虑吸烟所带来的社会成本。本节将引用程郁、张小林[②]（简称程和张）的综合研究结果对吸烟的社会成本加以说明，因其所进行的测算最为全面。程和张在其分析中使用了公共卫生经济学中的疾病成本归因法和总成本分析法的经验公式分别估计吸烟带来的医疗费用，他们在此基础上还考虑了吸烟早亡导致的社会生产力的损失，由吸烟引起的疾病导致个人赚取收入下降和社会生产力下降以及吸烟的外部性成本等因素，在此，我们不详细讨论该文章所使用的测算具

[①] Gruber, J. and B. Koszegi, "Is Addition 'Rational'? Theory and Evidence", *The Quarterly Journal of Economics*, 2001, 116 (4): 1261–1303.

[②] 程郁、张小林：《我国烟草的社会成本与效益综合评估及政策建议》，《经济科学》2004 年第 1 期。

体方法，而只是单纯就结果进行讨论。除此以外，我们还将引用李玲等[1]的最新研究结果，进行多角度的对比考察。

对吸烟的社会成本这个课题，有很多学者进行过研究和估算，由于估算的模型和假设不同，不同学者所测算出的结果也大相径庭，不具备可比性。我们在此处对他们测算结果的具体准确性并不进行严格的检验，而是比较这些计算的最终结果：吸烟所带来的社会收益是否大于吸烟造成的社会成本，我们发现，不同学者对这个问题的最终答案是一致的，即吸烟所造成的社会成本要大于其所带来的社会收益，详见下文。

1. 吸烟产生的直接医疗成本

我们前面已提及，这部分医疗成本包括直接吸烟者的医疗成本，程和张首先通过经验公式估计基年因吸烟产生的直接医疗费用，再通过归因法确定不吸烟者与吸烟者的医疗费用比率，以此估计基年以后各年份直接医疗费用的数额和增长率，其中一个重要假设为——每个不吸烟的成年中国人所花的医疗费用平均是吸烟者的75%—90%，根据最终结果，他们认为这一比例应该是80%。根据卫生部公布的1998—2001年的总卫生费用（3776.5亿元、4178.59亿元、4764.0亿元、5150.3亿元），他们所估计出的1998—2001年吸烟产生的直接医疗费用见表7-2。

表7-2 1998—2001年吸烟产生的直接医疗费用估计 单位：亿元

年份	1998	1999	2000	2001
医疗费用估计	263.977	292.084	333.004	360.006

资料来源：程郁、张小林：《我国烟草的社会成本与效益综合评估及政策建议》，《经济科学》2004年第1期。

根据上述数据，保守假设医疗费用增长率为8%，则2010年医疗费用将达到664.75亿元。

该研究所用的数据大多来源于各种统计年鉴，而李玲等所做研究的数据来源于1984年、1996年和2002年的3次全国吸烟流行病学调查，1993年、1998年和2003年的全国卫生服务调查，2002年全国具名营

---

[1] 李玲、陈秋霖、贾瑞雪、崔玄：《中国的吸烟模式和烟草使用的疾病负担研究》，《中国卫生经济》2008年第27期。

养与健康状况调查及历年相关的统计年鉴,既包括宏观统计数据,也包括微观调查数据。他们研究发现,2000 年由吸烟导致的疾病直接医疗成本为 998.97 亿元人民币,相当于 GDP 的 1.117%,2005 年的直接医疗成本为 1665.60 亿元,相当于 GDP 的 0.914%。这一结果与程和张的估算结果差距非常大,原因已经简述,但总的趋势为,我国由吸烟所产生的医疗社会成本呈非常明显的上升趋势。

2. 吸烟造成的社会生产力损失

对于这部分损失,程和张认为,吸烟对社会生产力造成的损失有三个方面,一是因病而导致的病休,可以直接用当日工资来衡量,二是带病工作造成的工作效率的降低,三是吸烟早亡带来的生产力损失。

对于病休的生产力损失,可以用人口数、病休平均天数和每天平均工资进行测算;对于因病导致的工作效率低下,该测算考虑了平均患病工作天数;对于早亡导致的生产力损失,则采用社会财富法而非人力资本法测量,即以人均财富创造价值来测量每个人因吸烟早亡而导致的相应损失,并且该测算只考虑了 69 岁以下具备生产能力的人口(具体计算请详见原文)。表 7-3 总结了该文的测算结果。

表 7-3　　　　　吸烟造成的误工、旷工生产力损失　　　　　单位:亿元

年份	地区	损失	损失合计
1998	城市	102.363	307.384
	农村	204.985	
1999	城市	117.114	327.306
	农村	210.192	
2000	城市	154.950	353.518
	农村	198.568	
2001	城市	188.464	393.971
	农村	205.507	

资料来源:程郁、张小林:《我国烟草的社会成本与效益综合评估及政策建议》,《经济科学》2004 年第 1 期。

程和张还模拟了截至 2010 年因吸烟早亡造成的生产力损失(见表 7-4),计算以 2000 年的死亡人数估计 2010 年死亡的人数,并假设经济增长率为 7%,从业人口增长率为 0.9%。

表7-4　　　　　　　　累计的吸烟早亡生产力损失

年份	累计的吸烟致死社会劳动人数（万人）	累计的吸烟造成产值损失（亿元）
1998	300	340.476
1999	300	348.132
2000	310	389.533
2001	310	407.249
2010	410	910.569

资料来源：程郁、张小林：《我国烟草的社会成本与效益综合评估及政策建议》，《经济科学》2004年第1期。

以上的计算显示，由吸烟而产生的医疗费用和吸烟导致的生产力损失正在逐年增加，而且增加的幅度每年持续不断扩大。

李玲等的计算表明，2000年由于吸烟早亡的损失达到401.5亿元，2005年则达到777.5亿元，这一结果与程和张的结果是非常接近的。另外，由于测算口径的不同，李玲等并没有区分吸烟病休成本和吸烟致病成本，只是将其统称为吸烟致病成本，该测算结果分别为2.48亿元和5.04亿元，远低于程和张的测算，因此二者不具备可比性。

3. 被动吸烟产生的医疗成本和生产力损失

我国除了直接吸烟者，还有数量庞大的被动吸烟者，这群人的主要构成为妇女和儿童，由此可知，被动吸烟所造成的危害将更为巨大。但是，对这部分成本的估算更加困难，因为很难界定被动吸烟人群以及他们所受吸烟的影响大小，所以这部分估算将比上述计算更为粗略。程和张的计算是基于美国相关研究的结果而做出一定的假设，比如说美国烟民和中国烟民吸烟的强度（平均每日吸烟量等），因此该计算并不能完全反映中国情况，其研究结论见表7-5。

表7-5　　　　　被动吸烟的医疗费用和生产力损失　　　　　单位：亿元

年份	1998	1999	2000	2001
医疗费用	68.355	75.633	86.228	93.22
生产力损失	40.857	41.776	46.744	48.87
总成本	109.212	117.409	132.972	142.09

资料来源：程郁、张小林：《我国烟草的社会成本与效益综合评估及政策建议》，《经济科学》2004年第1期。

李玲等也计算了被动吸烟成本，2000年和2005年的被动吸烟成本分别为144.97亿元和294.13亿元。同样地，两个研究的结果相当接近，而且趋势是相同的。

4. 吸烟所带来的其他成本（例如火灾、事故、其他不良健康后果等）

在以往大多数的研究中，学者往往会忽略了吸烟所产生的其他成本，比如吸烟所引发火灾带来的损失、吸烟所造成的环境污染损失、母亲吸烟引起婴儿死亡或新生儿体重偏低等医疗成本损失、香烟毒素侵蚀造成的免疫力下降和疾病恢复缓慢等损失以及吸烟引起他人不悦等心理损失等，这些也是吸烟所导致的众多负面影响。对于这个问题，程和张并没有进行计算，李玲等的测算显示，吸烟对该方面造成的成本负担与其他方面比较并不大，在2000年和2005年均为0.74亿元人民币，因此，我们对此不再详细讨论。

（二）我国烟草行业的社会收益

本章第一部分综合总结了学者对烟草行业所带来的社会成本及其构成的分析结果，从分析结果来看，还没有哪一个行业能给人民的生活带来如此之多的负面影响和健康损害，但是任何事物的存在也有其合理性和必然性，那么烟草行业在其所带来的社会成本之外，也必然会带来社会收益。而且，我国对烟草行业的认识与西方发达国家还有一定差距。对烟草行业所带来的社会成本估算，最初是由发达国家的公共卫生学家和经济学家所测量证实，也是最先由他们向全社会进行宣传，甚至有些公共卫生学家号召国家出面彻底全面地禁烟，这是因为发达国家的经济发展到一定水平之后，烟草行业所带来的社会收益占国民经济的总比重逐年下降，在这些国家控烟并不会动摇该国的经济根本。而我国的情况则与此有着很大的出入，因为我国的烟草行业仍然对我国的国民经济有着巨大贡献。

第一，我国烟草行业每年可以为国家贡献巨额财政税收收入，前文提到，中国烟草的烟草产量占世界烟草总产量的1/3，吸烟人数也占到世界的1/3，因此卷烟销量也占到世界各国的第一位。由于烟草制品的特殊性，国家对烟草行业应用高额税率，因此烟草行业从1987年以来成为我国单行业上缴利税第一的行业，上缴税收约占国家总税收的8%左右，居各行业之首。除此以外，烟草行业也对地方经济贡献巨大，由于我国财政实行分税制，地方政府可以从当地烟草企业获取重要的税收分配收入,特别是烟草行业已经成为一些发展落后省份的支柱性产业,烟草生产经营的收入成为地方财政的主要支柱和脱贫致富的重要途径,如云南省、河南省等。

第二,整个烟草行业除了每年上交巨额利税,还能解决上亿人口的就业问题,其中包括烟农、卷烟工人、批发零售人员,与此同时,也解决了这些就业人员的家庭负担,这对我国庞大的劳动力剩余是有效的释放和缓解,也是地方政府对烟草行业重视的另外一个重要因素。

第三,有学者还认为,自我国开展烟草制品的对外贸易业务之后,烟草制品可以为我国创造外汇,但我们认为,这一点并不足以抵消其所带来的负面影响,在此不再赘述。

综观我国近些年烟草行业的发展状况和卷烟的销量(见表7-6),我国卷烟产量每年都在稳步提高,这与我国加入世界卫生组织《烟草控制框架公约》的控烟精神相违背,其背后有两方面原因,一是烟草专卖局、烟草总公司和烟草企业对控烟的消极抵制,同时不断强化卷烟生产,另一方面是由于我国人口基数庞大,尽管人口总体吸烟率在缓慢下降,但吸烟总人数却还是在逐年上升。

表7-6　　　　　1998—2001年我国烟草行业经济收益

年份	1998	1999	2000	2001
卷烟销量(亿支)	3374.0	3340.0	3397.0	3402.1
利税总额(亿元)	950	980	1050	1150
行业总效益(亿元)	1027.420	1060.077	1140.164	1251.397
收益增长率(%)	—	3.18	7.55	9.76

资料来源:程郁、张小林:《我国烟草的社会成本与效益综合评估及政策建议》,《经济科学》2004年第1期。

1. 我国烟草行业的利润贡献

烟草行业的经济贡献是由很多部门来共同完成的,比如种植、生产、销售等部门,由于烟草专卖制的存在,烟草行业的绝大部分数据都具有保密性质,获取非常不易,因此,我们采用国家公布的烟草行业利润的统计数据来进行衡量。一般来讲,烟草行业为经济所做的贡献包括两部分,一部分为上缴国家的税收,另外一部分则是产生的行业利润。

由于我们需要对烟草行业的社会成本和社会贡献进行比较，为了前后一致，我们仍然引用程和张文章中1998—2001年所用的数据，因李玲等只单纯地计算了吸烟所导致疾病的成本和其他间接成本，而没有对吸烟的成本和收益作具体比较，我们将主要采用程和张的研究结果。

上述研究表明，我国的烟草行业利税总额和行业总收益在逐年稳步上涨，这其中也有两方面的原因，一方面是我国大幅调高了烟草消费税率，另一方面是卷烟销售量的增加，特别是2004年后我国卷烟的产量成倍增加。

2. 我国烟草行业的就业贡献

总的来说，烟草行业涉及的就业人员既包括在烟草种植，也包括在卷烟生产，还包括在卷烟的流通领域就业的人员。在20世纪末21世纪初，据中国烟草总公司估计，我国的卷烟种植户超过了500万户，直接参与的农民超过2000万人①，而随着农业产品的多样化和农村剩余劳动力的转移，这部分农民的数量在持续下降。而根据国家统计，烟草制品业全部从业人员在几十万人左右（见图7-1），这部分就业人员占全国城镇就业人口的比重非常小。但从卷烟的流通领域讲，靠烟草行业就业吃饭的人远远不止统计的这些数字。因此，在对控烟与否的激烈讨论中，控烟是否会造成我国烟草制造业及其他相关产业人员的大量失业总会摆在重中之重，因为这涉及一个地区的就业稳定、居民生活和社会稳定层面，是在做任何重大烟草行业政策调整之前必须考虑的问题。

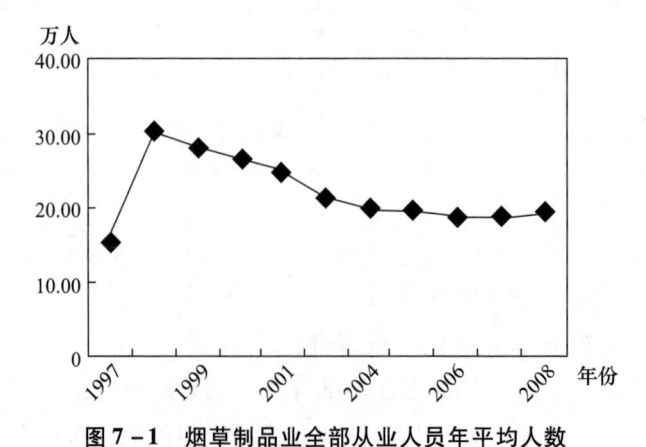

图7-1 烟草制品业全部从业人员年平均人数

---

① 胡德伟、毛中正主编：《中国烟草控制的经济研究》，经济科学出版社2008年版。

如图7-1所示，我国烟草制品业全部就业人员的平均数实际上呈现一种下降趋势。到21世纪的第一个十年结束，我国烟草行业从业人员已经比十年前下降了约10万人左右，很多劳动力已经逐渐转移到其他行业。我们认为，可以对这段时期我国烟草行业从业结构的变化进行具体研究，以为未来烟草专卖制制定合理和行之有效的改革方案提供证据支持。

（三）烟草行业的社会成本与效益综合评估

接下来，结合第一部分和第二部分的估计，我们可以大概衡量一下烟草行业带给我国的社会成本和社会经济效益的综合方向，让我们分别比较一下程和张与李玲等的研究结果。

表7-7显示的是程和张、李珍等的计算结果，该综合结果表明，1998年，我国烟草行业所做的综合社会经济贡献（含就业贡献）要大于其所导致的总社会成本，而随着时间的推移，从1999年开始，烟草行业的综合收益已经开始低于其带来的综合成本，到2010年的时候，这一趋势愈发明显。换句话说，烟草制品给整个社会带来的危害远远大于其所产生的经济利益。根据李玲等的计算，2005年因吸烟而造成的直接和间接成本估计高达2526亿元人民币，相当于GDP的1.4%，而当年烟草行业上交的利税总额为2400亿元人民币，即烟草制品所产生的经济损失要远远大于其所贡献的财政税收收入。

表7-7　　我国烟草行业的社会成本与社会收益评估　　单位：亿元

年份	烟草的社会总成本	烟草的社会总经济效益	社会净贡献（收益-成本）
1998	1025.827	1027.420	+1.539
1999	1084.931	1060.077	-24.854
2000	1209.027	1140.164	-68.863
2001	1303.316	1251.397	-51.919
2010	2997.665	2379.215	-618.45

资料来源：程郁、张小林：《我国烟草的社会成本与效益综合评估及政策建议》，《经济科学》2004年第1期；李玲、陈秋霖、贾瑞雪、崔玄：《中国的吸烟模式和烟草使用的疾病负担研究》，《中国卫生经济》2008年第27期。

尽管以上两个独立研究所用的模型、数据、假设各不相同，得出的预测数据也有很大出入，但二者研究结果的最后趋势是相同的，即虽然早期我国烟草行业对我国经济做出了巨大贡献，但其所引发的公共卫生问题越来越不容忽视，近些年由其引发的隐藏社会成本已经超过了公开的经济贡献。

（四）控烟政策与国民经济

尽管以上的研究表明，烟草行业的潜在综合社会成本要高于该行业带来的潜在社会综合效益，但还没有学者研究未来可能采用的控烟政策会对我国的国民经济到底产生何种具体影响，这对制定我国未来具体的控烟政策和控烟进程至关重要。世界上对这一课题的研究也并不多见，最早的研究是在美国展开。Warner 等[1]针对美国的一个州——密歇根州进行研究，研究该州能否从无烟状态下获得更多的经济收益。他们利用 REMI (Regional Economic Model) 模型，使用计算机技术，模拟了该州1992—2005 年的整体经济情况，计算的前提是假设该州把用在卷烟制品上的消费全部转移到其他商品或服务上，进而分析会对经济产生何种影响。他们发现，在1992 年密歇根州将会多提供5600 个工作岗位，到2005 年，该州仍会多提供1500 个工作岗位；如果假设卷烟消费加倍下降，那么1992 年新增的工作将会是300 个，2005 年新增的工作会是800 个。这一研究的结论是，减少卷烟消费将会明显增加就业机会，同时有利于人民的整体健康水平。Warner 等[2]随后把以上的研究扩展到美国东南地区，主要是针对烟草行业的一个说法——卷烟销量的下降会减少国家的就业——进行深入探讨，他们研究的重点同样放在就业机会上。研究结果表明，如果在美国东南地区禁烟，在1993 年会减少30 万个工作机会，但同时，卷烟消费的转移会增加另外的就业机会，抵消烟草行业就业减少的损失。预计到2000 年，缺少卷烟消费将会减少22 万个工作岗位，但同时增加35 万个其他工作机会。这个发现与烟草行业者的说法完全相反。

---

[1] Warner, K. E. and G. A. Fulton, "The Economic Implications of Tobacco Product Sales in a Nontobacco State", *JAMA*, 1994, 271 (10): 771–776.

[2] Warner, K. E., G. A. Fulton, P. Nicolas and D. R. Grimes, "Employment Implications of Declining Tobacco Product Sales for the Regional Economies of the United States", *JAMA*, 1996, 275 (16): 1241–1246.

由于烟草行业的高税收，减少卷烟消费会急剧降低国家税收收入，但是同时，其他行业增加的商业机会和消费会抵消一部分损失，因此，总的来说，国民经济从中获取的收益仍然大于损失。尽管我国还没有开展类似的研究，但我们可以合理预期，鉴于我国拥有数量庞大的吸烟者和相对较低的烟草税率，如果未来对烟草制品进行适当控制，我国同样会在其他行业创造出相应的就业机会。

（五）小结

如上所述，长远来说，烟草行业所创造出的社会价值不但弥补不了因吸烟而带来的经济成本，所产生的社会成本反而超过了该行业的经济利润。未来，我们预测，这一差距将扩大。其一，我国的医疗成本正在逐年增加；其二，我国政府正逐步采取控烟措施，比如增加税率提高卷烟价格，由此必然会造成人均卷烟消费量的下降，将影响到烟草行业的综合收益。综合以上分析，我们认为，无论从公共卫生的角度，还是从综合社会收益成本的角度，抑或是从行业发展的角度，都有必要对烟草所产生的负面影响加以控制，因此出于社会收益最大化的要求，有必要对烟草专卖制加以改革，减少烟草专卖体制带来的社会成本，强化对烟草健康风险的监管。

二 烟草专卖体制对中国烟草控制的影响

吸烟是导致成年人死亡和残疾的最大可预防性死因，自20世纪50年代以来，全球范围内已有大量流行病学研究证实吸烟与被动吸烟是导致包括癌症、心脏病和呼吸系统疾病等各种疾病的危险因素。我国目前有约3.5亿吸烟者，大约还有5.4亿非吸烟者在遭受二手烟暴露的危害，每年大约有超过100万人死于和吸烟相关的疾病。为此，我国各级地方政府、各个政府部门应积极履行《烟草控制框架公约》的要求，结合本地区、本部门的实际情况来推行烟草控制政策。

（一）国家烟草专卖局在《烟草控制框架公约》谈判及履约中的总体作用

在1996年5月举行的第44届世界卫生大会上，通过了关于《国际烟草控制框架公约》的WHA49.17号决议，要求总干事开始制定一项烟草控制框架公约。1998年，新当选的世界卫生组织总干事布伦特兰博士把制定《烟草控制框架协议》作为任期内的首要工作目标。自1999年5月举行的第52届世界卫生大会始，开始着手制定烟草控制框架协议及相关议定书，并决定成立一个由所有成员国参加的政府间谈判机构和框架协议工作组。在经历了六次政府间谈判机构会议后，在 2003 年 5 月 21 日举行的第 56 届世界卫生大会上，一致通过了《烟草控制框架公约》。这是世界卫生组织使用组织法第 19 条所赋予的权力制定出的第一个全球性公约，也是针对烟草行业的第一个世界范围的多边协议。公约明确提出了限制烟草供应、限制烟草需求的一系列烟草控制措施，提供了一个由各缔约方在国家、区域及全球实施烟草控制的框架。2005 年 10 月 11 日，中国政府向联合国交存了我国加入世界卫生组织《烟草控制框架公约》的批准书。

（二）烟草专卖部门主导的烟草包装健康警示要求

烟草制品是中国社会生活中客观存在的一种重要消费品，烟草制品会给人体健康造成危害后果，而烟草制品的风险信息，并不一定为每位消费者所知晓。如果没有相应的行政规制，烟草企业本身只会将烟草包装视为烟草市场促销的最好方式，而不会有在包装上主动披露健康警示信息的激励。根据消费者权益保护法[①]第 8 条、第 18 条的规定，消费者享有知悉其购买、使用的商品或者接受的服务的真实情况的权利。对可能危及人身、财产安全的商品和服务，经营者应当向消费者做出真实的说明和明确的警示。《烟草控制框架公约》第 11 条题为"烟草制品的包装和标签"，对烟草警示信息做了详细的规定。

国家烟草专卖局在参加公约谈判及履行公约过程中，提出使用"科学、合理、易于大众接受的警语""争取警语底色与包装色统一协调"。[②] 国家烟草专卖局和国家质量监督检验检疫总局于 2007 年 11 月联合发布了《中华人民共和国境内卷烟包装标识的规定》（以下简称《规定》）[③]，国家烟草专卖局办公室又于 2008 年 4 月印发了《关于境内卷烟包装标识规定中有关条文解释和审核要求的通知》。这些规定在健康警示的位置、尺寸、图像使用、颜色、轮换使用、成分与释放物信息

---

① 中华人民共和国第八届全国人民代表大会常务委员会第四次会议于 1993 年 10 月 31 日通过，自 1994 年 1 月 1 日起施行。

② 周瑞增、程永照主编：《WHO〈烟草控制框架公约〉对案及对中国烟草影响对策研究》，经济科学出版社 2006 年版，第 228 页。

③ 国家烟草专卖局、国家质量监督检验检疫总局，国烟科〔2007〕511 号，2007 年 11 月发布。

等方面,都与公约存在差距。① 这体现在以下几个方面(见表7-8)。

表7-8 我国境内卷烟包装标识规定与《烟草控制框架公约》第11条要求的比较

	公约和实施准则要求	新包装	中国实施《规定》之后的新烟盒包装
位置	正面、背面,应在烟盒包装的上部	√	下部
面积	尽量保证占可见部分的50%及以上	×	30%的面积,仅画线范围
警语	应是大而明确、醒目和清晰	×	字体太小,既不醒目,又不清晰
图像使用	采用图片或象形图	×	不采用图像
颜色	文字背景使用对比色	×	底色可采用商标的底色
轮换	健康警示的图像部分应轮换+显现多种健康警示与信息	×	同义轮换,没有规定轮换的时间
信息内容	具体、明确揭示的烟草危害	×	信息内容笼统、不具体,没有列出具体的疾病和危害
语言	主要语言(当地主要语言)	×	一面是英文,英文非中国主要语言
成分与释放物的信息	不应在包装和标签上做出关于烟草成分和释放物的定量或定性说明,暗示某一种品牌比其他品牌更少危害	×	注焦油量、烟气烟碱量及烟气一氧化碳量等烟气成分和释放物的信息

第一,就警示语位置而言,《烟草控制框架公约》第11条(1)(b)(iii)款要求警示信息应是"大而明确、醒目和清晰的",因此《烟草控制框架公约》第11条实施准则提出应将健康警示信息置于烟盒包装的主要可见部分,尤其是可见部分的上端,而我国《规定》第6条则规定"盒包装健康警语应位于其所在面下部,条包装健康警语应位于其所在面右侧"。

第二,就警示语面积而言,《烟草控制框架公约》第11条(1)(b)(iv)款要求烟草警示信息宜占据主要可见部分50%或以上,但不应少于30%。而我国《规定》第5条仅要求警语面占据主要可见部分

---

① 中国疾病预防控制中心控烟办公室:《2009年中国控制吸烟报告——图形警示揭露烟害真相》,第9—10页,http://www.chinacdc.cn/jkzt/jkcj/sthd_3844/slhd_4156,2009年5月。

30%即可,同时规定"正面使用中文警语,背面使用对应英文警语"。①

第三,就警示语颜色而言,《烟草控制框架公约》第 11 条实施准则指出警示文字背景应使用对比色,而国家烟草专卖局的《规定》及解释实际上允许了警语区的底色采用原商标的底色,警语的颜色与底色并无显著差异。

第四,《烟草控制框架公约》第 11 条(1)(b)款要求警示信息"应轮换使用"。之所以要求警示语的轮换,是因为随着警示信息的反复出现,其警示作用也随着时间推移而削减,警示语的轮换将有助于让消费者保持对烟草危害的关注。我国《规定》中仅给出了两组警示语,第 1 组为"吸烟有害健康 戒烟可减少对健康的危害",第 2 组为"吸烟有害健康 尽早戒烟有益健康"。这两组警示语语气过于和缓,未能充分说明烟草使用的有害后果;警示语组次过少,不足以满足警示语轮换的需要;两组警示语的表述方式相差不大,这两组近乎同义反复的健康警示语即使轮换出现,也不能实现任何新颖和醒目的效果。

第五,《烟草控制框架公约》第 11 条(1)(b)(v)款规定可以以图片形式给出烟草的健康警示。"一幅图画胜过千言万语",文字与图形合并使用的烟草警示方式,可以图文并茂地、直观地揭示烟草健康风险,可以让文化程度较低的消费者更容易认知烟草风险。但我国至今尚未规定在烟草包装警示中使用图像。但在我国出口的卷烟产品包装上,已按照出口国的要求使用了图片警示。

(三)中国烟草行业的广告、促销和赞助活动

烟草是一种特殊的消费品,世界卫生组织《烟草控制框架公约》在序言部分指出缔约方"严重关注旨在鼓励使用烟草制品的各种形式的广告、促销和赞助的影响"。《烟草控制框架公约》第 13 条题为"烟草广告、促销和赞助",指出各缔约方应广泛禁止所有的烟草广告、促销和赞助,这有助于减少烟草制品的消费。我国广告法第 18 条第 3 款规定"烟草广告中必须标明'吸烟有害健康'",烟草专卖法第 19 条规定"禁止在广播电台、电视台、报刊播放、刊登烟草制品广告。"但我国现行广告法律法规与《烟草控制框架公约》的要求尚有差距,我国

---

① 中国疾病预防控制中心控烟办公室:《2009 年中国控制吸烟报告——图形警示揭露烟害真相》,第 11 页,http://www.chinacdc.cn/jkzt/jkcj/sthd_3844/slhd_4156,2009 年 5 月。

对烟草促销和赞助活动尚无明确的限制，烟草专卖机构往往打法律和政策的擦边球，利用各种显性或隐性的形式，来进行烟草广告、促销和赞助活动。这主要体现在如下几个方面：

第一，在主流媒体上发布变相广告。根据《烟草控制框架公约》和我国法律的要求，禁止在电视、广播等媒体上发布广告。某些烟草企业即以宣传企业形象为名来发布变相广告，例如江苏一品梅的形象广告画面突出了烟草注册商标"一品梅"形象，而"境由心生自在娇子"则为娇子香烟广告宣传语，因此这几则在央视发布的所谓企业形象广告于 2005 年 2 月被工商部门叫停。又如，中央电视台第 10 套节目最叫座的栏目《探索·发现》，曾在开头与结尾都打出"本栏目由红河烟草集团有限公司赞助"字样。根据世界卫生组织发布的《烟草广告、促销和赞助实施准则》的解释，烟草公司本身的宣传或推广，即使没有提及品牌名称或商标，仍构成烟草制品的促销，亦应在被禁止之列。

第二，烟草专卖行政部门鼓励烟草企业以承担社会责任的名义，从事广告、促销和赞助活动。例如，中国烟草总公司于 2010 年 9 月先后向新疆的 42 所中小学、西藏的 40 所中小学捐建"金叶育才图书室"[①]；目前我国以烟草冠名的希望小学超过百所，这些小学不仅以"烟草希望小学"冠名，教学主楼的屋顶上还竖起了"中国烟草"的广告牌，在操场的影壁上题写了"天才出于勤奋，烟草助你成才"和"立志奉献社会，烟草助你成才"之类的题匾。[②]

实际上烟草专卖行政部门所鼓励企业承担的"社会责任"，仍是迂回地实现烟草广告或促销的目的，这种对社会事件或活动的捐助应当被禁止。例如，2009 年 7 月，上海世博会终止了与上海烟草（集团）公司 2 亿元的捐助合同；2009 年 10 月，第十一届全运会组委会退还了九家烟草企业的捐赠资金。[③]

第三，烟草行业还会利用户外广告、互联网广告、资助文化教育活

---

① 《42 所"金叶育才图书室"落户新疆》，http：//www.tobacco.gov.cn/html/19/1904/3012848_n.html，2010 年 9 月 14 日；《40 所"金叶育才图书室"走进雪域高原》，http：//www.tobacco.gov.cn/html/19/1904/3485423_n.html，2010 年 9 月 21 日。
② 《中国新闻》（两会特刊：控烟工作专辑）2010 年 3 月，第 10 页。
③ 刘宝森、吴俊宽：《健康全运十一运组委会退还烟草公司捐赠资金》，http：//sports.163.com/09/1016/21/5LPBAGRN00053OV5.html，2009 年 10 月 16 日。

动、资助影视制作和出版以及通过赠品、打折、特价或返还优惠券等形式，进行烟草广告、促销和赞助。地方烟草专卖部门每每会以烟草行业给地方财政收入所做贡献为筹码，来影响和游说地方政府部门，使得地方政府及同级工商行政管理部门常常对烟草广告、促销和赞助中的违规行为睁一只眼闭一只眼，没能真正将《烟草控制框架公约》第13条的相关规定落到实处。

（四）烟草专卖部门削弱了消费税上调的影响

目前，我国烟草消费税为36%—56%，低于大部分国家烟草税的水平，仍有相当大的上浮空间。《烟草控制框架公约》第6条题为"减少烟草需求的价格和税收措施"，指出"价格和税收措施是减少各阶层人群特别是青少年烟草消费的有效和重要手段"。国际经验表明，增收烟草税是最有效的控烟手段之一，它能通过提高卷烟价格，抑制烟草消费，还可以让利润率低的中小生产企业退出市场。但在我国存在低价烟补贴政策、调整产品分类标准和企业内部消化等，削弱了烟草消费税上调对烟草消费的影响。

1. 低价烟补贴政策

在中国，高档烟的生产有着巨大利润，许多香烟厂商更为偏向生产高档香烟。2001年烟草消费税调整，对四类、五类香烟实行从量和从价计征的复合税制，明显提高了低档烟的生产成本，造成了低档烟市场的供求缺口。国家烟草专卖局从产业利益出发，于2003年5月出台《关于2003年低档卷烟政策性补贴的实施意见》，对低价烟实行定量补贴和定点补贴，具体举措是对满足特定条件的四类、五类卷烟按实际生产量实行补贴，在定量补贴基础上，对列入国家烟草专卖局低档卷烟定点生产企业目录的企业单独给予定点补贴。2002—2005年，国家烟草专卖局先后向财政部申请了10亿元、5亿元、5亿元、4亿元专项资金，对符合条件的低档烟生产企业给予专项补贴。①

2. 调整产品分类标准和企业内部消化

2009年5月，财政部和国家税务总局联合下发了《关于调整烟草

---

① 胡琳琳、孙铭徽：《我国香烟生产消费的特点与增收香烟税》，《中国卫生政策研究》2009年第3期。

产品消费税政策的通知》①，调整了计税价格，提高了消费税税率，并在批发环节加征5%从价税。调整后甲类卷烟的生产环节消费税从价税率由原来的45%调整至56%，乙类卷烟的生产环节消费税从价税率由30%调整至36%，雪茄烟的生产环节消费税从价税率由25%调整至36%。

但《关于调整烟草产品消费税政策的通知》还调整了甲乙类卷烟的分类标准，将70元以下50元以上的品种从甲类降为乙类，使得这部分品种卷烟的税率反而由此前的45%降至36%，这种卷烟分类标准的改变，会导致部分产品税率实际下降，从而削弱提高烟草产品消费税在烟草控制方面的成效。② 同时，国家烟草专卖局还强调要企业通过内部消化的方式来消化因提税给企业增加的成本，要求保持卷烟的零售价格不变。

烟草税对烟草控制的作用，要以增加的税收能反映到价格上、消费者对卷烟价格的敏感性高等为条件。③ 补贴政策、标准调整和企业内部消化等方式，阻碍卷烟的价税联动，降低了烟草税的作用。

三 烟草专卖制度的现实困境和对烟草行业发展的影响

在烟草专卖制度下，我国烟草行业处在完全的国家行政性垄断下，通过制定规则、实施规则来获取高额利润，烟叶的种植和收购调拨、卷烟的生产和运输销售、烟草制品的进出口贸易，都被国家严格管制和计划，使得市场发挥不了应有的作用，消费者利益无法获得保障，造成社会福利损失。

各地的烟草专卖部门更加注重自身经济效益，强调区域内烟草行业的发展，而忽视了其管理职能，造成了烟草市场的区域分割和区域壁垒，这种地方保护主义色彩严重限制了卷烟的充分自由流通，阻碍了全国统一市场的形成。烟草行业习惯于通过行政性垄断获取利润，从而使得产业技术进步滞后，很难形成大的烟草国际品牌，也进一步限制了我国的卷烟制品在国际烟草市场上的竞争能力，使得我国这个世界上最大

---

① 财税〔2009〕84号，2009年5月1日起执行。
② 董伟、白雪：《烟草税上调暗藏机关：提税可能被企业内部消化》，《中国青年报》2009年6月21日。
③ 胡琳琳、孙铭徽：《我国香烟生产消费的特点与增收烟草税》，《中国卫生政策研究》2009年第3期。

的卷烟生产和消费国严重缺乏卷烟制品国际话语权，只能限制在国内发展。同时，这种贸易壁垒也导致了卷烟的大量走私行为，令国家蒙受巨大的税收损失。在这样的国家垄断下，我国的烟草行业缺乏自由竞争的条件，在区域利益保护下，整个烟草市场难以形成垄断竞争格局，而目前存在的是区域利益保护下的垄断竞争或有限市场竞争，所以烟草市场的绩效差，烟草行业整体效益不佳。

国家烟草专卖局宣称要推动烟草行业工商分离、董事会建设、卷烟工业跨省联合重组，以期逐渐解决日益突出的烟草行业内部矛盾。我国烟草专卖行政部门身兼管理、生产、定价等多重职能，结果哪种职能都不能充分发挥作用。我国政府在近期实行的新烟草税政策，在专卖行政部门的定价职能下，虽然增加了国家烟草税收，但没能起到有效的控烟作用，正是在烟草垄断部门的消极或积极抵制下，我国烟控局面仍然面临着巨大困境，举步维艰。

对于我国烟草专卖制曾经发挥的作用，谁都无法否认和忽视，但面对迅速变化的经济社会环境，现有的烟草专卖体制远远跟不上市场发展的脚步，烟草市场结构的扭曲、区域利益保护下的有限市场竞争和无序竞争、市场绩效低下，片面夸大烟草行业所带来的巨大税收收益，忽视烟草制品的负外部性和所导致的更大的社会外部成本，而这些负面影响很大程度上是政府管制不利造成的。

在市场环境、产业环境和制度环境发生变化时，政府应该适时确认这种变化对烟草行业造成的影响，认识到实施正确管制的重要性，进而对该行业制度进行调整。出于对社会成本最大化、履行烟草控制政策和建立可竞争市场的要求，有必要对我国的烟草专卖制度进行改革，建立体现现代产权制度和现代企业制度特征、符合现代商事活动运行规律和公司法律制度要求的烟草企业法人治理结构。

第七节　推动烟草专卖体制的制度变革

一　明确烟草行业体制改革目标

（一）改革烟草专卖体制

目前，国家对烟草专卖品的生产、销售、进出口实行专卖管理，并实行烟草专卖许可证制度。烟叶的种植、收购和调拨，烟草制品的生产、销售，卷烟纸、滤嘴棒、烟用丝束、烟草专用机械的生产和销售，烟草行业的进出口贸易和对外技术合作，都被悉数纳入烟草专卖行政部门的专卖管理之下。烟草专卖法所确立的国家烟草专卖制度，从根本上排除了市场竞争，促成了垄断局面，使得烟草专卖部门借助行政权力影响烟草控制政策的内容，阻碍烟草控制政策的实施。

实践中，尽管烟草企业名义上归属中央，但实际上是各地工商企业分散管理；中国烟草总公司承担国有资产保值增值的责任，但在产权制度安排上没有监督和管理烟草企业国有资产的权力。烟草行业主要依靠行政手段进行统一领导和垂直管理，这使得烟草专卖由国家转变蜕变为"地方专卖"，造成了明显的地区封锁和地方保护现象，也使得烟草行业市场集中度差，规模经济效应较低，烟草行业存在"散、乱、低、差"现象。

在经济学上，存在自然垄断的行业有其合理之处。自然垄断通常是指由于技术等方面因素的制约，由一个或者少数几个企业来经营比更多的企业参与经营能取得更大经济效益的行业所产生的垄断，这多出现于固定投资较大的行业，如铁路、电信等。但烟草行业显然不具有相应的网络特性和网络效应，不具有自然垄断行业的特征。在配套的烟草财税体制改革到位的情况下，烟草专卖制度的改革也不会给国家财政和税收带来大的影响。

中国的烟草专卖制度已经成为经济领域的"思维定式"，目前由烟草专卖部门自身在推进烟草体制的改革，实则改革方向是由目前分散式的地域性垄断迈向"全国一盘棋"式的"全国性"市场垄断，这阻碍了市场的活力，带来了经济福利的减损和对消费者福利的掠夺。

2010年政府工作报告指出，"加快推进垄断性行业改革，……切实放宽市场准入，积极引入竞争机制"。在未来，应通过渐进式的、有过渡期的、有选择放开的方式，逐步改革烟草专卖体制。推行烟草行业的市场化改革，这不仅有助于让市场机制在烟草行业资源配置中发挥决定性的作用，更有助于公正控烟政策的形成和实施。

（二）实现政企分开，切实转换政府职能

我国在长期的计划经济体制下形成了政企合一的体制，政府直接管理经济，直接干预市场主体的微观活动。这往往使得企业成了政府行政机构的附属物，使得企业失去了应有的活力；而政府从事经营性活动，也使得政府更为关注经济利益而非公共利益，无法有效履行公共管理的职能。

烟草行业是典型的行政性垄断行业，具有典型的政企合一特征。行政部门在烟草市场准入、资源配置、生产经营管理、价格制定等方面占有主导地位，烟草企业能依托行政性力量获得许多不当的优势。在目前的烟草行政管理实践中，还存在政府职能的错位以及烟草行业的地区封锁和地方保护等问题。

尽管早在1998年6月24日国务院办公厅印发的《关于印发国家烟草专卖局职能配置、内设机构和人员编制规定的通知》中就指出："国家烟草专卖局应按照社会主义市场经济的要求，加快烟草体制改革，转变政府职能，逐步实现政企分开。"但到目前为止烟草行业的政企分开仍是"只闻楼梯响，不见人下来"。

在未来，政府部门应放宽对烟草行业的直接管理，着力通过规划、规则、标准和产业政策，来对烟草行业进行监督管理。烟草行政管理的重点应是以风险监管理念为基础，基于减少和控制烟草风险进行的社会性监管。应强化政府的烟草行业监督管理职能，由依法设置的专门烟草行业监管机构或由卫生部或者国家食品药品监督管理局的内设部门来依法对烟草健康警示、广告和促销、烟草焦油成分含量等加以监管。

（三）改革烟草企业法人治理结构

作为企业，应当是以营利为目的的经济组织，是具有独立法人地位的实体。在我国，中国烟草总公司和各级烟草公司是具有行政性的公司，作为公与私的集合体，集行政管理职能与经营管理职能于一身，它可以利用行政权力来排除、限制市场竞争，而并非市场经济和现代商事法律制度意义上真正的公司。在管理方式、组织架构和运行机制等方面也很难符合市场经济的要求。

为此，应进一步推动政企分开，推动烟草行业资产管理体制改革。将中国烟草总公司与国家烟草专卖局相剥离，将中国烟草总公司改为由国务院国有资产监督管理委员会管理的中央企业，由国务院国有资产监督管理委员会代表国务院履行出资人职责。尽快把中国烟草总公司所属企业的国有资产依法上划，并由中国烟草总公司把上划后的国有资产逐级下投，形成真正的母子公司体制。

应根据烟草专卖法、公司法、企业国有资产法等法律法规，修订中国烟草总公司章程，明确有关公司决策管理的重大事项，健全完善内部组织管理控制机制。在中国烟草总公司内部建立分工合理、职责明确、运作规范、协调高效的专业委员会，确保形成科学、民主的决策机制，真正构建起"归属清晰、权责明确、保护严格、流转顺畅"的现代产权制度。

二 推进烟草专卖体制改革的阶段性举措

中国共产党第十七届中央委员会第二次全体会议于 2008 年 2 月 27 日通过的《关于深化行政管理体制改革的意见》指出："把不该由政府管理的事项转移出去，把该由政府管理的事项切实管好，从制度上更好地发挥市场在资源配置中的基础性作用。"目前的烟草专卖管理体制已经不能适应社会主义市场经济的需要，不能适应中国烟草行业自身发展的需要。为此，需要按照国家行政管理体制和经济改革的要求，分阶段分步骤地改革烟草专卖制度，逐步打破政企合一的烟草专卖体制。

第一步：改革烟草专卖体制。

2010—2012 年，逐步改革乃至取消烟草专卖体制。加快推进政企分开、政资分开。让政府管理部门与运营企业在产权和经济利益上彻底脱离关系，将中国烟草总公司与国家烟草专卖局相剥离，将中国烟草总公司改为由国务院国有资产监督管理委员会管理的央企，国有资产监督管理部门应当按照政企分开、社会公共管理职能与国有资产出资人职能分开、不干预企业依法自主经营的原则，依法履行出资人职责。

同时，完善烟草公司的内部治理结构；推行烟草行业的市场化改革，鼓励和引导多元化主体进入烟草行业；取消国家烟草专卖局，由工业和信息化部或者国家发展和改革委员会来履行烟草行业管理职能，来制定烟草行业的行业规划、技术标准和产业政策。

第二步：建立依法监管烟草行业的制度框架。

目前，中国的烟草专卖体制实际上是集烟草行政管理和烟草生产经营行业管理职能于一身。在行政性垄断尚未被打破的情况下，中国尚未建立起真正具有现代意义的烟草行业监管制度。因此，应提供相应的法律制度和监管体系，从而夯实中国控烟政策的形成和有效实施的制度基础。

在预计展开的新一轮机构改革中，应秉承控制和削减烟草健康风险的理念，在借鉴国外烟草行业监管经验的基础上，结合我国实际国情，建立符合市场化改革要求的监管体制，按照更具灵活性、更易于快速反应、更注重实际效果的原则组建监管机构；或建立由国务院直属的专司烟草行业监管的中国烟草行业监督管理委员会，或在卫生部或国家食品药品监督管理局内专设国家烟草监督管理局，依法建立履行烟草控制国际公约，对烟草健康警示、广告和促销、烟草焦油成分含量等加以监管的制度框架。

我国目前主要是以"三定"方案的方式，来进行各种形式的机构设立、撤销或者变更工作，实践中常有机构和法律相脱节、监管机构的职能职责缺少法律保障的状况。① 为此，应在建立烟草行业监管机构和监管框架的同时，尽量同步开展法律、行政法规的制定、修改和废止工作。及时废止烟草专卖法，尽快制定烟草行业监督管理法，以法律形式设定烟草监管机构的法律地位，规定烟草监管机构的监管职责、监管手段和监管程序。在烟草行业监督管理法暂时不能出台的情况下，作为权宜之计，可考虑由国务院先行制定烟草行业监督管理条例，以行政法规的形式授权监管机构展开烟草行业监管工作。

第三步：逐步制定、修改和完善与世界卫生组织《烟草控制框架公约》相一致的履约机制和政策法规。

我国十届全国人大常委会十七次会议于 2005 年 8 月 27 日批准了《烟草控制框架公约》，该公约作为我国行政法的法源，具有低于宪法而高于一般国内法律的地位。《烟草控制框架公约》指出，各缔约方应防止烟草控制政策受烟草行业的商业和其他既得利益的影响。而目前由工业和信息化部作为分管国家烟草专卖局的部门来负责履约机制，其难免受到烟草行业利益的影响。为此，根据公约要求，应调整《烟草控制框架公约》履约的领导机制，目前可改由卫生部作为控烟履约的组长单位，让工业和信息化部改为参加单位。在未来成立国家层面的烟草行业监督管理机构后，可令该烟草行业监督管理机构来负责《烟草控制框架公约》的履行。

我国国内法仍有不少内容与《烟草控制框架公约》有较大差距，为此应贯彻《烟草控制框架公约》要求，尽快修订烟草专卖法，并按

---

① 周汉华：《政府监管与行政法》，北京大学出版社 2007 年版，第 104 页。

照公约的要求对我国现有烟草管理法律、法规、规章和规范性文件逐步加以全面清理，特别是对烟草价格、税收、包装、成分披露、广告、促销和赞助方面的政策法规加以及时修订和完善，从而降低烟草使用和被动吸烟，保护人民健康。

第八节 结论

本章的时代背景是中国一方面推行市场经济体制，进行垄断产业改革，另一方面更加关注民生问题，正在努力构建服务型政府，正在深化医药卫生体制改革，着力提高全民健康水平，并已加入世界卫生组织的《烟草控制框架公约》。出于烟草行业改革和烟草控制的双重需要，亟待打破政企合一的烟草专卖体制。

本章对国外烟草行业体制改革进程和烟草行业监管制度进行了整理。出于开放市场和提高竞争力的需要，各国普遍进行了烟草行业的市场化改革，还通过立法的形式来巩固烟草体制改革的成果。各国普遍由专门的监管机构来对烟草广告和促销、烟草警示、烟草制品成分及披露等加以严格监管，从而尽可能维护消费者的健康权益。相比较而言，我国目前的烟草专卖体制，并不适应现代公司治理和国有资产管理的要求，其市场化程度很低，并没有发育出可充分竞争的市场，现今的烟草专卖部门也并未能承担起对烟草健康风险加以监管的职责。

本章借助经济学上的烟草理性成瘾理论、产业组织理论（SCP分析）、制度经济学理论，指出目前我国的烟草行业虽然给国家带来还算可观的财政税收收入，但同时带来了更大的社会成本和负外部性，严重影响了公众的健康和生活；指出目前存在的是区域利益保护下的垄断竞争或有限市场竞争，导致烟草市场的绩效较差；在政企合一的烟草专卖体制下，可能会片面夸大烟草行业所带来的巨大税收收益，而忽视烟草制品的负外部性和所导致的更大的社会外部成本，是一种多输（而非多赢）的坏的制度安排。因此，在当前市场环境、产业环境和制度环境发生变化时，应对烟草专卖体制进行改革。

本章从多角度展开了对中国烟草专卖体制的合法性拷问。烟草专卖体制和烟草专卖法是20世纪80年代和90年代初秉承"效率优先，兼顾公平"指导思想下的产物，需要修订烟草专卖法及相关法律法规，打破政企合一的烟草专卖管理体制，构筑起依法公平竞争的烟草市场环境。

本章对我国烟草制品的社会成本与社会收益加以综合评估，认为烟草行业所创造出的社会价值不但弥补不了因吸烟而带来的经济成本，吸烟所产生的社会成本反而超过了该行业的经济利润。在现行政企合一的烟草专卖体制下，烟草专卖部门更关注烟草行业的整体效益，从而提高了烟草制品的社会成本，这也凸显了改革烟草专卖体制的必要性。

本章提出了烟草行业体制改革的目标。应改革烟草专卖体制，通过渐进式的、有过渡期的、有选择放开的方式，逐步改革乃至废止烟草专卖体制，推行烟草行业的市场化改革；应实现政企分开，可取消国家烟草专卖局，政府部门可通过规划、规则、标准和产业政策来管理烟草行业，同时应以风险监管理念为基础，强化基于减少和控制烟草风险展开的社会性监管；应改革烟草企业法人治理结构，将中国烟草总公司改为由国务院国有资产监督管理委员会管理的中央企业，由国务院国有资产监督管理委员会代表国务院履行出资人职责，并形成真正的母子公司体制。

本章提出了烟草行业体制改革的步骤，第一步，应改革烟草专卖体制。2010—2012年，逐步改革乃至取消烟草专卖体制。适时取消国家烟草专卖局，将中国烟草总公司改为由国务院国有资产监督管理委员会管理的中央企业，完成烟草公司的内部治理结构，推行烟草行业的市场化改革，鼓励和引导多元化主体进入烟草行业。

第二步，及时废止烟草专卖法，尽快制定烟草行业监督管理法。建立由国务院直属的专司烟草行业监管的中国烟草行业监督管理委员会，或在卫生部或国家食品药品监督管理局内专设国家烟草监督管理局，依法建立对烟草健康警示、广告和促销、烟草焦油成分含量等加以监管的制度框架。在烟草行业监督管理法出台之前，可考虑由国务院先行制定烟草行业监督管理条例。

第三步，根据世界卫生组织《烟草控制框架公约》的要求，调整《烟草控制框架公约》履约的领导机制。目前，可改由卫生部作为控烟履约的组长单位，让工业和信息化部改为参加单位。根据《烟草控制框架公约》要求，应尽快修订烟草专卖法，对我国现有烟草管理法律、法规、规章和规范性文件逐步加以全面清理。

第八章 中国烟草行业经济和财政效益再评估*

第一节 引言

中国是烟草超级大国，烟草种植、烟草制品生产、烟草消费和吸烟人数均居世界第一。根据中国卫生部的数据，2007年中国主动吸烟者人数高达3.5亿，被动吸烟者人数更是高达5.4亿。吸烟有害健康，进而导致各种直接和非直接的经济损失，造成严重的经济和社会负担。因而，控烟在各国受到高度重视，在国际上也达成了共识。中国一直致力于控烟，特别是在2003年加入世界卫生组织所主导的《烟草控制框架公约》（FCTC）。该公约于2006年正式在国内生效。此后，政府采取了一系列的控烟措施，包括对烟草定价进行控制以及印制健康警告、禁止烟草广告、改进健康教育、公共场所控烟等非价格手段。然而，控烟的实际作用仍然较为有限。一方面，虽然总体吸烟率和人均吸烟量有所下降，但由于人口基数大，总吸烟人数和被动吸烟人数却没有下降；另一方面，由于中国特殊的烟草专卖体制因素，控烟行动效果有所折扣。总体来讲，我国的控烟形势依然非常严峻。

虽然烟草行业存在着巨大的社会成本，但与此同时，烟草的生产和销售可以给企业带来庞大的利润、给政府带来巨额的税收。长期以来，

---

* 本章是中国疾病与预防控制中心（CDC）所委托课题的研究报告，于2013年完成。该研究由中国经济体制改革研究会公共政策研究中心（CRCPP）主任、中国社会科学院工业经济研究所研究员余晖主持。报告执笔者为中国人民大学经济学院副教授、CRCPP高级研究员郑新业博士，中国人民大学经济学院硕士研究生李芳华。

中国媒体称烟草行业为"戒不掉的烟草经济"①，强调烟草行业的高额利润以及所吸纳的大量劳动力是中国禁烟止步不前的根本原因。无独有偶，学术界也有对烟草业持肯定意见的，认为"烟草种植业的发展，对发展国民经济、解决农民劳动就业、增加农民收入、提高农业生产技术水平起到了积极作用"②。世界各国的控烟政策都是平衡上述两个方面后果的产物。如何科学准确地研究、评估烟草行业带来的收益和成本是一个非常重大的课题。在上述背景下，准确评估烟草行业带来的收益和损失具有更重要的意义。一方面，从生产的角度看，经历了30多年的飞速增长，与烟草行业相联系的经济利益和税收规模非常庞大。另一方面，从消费的角度看，烟草的消费又带来巨大的社会成本。如何评估烟草相关的正负效应是影响当前控烟政策的核心内容。

但已有的研究成果并不多见。程郁、张小林（2004）在估算吸烟造成的社会成本的基础上，结合烟草行业所提供的社会经济剩余，综合考察了烟草对整个国民经济的作用。最后得出的结论是烟草行业给中国带来了巨大的经济负担，并且随着时间的推移烟草带来的经济损失还将不断扩大。文章还提到我国许多地方政府没有清醒地认识到烟草行业给社会带来的巨大成本，仅仅为了追求眼前的高额财政收入而积极支持烟草行业的发展，对整个国家未来的发展带来了极大的现实的和潜在的危害。

李玲等（2008）分析了我国吸烟的相关流行病学调查及卫生统计数据，对我国居民的整体及特定人群吸烟现状进行了汇总分析，并计算和分析了吸烟相关疾病造成的疾病负担状况。得出的结论是，过去20年我国的总体吸烟率略有下降，但青少年的平均吸烟年龄提前，吸烟率显著上升；2005年吸烟导致140万人死亡，直接经济损失为1665.60亿元人民币，间接损失为861.11亿—1205.01亿元人民币，总经济损失近3000亿元人民币，约相当于当年GDP的1.5%。

以上两个研究有一个致命的缺陷，那就是忽略了烟草行业的机会成本。程郁、张小林将烟草的社会成本分为三类，包括吸烟产生的医疗成

---

① http://news.163.com/special/00012Q9L/tobaccoindustry.html.
② 车科：《烟草种植业对中国国民经济及农业的贡献》，http://www.tobacco.org.cn/news/yczzy.htm，2003年8月27日。

本、吸烟造成的社会生产力损失和吸烟的外部性成本。而李玲等将吸烟的社会成本分为吸烟的直接成本和间接成本两类。但是他们都没有考虑烟草行业成本中的机会成本。机会成本是指为了得到某种东西而要放弃的另一些东西的最大价值。例如，农民在获得更多土地时，如果选择养猪就不能选择养鸡，养猪的机会成本就是放弃养鸡的收益。在这里，社会面临的选择不是种植烟叶或者闲置土地，而是种植烟叶或者种植其他作物例如粮食作物（这里排除了存在一种只适合种植烟叶的土壤的可能性，因为即使是再适合种植烟叶的土壤我们相信还是可以种植一些对土壤条件要求类似的农作物）。前述两个研究在计算烟草行业的社会成本时没有考虑烟草种植的机会成本，从而低估了成本。

另一方面，现有研究往往将烟草行业对财政的贡献和对经济的贡献混为一谈。实际上，从我们的研究结果来看，在涵盖烟草行业的机会成本后，全国烟草行业的经济利润平均为负；换言之，不论是烟农、烟草工人，还是整个宏观经济，对烟草行业的依赖性并没有现有研究所估算的那么大，但是我国的财政，特别是某些地方的财政对烟草行业的依赖性较大。在禁烟问题上，真正的阻力来源于某些地方政府，而不是烟农以及烟草工人。

胡德伟等在其研究报告和书中对比了烟草种植与其他农产品的收益—成本比，提出烟草并不是最经济的作物，这与我们研究的某些部分异曲同工。但是其报告的核心部分，即探讨专项税种烟草税对烟草行业的影响，却忽略了地区差异。这也是本章将要着重强调的地方。

总而言之，本章主要提出以下两个观点：

第一，对烟草种植者以及整个宏观经济而言，烟草行业的全国平均经济利润为负，且烟草制造业为高度资本密集型行业，如果其资本可以无损失地转入其他同类行业例如农副食品加工业，则可多吸纳近九倍的劳动力。

第二，中央财政对烟草行业的依赖性很大，烟草行业中央税收占中央税总额的 8.32%；就全国平均而言，地方财政对烟草行业的依赖性较小，但是由于烟草行业的地域集中性，导致某些地区例如云南、湖南、贵州等地方财政对烟草行业的依赖性极高。

本章的以下内容将首先介绍中国烟草行业概况，而后分别从以上两个观点展开论述，最后给出结论。

第二节 中国烟草行业概况

此部分介绍了中国烟草种植的历史、趋势及其全国分布情况，总而言之有三个特点：种植面积大、近年来逐渐减少、地区分布较为集中。

一 中国是世界最大的烟草制造国，但 1997 年后中国烟草的种植面积逐渐下降

我国目前是世界上最大的烟草制造国，产量约占全球总量的 1/3。我国种植的烟草类型较多，主要有烤烟、白肋烟、晒烟和香料烟，其中烤烟产量最大，产量占到烟叶总产量 90% 以上。1970 年，我国烟叶种植面积为 387 千公顷，占当年农作物播种总面积的 0.27%，产量为 49.5 万吨，单产为 1279 千克每公顷。此后近 30 年，我国每年烟叶种植面积波动较大，但总体呈现增长趋势。1997 年我国烟草种植面积达到历史最大值，为 2352.7 千公顷，此后烟草种植面积大幅减少。到 2008 年，我国烟叶种植面积为 1326 千公顷。近 40 年，我国烟叶种植面积增加 939 千公顷，增长了 2.43 倍；种植面积占当年农作物播种总面积的比例也提高到了 0.85%，增加了 0.58%；产量为 283.8 万吨，增加了 234.3 万吨，增长 4.73 倍；单产为 2140 千克每公顷，增加了 814 千克每公顷，增幅为 61.4%。参见图 8-1。

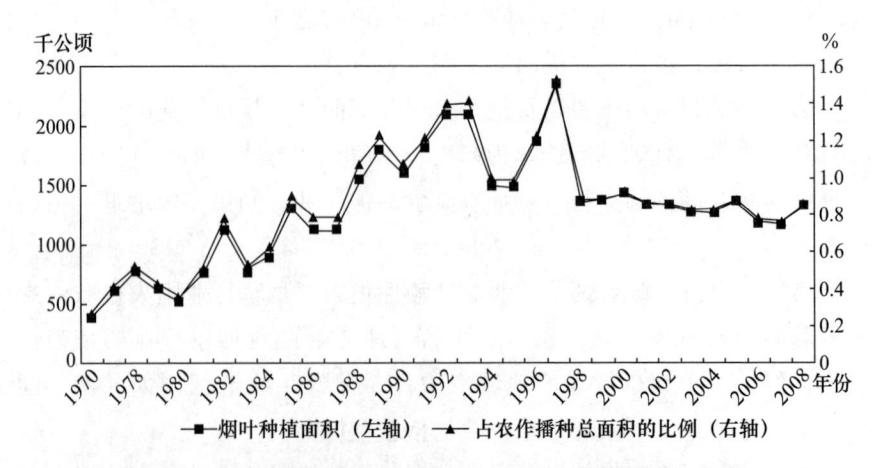

图 8-1 我国历年烟草种植面积和占比（1970—2008 年）

资料来源：《新中国农业 60 年统计资料》，中国农业出版社 2009 年版。

二 中国的烟草种植较为集中

我国烟叶种植目前划分成 5 个一级烟草种植区和 26 个二级烟草种植区。5 个一级区分别是：西南烟草种植区、东南烟草种植区、长江中上游烟草种植区、黄淮烟草种植区和北方烟草种植区。

根据全国 31 个省份（不包括香港、澳门和台湾）2006 年烤烟种植和产量数据，可以看出各地区种植面积和产量差异很大，烟叶种植面积排名前 5 的是云南、贵州、福建、湖南和四川，分别种植 315.4、90.1、60.9、52.1 和 35.7 千公顷，五省份共占全国烟草种植面积的 53.87%[1]，而北京、天津、上海、海南和西藏则几乎没有种植烟草。我国烟草生产优势区[2]主要分布在云南、贵州、四川、湖南、福建、山东、河南、湖北、重庆 9 个省份的 25 个市（地、州）215 个县（市、区），烤烟种植面积 652.1 千公顷，收购量 129.13 万吨，分别占全国的 63.39% 和 63.14%（见表 8-1）。具体包括云南省曲靖市、玉溪市、昆明市、大理州、楚雄州、红河州、保山市、文山州，贵州省毕节地区和遵义市，四川省凉山州，湖南省郴州市、永州市和湘西地区，福建省三明市、龙岩市和南平市，湖北省恩施州，河南省洛阳市和豫中地区，山东省临沂市，重庆市武隆县和彭水县。[3]

表 8-1　　　　　　　　2006 年烟叶生产优势区生产现状

产区	种植面积（千公顷）	收购量（万吨）
云南	315.4	65.43
贵州	90.1	17.10
四川	35.7	8.00
湖南	52.1	9.10
湖北	26.7	4.50
福建	60.9	12.30

---

[1] 以上数据来源于《中国烟草种植区划》，科学出版社 2010 年版，此数据与《中国农村统计年鉴》的烟叶种植面积数据并不完全相符，本章以《中国烟草种植区划》为主。

[2] 按照《中国烟草种植区划》里对生产优势区的定义，生产优势区满足以下几个条件：(1) 资源条件好；(2) 烟叶质量上乘；(3) 烟叶特色鲜明；(4) 生产规模大；(5) 产业化基础强；(6) 环境质量佳。

[3] 引自《中国烟草种植区划》，科学出版社 2010 年版，第 53 页。

续表

产区	种植面积（千公顷）	收购量（万吨）
河南	41.3	7.70
山东	16.0	2.70
重庆	13.9	2.30
合计	652.1	129.13

资料来源：王彦亭、谢剑平、李志宏主编：《中国烟草种植区划》，科学出版社 2010 年版。

即使在各个省份内部，烤烟种植分布也是不均衡的。以云南为例，种植面积最大的曲靖为 86.67 千公顷，占全省烤烟种植面积的 22.4%，而西双版纳、德宏、怒江、迪庆等地区种植面积接近零。但是总的来说全省的种植主要集中在曲靖、玉溪、昆明、红河、楚雄以及大理几个地区。与之相对应，与种植面积的数量分布保持一致，各地区的产量也不均衡。曲靖的产量居全省第一，为 19.17899 万吨，占全省总产量的 22.8%（见图 8-2）。

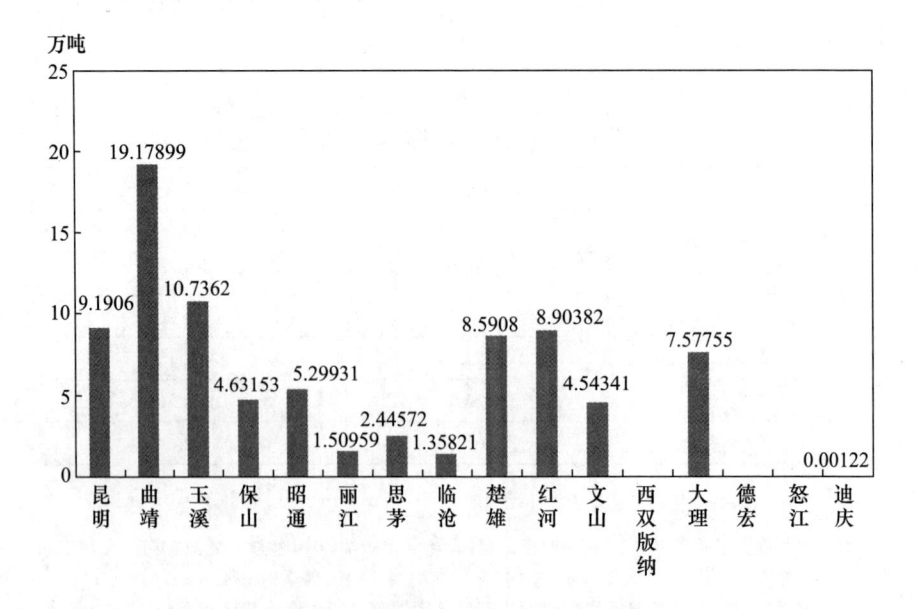

图 8-2　2008 年云南省各地区烤烟产量

资料来源：《云南统计年鉴 2009》，中国统计出版社 2009 年版。

第三节 烟草行业对经济的影响

正如引言中所述,在现有的对烟草行业利润的研究中,所采用的均为会计成本,而非经济学中的机会成本,这就导致了对其经济利润的不恰当估计。因此,我们估算烟草行业各个组成部分(烟草种植、烟草工业)的机会成本,以期得到烟草行业经济利润的正确估计。

一 全国平均烤烟经济利润为负

在经济学中,机会成本是指为了得到某种东西而所要放弃的另一些东西的最大价值。

在烟草种植这个具体的例子中,农民在一块面积固定的土地上,可以种植各种农作物,但是一旦选择种植某一种农作物(例如烟草),就要放弃其他的可能,那么所放弃的其他所有作物中可获得的利润最大的一种农作物的利润,就是实际所种植作物(烟草)的机会成本。换言之,社会面临的选择不是种植烟叶或者闲置土地,而是种植烟叶或者种植其他作物,例如粮食作物。为了尽可能地排除土壤的特殊性或者农作物的适应性,我们收集部分省份主要农作物净利润的横截面数据,以每个省份有数据的可普遍种植的农作物中最大净利润值,作为该省份种植烟草的机会成本,如表8-2所示。

表8-2 2008年部分省份烟草种植的机会成本及经济利润 单位:元/亩

省份	烤烟	中籼稻	晚籼稻	粳稻	大豆	花生	油菜籽	甜菜	机会成本	经济利润
吉林	741.1			224.4	226				226	515.1
甘肃	679.7						355.9		355.9	323.8
江西	489.9		234.8				129.3		234.8	255.1
黑龙江	558.5				137.8	153.6		304.9	304.9	253.6
湖南	404.9	286.4	246.4						286.4	118.5
辽宁	313.2			223.8	201.4	141.8			223.8	89.4
河南	490.9	465.4		185.7	224.9	163.1	390.1		465.4	25.5

续表

省份	烤烟	中籼稻	晚籼稻	粳稻	大豆	花生	油菜籽	甜菜	机会成本	经济利润
贵州	180.4	154.9					84.8		154.9	25.5
云南	343.3	352		271.3			302.1		352	-8.7
山东	355.3			284.3	369.8	192.4			369.8	-14.5
全国平均	319.2	339.5	210.4	221.4	178.5	256.4	308.5	363.2	363.2	-44
四川	476.6	428.8				451.9	540.3		540.3	-63.7
内蒙古	327.6			291.2	129.7		93.8	428.1	428.1	-100.5
湖北	275.2	396.3	187.8	291.9			288.6		396.3	-121.1
陕西	139.2	294.7			160.6		82.6		294.7	-155.5
广西	240.3		174.8			420.9			420.9	-180.6
重庆	30	220			144.3	224.2	186		224.2	-194.2
安徽	69.4	331.4	216	93.6	247	265.3	404.1		404.1	-334.7
福建	201.7	274.5	196.8			601.6			601.6	-399.9
广东	-5.2		160.6			463.2			463.2	-468.4

资料来源：《全国农产品成本收益资料汇编2009》，中国统计出版社2009年版。

从表 8-2 中的数据我们可以明显看出，对某些省份而言，如吉林、甘肃、江西等，烟草种植的经济利润远远高于其机会成本，烟草种植的经济利润为正。换言之，在目前的种植技术、土地条件以及其他因素下，烟草种植的确是这些地方最经济的选择。但是对更多的省市而言，烟草种植的机会成本是远远超过烟草利润的。以烟草种植大省云南为例，2008年中籼稻单亩净利润352元，比烤烟单亩利润高8.7元，如果不考虑政府补贴以及中籼稻市场价格由于产量增加而导致的变动，那么云南的烟农如果全部转向中籼稻种植，将会获得更高的收入。特别是在广东省，烤烟种植的会计利润已经是负值，远远低于该地区花生种植利润（463.2元/亩）。对这些烟草种植的经济利润为负的地区而言，减少甚至完全终止烟草种植，将使得农民获得更大的利益。

胡德伟、石坚等2004年在云南进行的一项调研从另一个方面佐证了我们上面从统计数据得到的结论。他们调查了上千个农户，得到的结论是：在云南，种植烟叶与种植其他各种作物相比较，其每亩的收益—成本比最低，为0.99；最高者是蚕桑，为4.00；其次是水果，为2.00；然后是油菜籽,为1.70;大米与小麦为1.00。大约93%的烟农会选择种其他作物,主要是玉米、土豆和棉花。为了实现转种,他们最希望能获得的帮助是良好的种子和畅通的市场销售渠道。①

二 烟草工业

2008年,全国共有156个规模以上烟草制造企业(规模以上企业是指年主营业务收入在500万以上的企业),资产总计为4428.50亿元,当年工业总产值为4488.87亿元,利润总额712.99亿元,全部从业人员年平均人数19.77万人。烟草企业工业总产值占全国工业总值比重为3.47%。具体到各省份,烟草工业总产值排名前五的是云南、湖南、上海、江苏和山东,其中云南省烟草工业总产值为853.89亿元,占全国烟草工业总产值的19.02%。可见,烟草工业的地域集中性也非常明显。

同样按照机会成本的定义,对于整个宏观经济而言,烟草制品业的机会成本是相同资产下其他行业的最大总产值;而对于资本所有者而言,烟草制造业的机会成本是相同资产下其他行业的最大净利润。如表8-3所示,2008年,与一般农副食品加工业、食品制造业和纺织业(包括规模以上企业和规模以下企业)相比,烟草制品业的工业总产值与资产总比重非常低,仅为1.01,远低于最高的农副食品加工业2.04。换言之,如果将投入烟草制品业的资本投入表中另外三个行业(我们假定理想状态下,资本转化无成本),工业总产值会提高很多,且营业利润不会有太大变化。我们假定烟草制品业可以无成本地转化成农副食品加工业,即将烟草制品业的总资产4433.01亿元全部投入农副食品加工业,则工业总产值会从4491.97亿元提高到9043.34亿元。换言之,保持总资产量不变,对整个宏观经济而言,烟草制造业的机会成本高达9043.34亿元,烟草制造业的经济利润为-4610.33亿元。但是对资本所有者而言,烟草制造业的机会成本为相同资产投入农副食品加工业所能获得的利润,即576.29亿元,烟草制造业的资本所有者获得的经济利润达120.07亿元。

总而言之,对整个宏观经济而言,限制甚至取缔烟草制造工业,同

---

① 胡德伟、石坚等:《中国的烟草税收及其潜在的经济影响》,布隆伯格慈善基金会与比尔和梅琳达·盖茨基金会降低烟草使用系列报告,2008年。

时使其资本转向其他制造业，我国将会获得更大的工业总产值；但是对烟草制造工业的资本所有者而言，烟草专卖体制使其获得了高于其他行业的高额经济利润。

表 8–3　2008 年烟草制造业与其他行业主要经济指标比较

行业	工业总产值（亿元）	资产总计（亿元）	营业利润（亿元）	全部从业人员年平均人数（万人）	工业总产值资产比	营业利润资产比	资本劳动比（万元/人）
烟草制品业	4491.97	4433.01	696.36	20.01	1.01	0.16	221.6
农副食品加工业	26010.28	12753.20	1721.67	461.30	2.04	0.13	27.6
食品制造业	8466.26	6059.49	645.09	219.07	1.40	0.11	27.7
纺织业	23417.72	17278.34	1164.81	825.01	1.36	0.07	20.9

资料来源：《中国经济普查年鉴2008》，中国统计出版社2010年版。

一直以来普遍认为的"烟草工业可以吸纳大量劳动力，解决就业问题"这一说法更是极大地高估了烟草制造业对就业的贡献程度。从表8–3中的最后一列，我们可以明显看出烟草制造业是一个资本密集型产业，2008年从业人员仅为20.1万；另外，从事烟草制品批发行业的从业人员有33.4万，从事烟草制品零售行业的从业人员有3.7万，整个烟草行业对就业的贡献只有57.2万。[①] 与同类行业相比，烟草制品业的资本劳动比大约是其他三个行业的10倍，如果将这些资本投入其他三个行业，带来的就业将是200万人。而且，从事烟草制品批发行业和零售行业的就业人员也可以从事其他农副产品或商品的批发和零售。这说明，烟草行业为社会带来的就业岗位完全可以由其他行业弥补，将烟草制品业的资本投入纺织业、农产品加工业等产业甚至会扩大就业。综合来说，基于切实的数据我们可以证明，以往我们对烟草工业的就业贡献是明显高估了的。

[①] 数据来源于《中国经济普查年鉴2008》，中国统计出版社2010年版。

图 8-3 从另一个角度佐证了上面的观点。图形显示烟草工业占整个社会第二产业从业人员的比例从未超过 0.5%，并且近几年也表现出明显的下降趋势。这就说明从整个社会的角度来看，烟草行业的就业人数不但绝对值较少，其相对比也仅占较小的份额。

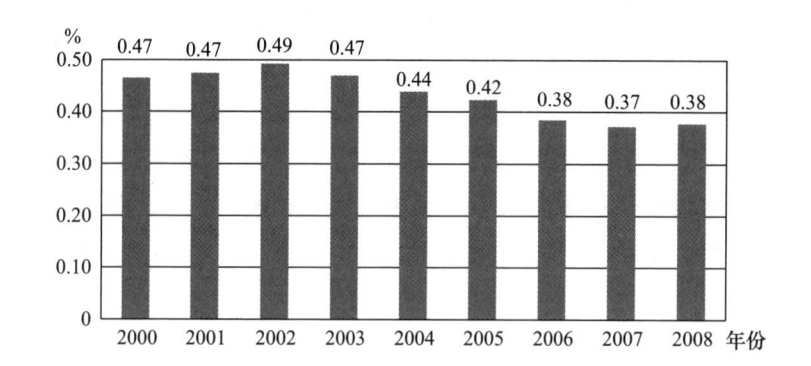

图 8-3　2000—2008 年烟草工业就业人数占第二产业从业人员比例

资料来源：《中国经济普查年鉴 2008》，中国统计出版社 2010 年版。

因此，烟草行业对烟草种植者以及整个宏观经济而言，其全国平均经济利润为负；且烟草制造业为高度资本密集型行业，如果其资本可以无损失地转入其他同类行业（例如农副食品加工业），则可吸纳多于原来近九倍的劳动力。但是烟草制造业可以为其资本所有者创造超过同类行业的高额经济利润。此外，吉林、甘肃等八省由于其自然环境非常适宜种植烟草，当地的烟农也获得了极高的经济利润。

第四节　烟草行业对税收的影响

在我国现行税制下，烟草税不是一个单独的税种，而是一个涵盖烟草行业、以烟草为征税对象的税类。分税种而言，除单列出的烟叶税以外，其涉及几乎所有税种，如消费税、增值税、营业税、所得税、城市维护建设税、印花税、房产税、土地增值税等。表 8-4 详细列举了烟草行业所涉及的各个税种的具体情况。但就烟草行业的特殊性而言，相比于同类的其他行业如一般的农副食品加工业，烟草行业额外征收的仅有两种税：一种是烟叶税，我国境内烟叶收购单位为纳税人，针对烟叶的生产环节收税；另一种为烟草消费税，根据烟草种类不同，税率各不相同。

表8-4　　　　　　　　中国的烟草税结构（截至2009年）

税种、税基	税率	受益者
烟叶税（我国境内烟叶收购单位为纳税人，针对烟叶的生产环节收税）	20%	地方政府100%
（1）从量消费税	0.60元/条	中央政府100%
（2）从价消费税		
价格≥50元/条	56%	
价格<50元/条	36%	中央政府100%
批发环节	5%	
卷烟增值税（对卷烟生产厂征收）	17%	中央政府75% 地方政府25%
企业所得税	25%	中央政府60% 地方政府40%
营业税	5%	地方政府100%
城市维护建设税	市区7%，县城和镇5%，乡村1%	地方政府100%
印花税	0.3‰—1‰	地方政府100%
土地增值税	30%—60%	地方政府100%

资料来源：笔者整理。

2008年卷烟税收入上升为3281.33亿元，最主要的构成依然是国内消费税（49.35%）、国内增值税（25.19%）和内资企业所得税（17.10%）。可见，卷烟税主要由以上三个税种构成。我们以2008年卷烟税收入的税种构成为例，做出图8-4。显而易见，国内消费税大约占据了卷烟税收入的一半，其次是国内增值税、内资企业所得税以及城市维护建设税。

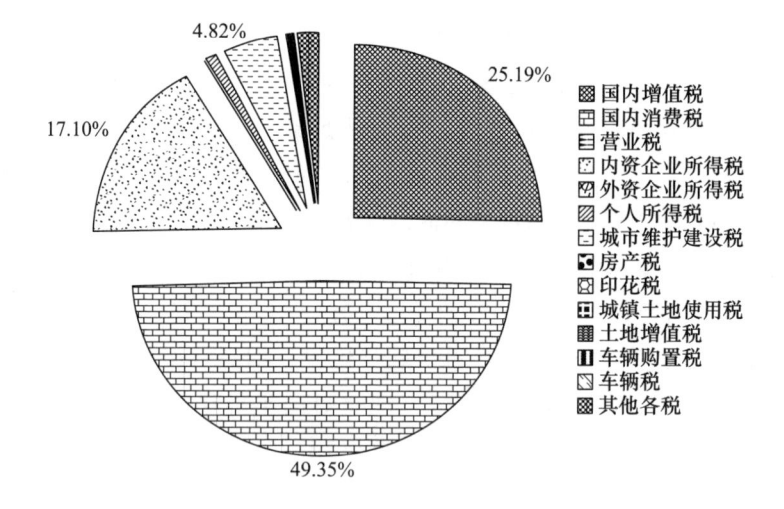

图 8-4 2008 年卷烟税收入的税种结构

就烟草行业对全国财政收入的重要性而言，烟叶税本身在税收收入中所占比重很小。2007 年我国烟叶税收入为 474986 万元，仅占税收收入的 0.096%；2008 年该项税收收入增长为 672395 万元，占当年税收收入的 0.116%。同时，烟草行业的整体纳税总额占税收收入的比重未超过 6%，2007 年和 2008 年烟草行业的整体纳税总额占比分别为 5.55% 和 5.67%。分税种来看，2007 年和 2008 年烟草行业所纳国内消费税占国内消费税收入的 60.77% 和 63.05%，是国内消费税收入的主要来源；分产业看，烟草制品业的税收收入占第二产业税收收入的比重分别为 8.15% 和 8.25%，远高于烟草企业工业总产值占全国工业总值比重；烟草制品批发业的税收收入占第三产业税收收入的比重分别为 2.55% 和 2.78%。[①] 可见，由烟草行业所带来的税收收入正呈现出不断增加的趋势，且其纳税率高于其他同类行业。

下面我们将具体分析烟草行业对中国财政影响的两个显著特点。

一 中央财政对烟草行业的依赖性大

中央财政对烟草行业的依赖源于烟草税的设置、中国的分税制结构以及烟草行业本身的高额利润。

---

① 《中国税务年鉴 2008》，中国税务出版社 2008 年版；《中国税务年鉴 2009》，中国税务出版社 2009 年版。

可以说，烟草行业各个环节都是"税源"，从烟叶的种植、卷烟的生产、香烟的批发和零售，烟草都为中央财政贡献着可观的税收。从表8-4的中国烟草税制设置我们可以清楚地看出，对卷烟生产环节征收的增值税有75%为中央政府占有，而在香烟的批发零售环节所征收的消费税更是中央政府的重要财源。从消费税的发展历程来看，中央对香烟所征收的税率节节攀升。1994年，中国对税制进行了改革，烟草首次被纳入消费税之中。2001年，经过进一步调整后，中央政府对消费税的征收又进一步细化为从量税和从价税，即对每箱卷烟（5000支）征收固定数量的消费税（150元），同时对两类价格不同的卷烟分别征45%和30%的税。2009年5月，财政部和国家税务总局又对烟草产品消费税政策进行了调整，不仅把从价税税率分别提高到56%和36%，还在卷烟的批发环节加征税率为批发价的5%的从价税。

与此同时，烟草行业本身的利润率很高，从表8-3我们可以看出，烟草制造业的利润—资产比远高于同类行业（农副食品加工、食品制造业等）。烟草消费本身的特殊性也导致其消费量比其他食品更为稳定，且近年来吸烟的人数一直没有减少，甚至女性烟民的数量在近几年还持续增加，这一切都为烟草行业的高税收提供了另一层保障。

表8-5为烟草制造业、烟草批发零售业与同类的农副食品加工、食品制造业的税率比较表。

从上表的数据对比中，我们可以得到以下两个结论：

（1）中央财政对烟草行业的依赖性非常大。正如前文所述，烟草制造业这样一个占第二产业比重仅有2.43%、占全国GDP不足1%的行业，中央从中所得的税收却占其全部财政收入的6.55%，占中央税收总额的比重更是高达6.91%。如果结合烟草批发零售业，2008年烟草中央税收总额高达2577.16亿元，占全部中央税收总额的8.32%，占中央预算内财政收入的7.89%，远远高于同类行业如农副食品加工、食品饮料制造业等。即使排除烟草消费税这一特殊的税种，其余烟草中央税也占中央税收总额的3.09%，依旧远远高于同类行业。这说明烟草行业本身的利润率就很高。

（2）烟草行业的总税负非常高。我们以各行业纳税总额与其总产值的比作为该行业的总税负。可以看出制造业的平均税负仅有4.53%，农副食品加工业仅为0.84%，而烟草制造业则高达56.27%，烟草批发零售业的税率也达到 8.27%。烟草行业平均税负为 24.12%，远高于制造业的平均水平。

表 8-5　烟草行业与同类行业的中央税、税率情况

行业	中央税（亿元）	中央税占中央税收总额比重（%）	中央税占中央财政收入比重（%）	中央税+地方税（亿元）	工业总产值（第三产业增加值）（亿元）	总税率（%）
制造业	15742.48	50.83	48.17	21509.69	113445.36	4.53
烟草制品业	2139.99	6.91	6.55	2527.47	4491.97	56.27
农副食品加工业	133.67	0.43	0.41	219.51	8466.26	0.84
食品制造业	206.85	0.67	0.63	324.21	6824.13	3.83
饮料制造业	320.33	1.03	0.98	415.75	4491.97	6.09
纺织业	338.17	1.09	1.03	528.44	23417.72	2.26
烟草批发零售	437.18	1.41	1.34	753.86	9112.36	8.27
烟草制造业+烟草批发零售	2577.16	8.32	7.89	3281.33	13604.33	24.12

注：此表中的原始税收数据来源于《中国税务年鉴 2009》，其中各行业的中央税是由笔者计算的，计算公式为：中央税＝国家税务局缴纳的税收总和－增值税×25%－企业所得税×40%＋地方税务局缴纳的企业所得税×40%。这里忽略了印花税的中央地方分成，由于印花税收额较小，忽略不计。中央税收总额、中央财政收入总额数据来源于《中国统计年鉴 2009》。工业总产值（第三产业增加值）数据来源于《中国经济普查年鉴 2008》。

综合以上两点，我们可以看出，由于烟草行业本身盈利的特殊性和税制结构的特殊性，都导致中央财政对它的强依赖性。

二　某些地区的地方财政对烟草行业的依赖性极大

相比于中央财政，地方财政对烟草行业的依赖性会小很多。实际上，地方财政所获得的烟草税收主要有 25% 的增值税、烟叶税以及 40% 的企业所得税。烟叶税本身很少，在税收收入中所占比重也很低。2007 年我国烟叶税收入为 474986 万元，仅占税收收入的 0.096%；2008 年该项税收收入增长为 672395 万元，也只占当年税收收入的 0.116%。增值税与企业所得税占据地方烟草行业税收的绝大部分。2008 年，烟草制造业的地方税收占全国地方税收总额的 1.67%，占地

方预算内财政收入总和的 1.35%，这与烟草制造业在整个 GDP 中的占比相近；烟草批发零售业的地方税收占全国地方税收总额的 1.36%，占地方预算内财政收入总和的 1.11%。综合烟草行业的各个环节，包括烟草种植、烟草制造以及烟草批发零售，其地方税收占地方税收总额的 3.32%，占地方预算收入的 2.69%；这一水平远远低于中央财政对烟草行业的依赖度。

虽然地方财政从总体上看对烟草行业的依赖度较低，但是烟草行业的地域集中性导致某些地方财政对烟草行业的依赖性极大。

仅就烟叶税一项而言，全国 25 个地区（含计划单列市）有烟叶税收入，分别为河北、山西、内蒙古、辽宁、吉林、黑龙江、浙江、安徽、江西、福建、山东、青岛市、河南、湖北、湖南、广东、广西、重庆、四川、贵州、云南、陕西、甘肃、宁夏和新疆。而 2007 年，烟叶税收入最多的是云南，该税种一项收入就占该省全年税收收入的 2.07%。而在地级市层面，个别省份对烟草行业的依赖性更为明显。云南保山烟叶税收入占其全年税收收入的 14.06%。图 8-5 为云南、贵州、湖南和湖北四个省中对烟叶税依赖性较大的地级市。当然，对某些地区而言，这笔收入非常之少，在 25 个有烟叶种植的省份中，最少的广西钦州，烟叶税仅占其全年财政收入的 0.0014%。

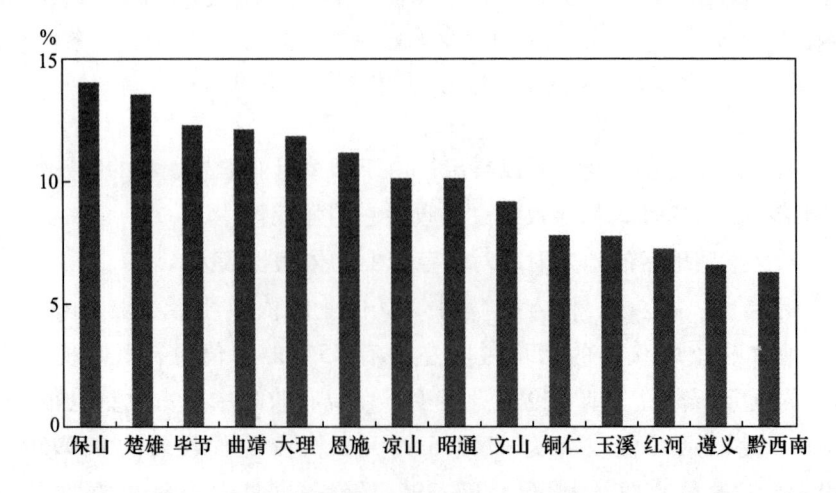

图 8-5 2007 年部分地级市烟叶税收入占税收收入比重的情况

资料来源：《全国地市（县）财政统计资料 2007》，中国财政经济出版社 2007 年版。

《中国税务年鉴》中仅给出了地税局组织税收与国税局组织税收的数据，因此我们无法精确计算出各省份的财政对整个烟草行业的依赖度，仅能计算出依赖度的上下限。我们对全国对烟草行业依赖度最大的10个省份，给出了2008年该省份烟草行业各项税收占全年税收收入的区间范围，下限为该省份地税局组织税收中烟草行业税收占该省全年税收收入的比重（不包括烟草行业的增值税和国税局收缴的营业税），上限为烟草行业地税局组织税收与国税局组织税收的25%之和占该省全年税收收入的比重（包括了25%的烟草消费税）。因此，各省份实际归地方所有的烟草税收占该省全年财政收入的比重在该区间范围之内。

从图8-6中可以看出，依赖度最高的云南的这一数值为14.96%—35.96%，排名第二的贵州财政对烟草行业的依赖度则为7.99%—15.87%。而一般省份的这一数值较小，包括北京在内的十几个省份，烟草行业的总税收占其地方财政收入不到1%。

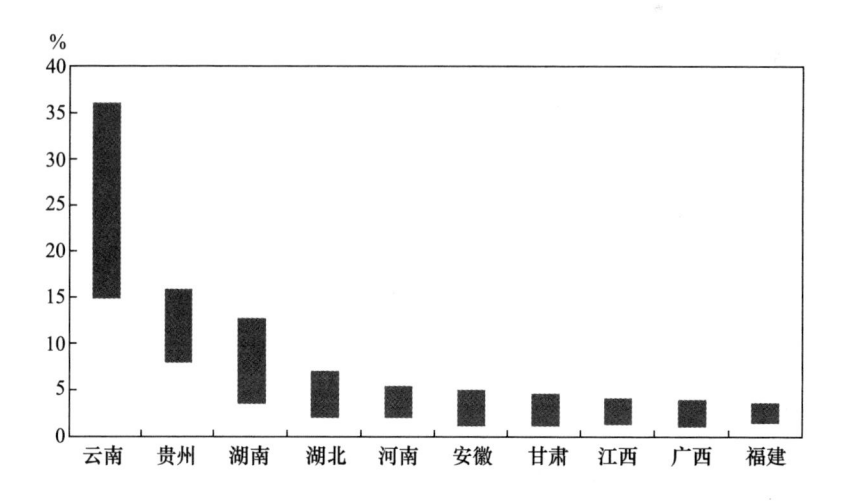

图8-6 2008年地方财政对烟草行业依赖度最高的10个省份

资料来源：依据《中国税务年鉴2009》（中国税务出版社2009年版）的数据计算。

可见，我国财政对烟草行业的依赖度有以下两个特点，首先中央财政比地方财政更为依赖烟草行业的税收；其次，地方财政对烟草行业的依赖并不是一个全国性的普遍问题，而是仅仅在烟草行业集中的几个省份较为严重，诸如云南、贵州、湖南和河南等。

第五节 结 论

综合上述对于烟草种植、烟草工业以及烟草税收的分析结果，我们发现烟草行业的社会收益可以用一句简单的话来概括，即"不利于经济，有利于财政"，换言之控烟的真正阻力不在于烟农、烟草从业人员，而在于烟草行业的资本所有者、中央财政以及某些烟草行业集中地区的地方财政。

在烟草种植方面存在着较大的机会成本。在比较了类似农作物的成本收益之后我们认为在全国大部分地区种植烤烟的净利润并不高于当地种植的其他作物，在有些地方甚至远低于其他作物的净利润。这样看来，种植烤烟对农民来说并不是最好的选择。而在烟草工业方面，烟草行业的就业贡献完全可以由其他行业弥补，将烟草制品业的资本投入纺织业、农产品加工业等产业甚至会扩大就业。显然，以往我们对烟草工业的就业贡献是明显高估了的。

在烟草税收方面，中央财政对烟草行业的依赖性很大，烟草行业中央税收占中央税总额的8.32%；就全国平均而言，地方财政对烟草行业的依赖性较小，但是由于烟草行业的地域集中性，在云南、湖南、贵州等地，地方财政对烟草行业的依赖性较高。

因此，初步的政策建议是，在推行其他控烟政策的同时，国家还需要考虑：第一，补偿某些烟草种植机会成本较小地区的烟农；第二，补偿某些烟草行业集中的地方财政，帮助这些烟草行业集中地区完成产业过渡同时保证在产业过渡期地方财政不会出现入不敷出的现象。

参考文献

Warner, Kenneth E. and George A. Fulton, "Importance of Tobacco to a Country's Economy: An Appraisal of the Tobacco Industry's Economic Argument", *Tobacco Control*, 1995, 4 (2): 180-183.

程郁、张小林：《我国烟草的社会成本与效益综合评估及政策建议》，《经济科学》2004年第1期。

国家发改委价格司：《全国农产品成本收益资料汇编2009》，中国统计出版社2010

年版。

胡德伟、毛正中主编：《中国烟草控制的经济研究》，经济科学出版社2008年版。

胡德伟、石坚等：《中国的烟草税收及其潜在的经济影响》，布隆伯格慈善基金会与比尔和梅琳达·盖茨基金会降低烟草使用系列报告，2008年。

李玲、陈秋霖、贾瑞雪、崔玄：《中国的吸烟模式和烟草使用的疾病负担研究》，《中国卫生经济》2008年第27期。

王彦亭、谢剑平、李志宏主编：《中国烟草种植区划》，科学出版社2010年版。

云南省统计局编：《云南统计年鉴2009》，中国统计出版社2009年版。

第九章　德国铁路改革研究*

20世纪80年代末90年代初，为改变联邦德国铁路部门存在的运营收益下降、债务负担沉重的问题，联邦德国政府启动了以"政企分开、网运分离"为核心的铁路改革，取得了较好的效果，成为欧洲铁路改革的三大模式之一。目前，中国的铁路改革仅迈出了政企分开的第一步，接下来如何深化改革，似乎尚处于十字路口。相信研究和分析德国铁路改革的做法和经验，将为中国铁路改革提供诸多启示。

第一节　德国铁路改革的主要内容

德国的铁路改革始于20世纪90年代初。当时铁路部门仍然是准行政部门，运输市场份额快速下降，经营困难，而政府部门之前充满"父爱情结"的改革并没有取得实质性的效果。于是在1991年年底至1993年年底，联邦政府、州政府和各政治党派进行了长久协商，最终形成的改革法案在1994年生效。具体地，改革将分为两个阶段：

第一阶段，两德铁路合并，成立德国铁路股份公司（DB），分离政府职能，实现政企分开。同时，DB分为四个部门，分别负责地方和区域客运、长途客运、货运和基础设施的相关业务。

第二阶段，从1999年开始原来的四个部门变成在DB控股下的五个子公司，即负责地方和区域客运的DB Regio、负责长途客运的DB Regio und Touristik、负责货运的DB Cargo、负责铁路路网的DB Netz以及提供客运站服务的DB Station + Service。

此外，更加长远的计划是把五个独立的子公司分别上市，实现私

---

* 本章为中国社会科学院创新工程"垄断产业深化改革研究"（SKGJCX2013 – 03）成果之一。由硕士研究生何静在余晖指导下完成。

有化①,此即第三阶段改革。但是,当时并没有确定此项改革的时间。

以上只是德国铁路改革最初的战略设计,而实际上德国铁路改革的主要内容可以从构建自由铁路市场、政府与铁路的关系两个方面展开。目前德国的铁路体系如图9-1所示。运输者、资产提供者及服务提供者是自由铁路市场的最主要构成者,为了打破原有政企不分的铁路行政部门,德国一方面进行了政企分开、网运分离、引入外部竞争者等多项改革以培育铁路企业,激发铁路市场活力;另一方面则不断调整铁路部门与政府的关系,完善监管体系,注重技术、安全条件监管,力图从被动的市场监管逐步转变为主动的市场监管,以构建有序竞争的铁路市场。

一 构建自由铁路市场——政企分开,网运分离,开放市场

德国铁路改革的目标是实现铁路部门的企业化运作,让铁路具有市场竞争力,以减轻社会经济负担。但是由于原有的铁路部门一方面实行行政化管理体制,另一方面也承担了许多公共服务职能,导致铁路部门僵化、低效率。所以,德国铁路改革一方面实行政企分开,分离公共运输服务与市场竞争业务,让铁路公司从行政化组织管理的约束中解放出来;另一方面在铁路内部实行垂直分离,逐步开放运输市场,从内部和外部引入竞争,激发企业提高效率,以具备同其他运输方式竞争的能力。也就是说,德国政府试图构建一个存在内外部竞争压力的铁路市场,其主要做法有四点。

一是实行彻底的政企分离。在组建DB后,按法律规定,DB是一个经济实体,为使铁路公司成立伊始就与公路运输等处于平等起跑线上,政府成立了联邦铁路资产管理公司负责消化处理DB原来承担的大量债务,大量注资并提取高额折旧,同时对原铁路部门员工按职能分流为公务员和铁路公司员工②。总体上,改革后DB拥有高度自主经营权,对票价和路轨、车站等基础设施使用费定价等都具有自主权。对于承担了具有公共运输性质项目(主要是区域铁路客运)的运营商,则由政府进行补贴;其他商业化的铁路运营服务则由运营公司自负盈亏。

---

① 注意路网公司DB Netz中政府持股原则上得超过50.1%。

② 具体的做法是,政企分开后,属于政府职能部分的工作人员将留在新成立的政府机构,如联邦铁路局等,而原先DB的员工将保留其公务员待遇,并隶属于接管债务的联邦铁路资产管理局,以劳务输出形式为DB工作。公务员工资通常高于DB支付的市场工资,故此部分差额将由联邦铁路资产管理局补贴。

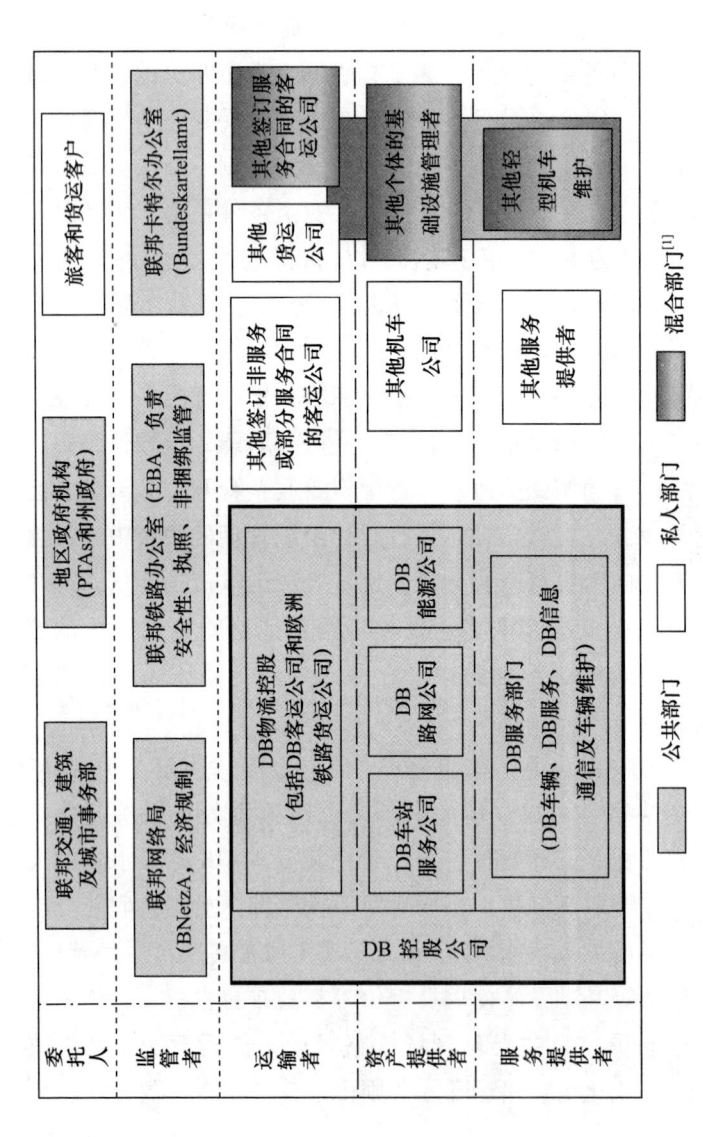

图 9-1 德国铁路体系

注：[1] 混合部门表示这一个部门中可能有公共部门组织和私人部门组织，也可能采用 PPP 模式建立的企业组织等。

资料来源：Merkert, R., C. Nash, A. Smith, "Looking beyond Separation—A Comparative Analysis of British, German and Swedish Railways from a New Institutional Perspective", *Engineering*, *Political Science*, 2008.

政企分离后,联邦政府成立联邦铁路局,接管了原来由 DB 承担的一些政府职能。改革之后,政府只负责铁路立法、制定建设规划、监管铁路路网和运输经营工作。不过,对于改革后 DB 享有的高度自主经营权,联邦政府被批评没有建立起有效的监管体制,导致 DB 得以在制定基础设施使用费和争夺铁路市场时滥用市场势力,阻碍市场竞争(如 Link,2004,2012;Slack and Vogt,2007;Nash et al.,2011)。

二是在政企分离基础上同步推行网运分离,在 DB 公司内部引入竞争,并最终实现民营化。刚组建 DB 时,在公司内部划分了铁路路网、铁路货运、铁路长途客运及铁路短途客运四个独立核算的部门,路网部门和运营部门之间存在竞争关系。在 1999 年之后,成立了 DB 控股公司(DB Holding Company),原有的四个部门分别转变成控股公司下属的公有制有限责任股份公司,进一步加强了路网公司和运营公司间的竞争。

三是自 1996 年起推行区域化改革。德国政府将铁路运输服务分为两类。一类是铁路运营商能够自负盈亏的,比如长途客运和货运等;另一类是无法做到自负盈亏的短途区域客运①,各州政府将对提供此类服务的运营公司给予财政补贴。所谓区域化改革,即将原属联邦政府负责提供的区域铁路客运服务转移给州政府,并由州政府利用联邦政府的财政转移支付资金对运营商提供补贴。从 2006 年开始,联邦政府规定提供区域铁路客运服务的运营商必须通过透明和非歧视的招标程序产生。②

四是开放铁路市场,加强铁路企业间的竞争。1994 年铁路改革开始时,德国就开放了铁路客运、货运市场的竞争,允许国内其他运营商有偿使用路轨、客运车站、货运站及编组站等基础设施,促进铁路市场竞争。政府同时对 DB 进行监督,要求公司不得歧视其他运营商,确保给予其他运营商公平的机会。通常竞争最为激烈的是区域铁路客运市场和货运市场,竞争者涉足较少的则是长途客运市场。

---

① 德国服务区域化法(The Regionalization Law)定义了区域客运服务,即最大距离不得超过 50 千米,运行时间不得超过 1 个小时。
② 1996 年,德国开放了区域铁路客运市场。但许多州政府直接与 DB 签订了服务合同而不是采用招标的形式。DB 的竞争者 Connex - Group 公司 2002 年在德国进行了起诉,并先后两次上诉,但都因受到 DB 的巨大影响力,政府部门虽有所让步,但却一再做出袒护 DB 而不利于竞争的决定。此后,Connex - Group 以德国政府做法违背欧盟法律为由向欧盟委员会申诉。欧盟委员会经调查后敦促德国政府改变政策,最终联邦交通运输部 2006 年做出了所有区域铁路客运服务都需通过招标选择运营商的决定。

总的来说，构建自由铁路市场的四点做法与铁路委员会原有改革方案基本一致。但由于种种原因，第三阶段的民营化及彻底的网运分离改革并没有得到贯彻实施。

二　政府与铁路的关系

（一）政府对铁路的投入机制

在改革之前，德国的铁路作为一个行政部门，不追求企业利润，盈亏都由国家负担。改革之后的政府投资机制可以分为两个部分。一是1994年改革之初，为了给DB创造与其他交通运输平等的竞争起点而制定的一系列以减轻铁路债务负担为主的政策，比如成立联邦铁路资产管理局以处理原DB公司的沉重债务，对DB的资产提取了75%的折旧率，股权注资560亿欧元等。二是DB正常运行后的铁路投入机制，主要是铁路基础设施的财政投入和区域铁路客运服务补贴。

政府对铁路路网等基础设施维护、升级、新建等进行财政补贴。改革前，铁路部门是一个政企不分的机构。改革后，铁路公司不再承担属于公共设施领域的铁路基础设施的投资任务。德国铁路改革确立了对联邦政府拥有的铁路的维护建设费用实行由公共资金及DB自筹共付的机制。具体来说，DB Netz需要支付运营管理及日常维护费用，联邦政府（还可能包括欧盟及州政府）负责已有基础设施的更新、改造升级投资以及新项目的建设投资。2009年开始执行新的铁路更新投资方案。当年，联邦政府和DB结束了关于对DB所拥有铁路进行养护的长期财政支持合同，转而按欧盟委员会建议，在政府和国家铁路之间签订长期协议。在这一协议中，政府以五年为一个周期，每年对必需的更新项目支付25亿欧元。日常维护则仍然只由DB负责。DB Netz必须保证每年有12.5亿欧元的资金用在日常维护上，以确保铁路线、车站和电力牵引等基础设施的质量。此外，DB Netz每年还需要支付5亿欧元的建设投资。总之，协议要求确保每年有42.5亿欧元的资金用于铁路基础设施，而政府在协议期内则每年只支付25亿欧元。

新协议的资金支付方法有利于保障铁路基础设施投入资金的长期稳定性，避免了以往在资金支付时需要对每一项投资项目分别签订合同的不便。不过，人为割裂铁路基础设施更新投资和日常维护投资的做法，会阻碍作为一个经济整体的原有联系，并为监管资金的流向带来极大的困难。另外，目前DB获得基础设施投资的公共资金来源也是多头管理的，其中 BSchwAG 基金和 GVFG 基金是两个主要来源。

根据联邦铁路网络扩张法（Federal Rail Network Extension Law），铁路网络的发展、新建和再投资资金来源于 BSchwAG 基金。该基金支持的项目是依据联邦交通网络计划（BVWP）中的规划项目来确定的。不过，BVWP 制定时往往会采纳联邦政府或 DB 的建议。BSchwAG 基金的资金通常来自公共财政。

关于 DB 所支付的新建和更新铁路基础设施资金的份额往往饱受争议。联邦审计办公室（The Federal Audit Office）的统计数字仅为 2%，但 DB 自称达到了 10%（Boettger，2004）。

依据地方交通财政法（Local Transport Finance Act，GVFG），GVFG 基金将提供部分铁路基础设施建设资金。在德国，每年约有 8 亿欧元花费在公共交通上（Boettger，2004）。基金中的 80% 用在了联邦各州的特定项目上，包括基础设施、车辆和公路公共交通等。剩下的 20% 则直接由中央政府投资大型项目，主要是铁路基础设施。GVFG 基金支持的项目很多，同时没有更多的数据资料，很难知道每年基金中具体有多少资金流向了 DB。

除了以上两个基金，还有一些其他项目也会对 DB 的基础设施投资提供资金，它们也被看作建设成本补贴。而在资金来源上，除了联邦政府和各州政府，地方社区和欧盟都是重要的资金来源。图 9-2 是铁路基础设施维护及修建的资金来源情况。

此外，德国各州政府以购买运输服务的方式补偿短途旅客运输开支。德国一些铁路短途客运线路由于收入少而亏损多、投入少而设备失修欠账、服务差而乘客不断减少等原因，面临关闭的窘境。1996 年，德国政府颁布短途运输地方化法令，规定州政府负责管理短途客运路线，联邦政府负责对短途客运进行补贴（当时规定每年约为 120 亿马克）。[①] 目前，短途铁路运输的公共资金占短途铁路客运收入的比重高达 60%（见表 9-1）。

---

① 虽然名义上对短途客运进行补贴，但实际上由于存在体制漏洞，这一部分资金在一定程度上被转移到 DB。做法有两种，一是减少长途客运列车转而增开区域客运列车，以获得更多的政府补贴；二是以所谓的区域附加费等名义提高路轨使用费，而大多数州政府在区域铁路客运的补贴中包含了基础设施使用费，无论区域铁路客运服务提供商是否为 DB，其都能获得一部分额外"补贴"。所以，区域化资金很可能高估了成本，存在过度补贴。

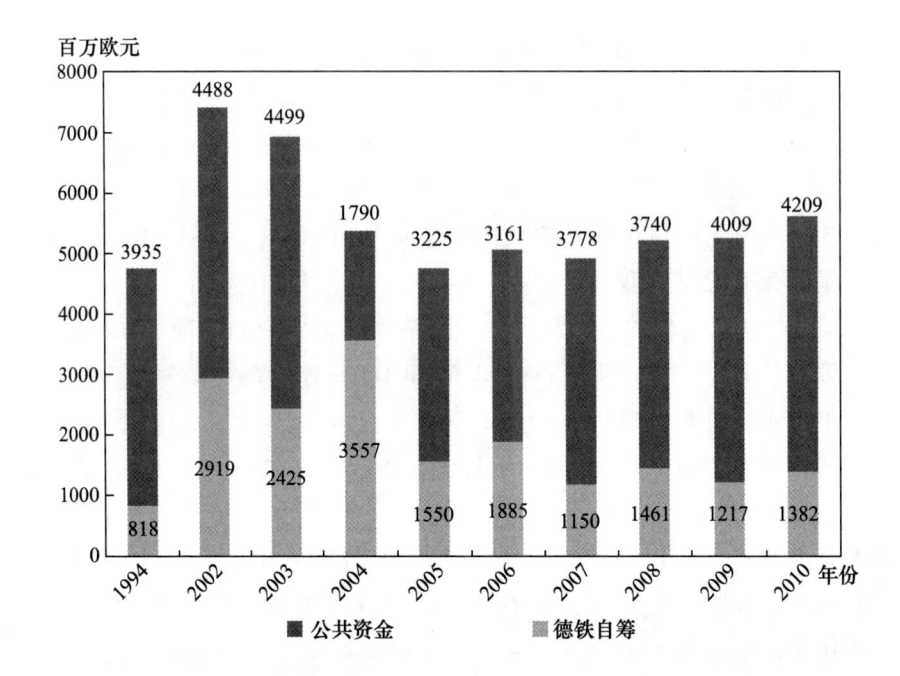

图 9-2　1994 年、2002—2010 年铁路基础设施维护及修建的资金来源

注：整理自 DB 的 *Competition Report* 2011。其中，DB 自筹资金包含 DB 为铁路建设维护贷款而支付的利息、建设成本拨款的还款等。

表 9-1　　2005—2010 年短途铁路客运收入来源　　单位：亿欧元

年份	财政资金	市场收入	总收入
2005	51.4	27.6	79.0
2006	52.3	30.7	83.0
2007	51.6	34.4	86.0
2008	52.8	35.2	88.0
2009	54.9	35.1	90.0
2010	55.5	35.5	91.0

资料来源：BNA（Bundesnetzagentur），*Railway Market Analysis* 2011。

运用联邦政府转移支付的资金，州政府自主选择短途客运经营者，并对短途客运实行公开招标，根据竞标结果确定由哪个公司获得经营权。这就打破了过去短途客运由 DB 公司一家独揽的状况。

短途客运地方化后，发生了显著变化。首先，招标竞争有力地促进了短途客运服务质量的提高。短途客运原来在 DB 运输经营中占有很大比重,实行招标竞争后,一些小公司购置了新型客车,以灵活的经营方式和优质的服务与 DB 展开竞争,导致 DB 原有市场份额减少,迫使 DB 改进服务,提高质量,避免自己的市场份额过分流失。其次,招标竞争促进了运输价格下降。一些铁路之外的公司以人员少、成本低、效率高的优势参与竞标,使原来由 DB 垄断的短途运输价格被打破。招标后,短途铁路客运价格下降了 10%—20%。最后,客运量大幅度上升,短途客运日趋兴旺。服务质量提高和运输价格下降,社会公众受益很大,选择乘坐火车的人大量增加。与 1993 年相比,2000 年铁路短途客运量增长 30%,而长途客运量仅增长 8%。短途铁路客运也是收入最多的铁路运输服务,其收入占所有铁路运输服务的一半以上。2005—2010 年短途铁路客运、长途铁路客运和铁路货运收入情况见表 9 - 2。

表 9 - 2 2005—2010 年各类铁路运输服务收入情况 单位:亿欧元

年份	短途客运[1]	长途客运	货运	总计
2005	79 (52.7%)	31 (20.7%)	40 (26.7%)	150
2006	83 (51.9%)	33 (20.6%)	44 (27.5%)	160
2007	86 (51.8%)	34 (20.5%)	46 (27.7%)	166
2008	88 (51.2%)	37[2] (21.5%)	47 (24.4%)	172[2]
2009	90 (54.4%)	36 (21.8%)	39 (23.6%)	165
2010	91 (53.2%)	37 (21.6%)	43 (25.1%)	171

注:括号内的数值是相应运输服务的比重。[1] 短途客运服务收入包括了政府对此类服务的财政补贴。[2] 数值经过修正。

资料来源:BNA (Bundesnetzagentur), *Railway Market Analysis* 2011。

(二) 铁路监管体制

实行政企分开之后,DB 负责铁路的修建、维护、运营等,政府则从经营者与监管者一体转变为铁路行业的监管者和行业政策的制定者。

目前,德国联邦政府对铁路的监督管理可分为两个层次。联邦交通部是第一个层次。交通部内设铁道司,主要负责铁路立法、铁路发展规划、国家投资审批等。第二个层次有两个机构。一个是联邦铁路局,一个是联邦铁路资产管理局。联邦铁路局是隶属于交通部的独立行政机构,对联邦铁路实行一级监管。联邦铁路局负责的事项包括:制定路网规划,确定和批准各铁路公司的线路规划;审查铁路公司的路网筹资计划,对建设期间的资金运用情况进行审查监督;管理联邦铁路的运营许可证,监督路网的公平使用,对使用铁路从事经营或关闭铁路设施的申请进行表态或做出裁决;进行铁路监督,包括对铁路运营设备和机车车辆的技术监督、鉴定以及对联邦各铁路公司运营设备的建设实施监督,负责新设备、新技术、新标准申请的批准、修订;负责铁路交通事故的调查、处理等具体工作。联邦铁路资产管理局主要负责处置DB的历史债务、柏林等地的特殊资产管理、改革前原DB员工中属于公务员的养老金支付等工作。

德国联邦交通部和联邦铁路局政府职责明确,只负责铁路立法、建设规划制定、监管铁路路网和运输经营工作,保证及时修订法律、制定规划安排等。但是,这个监管体系却存在很大的漏洞——只对铁路企业实行国家规划方面的引导以及对技术领域的问题进行监督,但忽视了对企业市场行为的监管。

作为一个实质上的垂直一体化垄断公司,DB可以更为方便地滥用市场势力。其具体做法有两种:一是制定垄断价格,特别是在路轨使用费等方面;二是根据自身掌握的信息优势,对新进入者在运力分配、通路权获取上实行歧视。具体来讲,DB的垄断行为包括:

(1) DB Netz可以以各种理由来增加主要是竞争者经营的铁路路线的使用费,比如征收区域附加费。

(2) DB Netz可以通过增加或减少区域内铁路的维护、建造费用而迫使PTAs(Public Transport Authorities,即一些州政府专门设立的管理公共交通的政府机构,通常负责区域铁路客运的招标)和州政府更倾向于与DB Regio签订服务合同。

(3) DB Netz倾向于建设有利于DB旗下运营商的铁路线路,而对竞争者经营的线路却给予更少的投资。

(4) 在铁路运力分配时对竞争者实行歧视。

(5) DB公司具有信息优势。一方面是铁路技术参数、基础设施质量信息、可运营时段等,这使得DB可以做出有利于DB子公司的运营时刻安排;另一方面是铁路基础设施成本构成情况,这使得铁路监管机构无法判断其是否遵守了收费收入与日常维护成本相等的原则。①

如果 DB 的竞争者认为受到了歧视，可以向反垄断委员会②（Antitrust Commission）或者联邦铁路办公室（The Federal Railway Office, EBA）③ 提出投诉。然而，反垄断委员会和联邦铁路办公室都只能是在接到投诉之后开展调查，并没有主动调查的权力，这使得反歧视的监管变得非常被动。这种对企业市场行为缺乏有力监管的现象被许多学者和铁路市场竞争者诟病。

实际上，因缺乏强有力的市场行为监管机构，在面临其他运营公司的竞争时，DB 存在巨大优势。比如，在一个控股公司的协调下，路轨使用费对于 DB 公司下面的运营公司来说可以通过交叉补贴来规避，但是对于其他的运营商来说则是真正的成本。尤其是在竞争比较激烈的短途运输市场，DB 对此类运输服务收取路轨使用费时增加了区域因素，对竞争者形成了不公平竞争。来自短途运输的路轨使用费占路轨使用费总额的 60% 以上（见表 9-3），远高于短途运输收入只占总收入 50% 左右的比重。相应地，路轨使用费占短途运输成本的比重可能也会更高。不过，笔者并没有找到路轨使用费占各类运输服务成本比重的数据，但是从基础设施使用费占各类运输服务营业额的比重可以看出（见表 9-4），短途客运确实承担了较多的基础设施使用费。

表 9-3　　2007—2010 年按运输服务分类的路轨使用费构成情况　　单位：%

年份	短途客运	长途客运	货运
2007	64.2	16.7	19.1
2008	64.3	16.9	18.8
2009	66.4	14.7	18.9
2010	65.7	15.5	18.8

资料来源：BNA（Bundesnetzagentur），*Railway Market Analysis* 2011。

---

① 德国铁路投资机制中，新建以及更新投资是由德国政府负责的，而 DB 主要负责日常的维护成本。因为监管机构无法详细了解基础设施的构成情况，DB 有时候可以降低日常维护质量，导致基础设施等更新速度加快，从而将基础设施的日常维护成本转移给政府部门。
② 反垄断委员会依据德国《限制反竞争法》（*Act of Restraints against Competition*）负责受理各类竞争性问题。当铁路基础设施收费出现问题时，反垄断委员会可以启动程序并最终禁止不合理价格体系的运行。
③ EBA 主要是处理铁路技术系统兼容性、安全性等问题。当面临价格问题时，EBA 可依据德国铁路法中的规定进行处理，甚至可以最后划定有效的价格。

表 9-4　2007—2010 年基础设施使用费占各类运输服务营业额的比重　　单位：%

年份	短途客运	长途客运	货运
2007	37	27	18
2008	36	27	18
2009	36	26	19
2010[1]	37	25	18

注：[1] 此年度数据为估计值。

资料来源：BNA（Bundesnetzagentur），*Railway Market Analysis* 2011。

在饱受批评与争议的同时，监管体制的构建也在逐步进行。2006 年，联邦政府授权 BNA（Bundesnetzagentur，公用事业监管部门，负责监管电力、煤气、电信和邮政等）对铁路市场进行监督，特别是对铁路市场的进入行为进行监管。不过，相对于英国等国，德国法律赋予 BNA 在铁路市场上的监管权力是比较小的。例如，从市场在位者处得到数据和信息资料的权力并没有清晰界定。2009 年，联邦政府提议强化对铁路基础设施提供者的监管，并计划引入以激励为基础的监管。2012 年，联邦政府出台了关于铁路监管的新法案，新法案有两点明显的进步。

一是原先为事后以成本为主的监管，转向了事前以提供有效服务的成本为基础的监管。这意味着铁路基础设施公司只能仿照一个有效的和可比的公司的成本来征收使用费，并且对提供了有效服务的行为进行激励。新法案也考虑引入一个价格上限，作为未来监管的可选项。

二是新法案强化了监管机构的权力。BNA 获得了更多的向基础设施公司获取信息数据的权力，包括路轨和车站在内的基础设施使用费的制定必须在事前经过 BNA 的同意。对于非捆绑问题监管的权力将从 EBA 划归 BNA。此外，BNA 将建立公共法庭，专门处理监管问题。

然而，新法案没有将基础设施的新建和更新投资纳入监管体系，这一做法饱受争议。因为 LuFV（联邦政府与 DB 签订的长期协议）中规定的政府财政投资是不清晰的，并没有规定具体的使用项目，DB 仍然利用这一漏洞将日常维护成本通过更新或新建投资的方式转嫁给政府，铁路基础设施的利用效率也必然降低（Link，2012）。

第二节 改革后铁路市场的竞争状况

随着改革的推进和铁路市场的放开,德国铁路市场上的竞争越发激烈。在铁路运输市场,DB 与其他新进入者之间开展了直接竞争,这些竞争不仅限于铁路运输方面,甚至也涉及基础设施使用上的竞争。

德国在开放铁路运输市场方面是做得比较好的国家,铁路运输市场的自由竞争程度较高。早在 1994 年铁路改革启动时,德国就放开了铁路客货运市场,来自国内外的竞争者开始蜂拥而入。根据 BNA 的统计,2010 年年底拥有铁路运营牌照的企业达到了 402 家,而大约有 250 家是真正活跃在铁路运营市场的,其中有 100 家左右提供短途客运服务,超过 10 家提供长途客运服务,大致 140 家提供铁路货运服务或其他运输服务。[①] 拥有铁路运营牌照的企业数量可见图 9 – 3。大量竞争者的涌入导致铁路运输市场产生了激烈竞争,尤其是在短途客运和货运领域(见表 9 – 5)。

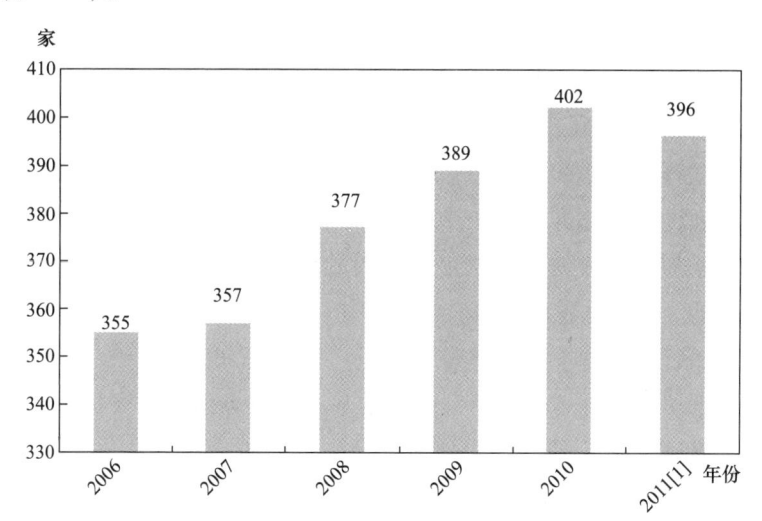

图 9 – 3 2006—2011 年拥有铁路运营牌照的企业数量(年末值)

注:[1] 2011 年为 9 月底数值。
资料来源:BNA(Bundesnetzagentur),*Railway Market Analysis* 2011。

---

① 在某些情况下,一些企业可能会在几个细分市场提供运输服务。

表 9-5　　　　　　2002—2012 年各类铁路运输竞争情况

年份	短途客运			长途客运			货运		
	竞争者比重(%)	DB 比重(%)	市场容量[1]	竞争者比重(%)	DB 比重(%)	市场容量[1]	竞争者比重(%)	DB 比重(%)	市场容量[2]
2002	4	96	38	<1	99	33	5	95	81
2003	4	96	40	<1	99	32	7	93	85
2004	5	95	40	<1	99	32	10	90	92
2005	6	94	41	<1	99	34	14	86	95
2006	9	91	44	<1	99	34	16	84	107
2007	10	90	45	<1	99	34	20	80	115
2008	10	90	47	<1	99	36	21	79	116
2009	11	89	46	<1	99	35	25	75	96
2010	12	88	47	<1	99	36	25	75	107
2011[3]	14	86	50	—	—	—	—	—	—
2012[3]	15	85	51	—	—	—	—	—	—

注：[1] 单位为十亿人·千米。[2] 单位为十亿吨·千米。[3] 此年度数值为估计值。
资料来源：BNA（Bundesnetzagentur），*Railway Market Analysis* 2011；DB，*Competition Report* 2013。

在短途铁路客运市场上，竞争者的市场份额从 2002 年的 4% 上升到 2012 年的 15%，增长速度较快。这有两个方面的原因。一是用于招标的铁路运营里程越来越多。1996—2002 年，公开招标还不是一个强制性的措施时，在区域铁路客运服务中，每年只有 600 万—1900 万的列车运营里程（约占整个区域铁路客运市场份额的 1%—3%）是通过招标方式选择运营商的，而 DB 还能赢得其中 40% 的竞标①（Link，2004）。但区域铁路客运服务市场越来越多地公开招标，并且在 2006 年所有区域铁路客运服务都通过招标确定运营商，这为竞争者的市场份额扩大提供了条件。二是"干中学"效应使许多竞争者的运营经验越来越丰富，竞标成功概率上升（Lalivehe and Schmutzler，2007）。值得注意的是，若以列车运营里程计算，竞争者在短途（区域）铁路客运的市场份额就比之前更大了，比如 2012 年竟然达到了 25.3%（见图 9-4），较以旅客·千米计算的市

---

① 在这一期间，DB 以外的竞争者中竞标成功最多的是联邦各州经营的铁路运营公司，但是国际铁路运营商也正在快速进入德国铁路市场。

场份额增加了近10%。这说明,竞争者所经营的线路多为旅客量比较少的支线,而DB经营的线路则是旅客量大的线路。在一定程度上反映出DB占据着优质的市场资源,不过获得这种优势的原因是DB自身良好的运营服务能力还是较强大的政治影响力或滥用市场势力,还需要进一步研究。

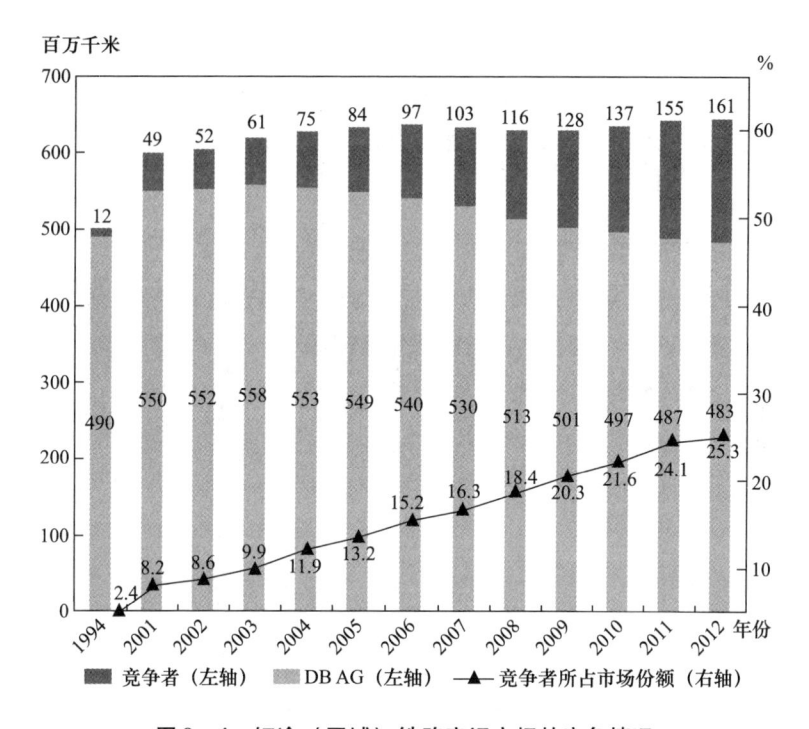

图9-4 短途(区域)铁路客运市场的竞争情况

注:以列车运营里程来衡量DB和竞争者的竞争情况。

资料来源:DB,*Competition Report* 2012,*Competition Report* 2013。

在长途客运服务市场上,竞争就显得微不足道了。首先,从事长途运输服务的铁路运营公司数量比较少,2010年在这一市场上仍然活跃的公司只有10家,而且竞争者的市场份额长期未能超过1%。可以说,DB是长途客运服务市场上的绝对垄断者。相对来说,长途客运服务利润薄[1],又需要丰富的调度操作、运营管理经验。其次,沿途需要与DB就

---

[1] 长途客运服务的利润不如短途客运服务。DB通常会想方设法将长途客运分为几段短途客运,以获取短途客运补贴。

路轨、车站等各种基础设施的使用权展开谈判，所以许多竞争者不愿意涉足这一领域。

与短途客运市场一样，铁路货运市场的竞争也变得更为激烈，甚至超过了短途客运市场的竞争程度。即使以吨·千米计算，竞争者在铁路货运市场的份额的增长也是惊人的，从 2002 年的 5%，迅速上升到 2010 年的 25%。另外，国际铁路货运市场的竞争也同样激烈。以欧洲铁路货运为例，竞争者的市场份额在改革之初仅为 0.8%，但在 2011 年时跃升至 26.0%，有力地冲击了 DB 在铁路货运市场的绝对地位（见图 9-5）。可见，在德国铁路货运市场上的竞争是最为激烈的。

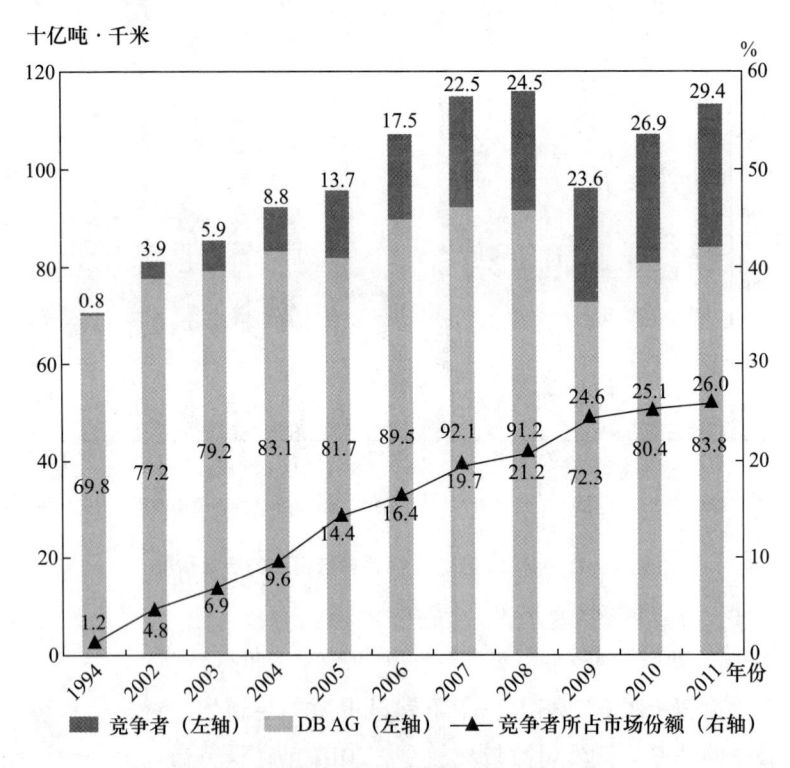

图 9-5　欧洲范围内铁路货运市场竞争情况

注：DB 公司 2006 年进行了业务整合，欧洲范围内的铁路货运由 DB Schenker 负责，故 2006 年后 DB 公司数据为 DB Schenker 的数据。2011 年数据为估计值。

资料来源：DB，*Competition Report* 2012。

由此可见，在铁路短途客运和货运市场上存在激烈竞争，除了表现为 DB 客货运市场份额的下降，另一个表现就是在铁路线路使用上的市场份额也迅速下降。2003 年，DB 发表了一份报告，指出在德国已经有超过 150 家运营商在 DB 的路轨上运营。这必然导致路轨等基础设施很可能被其他运营商占用。对 DB Netz 运营铁路的使用情况进行统计分析，可以发现仅 2002—2012 年，DB 所运营的列车里程占总运营里程的比重就大约下降了 17%（见图 9-6）。2009 年，大约 60% 的 DB 以外的铁路运营公司活跃在区域铁路客运（Link，2009）。

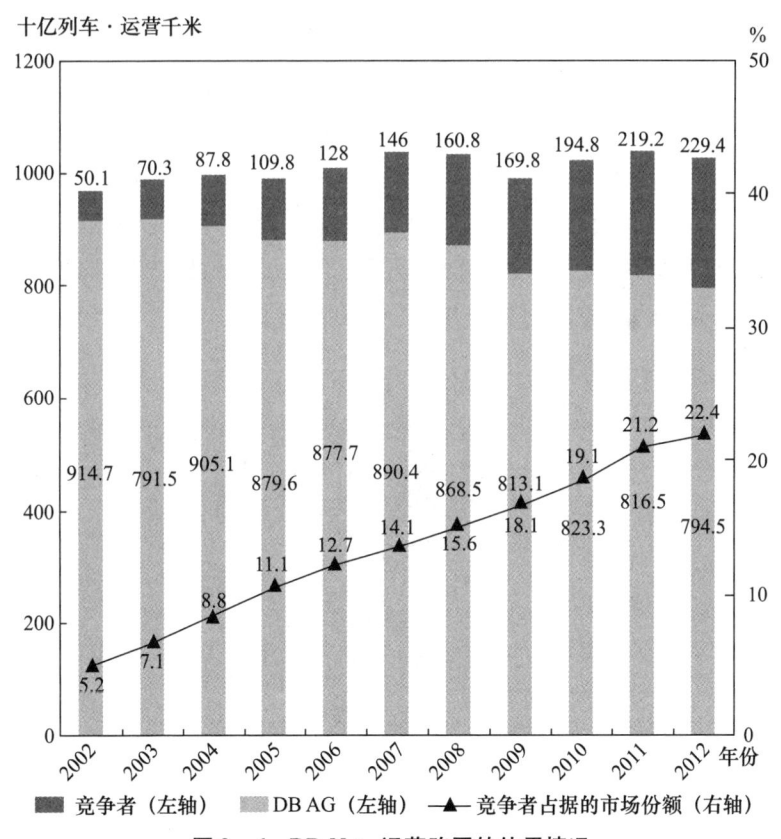

十亿列车·运营千米

年份	竞争者	DB AG	竞争者占据的市场份额（%）
2002	50.1	914.7	5.2
2003	70.3	791.5	7.1
2004	87.8	905.1	8.8
2005	109.8	879.6	11.1
2006	128	877.7	12.7
2007	146	890.4	14.1
2008	160.8	868.5	15.6
2009	169.8	813.1	18.1
2010	194.8	823.3	19.1
2011	219.2	816.5	21.2
2012	229.4	794.5	22.4

图 9-6　DB Netz 运营路网的使用情况

注：2012 年数值为估计值。

资料来源：DB，*Competition Report* 2011，*Competition Report* 2013。

总体来说，改革后的一段时间内，由于大量债务的剥离和企业化运作的机制，DB 的发展态势是良好的。但是在初始的改革红利消失之后，加上又面临越来越激烈的竞争，DB 开始陷入了一个困难时期，比如自 2001 年开始出现连续几年的亏损。而要走出困境，则势必要撤出一些竞争性不强或盈利性不好的市场，转而专注提升盈利性好的市场的竞争力。比如，在其垄断势力非常强大的基础设施领域，DB Netz 和 DB Station 分别在 2007 年和 2003 年后都获得较多的正利润。不过，随着监管的强化，有理由相信未来的竞争在一定程度上会更加公平，由此可能持续缩小 DB 的盈利空间。由此可以预见，铁路市场的竞争会更加激烈，但是若不实行彻底的网运分离改革，竞争的程度会变得比较有限。

构建自由铁路市场的改革增强了铁路运输的竞争力。在货运市场上，相较于其他交通运输方式，铁路运输整体上的竞争力有所加强，市场份额也在缓慢扩大。不过公路运输仍然占绝对的主导地位，市场份额较 1994 年铁路改革时增加了 6%，而内河航运和长距离管道运输的市场份额下降得比较厉害。在客运市场上，铁路的整体竞争力基本保持在 7.8% 左右，略有缓慢上升趋势。从总体的运输市场看，改革的效果似乎在市场份额上体现得不够明显。各种交通运输工具占德国国内货运市场和客运市场的份额分别见图 9-7 和图 9-8。

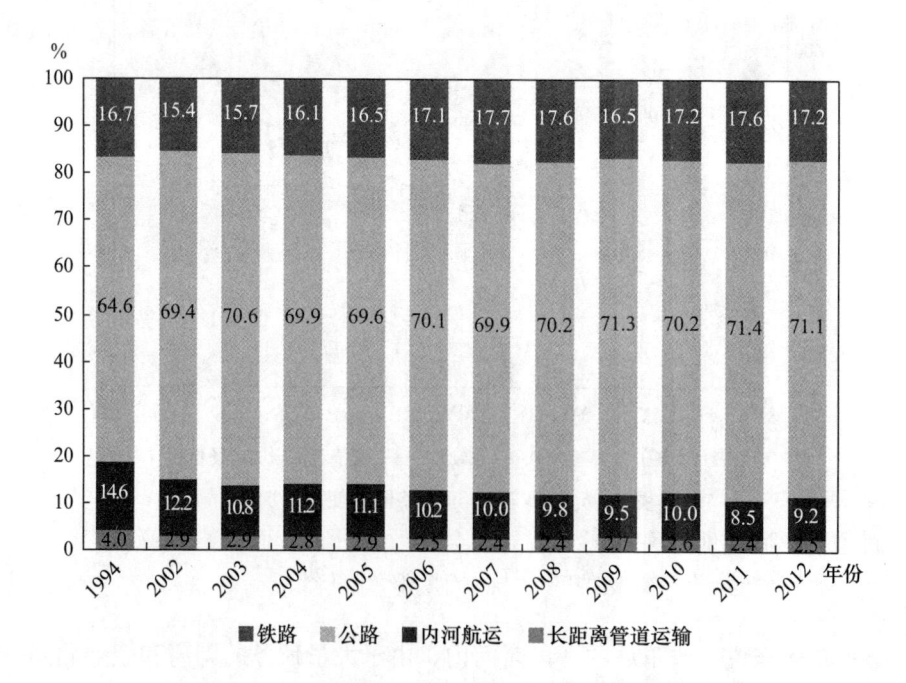

图 9-7　德国国内各种交通工具货运市场份额

注：市场份额的计算基于交通流量（Traffic Performance）统计。2011 年的数据为估计值。
资料来源：DB, *Competition Report* 2012, *Competition Report* 2013。

图 9-8　德国国内各种交通工具客运市场份额

注：市场份额的计算基于旅客·千米统计。2011 年和 2012 年的数据为估计值。
资料来源：DB，*Competition Report* 2012，*Competition Report* 2013。

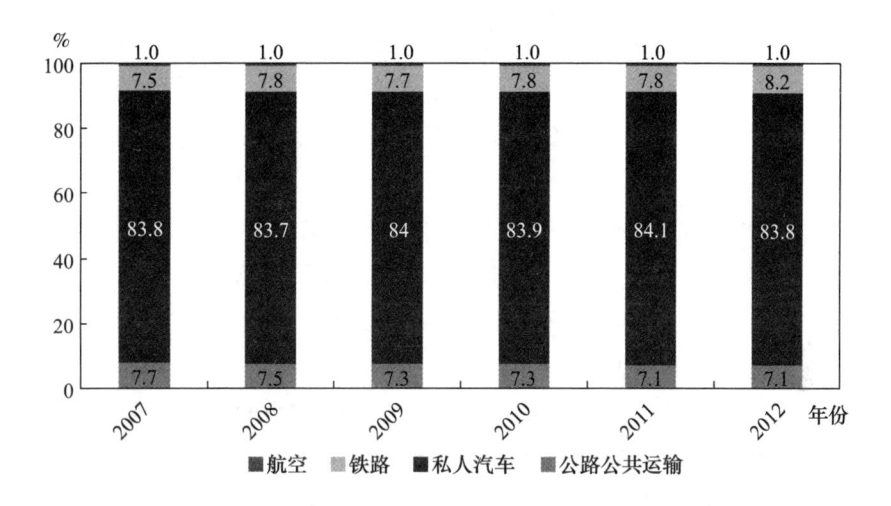

第三节　德国铁路改革效果及启示

德国铁路改革的核心是在一个控股公司下进行有限度的网运分离改革。这种改革模式一方面在一定程度上在子公司间形成了内部竞争，比如路网公司同运营公司之间的竞争，并为引入外部竞争创造了条件，例如私营铁路运营公司进入运营市场及私营铁路线路的建设等；另一方面，虽然由同一个公司协调，会减少沟通协调成本，但是在较大程度上限制了竞争，因为在该体制下，尤其是缺乏完善的监管体系的情况下，无法有效地监督控股公司各个子公司之间的交叉补贴，基础设施使用方面也不可避免地存在歧视。这显然会导致新进入者面临不平等的竞争。

从交通运输效果来看，德国铁路改革模式是比较成功的（Link，2009）。虽然铁路客运价格上涨速度高于居民消费物价指数，甚至高于汽车驾驶的成本，但是 1996—2010 年区域铁路客运的交通运输量年增长 2%，长途铁路客运为 0.3%，而私人汽车运输则为 0.6%。在货运方面，铁路货运量年增长速度约为 3%，基本与公路运输持平，市场份额也保持稳定。另外，DB自身发展也取得了较好的效果。以息税前利润为例，DB与欧洲其他竞争者相比仍然处在较高水平。但如果从成本效率的角度考察，德国铁路改革模式效果如何则存在争议，需要进一步研究。

德国的铁路改革对于中国有重要的借鉴意义。目前，中国铁路刚迈开政企分离的第一步，接下来如何继续推动改革、增强铁路的竞争力、提高效率，是一项非常重要的工作。笔者认为，德国铁路改革的做法有以下方面值得借鉴和思考。

一是打破垄断，引入竞争。一方面，尽管DB内部实施的是一个控股公司下有限的网运分离，但这相对于完全一体化的公司来说至少为其他运营商的引进带来了便利；另一方面，德国打破了铁路基础设施的垄断，允许其他社会力量进入铁路路网等的建设，这能够加快路网建设，减轻政府负担，同时也为铁路领域的全面竞争打下了基础。

二是引入多种力量博弈。德国铁路区域服务的做法让地方政府保持了对铁路的影响力，使其能够更好地方便区域内短途出行的旅客。同时，招标选择运营商的做法使作为国有垄断者的铁路公司感觉到竞争压力，提高了铁路运营效率和服务质量。

中国铁路的实际情况与德国很不一样。中国铁路网的密度低，更应该在打破垄断的同时，积极利用包括各级政府在内的多方力量加强铁路基础建设。另外，实行网运分离的同时必须考虑到铁路基础设施的使用费定价机制的设计及监管问题，以及对铁路运力分配和通路权获得方面可能出现的歧视性市场行为的监管问题。

参考文献

Arne, B., "Barriers to Entry in Rail Passenger Services: Empirical Evidence for Tendering Procedures in Germany", *European Journal of Transport and Infrastructure Research*, 2011, 11（1）：20 – 41.

IBM and Christian Kirchner, "Summary of the Study Rail Liberalisation Index 2011", IBM Business Consulting Services, 2011.

IBM, "Liberalisierungsindex Bahn. Vergleich der Marktoffnungin den Eisenbahnmarkten der Europaischen Union, der Schweizund Norwegen", Study Commissioned by Deutsche Bahn AG, Berlin, 2002.

Lalive, R. and A. Schmutzler, "Entry in Liberalized Railway Markets: The German Experience", Socioeconomic Institute University of Zurich, Working Paper, 2007.

Link, H., "Rail Infrastructure Charging and On – Track Competition in Germany", *International Journal of Transport Management*, 2004, 2 (1): 17 – 27.

Link, H., "Unbunding, Public Infrastructure Financing and Access Charge Regulation in the German Rail Sector", *Journal of Rail Transport Planning & Management*, 2012, 2 (3): 63 – 71.

Nash, C., J. E. Nilson and H. Link, "Comparing Three Models for Introduction of Competition into Railways: Is a Big Wolf So Bad after all?", CTS Working Paper, 2011.

Peter, B., Railway Reform in Germany: Restructuring, Service Contracts, and Infrastructure Charges, Doctoral Thesis, Technical University of Berlin, 2008.

Schnell, Mirko C. A., "Competition for the German Regional Rail Passenger Market 5 Years after Regionalization", *Transport Reviews: A Transnational Transdisciplinary Journal*, 2002, 22 (3): 323 – 334.

Slack, B. and A. Vogt, "Challenges Confronting New Traction Providers of Rail Freight in Germany", *Transport Policy*, 2007, 14 (5): 399 – 409.

丁传芳:《德国铁路物流运输》,《铁道技术监督》2004 年第 8 期。

韩潇:《关于德国铁路法制建设有关问题的思考》,《铁道经济研究》2001 年第 5 期。

[德] 福尔克尔·布茨巴赫著,狄方良编译:《德国铁路路网股份公司的线路使用费体系》,《中国铁路》2006 年第 3 期。

胡伟、杜欣、李文新:《德国铁路运营管理评析》,《铁道经济研究》2001 年第 6 期。

金祖德:《德国铁路考察记》,《上海铁道科技》2003 年第 1 期。

孔琦:《德国铁路改革之路》,《铁道运营技术》2000 年第 3 期。

林利权:《欧盟铁路改革给予的启示》,《铁道经济研究》2002 年第 5 期。

刘敏:《德国铁路考察报告》,《铁道运输与经济》2001 年第 12 期。

刘拥成、刘宜勤、王文仓:《德国铁路改革浅析及启示》,《铁道经济研究》2001 年第 3 期。

刘忠民:《德法铁路重视短途客运、市场营销的做法及启示》,《铁道经济研究》2001 年第 6 期。

柳进、陶然、金祖德:《德国铁路改革与发展模式的分析与思考》,《铁道运输与经济》2003 年第 10 期。

宋瑞、王德占:《德国铁路货运十年间改革过程的回顾与分析》,《物流技术》2006

年第 2 期。

唐述春：《德国铁路客运营销特点及思考》，《中国铁路》2005 年第 5 期。

铁道部多元经营资本运营与产权重组考察团：《德国多元经营资本运营与产权重组的启示》，《中国铁路》2006 年第 7 期。

铁道部中德培训项目赴德成本与融资培训考察团：《德国铁路控股公司成本与融资的启示》，《中国铁路》2006 年第 8 期。

铁路客运车站商业综合开发和管理培训团组：《德国、法国铁路客运车站商业综合开发管理考察报告》，《铁道经济研究》2009 年第 1 期。

王德占：《关于德国铁路货运公司收购斯廷思股份公司（Stinnes AG）的思考》，《物流技术》2005 年第 7 期。

王德占、何世伟：《私营铁路管理若干问题的分析》，《物流技术》2006 年第 4 期。

王少聪、吕君：《德国铁路民营化改革的经验及启示》，《辽宁行政学院学报》2006 年第 10 期。

韦成燕：《德国铁路客运站管理简介》，《铁道运营技术》2000 年第 2 期。

吴云云：《德国铁路客运定价机制及票价体系》，《综合运输》2011 年第 1 期。

杨国秀、范振平：《德国铁路货运公司运营管理简况》，《铁道运输与经济》2003 年第 3 期。

杨国秀、范振平：《德国铁路客运公司运营管理简况》，《铁道运输与经济》2003 年第 6 期。

杨奎山：《中国铁路与德国铁路的部分区别——赴德铁路网公司考察培训体会》，《中国铁路》2004 年第 8 期。

张艳芳：《德国铁路股份公司客票销售体系与策略》，《中国铁路》2011 年第 5 期。

第十章 欧盟铁路改革研究*

20世纪80年代末,大部分欧洲国家铁路运输日渐式微,债务沉重。在此背景下,为了实现欧盟范围内铁路运输的自由竞争,形成欧盟内统一的铁路运输网络,欧盟以立法为基础,辅以财政资金支持,全面推动各成员国对铁路实行网运分离改革,建立监管机制,以期促成整个成员国范围内的铁路客货运市场的自由竞争。本章将着重介绍欧盟铁路改革的立法、财政支持政策以及各成员国在网运分离、基础设施使用定价、铁路运输自由化及监管方面的做法。

第一节 欧盟铁路改革政策

欧盟铁路改革政策主要分为铁路改革的相关法律和欧盟层面上的辅助支持政策。欧盟委员会为推动各成员国开展铁路改革,构建统一的欧盟铁路运输市场,出台了一系列的法律法规,指导各成员国开展改革。因此,铁路改革法律反映了欧盟铁路改革的主线。另外,欧盟还从其他方面对铁路改革进行政策支持,最主要的就是在铁路建设规划和资金支持方面。

一 欧盟铁路改革法律

自1991年欧盟发布第一条关于铁路改革的指令后,欧盟紧跟各国改革的情况,有序地进行了跟踪和调整,由此制定了一系列指令和监管条例。笔者按时间顺序对欧盟铁路改革的有关法律进行了梳理,主要包括早期改革指令以及先后颁布的三次一揽子政策/指令。

---

* 本章为中国社会科学院创新工程"垄断产业深化改革研究"(SKGJCX2013-03)成果。由硕士研究生何静在余晖指导下完成。

早期改革指令是指在1991年、1995年和1996年欧盟委员会发布的4条指令，其中3条主要是关于铁路改革制度方面的要求，涉及推行网运分离、铁路部门债务处理、运营牌照发放条件、开放跨境客货运服务以及基础设施使用费等，构成了欧盟铁路改革的基础。往后许多的指令和监管条例都是对这些指令的修改完善，故称之为早期改革指令。

2001年，欧盟出台了3项指令，被称为第一次铁路改革一揽子政策。其目的是加快铁路改革，推动竞争，营造更好的国际货运条件，更加有效地利用铁路基础设施，主要涉及国际铁路货运通路权开放、铁路基础设施和运营服务会计上分离、铁路基础设施使用费征收及基础设施使用分配原则等。

2004年，欧盟出台了第二次铁路改革一揽子政策，包括3条指令、1项监管条例和1项倡议，其目的在于从技术层面和法律层面建立一个完整统一的欧洲铁路网，涉及铁路安全、兼容性，并且还对欧盟成员国之间全面开放铁路货运通路权的具体时间进行了规定。

2007年，欧盟发布了第三次铁路改革一揽子政策。其主要内容是要求各成员国开放国际客运市场。

从欧盟委员会发布的各项铁路改革政策/指令来看，欧盟将打破原有的政企一体化的垄断组织，转而实行网运分离，在铁路运营环节引入竞争，强化区域内铁路体系的兼容性，最终实现欧盟区内铁路运输一体化。这实际上是一个构建区域内统一铁路运输市场的过程，也是一个放松管制的过程，将原来行政化配置的资源交由市场配置。表10-1列出了欧盟各项政策/指令中放松管制的情况。

表10-1　　　　欧洲铁路放松管制的改革政策/指令

分类	时间	描述	内容
早期改革指令	1991年7月	91/440/EEC指令，关于欧盟铁路发展问题（Transposition Deadline 01/1993）	铁路企业管理独立；基础设施管理和运输服务运营在会计核算上分离；改善铁路企业的财务状况；对从事国际铁路货运的铁路企业开放基础设施，但运输的货物必须是联合货物（Combined Goods）；对从事国际服务，且在其成立的两国范围内从事货运的国际集团开放基础设施（第10条）

续表

分类	时间	描述	内容
早期改革指令	1995年6月	95/18/EC 指令，关于铁路企业牌照发放条件的规定（Transposition Deadline 06/1997）	规定了当铁路企业提供 91/440/EEC 指令第 10 条中规定的服务项目时，发放、更新或修改运营牌照的标准
		95/19/EC 指令，关于铁路基础设施运力分配和使用定价的规定（Transposition Deadline 06/1997）	规定了当铁路企业提供 91/440/EEC 指令第 10 条中规定的服务项目时，铁路基础设施运力分配和使用费收取的原则和程序
	1996年7月	96/48/EC 指令，关于跨欧洲高速铁路系统操作兼容性的规定（Transposition Deadline 04/1999）	规定了跨欧洲高速铁路在建设、设计、服务和运营方面的操作兼容性
第一次铁路改革一揽子指令	2001年2月	2001/12/EC 指令，关于 91/440/EEC 指令的修订（Transposition Deadline 03/2003）	可以在跨欧洲铁路货运网络（The Trans European Rail Freight Network，TERFN）上从事国际铁路货运服务，拓展了其基础设施进入权；基础设施管理和运输服务经营须实体组织上分离；规定基本的职责，如铁路路线分配、牌照发放、对自身并不提供铁路运输服务的企业收取基础设施使用费的原则；客运和货运在会计上实行独立核算
		2001/13/EC 指令，关于 95/18/EC 指令的修订（Transposition Deadline 03/2003）	关于欧盟范围内有效牌照的规定；欧盟委员会所有已发放牌照的通知；对机车车辆安全证明、操作人员及火车线路归属的规定
		2001/14/EC 指令，关于铁路基础设施运力分配、基础设施使用收费以及安全证明的规定（取代 95/19/EC 指令）（Transposition Deadline 03/2003）	运力分配和收费的框架；基础设施管理者须发布声明，包括铁路网、进入条件、运力分配和收费结构等信息；建立独立的监管机构
	2001年3月	2001/16/EC 指令，关于跨欧洲传统铁路系统的操作兼容性问题（Transposition Deadline 04/2003）	规定了跨欧洲的传统铁路系统在建设、设计、操作等方面的兼容性；与 96/48/EC 指令相似

续表

分类	时间	描述	内容
第二次铁路改革一揽子政策	2004年4月	监管（EC）No 881/2004，关于建立一个欧洲铁路局（Agency Regulation）	铁路局的主要工作是加强安全性和欧洲铁路系统在操作上的兼容性
		2004/49/EC 指令，关于欧洲铁路安全及对95/18/EC 指令和2001/14/EC 指令的修订（Transposition Deadline 04/2005）	规定了各成员国须遵守的公共安全目标及实现该目的的方法；管理、监管和监督铁路安全的一般原则；在每一个成员国建立一个安全的监管机构和事故调查机构。（铁路安全指令，Railway Safety Directive）
		2004/50/EC 指令，关于96/16/EC 指令的修订（Transposition Deadline 04/2005）	规定了跨欧洲高速铁路在设计、建设、配售服务、升级、更新、操作和维护、质量方面的兼容性，以及企业成员的健康和安全条件
		2004/51/EC 指令，关于91/440/EEC 指令的修订（Transposition Deadline 12/2005）	从2006年1月起，在整个铁路网上开放国际铁路货运服务市场；从2007年1月起，开放所有的铁路货运服务市场
第三次铁路改革一揽子政策	2007年10月	监管（EC）No 1371/2007，关于铁路旅客的权利和义务	铁路客运服务最低质量标准
		2007/58/EC 指令，关于91/440/EEC 指令和2001/14/EC 指令的修订（Transposition Deadline 06/2009）	从2010年1月1日起国际铁路客运市场开放竞争
		2007/59/EC 指令，关于火车司机在欧盟范围内操作机车和火车的安全证明（Transposition Deadline 12/2009）	引入欧洲火车司机执照

资料来源：Wetzel, H., "European Railway Deregulation: The Influence of Regulatory and Environmental Conditions on Efficiency", University of Lüneburg, Working Paper Series in Economics, No. 86, 2008。

二 欧盟铁路财政支持政策

欧盟公共财政资金在铁路上的花费主要集中在三个方面：比重最大的两个分别是 PSO 补贴（Public Services Obligation，即公共服务责任，占 27%）和铁路资本投资（26%），最后是铁路基础设施的运营和维护成本支出（20%）。剩下 27% 的资金用于铁路减债、重建、冗员工资及养老支出，仅有 1% 的公共财政资金用于铁路货运。欧盟在铁路上投入的资金几乎都用于非商业项目，实际上能够自负盈亏的商业铁路项目往往得不到政府的补助。

虽然欧盟对 PSO 的支出占铁路公共资金的大头，但是各成员国的 PSO 支付情况并不乐观。按欧盟的要求，对于不能达到收支平衡的铁路服务，政府应该给予补助。几乎所有的欧洲政府都会就支付客运服务问题在中央和地方政府之间签订合同，但仍旧无法解决问题。实际上除法国外，几乎没有国家真正做到这一点。

在公共财政对铁路的投入中，相当一部分用于基础设施的维护和运营。这也反映了欧盟大部分成员国的铁路基础设施运营商都是国有的，并且不断进行一些重建工作。只有英国的铁路基础设施是私有的。各国铁路基础设施和铁路运营之间的分离程度不同，形式各异，所以铁路基础设施的管理也存在很大的差异。例如，比利时把铁路基础设施的提供视作 PSO，并签订合同以提供支持；在英国，铁路基础设施不享受政府补贴，而是通过向使用者收费或通过商业借贷来维持运营。

公共财政对运营服务、基础设施管理和维护以及基础设施的资本投资等受对基础设施使用收费的影响极大。为了保持财务上的持续性，基础设施管理者至少应对使用者收取使用时产生的边际成本费用，即收费应该足以支付基础设施管理费用、磨损费用，其中包含现有基础设施的翻新费用。

铁路资本支出通常来自政府预算，其中大部分资金用于国家基础设施网络的管理，有一部分则分配给建设特定线路的公司，这些特定线路包括高铁、海底铁路隧道等。通常来说，基础设施使用费水平高的国家，其资本投资就低；而基础设施使用费水平低的国家，则相反，比如英国和法国。

除现有铁路的更新和维护以外，另一个值得注意的问题是基础设施的新建和升级。欧盟委员会认为，很难期望成员国政府有足够的动力来建设跨国铁路线路,因为许多的利益都被别的国家拿走了,尤其是在基础设施使用费只能按边际成本收取的情况下。所以,欧盟建立了跨欧洲网络项目,用于欧盟委员会批准的项目。项目资金的55%以上必须用于铁路建设,而用于公路项目的资金不能超过25%。但实际上跨欧洲网络项目的预算非常有限,而且其中的50%还是用于研究项目,用于建设的项目只有10%—20%。不过,区域发展基金和欧洲凝聚力基金能够提供80%的建设资金。欧盟跨国铁路项目的资金来源见表10-2。

表10-2　欧盟跨国铁路项目的资金来源(2007—2013年)　单位:亿欧元

资金来源	金额
跨欧洲网络项目(TEN Programme)	80
区域发展基金(Regional Fund)	80
欧洲凝聚力基金(Cohesion Fund)	350
总计(欧盟)	510
欧洲投资银行借贷资金(European Investment Bank Loans/Guarantees)	540
其他来源(主要是国内政府)	2840
总计	3890

资料来源:DGTREN,转引自Nash, C.,"European Rail Reform and Passenger Services—The Next Steps", *Research in Transportation Economics*, 2010, 29(1):204-211。

第二节　欧盟成员国铁路改革

一　网运分离情况

现行的欧盟法律并没有要求彻底的网运分离即硬性要求基础设施管理和运营服务非捆绑。实际上,在执行网运分离时,欧盟成员国的做法差异极大。一些国家实行了彻底的网运分离,包括瑞典、英国、荷兰和丹麦,但是德国、奥地利等其他国家则将基础设施和运营服务作为分支部门保留在同一个集团下。还有第三种做法,比如法国,将基础设施建设规划包括运力分配和制定基础设施使用费标准等权力分离出来,而仍旧将基础设施管理与运营服务放在同一公司(Nash, 2008)。笔者将欧洲出现的这三种模式分别以其创始国命名，即瑞典模式、法国模式和德国模式。不同的网运分离模式下运营商与基础设施管理者的协调成本、新进入者面临的市场进入障碍都会不一样。

瑞典模式即网运完全分离的模式，基础设施与运营分属独立的组织。1989 年，瑞典政府将基础设施从主要的铁路运营公司中分离出来，将其归入了一个完全无关的国有机构 Banverket。当时瑞典政府的想法仅仅是将铁路市场上非商业化的基础设施部分分离出来，使得商业化的运营部分能够与公路运输等进行公平竞争（Alexandersson and Hulten，2005）。

从表 10-3 中可以发现，许多国家都采用了瑞典模式，当然有一些细节上的差异。只有英国实行网运分离并对基础设施和运营服务实行了彻底的私有化。除此之外的其他国家，都存在国家所有的基础设施管理者和主要的国营运营服务商，这不得不使人们怀疑两者的分离程度有多大。英国仍然是唯一的在 4 年内（1994—1997 年）完成了铁路私有化的国家。另外，尽管瑞典在 1989 年就推行了铁路改革，但是直到 2004 年才将原来的国营铁路运营服务公司拆分成独立的客运公司和货运公司。

另外，各国网运分离的程度也是不同的。在瑞典，原来国营运营公司负责时刻表的制定和运营调度，但是在实行客货运拆分后，这部分职能就由 Banverket 负责了。这才是真正符合欧盟法律规定的做法。

德国模式，是将基础设施管理者和运营商置于同一个控股公司的管理之下。在德国内部，对于这一做法的争论一直持续着，其焦点集中在这种做法是否有利于私有化的推行，并且在欧洲层面上这样的做法是否符合运力分配和收费规则制定独立性的规定。这种做法被认为较好地保留了垂直一体化下铁路公司的优势，同时又能通过开放市场引入竞争（Kirchner，2005）。

法国模式，是将关键权力如基础设施通路权、运力的分配等从运营商分离出来。这一模式在某种程度上实行了网运分离，但是基本上没有竞争，尤其是刚刚开始改革的时候。具体来说，法国的做法是设立一个分离的基础设施管理者，但是将其大部分活动都委托给主要的国营运营商执行。在法国，起初基础设施的维护和更新、运营时刻表的制定和交通运营调度都由基础设施管理者委托运营商完成。现在基础设施管理者已经将基础设施收费和运力分配的权力收回。这种模式将基础设施的筹资和运营服务相分离,不过至少在初期保留了一个垂直一体化的铁路公司(Gressier,2005)。这种模式被世界其他国家所学习,比如越南和印度尼西亚。

表 10-3　　　　　　　　欧洲各国的铁路改革模式

完全分离模式（瑞典模式）	控股公司模式（德国模式）	关键权力分离模式（法国模式）
英国	奥地利	捷克
芬兰	比利时	爱沙尼亚
丹麦	意大利	匈牙利
荷兰	拉脱维亚	斯洛文尼亚
挪威	波兰	卢森堡
西班牙	希腊	
葡萄牙		
斯洛伐克		
立陶宛		

注：爱尔兰和北爱尔兰仍然实行垂直一体化。

资料来源：Commission of the European Communities (CEC), Annexes to the Communication on the Implementation of the Railway Infrastructure Package Directives (First Railway Package), Brussels, 2006。

二　基础设施使用定价

欧盟铁路基础设施使用收费的依据是 2001/14/EC 指令,其要求依据直接成本征收基础设施使用费,不得歧视和有意标高成本。不过收费的前提是基础设施使用者没有导致细分市场损失,并愿意支付直接成本。政府需要确保包含政府补贴及使用费收入在内的基础设施管理者的收入能够让基础设施维持收支平衡。但这些规定中,仍有一些不清晰的地方。一是指令中规定的直接成本等于短期边际成本,虽然在经济学意义上有明确的规定,但实际操作中应该如何度量仍然是模糊的。二是细分市场的定义是模糊的,细分市场到底是所有的客运市场,还是市郊线路和区域线路,抑或是按列车类别、出发地和目的地分类,没有明确规定。

欧洲交通部长会议(ECMT,2005)指出各国政府可以采取的三种可能收费方法有：社会边际成本定价、全额的财务成本减去补贴、涨价到社会边际成本水平[1]。但实际上做法通常有两种，一是简单收费方法，即按铁路网使用情况直接收费，比如按吨（毛重）·千米、列车运营里程等；二是两部制收费方法，一部分是可变的，另一部分则是固定的。

欧洲各国基础设施使用费包含的项目以及征收的方法各种各样（Nash，Matthews and Thompson，2005；International Transport Forum，2008）。简单的方法如芬兰，按吨（毛重）·千米进行计费；而法国则是比较复杂的，费用中包括预订费用、每车·千米的单价收费，并考虑基础设施的等级和运行时间段。表10-4说明了英国、瑞典、德国和法国的定价结构与铁路基础设施收费水平所依据的原则。MC+方式在西欧国家最为普遍，大部分国家通过这种收费方法回收了至少部分维护和更新成本。不过意大利是个例外，其目标并不是回收维护和更新成本，而是回收交通管理成本。德国是西欧国家中唯一采用全部成本定价的国家，虽然实际上回收的成本只占总成本的60%（其资本投资成本通常由国家承担）。回收全部成本的定价一般在东欧国家比较盛行，如波罗的海沿岸国家、匈牙利、波兰和斯洛伐克。

实行私有化后，英国也将基础设施收费的目标定位为回收全部成本。英国采用了两部制收费方法，设置了可变费用以反映短期边际成本。目前，英国的客运特许经营权一般仍采用两部制收费方法，但开放竞争的客运和货运运输服务则只收取边际成本。政府对基础设施管理者的拨款大概可以占总成本的一半。

---

[1] 社会边际成本定价（Social Marginal Cost Pricing，SMC）：由国家对铁路服务带来的收益与总财务成本之间的差额进行补贴。这样能最有效地利用基础设施，但是对政府预算造成了很大压力，也无法对基础设施自身发展形成激励。

全额的财务成本减去补贴（Full Financial Cost Minus Subsidies，FC-）：设定进入费用，以弥补政府补贴和所有财务成本之间的差额。这有利于维持基础设施管理者良好的财务状况，但可能无法有效利用基础设施。

涨价到社会边际成本水平（Mark-Ups to Social Marginal Cost，MC+）：涨价到社会边际成本水平是为了减少或消除政府补贴，能够在效率和预算需求之间进行权衡。这种定价方法也许会与全额的财务成本减去补贴的方法一致，但实际上采用FC-方法的国家倾向于与运营商按公式程序来分担成本，而不是以边际成本为基础。

表 10 – 4　　　　　　　　铁路基础设施收费

国家	收费原则	计费基础	区别
英国	按边际成本收费，但对特许经营权服务收取固定费用	列车运营里程	列车特点、线路
瑞典	按边际成本收费	吨（毛重）·千米	客运、货运
德国	按全部成本收费	列车运营里程	线路、列车和基础设施类型
法国	涨价到社会边际成本收费	固定费用 线路里程 列车运营里程	线路、列车、运营时间、基础设施类型

资料来源：Nash，C.，"Passenger Railway Reform in the Last 20 Years—European Experience Reconsidered"，*Research in Transportation Economics*，2008，22（1）：61 – 70。

由于各国收费标准不一，铁路基础设施收费与基础设施成本之间的比例在欧盟各成员国间的情况相差很大。挪威基本上没有铁路基础设施收费，而波罗的海沿岸的国家则几乎达到了 100%。这说明各成员国的铁路市场情况差异很大，政策也不尽相同。在波罗的海沿岸国家，以货运为主的铁路线路不需要政府补贴也能盈利，而其他以客运为主的线路则需要政府补贴以保证收支相抵。大部分西欧国家设定的铁路基础设施收费水平基本上能够回收 50%—65% 的全部基础设施成本（成本包括基础设施管理和维护、更新、折旧和利息。基础设施使用的边际成本一般约占总成本的 20%）。

从支持铁路运作资金的可持续发展来看，基础设施使用费也面临着一些问题，其中一个便是政府在基础设施使用费制定中的权力过大，各国的基础设施使用费占总成本的比重差异极大。2001/14/EC 指令构成了基础设施收费的基本框架，并规定以边际成本为收费的最低限度。不过这一政策饱受争议，因为对于公路等其他运输方式，其基础设施的收费都低于边际成本。所以，政府实际上被允许对铁路基础设施进行补贴，降低收费以保证各种运输方式之间的平衡。另外，欧盟也允许成员国政府标高价格来计算边际成本，以尽早回收成本，不过这要在市场能够承担高成本的条件下才可以实行（对于获得大量补贴的 PSO 来说，显然是不成问题的）。所以，政府在决定基础设施收费水平时的权力很大，可以在直接支持基础设施还是运营服务两者之间选择。

三 铁路运输自由化

欧盟的交通政策本质上是为了推动自由竞争,比如让某一成员国的运营公司能够自由地在其他任何成员国国内以及国际上竞争。经过欧盟的不断推动,自 2007 年开始,铁路货运在成员国国内及国际市场上全面放开;2010 年国际客运市场放开。但是,成员国国内客运市场的开放则仍未达成协议。因为涉及公共财政补贴以及各国现有铁路运营商的利益问题,实现铁路客运的一体化是一个相对货运而言更为棘手的问题。

公共客运服务引入竞争、推进区域内一体化的方法通常有两种。一种是将某一些特定服务打包并让运营商之间竞争以获得特许经营权,另一种是放开运输服务市场,允许不同企业直接竞争。通常,特许经营权的方法适用于受补贴的服务,但是两者也都可以用于商业运输服务。

很多国家采用竞标的方式产生公共运输服务的运营商。英国几乎对所有的客运服务都采用竞标方法,无论是可盈利的还是享受政府补贴的运输服务。瑞典只对享有补贴的运输服务使用竞标方法(Nash and Nilsson, 2009)。其他国家如荷兰、丹麦和葡萄牙则只对一部分区域客运实行这种方法。一般来说,竞标获取特许经营权的方法能够改善服务质量,降低成本。不过,英国的铁路客运引入竞标后的实际成本是增加的。表 10 – 5 分析了英国、德国、瑞典三国实行特许经营权的差异。除了上述采用招标方式的国家,其他大多数国家都是通过与国有垄断公司直接谈判的方式保证提供公共运输服务的。

表 10 – 5　　　　　　　　　　不同的特许经营权方式

	合约期限	列车所有权	收入风险
英国	中等(7—10 年)	租赁公司	运营商承担/共同承担
瑞典(区域运输)	较短(至多 5 年)	地方政府	地方政府
瑞典(长途运输)	较短(至多 5 年)	中央政府	运营商
德国	变化较大,通常为 10 年	TOC 或租赁公司	以合同固定为准

资料来源:Nash, C., "Passenger Railway Reform in the Last 20 Years—European Experience Reconsidered", *Research in Transportation Economics*, 2008, 22 (1): 61 – 70。

至于开放竞争，其产生竞争的力度非常有限。以德国为例，1994年随着铁路改革的启动，客运市场就已开放。但直到 2009 年，仅有 9 次进入市场的尝试，没有一个竞争者能够每天在每条线上运行两列以上的火车（Beckers, Haunerland, Von Hirschhausen and Walter, 2009）。唯一剩下的一个新运营公司则依靠地方特许经营权勉强维持运营，并且运营线路是 DB（德国铁路集团，国有铁路垄断公司）放弃的，并且相对 DB 收取的车费更低，服务质量也更差。德国官方总结了竞争不激烈的原因：DB 控制着基础设施，线路拥挤，地方运输服务的特许经营权不断扩大，开放竞争的市场被挤压。在英国，新进入者每天则只提供少量的运营服务。

开放竞争效果较好的领域主要是在国际运输通道上的高铁运营服务以及国内法律允许的国内运输市场。一些国有铁路公司倾向于与其他运营商一起提供联合运输服务。如意大利的一家新的铁路运营公司，正在申请米兰—里昂—巴黎的运营线路，这将与提供现有此项服务的 SNCF（法国国营垄断铁路公司）展开竞争。而 SNCF 控股的一家运营公司 Keolis 也已经申请了斯特拉斯堡—汉堡—法兰克福—柏林的运营线路。

在欧盟内部的国际竞争方面也有了新的发展。现有的一些成员国的铁路公司已经进入其他国家的特许经营服务市场。如荷兰、法国、德国的铁路公司就已经取得了英国、挪威、丹麦的一些铁路服务的特许经营权。

四　监管问题

欧洲各国的铁路改革往往都保留着一个全国性的垄断基础设施管理者，而运营商则是竞争性的。即使在彻底实行网运分离的国家，基础设施管理者因其自身的垄断地位也不会有太大的经营压力。所以，欧洲铁路改革需要建立完善的监管体系，以保证基础设施管理者能够有效地经营，公平地分配运力，合理地收取基础设施使用费。在没有实行彻底网运分离的国家，监管者还必须保障各市场主体能非歧视性地进入市场。

不幸的是，欧盟并没有对铁路监管做出非常严厉的要求。实际上，2001/14/EC 指令允许监管权力留在成员国的部委里面，但前提是监管方必须与基础设施管理者、收费机构、运力分配机构和申请者是独立的、无关系的。所以，监管方并不一定需要政治控制也独立。IBM（2006）总结了三种监管模式——特殊监管官方模式（The Special Regulatory Model)、铁路官方模式（The Railway Authority Model）以及部委模式（Ministry Model）。特殊监管官方模式的特点是，建立独立监管机构，对监管问题实行专业化处理；铁路官方模式将监管委托给一个通常更多地负责行政管理的传统机构，所以一般来说，该机构也难以具有专业化监管的技巧，并且可能与市场在位者的关系比较密切；部委模式经常缺少处理问题所需要的相应人员和专家，一般只负责建议并且易受政府干预的影响。表10-6对欧洲各国铁路监管模式进行了划分。

表10-6　　　　　　　　　　监管模式

部委模式	铁路官方模式	特殊监管官方模式
法国	瑞典	德国
比利时	瑞士	奥地利
丹麦	捷克	意大利
爱沙尼亚	匈牙利	英国
匈牙利	波兰	拉脱维亚
希腊	葡萄牙	荷兰
芬兰	斯洛伐克	
爱尔兰		
立陶宛		
卢森堡		
挪威		
斯洛文尼亚		
西班牙		

资料来源：Nash, C., "Passenger Railway Reform in the Last 20 Years—European Experience Reconsidered", *Research in Transportation Economics*, 2008, 22 (1): 61-70。

大多数采用部委模式的国家改革步伐都比较慢。比如，在法国，部委能够直接对基础设施管理者和运营商进行管理，让人不得不质疑其监管的独立性。爱沙尼亚比较例外，它实行了铁路货运垂直一体化条件下的私有化改革，同时对铁路客运实行特许经营权机制。但这样的做法可能存在问题，例如，当私人运营商与政府就对其他货运运营商开放货运市场发生争议时，私人运营商并没有可以投诉的独立监管者，合法权益只能诉诸法庭。

第三节 结 论

从欧盟第一条铁路改革指令发布到现在已经20多年了,欧盟铁路改革仍旧没有完全实现铁路运输自由化的目标。但相对改革之初政企一体的阶段,欧盟的铁路改革已取得长足的进步,特别是在铁路货运领域已经在相当程度上实现了自由运输,而客运领域的开放也在逐步推进。

另外,欧盟铁路改革的一个重要特点就是欧盟指令只是给予各成员国方向上的指引,而具体的改革措施则由各国政府做出,因此其成员国的铁路改革做法多样,不尽相同。纵观欧盟铁路改革过程,有两个方面是值得引起注意并思考的。

第一,是否应该采用网运分离,是否要实行彻底的网运分离?许多文献对这一问题都有研究,但仍然没有一个确切的结论。对于是否应实行网运分离,部分改革者的顾虑是网运分离改革可能会导致基础设施管理者和运营服务商之间需要大量的谈判和监督合同的执行等,使得交易费用上升。但Merkert (2009) 通过对比德国、英国和瑞典的铁路改革效果,认为虽然垂直分离的确会带来交易费用上升,但这部分费用变动只占总费用的1%,所以并不能借此说明垂直分离做法没有优势。另一种网运垂直分离产生低效率的观点认为,垂直分离会人为地破坏范围经济,并使得基础设施管理者因远离最终的运营服务而缺乏提供良好服务的动力。

其实,铁路基础设施的竞争和特许经营权的方式明显会在一定程度上打破垂直一体化,除非铁路部门按地域分割或拥有特许经营权的运营商同时拥有铁路基础设施,但绝大部分欧洲国家都在全国范围内维持了一个铁路基础设施管理者。所以,问题的关键是网运分离带来的竞争是否能够抵消由此带来的额外交易费用。对这一问题需要更多的研究。

第二,基础设施使用监管和使用定价问题。网运分离改革产生的一个最为棘手的麻烦在于必须保证基础设施使用的公平性,这也直接关系到网运分离改革后铁路运营服务的竞争效果。对基础设施管理者的监管,特别是在网运分离不彻底的国家,仍然是政府需要重点做好的方面。至于基础设施使用定价,将影响到铁路运输服务供给水平、铁路运营者之间的公平性以及铁路基础设施成本回收等。基础设施使用定价应该从社会福利最大化出发，实行适合国情的规则。

参考文献

Alexandersson, G. and S. Hulten, "Competitive Tenders in Passenger Railway Services: Looking into the Theory and Practice of Different Approaches in Europe", *European Transport/Trasporti Europei*, 2006, (33): 6–28.

Crozet, Y., "European Railway Infrastructure: Towards a Convergence of Infrastructure Charging?", *International Journal of Transport Management*, 2004, 2 (1): 5–15.

Deville, X. and F. Verduyn, "Implementation of EU Legislation on Rail Liberalization in Belgium, France, Germany and the Netherlands", National Bank of Belgium Working Paper, 2012.

Merkert, R., A. S. J. Smith and C. A. Nash, "Benchmarking of Train Operating Firms—A Transaction Cost Efficiency Analysis", *Transportation Planning and Technology*, 2009, 33 (1): 35–53.

Nash, C., "European Rail Reform and Passenger Services—The Next Steps", *Research in Transportation Economics*, 2010, 29 (1): 204–211.

Nash, C., "Passenger Railway Reform in the Last 20 Years—European Experience Reconsidered", *Research in Transportation Economics*, 2008, 22 (1): 61–70.

Nilsson, J. E., "Towards a Welfare Enhancing Process to Manage Railway Infrastructure Access", *Transportation Research Part A: Policy and Practice*, 2002, 36 (5): 419–436.

Peter, B., "Rail Infrastructure Charging in the European Union", Fachgebiet Wirtschafts- und Infrastrukturpolitik Working Paper, 2003.

Profillidis, V. A., "Separation of Railway Infrastructure and Operations", *Japan Railway & Transport Review*, 29, Dec. 2001.

Sanchez-Borras, M., C. Nash, P. Abrantes and A. Lopez-Pita, "Rail Access Charges and the Competitiveness of High Speed Trains", *Transport Policy*, 2010, 17 (2): 102–109.

Sanchez-Borras, M. and A. Lopez-Pita, "Rail Infrastructure Charging Systems for High-Speed Lines in Europe", *Transport Reviews*, 2011, 31 (1): 49–68.

Scherp, J., *Railway (De-)regulation in EU Member States and the Future of European Rail*, CESifo DICE Report, 4/2005.

Wetzel, H., "European Railway Deregulation: The Influence of Regulatory and Environmental Conditions on Efficiency", University of Lüneburg, Working Paper Series in Economics, No. 86, 2008.

陈佩虹、张梅青:《欧盟共同政策下瑞典铁路放松管制进程研究》,《北京交通大学学报》(社会科学版) 2008 年第 2 期。

耿志民、季令:《欧洲铁路联盟交通政策对中国铁路的启示》,《上海铁道科技》2006 年第 3 期。

侯敬:《关于欧盟铁路支持政策的研究》,《铁道工程学报》2008 年第 11 期。

侯敬:《欧洲铁路基础设施定价》,《中国铁路》2008 年第 12 期。

卢敏:《欧洲铁路基础设施收费若干模式的比较与分析》,《铁道运输与经济》2002 年第 1 期。

齐庆祝:《铁路投资公司经营模式及发展路径研究》,《北京交通大学学报》(社会科学版) 2011 年第 3 期。

荣朝和、李瑞珠:《欧盟铁路丧失货运市场的教训与启示》,《铁道学报》2001 年第 3 期。

赵艳杰:《欧洲铁路货运形势及发展趋势分析》,《中国铁路》2000 年第 7 期。

朱茵:《网运分离欧洲四国铁路改革启示》,《中国改革》2001 年第 5 期。